流动管理加速价值交付

——数智时代 VSM 价值流管理引领 DevOps 实践

Driving DevOps with Value Stream Management

[美] Cecil Rupp 著

王　勇　刘建军　许　峰　付　勇　徐东伟　汪　珺
黄锦辉　关志光　张佑文　李　哲　郑伟娜　蔡斌哲
共译

图书在版编目(CIP)数据

流动管理加速价值交付：数智时代 VSM 价值流管理引领 DevOps 实践 /（美）塞西尔·鲁普（Cecil Rupp）著；王勇等译. -- 北京：北京航空航天大学出版社，2023.7

书名原文：Driving DevOps with Value Stream Management

ISBN 978 - 7 - 5124 - 4131 - 6

Ⅰ.①流… Ⅱ.①塞… ②王… Ⅲ.①企业管理—研究 Ⅳ.①F279.12

中国国家版本馆 CIP 数据核字(2023)第 151270 号

流动管理加速价值交付
——数智时代 VSM 价值流管理引领 DevOps 实践
Driving DevOps with Value Stream Management

［美］Cecil Rupp　著

王　勇　刘建军　许　峰　付　勇　徐东伟　汪　珺
黄锦辉　关志光　张佑文　李　哲　郑伟娜　蔡斌哲　共译
策划编辑　杨晓方　　责任编辑　杨晓方

*

北京航空航天大学出版社出版发行

北京市海淀区学院路 37 号(邮编 100191)　http://www.buaapress.com.cn
发行部电话:(010)82317024　传真:(010)82328026
读者信箱:copyrights@buaacm.com.cn　邮购电话:(010)82316936
涿州市新华印刷有限公司印装　各地书店经销

*

开本:710×1 000　1/16　印张:28　字数:630 千字
2023 年 9 月第 1 版　2023 年 9 月第 1 次印刷
ISBN 978 - 7 - 5124 - 4131 - 6　定价:168.00 元

版权声明

推荐序 (一)

危机和威胁,它是踏着猫步来的,当你意识到有响动时,它已经到你面前了。

当前大多数企业的业务系统属于稳态业务,但在数字化时代,这些业务需要变得更加敏态。这就意味着对业务系统的快速迭代、快速创新能力的要求越来越高。要想达到敏态,IT部门的职能应由信息化支持向业务赋能转换,业务交付能力将成为企业的核心竞争力,如何快速且大幅度提升研发效能,进而更快地交付业务价值,将成为企业数字化转型的重要挑战。

价值是企业进行商业模式设计的基础,商业模式描述了企业是如何创造、交付和获取价值的。在业务架构中引入价值流的观念,目的是实现价值流和能力解耦,价值流对准作战场景,业务能力对准能力构建、支撑价值流。

价值流的概念起源于日本丰田的精益管理,其目的是用以识别潜在的浪费和不断进行流程优化,使企业降低生产成本,提升工作效率。

价值流明确了企业为客户创造和传递价值的过程,价值流的每个阶段、场景都需要具体的业务能力支撑,业务能力则是支撑价值创造以及形成企业差异化竞争优势的关键所在。作为业务架构实践的一部分,将做什么(业务能力)、谁做(组织)、如何实现价值(价值流)、如何在运营层面(流程)实现或执行、需要什么信息、使用什么系统等关注的问题点进行了分离。

价值流是一组端到端的活动集合,目的是为外部客户或内部用户创造有价值的结果。价值流是价值流动(交付)的过程,涉及端到端价值交付过程的相关活动、工具以及产出物等。

价值流管理就是把整个企业目标分解若干个价值流,使企业的管理和业绩考核都沿着价值流进行,每个价值流都涵盖多个功能单元。

通过价值流分析,关注过程管理和流程诊断,从中获得改进机会。价值流分析通常的步骤包括:以客户视角,围绕公司战略解码,确定哪些是有价值的活动,定义价值;把有价值的活动连接起来,绘制"价值流图";识别阻塞与浪费;让"整个价值流"流动起来;持续优化,改进价值流。

那些软件初创公司和数字原生公司,大多已经创建了全连接的价值流网络,他们的产品交付与价值流网络保持一致,并且所有的软件交付活动与可衡量的业务成果联系在一起。如果管理者就是或者曾经是开发人员,使他们能够有效地指导公司的软件开发策略。

了解交付活动在产品开发价值流中的流动,是改进工作流程的一个重要步骤。约束理论告诉我们,所有在非关键阻塞点的优化都是浪费,并且可能进一步恶化阻塞点的流动。精益思想核心思想可以概括为消除浪费、创造价值,其核心原则,顾客确定价值、识别价值流、价值流动、拉动、尽善尽美,也都是围绕价值流展开。

对个体而言,将时间用在什么事情上,体现了一个人的价值趋向。对于企业而言,投资到哪些产品,将有限的精力投入到哪些类型的需求中,体现的是企业和产品的追求。

流动才能创造价值,流动才能体现价值。精益方法里非常重要的就是价值流分析,分析价值端到端的流动,其次通过可视化来暴露问题,第三是持续改进,在价值闭环前提下,进行全局性持续优化。

任何不能为客户创造价值的事物都是浪费,任何不能直接增加客户感知的行为,实质上也是浪费。软件开发中的浪费包括:部分完成的工作、额外的过程、额外的特性、任务切换、等待、移动、缺陷。要消除浪费,第一步需要识别浪费,第二步是揭示最大的浪费源并消除它们。

"毁灭你,与你无关",刘慈欣的《三体》洞穿了一切。无论是国内还是国外,随着企业产研团队的逐步扩张,系统架构的日益复杂,研发效能问题会越来越突出,对于企业管理者而言,需要不断寻找新的效能提升方法来应对,通过研发效能的提升,提高自身的"降维打击"能力,进而避免被他人降维打击。

无论我们采取什么措施提高研发效能,都要讲究效果,不能满足于做了哪些事情(Output),更重要的是有没有得到我们所预期的结果(Outcome),这就是效果。追求优秀已经不再是 to be or not to be(不是做或者不做的问题),而是你不足够优秀就会被淘汰。

我们无法再停留,以保守的态度去追求短期相对的安全或稳定,在吞吐量(throughput)和稳定性(stability)之间进行取舍(权衡),采取保守型的软件开发和交付策略。

对于企业,低频次地发布代码是一种有效的策略。因为这样就可以有更多的时间用于部署、测试和质量检验,失败/故障发生的可能性从而将会降到最低。事实表明,这类企业的效能反而非常低下。也就是说,试图通过稳定让质量得到提升,最终往往适得其反。真正卓越的企业或者高等效能的企业,是可以做到速度和稳定兼得的。

所以速度与质量不是要在两者之间做一个取舍,你会发现,一旦牺牲掉一个,另外一个也会随之牺牲。

这些年我们不遗余力推广的,无论是精益敏捷、DevOps,还是研发效能,都只是一个代称而已,就是虚像。实相是业务价值。

这一切所要达成的目的,同时也是存在的意义,就是"持续并且快速地交付高质量的有价值的产品或服务给客户",关键词是:持续的、快速地、高质量、对客户有价值。在这里,价值的快速流动是贯穿始终的终极目标。

本书和我们已经出版的《价值流动:数字化场景下软件研发效能与业务敏捷的关键》(有幸邀请王勇作序),都在讨论的一个核心问题就是价值流。价值流并非新词,却终将成为热词。至此,能提前得以一窥这本领域内难得一见的好书,倍感有幸。不敢独享,隆重推荐给大家!

姚 冬

华为云应用平台部首席技术架构师,IDCF 社区联合发起人,中国 DevOps 社区理事会成员

推荐序（二）

价值流管理联盟（VSM Conso）的最新调研数据表面明前 VSM 在全球依然处于早期市场阶段，只有创新者和早期富有远见的采纳者正在以 VSM 为主导，持续优化客户体验以提高企业战略执行的一致性、运营效率和有效性。要想让 VSM 能为更大范围的组织所接受并为他们提供价值，我们需要跨越鸿沟，需要能够帮助组织理解价值流管理，帮助组织进行 DevOps 的理论夯实和指导团队实战，并提供工具介绍的书籍作为参考。价值流管理仍是新生事物，在软件交付的背景下审视价值流管理的强大基础资源并不多。本书的问世无疑为组织带来了巨大福音。作者在这个不断扩展的新领域为大家提供了一份很好的参考资料，对于那些希望深入研究 VSM 如何帮助推动业务发展的 DevOps 领域人员来说，这将是一份非常好的参考资料。我强烈推荐这本书的中文版本，许峰、王勇和刘建军等译者都是这一领域的先行者，具有非常丰富的理论和实践经验。敏捷和 DevOps 的运行不应各行其道，价值流管理和映射应用于数字化转型是成功转型的最佳途径。如果您和您的组织正处于这样的旅程中，如果您对如何在自己组织中实现这一目标感兴趣，那么这本书就值得您读！

薛梅（Marsha）
SAI 大中华区战略顾问，SPCT 候选人

推荐序(三)

数字化和智能化技术的一波又一波浪潮,让我们切身体会了这个时代加速的变化。新的竞争对手跨界出现、客户期望不断攀升已经是新常态。如果组织仅仅对每个变化做出本能反应,那只会导致混乱。技术和业务领导者如何能够有条不紊地推动战略性的持续变革,即"主动求变",成了企业卓越经营的核心命题。

企业管理千头万绪,抓主线是破局关键,价值流管理在纷繁复杂中提供了一个构建企业敏捷性的有力抓手。通过采用系统视角,价值流管理有助于直观地描绘端到端的价值交付蓝图。领导者可以通过观察从创意到部署的整个产品生命周期,来识别制约因素和浪费,正如精益制造将原材料转化为成品,价值流管理通过优化流程,将创意转化为交付给客户的价值。

价值流并非新概念,许多组织在有效实施价值流管理时却力不从心。原有的隔阂依然存在,新的工具和流程也难以触及根本。本书提供了一种全面的方法,通过基于价值流的精益实践来推动组织真正的转型。这不仅包括自动化,还将文化变革、流程优化和技术现代化整合成一个系统。

价值流管理为组织在动荡的商业环境中提供了导航的指南针,但还需要引擎来提供动力。本书作者展示了如何利用持续交付、基础设施即代码、持续监控等敏捷实践来驱动价值流。价值流管理与敏捷开发运维的结合,可以加速从代码提交到产品上线的DevOps全流程。

尽管数字化时代给组织带来了诸多不确定性,但本书为领航者提供了有据可依的战略方法,来持续适应变化和创造价值。读者可学习如何围绕价值流组织资源投入,释放商业潜力,践行以价值创造为中心。最核心的本质是:以数字化的加速度,保持组织的市场竞争力。

肖 然
Thoughtworks全球数字化专家,中关村智联联盟秘书长

推荐序（四）

我们正处在一个日新月异的数字化时代，各行各业都在进行数字化转型。作为肩负着科技创新和IT交付保障双重责任的一家城市商业银行的科技领航人，我深知数字化转型对银行的重要性，我们也必须顺应时代发展的要求，利用数字化技术提升我们的经营效率和服务质量。

在数字化转型的过程中，我们面临着许多挑战。其中一个关键问题是，如何更快速地推出数字化产品和服务，以满足客户日益增长的数字化需求。过去，我们依赖传统的瀑布式软件开发模式，整个过程从需求分析到上线，往往需要几个月甚至更长时间。这已经严重制约了我们快速响应市场和客户的能力。

为了实现更敏捷和高效的数字化交付，我们逐渐采用DevOps理念，打破部门间壁垒，实现开发、测试、运维的紧密协作和持续交付。在这个过程中，价值流管理（Value Stream Management，VSM）作为一个重要的Lean方法论，帮助我们在实践DevOps过程中加强了业务和IT的紧密协作，提升了敏捷性。

VSM能够通过对整个价值流的分析和优化，消除流程中的各种浪费，能够帮助我们建立正确的持续改进文化。它不仅可视化了数字化产品从需求到上线的整个流程，还帮助我们识别流程中的瓶颈和延迟，并制定针对性的优化措施。与此同时，DevOps还提供了具体的技术手段来实施VSM。比如持续集成、持续交付等自动化流水线，可以大大提高我们的交付速度。VSM与DevOps不仅仅是技术方面的变革，更是一种文化和方法的变革，它们鼓励团队之间的协作和持续改进，促使我们更加灵活地适应市场的需求。

今天，数字化已成为商业的必然选择。但是成功的数字化转型需要业务和IT全面协作，以实现持续创新。本书深入阐释了VSM与DevOps的理论及关系，并提供了具体的实施方法与工具指导。为企业管理者和IT从业者提供了宝贵的实践指南，可帮助您的团队更好地理解和采用这些变革性的概念，真正实现以客户为中心的敏捷价值交付，从而在数字化转型的征程中取得成功。相信它也一定会帮助您取得成功！

祝读书愉快！

单正勇
廊坊银行行长助理

推荐序（五）

迈克尔·波特在 20 世纪 80 年代提出了价值链分析法。波特指出企业在参与商业活动中，并非每个环节都能够创造价值，大部分企业只是在某些特定的活动中才真正创造价值，企业要想保证竞争优势，就要密切关注组织的当前资源状态，关注和培养在价值链的关键环节上获得重要的核心竞争力，以形成和巩固企业在行业内的竞争优势。

汽车行业的竞争核心就是价值链竞争，20 世纪美国的汽车工业发展到顶端时，日本的汽车制造商是无法与其进行竞争，与此同时，日本汽车企业还存在需求、资金不足和技术落后等问题。以丰田汽车为代表的日本汽车企业在分析了美国汽车大批量生产模式后，逐步创立了独特的多品种、小批量、高质量和低消耗的生产方式。这种生产模式也就是精益生产的起源。

本书从概念上将精益、敏捷、VSM 和 DevOps 进行了定义，从精益—敏捷的视角看待客户价值、识别价值流，并通过价值流交付客户价值，建立精益—敏捷基础，加速 IT 价值流的流动，实施 DevOps 自动化 IT 价值。作者强调先学习方法后实施工具，既有理论框架又有落地实践，将 VSM 方法总结为 8 个步骤：致力于精益、选择价值流、了解精益、映射当前状态图、识别精益指标、绘制未来状态图、制定改善计划、实施改善计划，同时介绍了 VSM 主要工具类型和能力，客户可以结合自身实际情况选择合适的厂商和工具来实施价值流管理。

软件工业化生产的时代已经来临，一辆汽车涉及几万个硬件、约 1 亿行软件代码。未来自动驾驶汽车的软件代码量将达到 3 亿至 5 亿行，基于精益—敏捷生产方式，结合 VSM—DevOps 实践赋能汽车软件研发，打造汽车软件研发新势能。实现从需求管理、架构设计、软件设计、软件集成、持续构建、持续测试、持续部署、OTA 升级全过程的端到端价值交付，通过看板推动上下游相关专业的协同/协作，通过集成整合各专业工具链，打通各个各专业之间数据流、信息流、工件流，通过内嵌质量和安全管理，提升汽车研发的质量和安全性，构建面向"工厂—4S 店—最终用户"的精益软件研发交付体系，实现安全、高效、快速的价值交付，打造汽车软件研发数字化工厂。

张永生
一汽红旗技术专家

推荐序(六)

身处数字经济时代,企业正面临前所未有的新挑战,如科技新基建,企业标准重构,全要素产能提升等。毫无疑问,这些挑战对软件的研发和运营提出了全新的要求。

面对新形势、新要求,如果您是一位大型企业的 CIO/CTO/IT 管理人员,一定会需要 DevOps。DevOps 是一种研发运营一体化的方法,旨在提升软件交付的质量、速度和效率。中国信通院发布的《中国 DevOps 现状调查报告(2023)》显示,国内企业 DevOps 落地成熟度稳步提升,已有六成企业达到 DevOps 成熟度全面级,60% 的受访企业已进行流水线建设。越来越多的企业采用流水线实践贯通 DevOps 全流程,实现研发运营的一体化。

同时,在企业数字化转型的大趋势下,研发数字化、测试数字化、运维数字化、工程数字化、软件工厂在各大企业如火如荼地开展,数字化转型必然要求业技融合,以价值交付为核心的 BizDevOps 应用而生。人民银行发布的《金融科技发展规划(2022—2025)》特别提出,要借助业务开发运维一体化(BizDevOps)、最小化可行产品(MVP)等"小步快跑"方式搭建低成本试错、快速迭代的交付模式。以 Value Stream Management(VSM,价值流管理)为核心驱动 BizDevOps 的实现成为企业的重要关注点。那么,如何创建 IT 价值流图? 如何改善价值交付周期? 如何利用 VSM 和 DevOps 进行业务转型? 如何在复杂的组织结构和业务场景中实施 DevOps?

如果您有上述这些问题,本书就是为您量身定制的案头书。这本书不仅介绍了 DevOps 的基本概念和原则,还深入探讨了 VSM 这一 DevOps 的核心实践。Value Stream Management(VSM,价值流管理)是一种以价值为导向的方法,通过可视化、度量和优化软件交付过程中的各个环节,实现持续改进和创新。

这本书通过企业中典型场景的实践案例,向读者展示了如何利用 VSM 来驱动 DevOps,从而实现软件交付的价值最大化。无论您是刚刚开始 DevOps 之旅,还是已经有一定的 DevOps 基础,都可以从这本书中获得有用的启发和指导建议。阅读本书可让您掌握最前沿的软件工程实践及工程数字化建设和演进趋势,书中最引人关注的案例就是全球各大领先的工具供应商和知名框架在帮助各大企业落地实践 VSM 过程中,都或多或少采用了中国信通院 DevOps 系列标准所推荐的先进实践方法。

这本书的作者 Cecil Rupp 是 DevOps 领域的专家和实践者,他结合自己在多个行业和领域的丰富经验,用生动有趣的语言和案例,向大家展示了如何运用 VSM 驾驭 DevOps。本书三位主要译者王勇、刘建军、许峰也都是行业里具有丰富经验的实践者、带头人。

如果您想要提升你的 DevOps 能力,想要跟上数字化时代的步伐,想要成为一名优秀的 CIO/CTO/IT 管理人员,那么请不要错过这本书。这本书将会是您的最佳伴读和参考资料,可帮助您带领团队更好地迎接数字时代的挑战。

萧田国

效运维社区创始人,DAOPS 基金会全球理事

雷 涛

华佑科技 CTO,Jenkins 社区全球大使

推荐序(七)

　　数字经济正在持续深入发展,企业数字化转型越来越成为企业新竞争力打造的重要环节,IT 团队的定位和价值期待也在不断地提升。之前对于 IT 团队的要求更关注于专业性和交付能力,在数字化转型的新阶段,IT 团队被赋予更重要的期待,这种期待不仅要从做技术方面工作的后台职能部门方面考虑,还要从企业前端面向市场和为客户创造价值而应具有竞争力方面考虑,这种复合型的期待就自然而然引申出一个新的命题,即如何推动 IT 团队以卓越的方式为企业创造更大的价值,本书正是解决这个命题的系统化思考方法和实践总结,可以说恰逢其时。

　　推动 IT 团队以卓越的方式为企业创造更大的价值,其核心要解决两个问题,一个是价值创造,一个是卓越方式。价值创造就是以客户为中心,为客户创造价值:这里的客户是广义的概念,包括过程中的内部客户和用户,也包括面向市场的外部客户和用户。

　　其中为客户创造价值包括四个关键内容:第一是能够了解和洞察客户的真实需求,通过解决这些需求来帮助客户取得成功;第二是对这些需求进行清晰有效的定义,建立业务需求和技术解决方案的有效联系,不夸张,不缺失,恰如其分地适配;第三是基于上述两方面,建设出高质量的产品和服务;第四是将高质量的产品和服务传达到客户那里,并进行有效的运营,确保客户能够很好地基于这些产品和服务去实现其价值。这四方面联动合作,实现了起于客户,终于客户,以客户为中心的价值创造的端到端过程,这就是价值流在 IT 活动中的关键内容。

　　卓越方式包括三个核心内容,第一是以精益思想来实现建设和交付过程中的有效性,严格管理有效需求和有效交付匹配,杜绝无客户价值的浪费,避免实现客户价值中的无效投入,提高建设的性价比和竞争力;第二是追求卓越,通过持续分析和优化,不断追求更好,实现交付过程中的高效性,以最低的资源投入,通过最高效的方法,提供最好的产品和服务,最大化地创造出客户价值;第三是以数据驱动来实现整个过程的可分析、可度量、可跟踪及可评价。数据提供了实时、客观的视角,实现质量分析、持续改进和有效评价,是实现卓越方式的基础。

　　流动管理加速价值交付使得企业为客户创造价值不再是虚无缥缈的概念,而且也推动 IT 团队的定位和作用从交付职能转变为企业前端,面向客户,成为企业的关键能力和核心竞争力,这种转变是数字化转型的要求,也是数字经济时代,以客户为中心的时代要求,也将成为 IT 团队走向优秀和卓越的必经之路。

很感谢王勇和其团队将这本优秀的英文书翻译成了中文版,让中国的广大 IT 从业者能够方便地了解和学习流动管理和价值交付这些关键概念,以便将书中提到的数十种方法和工具进行融会贯通,真正实现 IT 面向企业,面向客户进行最佳价值创造,通过在企业中落地应用和改进,创建中国企业的最佳实践。

徐　斌

旭辉集团副总裁兼首席数字官

推荐语

有幸提前拜读了本书的中文翻译版,翻译团队的各位老师结合自身丰富的经验对原书进行了非常精准到位的翻译,中文版翻译术语精确还原了原书信息,且行文流畅,非常适合中文读者阅读。

本书在介绍经典的 DevOps 之后,着重介绍了价值流管理(VSM)这一业内先锋管理理论相关知识。DevOps 始发于 2009 年的 ♯DevOpsDays 活动,最开始仅聚焦于开发与运维之间如何协同高效工作的开发,随着价值流管理(VSM)理论的引入与成熟,使得现在 DevOps 理论体系更加完善,非常有利于对企业的转型提供理论指导。

本书亮点是将价值流管理(VSM)理论与工具结合进行讲解。本人对国内外价值流工具多有接触,深感有些工具厂商在理论上的不足,这种欠缺造成工具像 ToC 互联网产品一样,完全跟着用户需求走,做出了很多反模式。本书着重介绍了 VSMP/VSM 理论对工具的指导作用,这对读者是很有益的。此次看到国内工具厂商的朋友参与到理论书籍的翻译,深感欣慰! 一款好的工具,不仅要看用户评价,还要看工具厂商是不是在讲理论,讲方法学。

最后想对读者书一句话:读书是性价比最高的学习,本书值得一买。

陈　飞

独立敏捷教练,破马张飞敏捷社区联合创始人

在今天的商业环境中,VSM 和 DevOps 已经成为企业实现数字化转型不可或缺的工具。这本书提供了深入理解这两个领域的宝贵见解,以及如何将它们结合起来以推动企业变革的方法。无论您是 IT 从业者,企业领导还是数字化转型的倡导者,这本书都将为您提供实用的指南和策略,帮助您加速价值交付,优化流程,并取得卓越的业务成果。如果您希望借助价值流管理的方法在竞争激烈的市场中脱颖而出,这本书绝对值得一读。

孟晋津

中信建投证券信息技术部总监

在通读了王勇最新译的本书后,内心久久无法平静,很久没有读过 IT 领域讲解如此透彻的关于价值、关于价值流、关于价值流管理、关于研发、关于 DevOps 的书籍了。

爱因斯坦曾经讲过,价值是一种选择,它决定我们的追求目标和意义。在全球数字

经济、数字化转型不断迈向纵深与高质量发展的今天，一个组织的研发团队究竟扮演何种角色，其价值创造究竟体现在哪些方面？核心问题是，我们要了解到底什么是"价值"，本书作者以顶层视角，从多维度帮我们解读了价值的概念及其内涵：精益—敏捷、业务资产、业务关系、自动化、DevOps 角度等，尽管这些概念价值含义不同，但各自的价值观理念又是彼此相通的。为更好地实现研发价值创造，作者建议利用"价值流管理（VSM）"工具与 DevOps 结合推动业务转型：将研发效能置于价值流视角下，整体度量研发组织效能，进而驱动实现研发和业务价值高度融合。

这也与王勇总多年来坚持的方向极其契合：基于价值流管理的一体化平台及其管理体系落地，面向组织级研发管理团队，构建基于价值流管理模式，高效地实现组织内所有人、流程、技术和工具的无缝整合，使得研发效能实现不断提升且真正能按需、高效、持续地创造客户价值。相信本书的理念与案例故事能够给广大读者带来很多的启发、感悟与收获。

陆兴海

云智慧高级副总裁兼首席咨询师

译者序

随着数字化时代的到来,实体经济与数字经济渐渐融合发展,国家层面也提出了中国制造向中国创造的转变战略,价值主张的核心已由制造逐步转向设计,软件研发开始大规模渗透到实体经济中,以互联网企业先期导入的敏捷实践与传统装备制造业的精益管理实践将会碰撞出新的火花,形成精益—敏捷为基础的价值流管理(VSM)方法与实践,而 DevOps 则是作为软件研发价值承载的平台。Gartner 报告称,未来 70% 以上的组织将使用 VSM 来改善其 DevOps 流水线中的流动作业,从而更快地交付客户价值。

本书作为第一本 IT 领域价值流管理的书籍,囊括了系统思考、敏捷、精益及 DevOps 的思想和实践的精髓,并将这些内容有机地融会贯通,形成了一套系统的方法论,让读者能够全面地了解其要义,书中提出了 VSM8 步法来指导我们改善价值流动,对每一步的活动都进行了详细的介绍,可以很有效地指导企业的日常改进工作。书中还介绍了 VSM 联盟、规范敏捷(DA FLEX)、大规模敏捷框架(SAFe)、精益企业研究所(LEI)的相关框架,最后介绍了 DevOps 领域思想领袖的观点和领先工具厂商的产品特点及案例,总结出了 DevOps 平台 18 种情景的策略,这些对采用 VSM 和 DevOps 进行业务转型的组织来说具有重要的参考价值。

本书的内容较多,作为翻译团队的组织者和亲历者,对参与本书的翻译的行业专家和云加速(北京)科技有限公司的同事表示衷心的感谢,他们利用自己的业余时间对每一个章节的每一段文字都做了仔细推敲,付出了大量的时间和精力。

译　者

序　言

　　一段时间以来,我一直认为价值流管理是 DevOps 的进化产物。当然,DevOps 也是由之前的许多软件工程和交付实践进化而来,它建立在敏捷方法的基础上,用来解决我们在传统瀑布式工作方式中遇到的问题。它结合了精益和 IT 服务管理、安全文化和学习型组织,并与站点可靠性工程、系统和设计思想交叉融合,且以一种我们在技术行业前所未有的方式解决了 IT 企业产品流程文化方面的问题,并在自动化方面取得了巨大的进步。不可否认,它站在巨人的肩膀上。

　　事实上,价值流管理的历史可以追溯到 12 年前,它其实是精益的固有组成部分。虽然有些人将其追溯到 15 世纪初威尼斯的兵工厂,但实际上大多数从业者将 20 世纪50 年代的丰田视为这场运动的先驱,这场运动不仅一直蓬勃发展到 2021 年,而且随时可能再爆发。转折点就在这里,因为在这场技术革命(软件时代)中,数字化的颠覆增大了全球所有企业软件交付的风险。我们现在可以做到连接数字价值流的所有部分,也可以利用数据生成可操作方法。团队越来越希望能够快速衡量他们为客户创造的价值流以及他们获得的价值。组织最终可以使用价值流管理来衡量他们在开发及运维之中的进展。但是,我们将价值流思维应用于数字价值流的发展历程才刚刚开始。

　　本书可谓恰逢其时,它详细解释了如何将 DevOps 和价值流管理结合起来取得最佳效果,从而为客户提供最佳价值,并确保组织的绩效。学习本书,读者将了解价值流管理发展历程,了解 DevOps 如何优化实践流程,以及关注客户价值成果意味着什么。另外,本书提供了应用该领域原则的实际例子、案例故事以及相关见解,希望在大家业务改进时可以将它们作为很好的参考或指导。

　　我们在 2021 年 3 月发起价值流管理联盟时,遇到了作者 Cecil Rupp,并立即邀请他作为董事会顾问加入该联盟,他的行业知识和专业技能之深大家可以从学习本书内容中可见一斑。阅读他的作品,学习他在价值流管理和 DevOps 方面的丰富经验是件愉悦的事情。

　　随着影响驱动开发以及价值流驱动的业务开展,再加上机器增强人类智能技术,使得我们的企业可以很好地做一些事情了。

Helen Beal
价值流管理联盟主席

前　言

我的职业生涯始于德州仪器公司的一家高科技制造厂,当时作为一名年轻的工程项目经理,并不知道在那里学到的精益生产流程的基本概念对于我整个职业生涯都很有帮助,无论是我作为软件产品经理,还是作为用于改进业务流程的应用程序方面的顾问和 IT 项目经理都是如此。然而,我在这些领域的工作始终是在改善非 IT 业务方面的组织价值流。

2000 年初,继诸如 Mary 和 Tom Poppendieck 在《精益软件开发:敏捷工具包》一书中所发表的见解之后,精益生产概念开始渐渐融入软件开发。到 2010 年,精益一敏捷实践相关的概念开始在软件开发方法论中应用,如规模化敏捷框架(SAFe)和规范敏捷(DA)。后来,我们开始看到精益生产改进的概念以现代价值流管理(VSM)软件工具和平台的形式应用于 IT 导向的价值流实践中。

正如大家在本书中发现的那样,VSM 是一种在所有开发和运营的价值流中进行精益改进的方法。价值流就是一序列的端到端活动,是工作和信息以协调和简化的方式高效地交付价值(例如产品、服务和成果)。

在现代革新改造发展中,软件开发行业应用 VSM 工具来集成、自动化和编排 DevOps 流水线中的工作,以改善开发和运营职能部门软件交付中涉及的端到端活动。现代 VSM 工具无须手动收集数据,即能够实时捕获关键绩效指标,并提供通用数据模型和分析工具,以评估当前和预期的未来状态条件。

简而言之,一方面,现代 VSM 工具可以将提供了数据和分析能力进行融合,这是理想改进软件交付流程所必须的条件。在企业级规模实施 DevOps 方法、配置和工具并非易事,可以说成本也不菲。另一方面,VSM 工具提供了大量的数据,方便企业能够将 IT 投资充分利用。

将各种思想和想法汇集在一起形成本书是艰难的,本书融汇了包括来自 VSM 联盟、16 家工具供应商的宝贵意见,以及对 24 家软件工具公司、2 家领先的精益一敏捷模式公司和 2 家领先的精益培训和方法论公司的研究成果。

把这些不同信息来源中的信息融合为一体,很不容易! 我相信,本书的成果代表了迄今为止 VSM 方法和工具最全面的理念和方法,解释了 DevOps 和 VSM 如何携手合作,以发挥在数字经济中其尽可能的作用。

回想一下,虽然 VSM 有助 IT 价值流开展精益导向的改进是最近才发生的事情,但实际上它并不是一个新概念。实践中,精益生产改进概念的组织就是采用 VSM 实践来改进所有开发和运营价值流的。作为一种战略促成因素,VSM 举措有助于发现整个企业中许多潜在的改进机会,并确定其优先级,从而使企业更加高效地交付客户价值。

在数字经济中,企业创建软件应用程序作为商业产品,或将信息或娱乐服务作为基于 Web 的服务来提供。但是,软件也可以增强物理产品,例如汽车的导航和控制系统。而最后,企业、政府机构和非营利组织实际上是使用应用程序来改善其关键业务流程和价值流活动中的价值流动。

我通过与许多领先的 VSM、DevOps 和精益组织的研究和讨论,得出的结论是,组织必须将其基于 IT 的 VSM 工具策略集成到企业的战略性 VSM 举措中。虽然精益在 IT 中是一个相对较新的概念,但组织的其他部分实际上可能已经实践精益概念几十年了——或者至少,他们本应该这样做。这不仅在制造业中是正确的,因为许多服务公司和医疗保健提供商也已经实施了精益实践。

本书将介绍如何应用通用的 VSM 方法论,该方法论有助于组织的开发和价值流识别改进,并确定其优先级。注意其中许多改进需要借助软件来达成。

也就是说,VSM 方法解决了价值流可改进的两大方面。首先,现代 VSM 方法和工具有助于提高基于 DevOps 的软件交付能力。其次,相同的 VSM 战略和技术有助于识别组织中其他价值流中的数字化改进机会,以指导组织的软件交付能力改进。

因此,VSM 不仅限于在 DevOps 中改进价值流的流动。从系统思考的角度来看,对 DevOps 进行价值流改进是局部优化的一种形式。换句话说,如果软件交付不是我们业务系统中的瓶颈,或者如果我们不知道如何应用改进后的软件交付能力,那么我们花费的时间和资源,对于整个系统改进来说可能收效甚微或根本没有成效。

例如,如果您的组织花费了时间和金钱来实施 DevOps 工具链和平台,但没有看到合理的投资回报,那么您可能会感同身受。

假如您还不太了解精益实践,没关系。在本书中,您会了解到,精益可用于发现和消除阻碍流动中的浪费现象,而浪费会导致瓶颈、延迟、过度的在制品,最终导致成本高到客户不愿花钱购买。由于这些原因,精益应用者总是比他们的竞争对手更有成本和上市时间或交付方面的优势。关键是,企业会在他们的 DevOps 和 VSM 工具及举措上花费大量的时间和精力,但看不到合理的投资回报——除非他们使用这些软件关于交付方面的改进来帮助改善组织的其他运营和开发价值流。因此,DevOps 团队应该调整他们的活动,以帮助组织在所有价值流中做出改进。此外,企业级 VSM 举措可帮助识别改进的 DevOps 能力能够产生最及时和最有益影响的领域,并对其进行优先级排序,这是通过改善行动(未来状态改进机会场景)达成的。

基于上述这些原因,本书介绍了增值概念背后的历史基础、敏捷的价值观和原则、系统和精益思想,以及 VSM 及其在 IT 中的现代背景。书中会介绍如何使用 VSM 方法论,发现在所有组织价值流中需要改进的方面,同时使用 VSM 工具在基于 DevOps 的软件交付流水线中做出以精益为导向的改进。最终,会发现 DevOps 集成支持所有组织价值流中以精益为导向的改进,有助于证明那些在安装 VSM 工具和 DevOps 工具链和流水线方面产生的时间、费用和努力是合理的。

本书在逻辑上分为四个部分：

1. 价值交付——价值内涵以及如何去做。

（第1～5章）

2. VSM 方法论——一种以精益为导向并经过验证的方法，用于整个企业对流动进行改进。

（第6～10章）

3. VSM 工具供应商和框架——提高您的软件交付流水线能力。

（第11～14章）

4. 通过 DevOps 应用 VSM——推动数字业务转型。

（第15章、第16章）

大家可以随意在本书的四个部分之间来回调换阅读。此外，如果想了解组织在实施 DevOps 平台时面临的问题，可以快速阅读第15章"制定合适的 DevOps 平台策略"的相关见解。

希望您喜欢读这本书，就像我喜欢写这本书一样。

—— Cecil Rupp

本书面向的读者

本书是为企业高管、经理、DevOps 团队成员以及参与数字化业务转型的其他相关人员编写的，以帮助他们通过其组织的价值流来改善客户价值的流动。

本书涵盖的内容

第1章，"以客户为中心的价值交付"，定义了价值交付的构成要素。

第2章，"基于精益—敏捷进行构建"，解释了成为精益—敏捷企业的内涵。

第3章，"复杂系统的交互分析"，将软件开发活动视为一个复杂的系统，并解释参与元素之间相互关系的影响。

第4章，"价值流管理的定义"，解释了价值流管理背后的历史和基础知识。

第5章，"通过 DevOps 流水线驱动业务价值"，评估端到端活动、信息流和集成的工具链，这些使 DevOps 流水线在企业范围内实施起来非常复杂且成本高昂。

第6章，"启动 VSM 举措"（VSM 第1～3步）解释了为什么组织必须先使用精益，如何选择价值流，以及 VSM 团队成员和其他利益相关者在实施精益方面需要学习什么。

第7章，"映射当前状态"（VSM 第4步），用一个 CI/CD 流水线流动改进用例作为示例，解释了如何构建当前状态价值流图。

第8章，"识别精益指标"（VSM 第5步）解释了用于识别导致价值流绩效不佳的常见精益度量指标，以及最适用于评估 IT 和 DevOps 导向的价值流度量指标。

第 9 章,"绘制未来状态图"(VSM 第 6 步)用一个 CI/CD 流水线流动改进用例作为示例,解释了如何构建未来状态价值流图和改善行动(生产改进机会)。

第 10 章,"改进精益－敏捷价值交付周期"(VSM 第 7 步～8 步),解释了如何制定和执行改善计划,以解决未来状态价值流图中确定的改进机会。

第 11 章,"识别 VSM 工具类型和能力",介绍了 3 种主要类型的 VSM 工具及其一般用途和能力。

第 12 章,"领先的 VSM 工具供应商介绍",介绍了 16 家领先的 VSM 工具供应商提供的功能,以及他们各自的优势和重点领域。

第 13 章,"VSM－DevOps 实践领导者介绍",介绍了 VSM 联盟和促进 VSM 的两个领先精益－敏捷框架－规范敏捷(Disciplined Agile,DA)和规模化敏捷框架(Scaled Agile Framework,SAFe)。

第 14 章,"企业精益－VSM 实践领导者介绍",介绍了两个领先的精益培训和认证组织—精益企业研究所和 LeanFITT。

第 15 章,"制定合适的 DevOps 平台策略",提供了对 6 位专家 DevOps 从业人员的访谈,以解释组织需要了解的潜在 DevOps 实施陷阱。本章还介绍了 4 种 DevOps 平台实施策略及其优缺点。

第 16 章,"利用 VSM 和 DevOps 实现业务转型",介绍了 IT 企业如何使用 VSM 和 DevOps 工具以及相关实施计划将企业转变为可行的实体,以便在数字经济中进行竞争。

本书参与编写者简介

Cecil Rupp 拥有超过 30 年的从业和高管级工作经历，在应用软件开发的信息技术（IT）的方法和工具方面具有丰富的经验。他的职业经历包括 IT 专业服务、行政管理、业务流程再造/改进、CASE 工具软件产品经理，以及软件开发和中间件工具的销售和营销。

Cecil 管理过 20 多个企业级 IT 计划和项目，在过去的 16 年中，他专注于支持大型联邦和商业医疗 IT 计划，当然，他还是构建我们的数字世界（BODW）系列书籍的作者，这些书籍可以说是关于软件和系统开发实践以及在现代企业中的扩展 Scrum（Scaling Scrum Across Modern Enterprises）。

另外，还要感谢付出时间，用他们的专业知识来帮助完成本书出版的朋友，他们的名字如下：

Steven Anderson，Ahmed Khan，及 Jill Buhrfiend（Apptio，Inc.）

Helen Beal（VSM Consortium）

Richard Dunn 和 Ben Chicoswi（CloudBees）

Lance Knight（ConnectALL）

Richard Knaster，Mike O'Rourke，和 Gaurav Rewari（Digital.ai）

Alec Newcomb（Highwire PR on behalf of GitLab）

Brian Muskoff 和 Al Wagner（HCL Software）

Kumar S Rajesh（Institute of Product Leadership）

Akshay Sharma（Kovair）

Kamana Jain and Chet Marchwinski（Lean Enterprise Institute）

Don Tapping 和 Todd Sperl（LeanFITT）

Christine Ewing（Micro Focus）

Charlie Ponsonby（Plandek）

Bob Davis 和 Jeff Keyes（Plutora）

Scott Ambler 和 All Shalloway（PMI）

Sean Harris，David Williams，和 Colin Fletcher（Quali）

Adam Mattis 和 Marc Rix（Scaled Agile，Inc.）

RJ Jainendra，Richard Hawes，Yoav Boaz，和 Anand Ahire（ServiceNow）

Naomi Lurie and Katherine Jeschke（Tasktop）。

感谢我杰出的妻子和孩子们在我艰苦工作和备受煎熬的日子中，一直陪伴在我的身边，并带给我许多快乐。

Cecil Rupp

本书审阅者简介

Enrique Gomez 是一名联邦/医疗保健 IT 专家,在全面的企业 IT 系统、软件开发、内容/媒体开发以及敏捷/DevOps 实践方面拥有 20 多年的经验。他热衷于为客户解决问题,特别强调创造难忘的体验,改善健康和生活质量,以及利用新兴技术应对人类面对的挑战。他成立了 DevVinci Technica LLC 公司。DevVinci 是一家弗吉尼亚州残疾退伍军人所有的认证服务小型企业(SDVOSB)和精品咨询公司,其公司为美国联邦、州和医疗保健 IT 行业提供服务。

Joel Kruger 是一名高级 DevSecOps 专业人员,拥有设计可扩展、减少浪费和提高可见性的解决方案的经验。近十年来,他一直喜欢使用"配置即代码"和"基础设施即代码"来加速完成客户的业务目标。Joel 认为自己是一位亲力亲为,以客户服务为导向的人,其最擅长解决挑战问题,如从计算机服务器到嵌入式 Raspberry Pi 项目,他可以说是一位技术达人,且热衷于科技创新。

目　　录

第一部分　价值交付

第二部分　VSM 方法论

第四部分　通过 DevOps 应用 VSM

第一部分 价值交付

第 1～5 章介绍了增值、精益—敏捷实践、系统思考和价值流管理背后蕴含的核心概念。这些概念覆盖现代 IT 实践和在整个企业中交付其他价值流的全过程，也是我们学习如何应用本书第 2 节"VSM 方法论"中的概念所需的基础知识，VSM 方法论是一种以精益为导向且经验证的方法，可用于整个企业中对流动进行改进。

在本书前 3 章中，我们将介绍如何通过融合敏捷、系统思考和精益开发实践，即增加整个企业中以客户为中心的价值。之后，在第 4 章"价值流管理的定义"中，介绍如何用价值流管理（VSM）改进包括 IT 在内的所有价值流的精益生产能力的方法。在第 5 章"通过 DevOps 流水线驱动业务价值"，则教大家了解什么是 DevOps 流水线，以及在数字经济中为什么它是最佳的价值交付方法。

现代 VSM 工具支持在整个 IT 价值流中实施精益改进，并改进 DevOps 流水线实施。在这种情况下，第一部分内容即有助于解释为什么 DevOps 流水线的有效实施（作为一个高效的软件交付系统）是一个组织在现代数字经济中竞争的必要"筹码"。

本部分包括以下内容：

第 1 章，以客户为中心的价值交付。

第 2 章，基于精益—敏捷进行构建。

第 3 章，复杂系统的交互分析。

第 4 章，价值流管理的定义。

第 5 章，通过 DevOps 流水线驱动业务价值。

第1章 以客户为中心的价值交付

本章会介绍价值的许多不同定义,并解释敏捷、系统思考和精益开发如何协同工作来交付以客户为中心的价值。基于这种理解,我们引入价值流管理(VSM)和开发运营一体化(DevOps)作为补充的信息技术(IT)实践和工具,以支持精益－敏捷实践。

学习本章会让大家了解 VSM 如何在组织的软件开发和交付过程中帮助实现客户价值流动的最大化。例如在开发支持业务运营的应用程序时,VSM 有助于改进整个系统开发生命周期(SDLC)流程中的工作流动。

然而,VSM 不仅可用于改进数字经济中业务系统的软件开发和交付实践,也可用于许多商业企业、政府机构和非营利组织以基于 Web 的服务形式提供以信息为导向的产品和服务,以及许多物理产品整合计算设备、软件和互联网接入,以在其整个生命周期中随需应变,提供新特性和增强功能的应用。

出于这些原因,VSM 方法和工具的使用必须超越 IT 开发局限,而应帮助改进整个运营和开发价值流中的工作流和信息流。

DevOps 以互补的方式改进了 IT 部门间的沟通,同时集成,并自动化了 IT 流程,以实现所有组织价值流中以客户为中心的价值的持续流动。因此,与传统的 SDLC 和敏捷实践相比,现代 DevOps 团队可以更有效、更快速、更无差错地交付价值。

实践如何协同工作以交付以客户为中心的价值,涵盖的主题包括以下内容:

- 以多种形式定义价值。
- 开发价值主张。
- 创造价值。
- 以精益—敏捷 Lean – Aaile 的视角看待价值。
- 理解 VSM。
- 看好 VSM 增长前景。
- 集成精益、敏捷、VSM 和 DevOps。

1.1 以多种形式定义价值

VSM 是一种精益生产改进策略,在 IT 领域有其新的应用意义。VSM 是本书的重点内容,下面我们从 VSM 背景中的价值定义开始学习。

1. 以精益导向的视角看待价值

价值流是精益生产中的概念,描述指导产品交付从构思到创建、部署、支持、淘汰和维持所需的一系列产品生命周期活动。正如"价值流"这个名字的潜在含义,关键是要确保所有的产品交付活动价值都增加。从精益的角度来看,增加以客户为中心的价值意味着不仅要提供特性和功能,还要消除客户不希望增加其成本的所有形式的浪费。

VSM 是一种系统地消除浪费、提高生产率和效率,同时降低成本的方法。更准确地说,VSM 包含了以精益为导向的方法,以改善整个价值流中工作和信息的流动。

现代 VSM 工具支持的 VSM 方法,最初由丰田开发用于映射物料和信息流动,后来在 21 世纪初引入世界其他地区(Jones,Womack,2003)。

当我们深入了解精益—敏捷观点和 VSM 的实践应用时,大家还会发现有两种形式的价值流:运营价值流和开发价值流,下面我们快速了解一下这两种价值流之间的区别。

(1) 开发价值流和运营价值流的区别

运营价值流是向组织的外部客户交付产品和服务,而开发价值流是创建那些会被运营价值流所使用或交付的内容。

也可以说:

运营价值流包括定义公司、其产品线或业务线(LOB)如何开展业务、赚取收入以及向客户提供服务的工作流和信息流。

开发价值流包括构建和支持运营价值流为交付价值所使用的产品、服务和其他工件的工作流和信息流。

运营价值流可通过在线或与人联系提供产品、信息和服务来增强客户体验。相比之下,开发价值流是为内部或外部客户创造产品和服务,即开发价值流是在构建内容,而运营价值流需要去销售、交付和支持组织的客户。

开发和运营这两种职能都是必要的,而且都是增值行为。然而,在目的、规划范围以及由谁来控制和资助活动方面,区分开发和运营是很重要的。例如,业务线高管和产品负责人对他们运营价值流活动中的投资优先级负责,而投资组合管理团队则会控制开发价值流活动的投资优先级。

可以这样理解,以运营为导向的销售、交付和支持产品的流程,是为我们的客户提供价值的战术活动,通常是在相对较短的规划期内。开发价值流投资往往更大,对组织的长期生存比较重要,并需要更长的规划和实施时间。比较起来,开发价值流有助于确保组织拥有满足其战略目标的基础设施、产品和服务。

表面理解,开发和运营的区别似乎与传统的 IT 组织模型一致。开发团队为内部和外部客户或用户创建软件产品,运营团队则是为了保持系统运行、安全和可用,同时通过热线帮助服务解决客户和用户的问题。

在本书后面内容中,大家会了解到实施精益—敏捷实践的 IT 组织应该考虑将传统的 IT 开发和运营职能转移到专门的产品团队中,这从另一层面看是一种超越。之后在第 4 章,"价值流管理的定义"会再提起这个话题。

说明 IT 开发价值流是如何开发和支持软件应用程序,以供组织中其他的价值流使用,例如客户订单进入或产品实现。

（2）开发应用程序以支持组织价值流

我们来看 3 个组织价值流：订单进入、履行和软件开发，其中，订单进入和履行是运营价值流，而软件开发活动是开发价值流：

价值流的每个活动块都标识了活动的名称、处理时间（PT）、前置时间（LT）以及完成和准确度（%C/A）这些度量指标。在第 8 章"识别精益指标（VSM 第 5 步）"中我们会学习如何使用这些度量指标。需要理解的一点是，IT 属于关键的开发价值流可以提高其他运营价值流的交付能力和效率。

本书特意把运营和开发价值流的讨论作为开篇，是基于当前的趋势将 VSM 作为一种基于工具的方法来改进 DevOps 流水线中工作和信息的流动，而 DevOps 流水线中对流动的改善是 VSM 的一大应用。但是，如果您所在组织的 VSM 战略仅限于使用 DevOps，那么就欠缺一点什么。

本书提供了关于集成敏捷、精益、VSM 和 DevOps 实践的指导，以帮助大家在企业范围内顺利实现业务敏捷。这些方法和工具使组织能够以最低的成本快速、高效地提供客户梦寐以求的产品和服务。在我们日益数字化的经济中，那些在企业范围内成功做到这一点的组织，在竞争中都占有一席之地。

我们将在本章后面内容中讨论所有的这些概念。在此之前，你必须首先清楚地了解在数字经济和 IT 角色中竞争的要义。

2. 在数字经济中进行竞争

Don Tapscott 在他的书《数字经济：网络智能时代的希望和危险》（1997）中引入了"数字经济"这个术语，该书重点描述数字技术如何改变个人和社会的交互方式。

后来，在 2001 年，时任美国人口普查局经济项目副主任的 Thomas L. Mesenbourg 发表了一篇题为《度量数字经济》的论文。这篇论文描述了美国人口普查局发起的一项工作，旨在度量当时作为新兴数字经济基础的电子设备对经济的影响。

Mesenbourg 在他的文章中将数字经济描述为由三个主要部分组成。

（1）电子商务基础设施，包括所有参与数字经济中的计算、网络、通信、安全和软件系统。

（2）支持数字经济的电子商务流程。

（3）支持在线销售商品和服务的电子商务交易。

3. 为数字经济构建产品

在当下背景下，数字经济比 Mesenbourg 以电子商务为中心的观点更受大家重视。例如，现在数字增强技术允许相应组织在互联网和移动技术上开展业务，可以实时地融入全球的信息和知识服务。

此外，数字技术通过增加新特性的方式增强了相应的物理产品，而这些新特性是不可能通过对材料或机械部件进行简单修改即可实现的，比如被广泛归类为物联网（IoT）的产品特性和功能即使是在交付给客户之后也可以更新。

物联网的重要性在于可以通过网络传输数据，而不需要人与人或人与计算机的直接进行物理交互。在概念层面上,物联网是一个由具有唯一标识符(UID)相互关联的计算设备组成的系统,这些设备通过互联网和移动连接对其他计算系统和数字设备可见。

物联网设备包括机械和数字增强型机器,以及在制成品、人或生物中嵌入的物体。一个典型的例子就是,汽车通过移动连接获得其原厂的计算和导航系统的更新。基于远程医疗的物联网解决方案能够通过外部和嵌入式监控系统远程实时监控患者的健康状况。又如,带有应答器的嵌入式生物芯片有助于识别动物,监控它们在野外和农场的健康状况及地理和位置,甚至可以识别您的宠物。

4. 数字经济中的连接

现代数字经济也不仅局限于电子商务和数字增强产品的范围,互联网通过社交媒体工具和平台开辟了非凡的沟通渠道、信息共享和协作。

基于 Web 的社交媒体工具使人们能够通过多种媒体格式(例如,音频、视频、文本、照片、图像等)进行交互并共享信息和体验。社交媒体的目的就是利用内容来推动人与人之间以及企业与人之间的互动。

Holly Gibbons(Gibbons Business Solutions,LLC. 公司总裁)列出了推动互动的六类社交媒体内容,具体如下:

促销:告知产品和服务。

教育:建立专业知识并实现自助。

连接:提供业务的"内部"视角。

对话:专门用于吸引客户。

灵感:"感觉良好"的信息包含反映个人或实体愿景和价值观的引用、事实和个人成功故事。

娱乐:通过分享节日祝福、笑话、漫画、有趣且信息丰富的视频、比赛和赠品与观众建立联系。

社交媒体是一种变革能力,有助于推动我们的现代数字经济。

5. 在数字经济中交付价值

数字经济的其他相关名称还有互联网经济、新经济或 Web 经济等。数字经济的发展迫使传统实体公司重新思考其业务战略,否则将面临着被诸如亚马逊 Amazon(零售)、爱彼迎 Airbnb(旅游住宿)、谷歌 Google(信息搜索)、网飞 Netflix(家庭娱乐)、来福车 Lyft 和优步 Uber(交通服务)、Tesla 特斯拉(汽车和航空航天)和油管 YouTube(基于视频的信息和娱乐内容共享)这样激烈竞争的颠覆者排挤出局。

鉴于他们对实体基础设施的传统投资的公司需要迅速找到创造性的方法,利用其传统的规模经济进行数字经济化竞争。在某些情况下,这意味着要找到与客户互动的不同方式。在另外一些情况下,将融合传统和数字基础设施相融合的方法可能会使企业更具竞争力优势。

不管在何种情况下,公司都必须定义,并执行更具其有竞争力的价值主张。他们必须评估所有的投资和活动,以确保为增加以客户为中心的价值作出最大贡献。

6. 深入探讨价值的诸多概念

语义在计算机科学中是必不可少的——很重要,以至于出现了一个叫作本体论(ontology)的完整的 IT 学科,就专门致力于介绍这个主题。如果大家查一下本体论这个词,会发现这个词的源自形而上学的一个分支。本体论(ontology)是一个复合词,结合了 onto(希腊语 ὄν)和"being;that which is"(遗传学 ὄντος,ontos),它是一门寻求发现真相的学科。

人们有这样一个不太好的习惯,他们使用相同的术语,但对这些词的实际用意却有非常不同的看法。我们的生活经历、教育和智力极大地影响了我们对所用词汇的理解,这也是为什么人经常在沟通上犯错的主要原因。

相比之下,传统的信息系统也必须对我们使用的术语和价值有精确的上下文理解;否则其不能正确地交换信息,同样人机交互也是如此。工作人员想用的词可能不容易使计算机读懂,这也是推动人工智能(AI)研究的主要原因。换句话说,人工智能研究旨在帮助计算机理解特定类型的人机交互中词义的上下文含义。

"价值"一词有许多种含义,这些含义根据上下文的使用场景有不同的意思。举一个与本书相关的例子,敏捷、精益、VSM 和 DevOps 都认同组织必须从客户的角度交付价值。然而,他们有不同的策略来实现这一目标。此外,IT 专家和业务分析师需了解,他们在其他部门中接触的人可能对"价值"一词的含义有完全不同的想法。

打个比方,这有点像盲人摸象的故事。由于看不见,盲人对大象的了解非常有限,只能通过触摸来感知和猜测,如图 1.1 所示:

图 1.1 六个盲人和大象

我这里简要描述一下这个故事:第一个盲人碰到了象鼻,便惊呼"大象像一条粗粗的蛇"。然而,下一个盲人碰到了耳朵说:"不,大象像一把扇子"。接下来,另一个人碰到了象牙,说:"我不知道你们在说什么,这显然是一支矛"。他们中的下一个盲人摸着大象的腿说:"大象像一根又大又粗的树干",但是摸着大象侧面的盲人认为他们碰到了一堵墙。最后,摸着尾巴的盲人相信他抓住了一根绳子。

同是一头大象,盲人对大象的认识有不同的论断,这是因为他们只是基于自己独特的"动手"经验作出判断,缺乏全局观念。当业务分析师试图了解什么能为业务增加价值时,他们也面临同样的问题。因此,在我们谈论敏捷、精益、VSM 和 DevOps 如何提高价值之前,我们需要花一些时间来理解这些术语在许多上下文中的用法。

7. 从业务资产的语境中看待价值

在其最容易理解的语境中,"价值"一词指的是从货币、材料、有用性或个人角度表达的资产价值,例如,有多种方式表达上市公司的商业价值,如"股东价值"公司的"货币价值""价值获取""公允价值"和"市场价值"。

"股东价值"与公司的价格有关,即给予股东股份的价值。随着时间的推移,股东的价值随着市场对其维持和增长利润能力的看法而波动。从这个角度来看,一家公司的价值大致相当于流通股数量乘以当前股价。

"货币价值"是资产(如公司、产品、财产、土地或服务)出售后所能带来的货币表达。换句话说,货币价值是在自由开放的市场上某个物品价值多少的一种表达。"货币价值"的决定来自供求动态,例如,相对于需求,增加产品的供给会降低其价值。相比之下,需求旺盛,但供应有限会推动价格上涨。

如果您与工商管理硕士(MBA)毕业生或会计师交谈,他们可能会使用"价值获取"这个术语。在他们的语境中,价值获取描述的是在每笔商业交易中保留一定比例的价值的过程,最常见的形式是利润获取。然而,在与公共融资有关的事项中,价值获取意味着使用公共融资来发展基础设施,是指以提高一个城市的整体价值和相邻商业地产的价值。

"公允价值"是根据一个国家的标准会计惯例对企业资产(和负债)进行的财务报告评估,通常用于评估销售、合并和收购中的价值。国际财务报告准则基金会(IFRS 基金会)是一个非营利的行业标准组织,定义了全球公认的会计准则,并作为 IFRS 准则发布。IFRS 准则第 13 号将"公允价值"定义为"在计量日市场参与者之间的有序交易中,出售资产或转移负债所收到的价格(退出价格)"。

"市场价值"是一个公司在当前市场条件下价值的决定因素。"市场价值"是资产在市场上的估计价格,或第三方为获得企业,或其他资产中的款项而支付的价格,这些市价以换取其股票或证券。

我们现在对"价值"这个术语有了广泛的理解,因为它适用于企业和其他资产的所有权。但是"价值"这个术语也可以有一个语境含义,用来标识特定业务关系的重要性,比如"价值链"和"价值网络"。

8. 从业务关系的语境中看待价值

在企业资产所有权方面的价值概念的使用非常直截了当。人们和企业投入时间、金钱和资源来提高他们的企业资产价值,但企业也通过利用与供应商和其他合作伙伴的关系来获得价值。

在通用的意义上,所有外部合作伙伴都提供产品或服务来支持另一个实体的业务目标,尽管双方都从这种合作关系中获得了价值。但是,我们需要在这里再次认真定义合作伙伴关系的类型,以了解每种关系提供的价值。例如,一个企业可能由供应商向他们交付用于生产产品所需组件和物料,然后他们为消费者交付产品。其他合作伙伴可能会分销或重新命名其他公司的产品。这些关系有多种变体,如分销、增值分销商(VAR)和原始设备制造商(OEM)。

分销商作用就像一个零售店,购买产品,然后转售给客户。零售合作伙伴可以是传统的实体公司、在线分销商或混合型企业。

VAR 是通过定制或服务来提高其他公司产品价值的公司。例如,休闲车(RV)制造商通常从一个或多个主要汽车和卡车制造商处购买了卡车底盘、发动机和轮胎。然后增加车身和内部装饰,使车辆适合露营。VAR 还可以围绕其他公司的产品提供服务,例如安装和配置服务、咨询、故障排除、维修或客户支持。

OEM 公司通常采用另一家公司的产品,重新命名并以其公司的名义销售原始产品。OEM 还可以提供产品和服务扩展,类似于 VAR 类型业务的 VA 关系。不管怎样,OEM 获得了主要制造商的额外权利,将其产品重新命名为他们自己的产品。

9. 将业务关系建立为价值网络

价值网络包括任何一组相互关联的组织或个人,他们以整合和协作的方式开展工作,使整个团体受益。以业务为导向的价值网络帮助成员买卖产品、组织和分配工作以及共享信息。虽然有许多类型的价值网络关系,但它们都可以归为两大类:内部价值网络和外部价值网络。

内部价值网络包括组织内部通过合作来实现共同或强化目标的人员。这些内部价值网络通常在既定业务流程或价值流的范围内工作。业务流程和价值流都描述了结构化的工作方法。术语"业务流程"往往与传统的跨职能和官僚化的组织结构相关联。本书后面的内容提供了关于精益生产和价值流主题的更多细节。我们暂时把价值流看作一系列的活动,这些活动交付符合客户需要的产品和服务。精益生产则是一种改善价值流动产品和信息流动的方法。

通常,一个组织会扩展多个小型敏捷团队,以集成、协调和同步的方式开发和交付大型产品,这是内部价值网络的另一个范例。敏捷团队也可能采用精益产品开发概念,通常被称为精益—敏捷方法论或框架。

外部价值网络则描述了第三方的跨组织互动,这些第三方位于主要业务实体的边界之外,但有助于其成功,即外部价值网络在支持或受益于主要业务实体的目标方面具有共同利益。在这种情况下,外部价值网络包括代理人、业务伙伴、客户、顾问、产品的用户、利益相关者、供应商以及参与增值关系的任何其他个人或实体。

内部或外部价值网络通过其关系、跨职能或以价值流为导向的流程,以及它们在企业中相对于产品和服务的特定角色来创造价值。这种关系必须是互利的,价值网络中的各方都从他们的关系中获得价值。如果不是这样,网络就无法满足他们的目标和期望,关系通常会变得混乱。在极端情况下,网络会崩溃,参与者将退出他们的业务或雇佣关系。

此外,价值网络中的参与者必须履行他们自己在交易中的义务。无效的参与者会削弱整个网络,其他人必须介入以填补空缺——假设这是有可能实现的。另一方面,拥有价值网络的一个好处是,参与者可以提供资源、技能、经验和冗余,介入并帮助较弱的因素加快速度或克服其局限性。

本节总结了我们对价值网络的讨论。在下一节中,我们来讨论称为价值链的补充概念。价值链描述了公司为其产品和服务增加价值的活动,而不是将 VA 关系视为网络。

10. 建立作为价值链的业务关系

价值链是公司为其产品和服务增加价值的过程或活动。价值链包括产品生命周期活动,涵盖产品构思、设计、原材料接收,以及在更精细的层面上通过生产流程增加附加值。价值链流程还包括推广产品、接受订单,以及将产品销售给消费者。

Michael Porter 在他的著作《竞争优势:创造和保持卓越绩效》(1985)中提出了"价值链"这个术语。波特从以下 5 个方面描述了增加价值和竞争优势的主要价值链活动:

内部后勤:接收、储存和处理原材料和库存。

生产经营:将原材料转化为产品。

外部后勤:向客户分配产品和服务。

市场销售:包括广告、促销和定价策略,以及管理所有销售渠道(在线、内部直销、外部直销、通过分销合作伙伴的间接渠道)。

服务:这些有助于维护产品和改善消费者体验,包括客户支持、产品维护和维修、退款和换货。

价值链分析提供了一种利用价值链获得竞争优势的策略。价值链分析评估将产品或服务的投入转化为特定客户类型的产出所涉及的活动。价值链分析始于识别制造产品所需的每个生产步骤,然后发现提高整个价值链效率的方法。

Michael Porter 的价值链管理(VCM)理论观点支持了传统观点,即利用业务流程、最佳实践、组织资产和人力资源(HR)来实现竞争优势,从而推动市场的进一步增长。Michael Porter 明确指出,他的方法是实施基于活动的理论来推动竞争优势。

尽管 Michael Porter 的方法听起来有点类似于精益开发的概念,但其定位与精益最初对客户的关注是相反的。Porter 提倡一种比竞争对手更便宜、更快地制造和交付产品的策略,在他看来,这种策略会自动推动新客户和增长。然而,精益实践者认为,我们首先必须关注客户需求,然后再细化活动以交付客户所需——否则,我们将错失良机。

既然我们已经提出了这个观点,那么我们就从客户的角度来探讨一下价值问题。

11. 定义客户价值

客户价值是产品或服务的最终客户获得的价值。在上一节中,我们了解到精益开发策略强调评估活动以增加价值,并消除那些不增加价值的活动。

说到底,精益开发战略是有意义的,因为最终客户是价值意义的唯一仲裁者。顾客从实用性或有效有用性、质量和利益方面感知价值。我们满足客户需求的能力是客户满意度的决定性因素。

但是衡量顾客价值是件棘手的事情。如果我们的所有顾客都看重同样的方面,那就可以无须担忧了。在这个同质化的世界里,我们只需要生产一种产品,成为最高效的生产商即可。当然,我们还必须在营销、销售、交付和支持流程方面具有竞争力。这样的市场支持 Michael Porter 的观点,即利用价值链创造竞争优势。但这不是我们生活的现实世界。相反,客户在他们喜欢的特性和功能方面有不一样的预算和各式各样的需求。在传统的大规模生产模式中,营销和销售组织试图通过告诉客户他们应该喜欢他们的特定产品和服务的哪些部分来影响客户行为。这种策略使生产商能够依循 Michael Porter 关于改善价值链的指南去行动。

这种策略可能会在一段时间内奏效,但只会在其他竞争对手开始询问客户想要什么,然后提供更好的产品时失效。因此,以客户为导向的价值交付策略必须不断改进发展。到 20 世纪 80 年代和 90 年代,客户关系管理(CRM)和精益开发策略成为主流做法,重点是调整产品开发和交付工作,以满足大众市场及有利可图的利基市场的客户需求。

精益制造,也称为精益生产,是最初源自丰田运营模式的生产方法的现代实例,被称为"丰田方式"和丰田生产系统(TPS)。精益一词并非来自丰田,而是由 John Krafcik 于 1988 年创造的,当时他在 James P. Womack 的指导下学习管理和执行研究。Krafcik 的研究是麻省理工学院(MIT)为期 5 年的汽车未来研究的一部分。Krafcik 的研究生成了《改变世界的机器》一书中引用的许多数据(Womack,Jones,Roos;1991)。但正是 Womack,Jones,Roos 的书阐明了精益制造的概念,并引入了"精益生产"这个术语。

James P. Womack 和 Daniel Jones 定义的精益概念包含 5 个基本原则,概括如下:
- 精确指定特定产品的价值。
- 识别每个产品的价值流。
- 让价值流动不受干扰。
- 让客户从生产商那里拉取价值。
- 尽善尽美。

CRM 是一种以数据为中心的方法,用于管理信息以及与客户和潜在客户的互动。具体来说,CRM 方法和软件工具将数据分析技术应用于客户数据,以更好地了解他们与公司的历史,并改善客户关系。CRM 主要是一个面向营销的功能,支持他们提高客户留存率并推动新的销售增长。

有了 CRM 和精益,组织就有了工具,可以从客户的角度确定价值的含义,然后调整组织活动和资源以实现价值。其他一些方法和工具有助于确定客户对价值的看法,例如,营销和产品管理职能部门可以开展焦点小组,并发起调查以收集客户数据。反过

来,这些数据有助于支持跨技术的分析,例如:

(1)客户的声音:这个术语用来描述获取客户的期望、偏好和讨厌物品的过程。

(2)客户效用图:是一个由 6 个效用杠杆组成的图,针对不同的买家体验周期的 6 个阶段,为买家提供卓越的效用。

(3)卡诺(Kano)模型:一种对新产品和服务的 5 个客户需求(或潜在特性)进行理解、分类和优先排序的方法。

(4)客户旅程地图:是一个图表,说明客户与公司互动的步骤,可以是实物产品、在线体验、零售、服务或组合。

(5)同理心地图:是用户体验(UX)设计师用来理解用户行为的一种方法,也可以直观地将发现传达给其他相关人员,以提供获得对潜在用户的共同理解。

(6)客户价值管理(CVM):是一种评估组织产品和服务感知价值的方法,指根据收益、功能和性能对价格、成本和利润率进行价值评估。

这一小节我们总结了对价值的各种定义的讨论,以及为什么从客户的角度来看,产品和服务必须始终如一地提供价值。我们还了解到 CRM 方法和工具以及精益实践如何帮助我们发现并向客户提供价值。但是一个商业实体如何了解他们的价值主张是否可行? 这是下一节的主题。

1.2　开发价值主张

Michael J. Lanning 在他发表的著作中创造了价值主张一词,该著作与他在麦肯锡公司担任顾问的工作有关。他的工作开创了根据客户需求开发企业战略、目标和业务能力的概念。Lanning 在他的书《交付盈利价值:加速增长、创造财富和重新发现商业核心的革命性框架》(Lanning,1998)中概述了他的概念。

Lanning 从客户体验的角度看待价值,因此将术语"价值主张"定义如下:

一个组织在某个时间范围内向一组目标客户提供的结果体验(包括价格)的组合,作为这些客户购买/使用或以其他方式做组织想做的事情的回报,而不是采取一些竞争性的替代方案。

也就是说,术语"价值主张"意味着一种明确的关系,即目标客户从组织提供的产品和服务中获得体验,尽管受到既定时间框架的限制(即,价值可以而且确实会随着时间而变化)。该术语还设定了客户必须购买、使用或以其他方式做交付组织想要的事情,而不是选择竞争选项。竞争选项不仅限于客户购买竞争对手的产品或服务,客户可以选择什么都不做,或者用他们的内部资源创造想要的体验。

还要注意的是,价值主张的定义并没有直接说明其作为营销和销售沟通工具的用途,尽管许多人从这个角度看待该术语的相关性。由于客户重视他们从使用组织的产品和服务中获得或者没有获得的体验,因此关键问题是要确保组织协调一致地提供所需的体验,而不仅是推广可能相关或不相关的特性或功能。

　　然而,术语"价值主张"通常被市场营销和销售专业人员在有限的语境中用作如何有竞争力地定位商业产品或服务的陈述。但这种有限的关注忽略了 Lanning 主要关注的重点,即让组织与其企业战略保持一致,以交付盈利价值。从这个角度来看,组织中的每个人都在交付盈利价值中发挥着作用。

　　这并不意味着营销人员不该使用价值主张来恰当地传达其组织的价值,也不意味着销售人员不该使用价值主张来确保他们向正确的客户销售正确的体验,但我们可打个比喻来说,如下两个问题是一个组织必须首先解决的:

　　(1) 谁在驾驶这艘船?

　　(2) 其他船员上船了吗?

　　本书后面的内容介绍了价值流图技术,用来识别和消除组织价值流活动中的所有形式的浪费。但是,从增值(VA)的角度来看,价值流团队如何知晓他们需要将他们的活动与哪些结果保持一致呢? 这是构建令人信服的价值主张的正确目标,通过回答五个简单的问题即可实现。

1. 通过五个问题调整业务战略

　　价值主张回答了关于组织实体计划如何交付价值的五个关键问题,以下列出了这些问题:

　　(1) 目标市场客户是谁或什么?

　　(2) 价值主张的规划和执行生命周期的范围是什么?

　　(3) 我们希望这些目标市场实体做什么来交换我们提供的体验?

　　(4) 有哪些竞争性的替代品能够帮助客户获得想要的体验?

　　(5) 假设客户按照我们的要求去做,那么与竞争对手相比,客户会得到什么样的体验(包括价格)?

　　作为进一步的说明,Lanning 明确指出,由此产生的体验必须是具体的、可操作的和可比较的。他还指出,获胜的价值主张是一种权衡,因为有些体验不如竞争性备选方案。因此,重要的是优化整体体验。

2. 为组织创建愿景

　　价值主张作为战略文件,有助于集中和整合整体业务,传达其目的。价值主张是领导层作出的选择,与组织战略、目标和使命相一致。最重要的是,价值主张表达了最有利于目标市场的客户愿景。

　　在这种价值语境下,高层领导不负责决定组织必须向客户交付哪些产品和服务,甚至不负责决定如何创建和交付这些产品和服务。因为这些事情是关于面向内部的产品策略,它围绕着领导层想要做的事情而展开。

　　然而,答案不是把问题反过来,去询问客户您所在组织的价值主张应该是什么。在这种情况下,追随客户的意见可能很快变得徒劳无益,因为有许多不同的客户,他们有不同的体验偏好,而追随特定的客户偏好可能会不恰当地将组织引向错误的方向,使其无法为更宽泛或更有利可图的目标市场客户增加价值。

下面,我们将学习如何识别客户的需要,把它们放到产品待办事项列表中,并进行排序。就目前而言,理解组织最终必须将注意力转向开发特定的增值特性和功能是非常重要的,但是在组织建立其愿景,并能够通过其价值主张完全表达出来之前就开始这样的投入也是非常危险的。

成功的领导者往往极富创造力,并且经常在客户理解他们需要之前,很久就为他们的企业设想和阐明了一个愿景。典型案例包括 Steve Jobs 和 Bill Gates,他们都看到了将计算机的力量带给大众的机会,分别创立了苹果和微软。亚马逊的创始人 Jeff Bezos,设想了一个在线零售书店,以改变读者评论和购买书籍的方式。最终,Bezos 极大地改变了客户的零售体验。一旦他成功地找到了图书的在线零售模式,他就设想将该模式扩展到市场,销售任何产品,在此过程中,他成了世界首富。

Elon Musk 是另一位利用自己的创造力和才华定义多种市场机会的商业领袖。例如,他成立了特斯拉公司(Tesla,Inc.)来大规模生产电动汽车,成立了 Boring 公司来建造地下隧道,以改善交通拥堵问题,成立了 SpaceX 公司来建造用尾部着陆的可重复使用的火箭飞船。

需要注意的是,Elon Musk 并没有试图将所有这些独特的价值主张融合到一家公司中。具有多种价值主张的组织应该在不同的产品线之间建立足够的隔离,以避免让他们的客户感到困惑。

组织可以使用部门、事业部或公司来隔离产品线。产品线隔离的程度主要取决于它们的价值主张之间的差异。一般,根据价值主张适当区分产品的原则适用于数字和物理产品。

3. 交付价值

在上一节中我们了解到,成功的首席执行官富有创造力,通常会在潜在客户发现他们的需要之前就设想出新的产品创意。然而,提出一个创造性的想法仅仅是开始,该组织的领导者们要通过回答之前识别的五个问题来共同完善最初的愿景。

在此过程中,领导者们深思熟虑,并在价值主张文档中阐明他们的共同愿景。最后,价值主张定义了组织所处的业务和他们的潜在客户是谁,以及企业必须提供哪些类型的体验才能获得客户。

Michael J. Lanning 的书名是《交付盈利价值》。组织只有在获得足够的投资回报(ROI)来证明投资的合理性时才能生存。没有足够的资金,企业是不可持续的,因此利润目标是显而易见的。剩下的部分,交付价值,也同样关键。交付价值的能力是盈利的基础。

在价值主张的语境下,Lanning 为价值和价值交付提供了一组扩展的定义,如下所述:

(1)价值:与其他选择相比,客户在某种体验中感受到的净期望值——这些顾客愿意为其支付相应的费用。

(2)价值交付:选择、提供和传达一些结果体验,包括价格。

(3)价值交付链:与业务相关的实体,包括供应商、中介机构、主要实体、客户和线下实体,这些实体被理解为向彼此交付价值,是一组相互关联的关系。

(4)价值交付重点:从选择、提供和向潜在客户传达一系列期望的结果体验的角度理解业务。

(5)价值交付框架:在价值交付链的语境下理解的主要的和支持性的价值交付系统(VDS)的一整套问题和相应的行动。

(6)价值交付选项识别:探索一个市场空间,以发现与传统市场细分相比,哪一个主要 VDS 是可行的。

(7)价值交付系统(VDS):端到端(E2E)业务系统协同工作,并作为一个社区交付完整的价值主张。

本节总结了我们对价值主张的讨论,下面将介绍如何从敏捷、精益、VSM 和 De-vOps 语境中了解价值。但是在我们开始这些话题之前,我们需要快速浏览一下与创造价值相关的传统商业概念。

1.3　创造价值

本书谈的是关于价值创造和一个组织按需、高效、持续地创造价值的能力。最重要的是,我们交付价值的努力必须与客户的观点保持一致,即在他们与我们的组织以及我们的产品和服务发生关系时,什么可以为他们的体验增加价值。

通常针对术语"价值创造"的定义比较宽泛,我们需要理解人们在使用这个特定术语时的意思。用最简单的表达方式来说,价值创造就是创造比投入更有价值的产出的任何过程或活动。

输入—转换—输出过程(也称为输入—处理—输出模型 IPO 模型)包含一个功能图,该功能图显示输入、输出以及将输入转换为输出所需的处理任务。图 1.2 对此进行了说明:

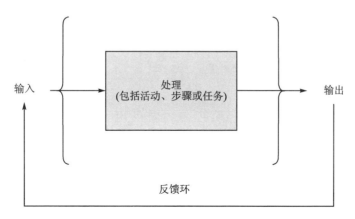

输入

处理
(包括活动、步骤或任务)

输出

反馈环

图 1.2　IPO 模型示例

"输入"表示从外部来源流入过程的信息和物料。处理步骤包括将输入转化为有价值的东西所需的所有活动(步骤或任务)。"输出"是从转换过程中流出的增强数据和物料。

图 1.2 所示的 IPO 图展示了价值增值的活动。增值过程增加了商品和服务的价值,进而提高了企业的价值。价值转换过程只有在客户足够渴望获得产出的情况下才能发挥作用。也可以说,是客户创造、传递和获取价值推动了股东价值。

从财务或管理会计的角度来看,我们将"输入"进行转换创建输出,从而在组织的产品、服务和流程的价值链中驱动货币价值。然而,创造价值的财务定义是有限的,不能完全衡量组织内增值的事物,持续不断地创新、人们的劳动和想法以及品牌也很重要。

作为精益—敏捷和 DevOps 实践者,要持续不断地努力创新相关,另外,还要付出劳动力,以从数字化增强的产品和服务中创造价值。此外,产品管理和营销职能部门负责品牌推广,作为其需求创造工作的一部分(即宣传产品的价值主张以创造品牌知名度,从而产生客户购买产品的需求)。

这个简单的 IPO 模型是查看大多数价值流活动的基本图形方法。我们可以把流程功能进行分解,以显示所有相关的活动及其增值的相互关系。

在上一节关于价值主张的内容中,了解到我们的客户基于体验的价值认知会随着时间而变化。因此,价值创造取决于组织按需、高效、持续地创造价值的能力。组织一直处于不断变化的压力之下,面临挑战。

当组织定义了一个新的业务战略和潜在的盈利价值主张时,就会发生宏观层面的变化。这时进行变革要困难得多,尤其是当组织需要从其传统的等级和组织结构中转变时。

这种改变不能仅通过授权来实现,因为如果没有管理层的支持和领导、适当的规划和合理的推进,任何这种模式的业务转型战略都会失败。我们将暂时搁置这个话题,并在第 6 章再来讨论。

在敏捷的价值观和原则的背景下,进行每一次开发迭代,微观层面上的变化是经常发生的。频繁变更之所以会发生,是因为小型的、自治的、自足的团队自动自发地自组织,以交付在计划时间范围内,通常是 1~4 周即可实现的预期增量价值。

此外,在每个迭代结束时,团队要进行回顾活动来评估需要改进的地方,这些改进应该在下一个迭代中开始。

1.4　以精益—敏捷(Lean – Agile)的视角看待价值

1. 理解敏捷的价值观和原则

2001 年,17 名软件开发人员聚集在犹他州的一个度假胜地讨论他们的软件开发观点,研究他们的运作是否有共同点。尽管许多参与者是竞争对手或者持有不同的软件开发方法论,但是他们在价值观和原则上找到了共同点。Jim Highsmith 将他们的结论描述为软件开发中"价值观和文化的混合物"。

敏捷宣言建立了阐明敏捷软件开发方法的 4 个价值观和 12 条原则。

敏捷宣言的基本要素是它的价值观,表述如下:

我们一直在实践中探寻更好的软件开发方法,同时也帮助了他人,由此我们建立了如下价值观:

个体和互动高于流程和工具。

工作的软件胜过详尽的文档。

客户合作高于合同谈判。

响应变化高于遵循计划。

在现代语境中,基于敏捷的软件开发实践有以下共同点:

(1) 迭代和频繁的开发周期。

(2) 增量发布以客户为中心的价值。

(3) 小型的、自治的、自足的团队,它们灵活、适应性强,能够自组织来执行任何相关的工作(也就是说,我们不期望软件开发团队执行市场营销或以销售为导向的工作)。

(4) 与客户频繁互动,以展示新的价值增量,并获得他们的反馈。

(5) 开发人员知道他们可能会失败,但也懂得在简短的开发增量中不出现大的失误。

(6) 频繁回顾以评估需要改进的地方,并在下一次迭代中实施这些改进。

(7) 卓越的技术和良好的设计提高了团队的能力和灵活性。

(8) 团队成员之间的多样性和尊重是作为一个职能团队不断发展和取得成功的关键因素。

除了这些简单的原则,软件开发团队可以自由地使用他们喜欢的任何方法和工具。参与者代表了至少 7 种轻量级软件开发方法。在这 7 种方法中,Scrum 继续成为实现小团队敏捷性的事实标准。

这部分介绍总结了关于敏捷的问题。下面将继续介绍精益开发的概念,特别是它与敏捷软件开发的现代相关性。

2. 回顾精益开发的基础

正如前面"定义客户价值"一节所提到的,精益开发理念最初是在丰田公司发展起来的。丰田毫不吝啬地在其价值链伙伴中分享他们的想法,后来又通过推广一本名为《丰田之道》的小册子,更大范围地与各行各业的制造公司分享其理念。他们致力于帮助他们的价值链合作伙伴,因为这些努力在改善他们的价值流方面获得了回报。

2004 年,Jeffrey Liker 通过 14 条基本管理原则总结了他对《丰田之道》的看法。我还在我的图书 *Scaling Scrum Across Modern Enterprises* 中提供了这些原则的例子。

以下列表简要介绍了每项管理原则:

(1) 精益是一种长期的管理理念。

(2) 专注于建立连续的流动来快速浮现问题,并消除浪费。

(3) 根据需求使用拉式方法处理输入的订单和物料。

（4）消除所有形式的批处理过程。

（5）第一次就把事情做好，出现问题就立即停止生产。

（6）将整个价值流的任务和流程标准化。

（7）使用像看板（Kanban）这样的视觉控制方法来避免隐藏问题。

（8）仅使用员工选择的经过全面测试的可靠技术来支持他们的流程。

（9）培养未来的领导者——他们已经理解了工作和组织哲学，并且能够把它教给其他人。

（10）培养优秀的团队和人员。

（11）尊重，并帮助改善您的合作伙伴和供应商扩展网络。

（12）实践现场走动（Gemba）——亲自去看看组织中发生了什么。

（13）缓慢作决定，达成共识，并且只有在仔细调查和深思熟虑之后才作决定。

（14）通过反思和持续改进成为一个学习型组织。

由于这本书是主要讲关于使用精益—敏捷实践来提高一个组织在数字经济中的竞争地位，让我们继续讨论精益软件开发实践。

3. 实施精益软件开发实践

Mary Poppendieck 和 Tom Poppendieck 在他们 2003 年写的同名书中创造了"精益软件开发"这个术语。他们的书是第一个广泛推广的将传统精益开发实践应用于软件开发的例子。除了在软件开发中采纳和应用 7 个精益原则，他们还确定了 22 个有助于将精益应用于各种敏捷实践的精益思维工具。

精益原则包括以下内容：

（1）消除浪费：从一项活动中去除任何从客户的角度来看不增值的东西。

（2）强化学习：投入时间和资源进行学习和试验，以改善技能、技术和流程。

（3）尽可能晚地决定，给自己留出选择的余地。

（4）尽快交付，这是通过 SDLC 和运营支持流程的集成和自动化达成的。

（5）授权给团队：让做工作的人尽可能多地作出决定，因为他们是最有知识、最接近工作的人。

（6）内建完整性：构建具有一致架构、可用性和适用性的软件系统，以达到可维护、可调整和可扩展的目的。

（7）看到整体：避免实践的专业化，因为专家往往会围绕他们的特定目标和兴趣来优化系统。

精益和精益软件开发的原则涉及内容太宽泛了，无法在本章深入讨论。让我们继续介绍价值流的概念，它们的目的，它们的类型，以及我们如何定义它们。

4. 通过价值流交付价值

人们很容易将价值流概念与精益中的"价值流图"概念联系起来，但这种联系是不正确的。Martin 在他的书中简要介绍了精益制造的概念，但他把价值流与精益制造关联起来的理念，也适用于围绕客户价值重塑工作流程方面。相比之下，价值流图是一种评估信息和物料流动的可视化技术。我们将在下一小节中更多地讨论价值流图。

Martin 将价值流定义为"为'客户'创造结果的端到端活动的集合,这里的客户可能是价值流的终极客户或内部'最终用户'"。Martin 还指出,价值流必须有明确的目标来满足或愉悦。Martin 引入了价值流作为一种方法,通过以最"简单、直接和专注的方式"开发产品来重塑业务流程以支持客户的需要。

Martin 写这本书时,业务流程再造(BPR)是个主流概念,IT 组织与职能和跨职能的业务组织合作,以简化和自动化关键的业务流程。Martin 敏锐地观察到,业务流程传统上是通过由内部需求而非客户需求驱动的连续变化来演进的。结果,许多业务流程烦琐、低效,而且完全不是以客户为中心的。

Martin 介绍了他的价值流概念,即端到端(E2E)的在活动或任务层面对业务流程的重新设计,旨在创造更好的流动。Martin 指出,太多的业务系统是为了支持当时存在的业务流程而演进的,而那些底层的流程经常是为了支持可疑的议程和目标而演进的。

更好的方法是消除业务流程的概念,让组织将他们的企业重新评估为价值流的集合,所有这些都可能需要再造。这种方法能识别客户重视什么,然后评估组织用于交付价值的活动的集合(即价值流)。其下一步是简化识别的价值流。只有到那时,组织才应该考虑开发信息系统和自动化来支持他们新形成的价值流。

在现代精益—敏捷和 DevOps 环境中,精益—敏捷概念是在 Martin 的书出版后发展起来的。价值流识别和价值流图是精益—敏捷实践者工具包的关键组成部分。

5. 识别价值流

价值流是更广泛的集成业务系统中的组成过程,描述了利益相关者(内部或外部客户)如何从组织中获得价值。业务价值流包括一系列必要的步骤或活动,以在更基本的层面上提供我们的客户想要的产品、服务和体验。

价值流可以支持产品开发和交付活动以及任何其他面向客户的服务。虽然开发价值流可以直接向客户或分销合作伙伴提供产品和服务,但更典型的情况是,他们向运营价值流或者说是面向客户的价值流提供产品和服务。不增加价值的步骤在客户眼中代表浪费,即客户不想为增加浪费而不增值的东西付费。

我们很容易认为我们的客户不会知道这些无关的活动,但在竞争激烈的市场中,大家会很快被那些关注并提供更好的以客户为中心的价值的竞争对手击败。

Lanning 认为价值就是令人满意的客户体验,这一概念为我们定义价值流提供了一个模型。因此,让我们快速了解一下客户通常希望从他们的产品、服务和解决方案提供商那里得到内容如下:

(1)关于产品和服务的信息。

(2)比较信息——来自公司、值得信赖的代表和行业专家。

(3)产品和定价信息。

(4)采购——如何以及在哪里可以获得产品和服务。

(5)简化,可能实时录入的订单入口。

（6）开发的产品具有想要的质量、特性、能力和成本。

（7）产品升级和服务的追加销售可能会让他们的体验更好。

（8）履约——交付的时间和方式由客户来决定。

（9）客户支持——在需要时随时提供；回答他们的问题，并足以解决他们可能遇到的任何问题。

（10）持续的产品维护和增强。

上述内容并不完整，但是一个很好的起点。组织中不同的部门协作定义和创建价值流时，尽管特定的部门可能在定义选定的价值流方面起主导作用，例如，产品管理部门通常在定义目标市场和客户的相关需要方面起主导作用。相比之下，营销部门定义的是创造客户认知所必需的价值流。

6. 绘制价值流图

在上一节中，了解了 James Martin 术语"价值流"的定义，Martin 使用价值流这一术语来阐述围绕客户价值重塑工作流的必要性。

价值流图也称为物料和信息流动映射，是一种精益方法，用于映射和评估产品或服务生命周期中活动的当前现状和期望的未来状态。价值流图提供了一个可视化的工具，来记录和评估从最初的请求到开发和交付，直到到达客户的工作的流动。

信息和物料的价值流图的概念要早于精益，它可以追溯到 1918 年 Charles E. Knoeppel 写的一本书，名为《安装效率方法》。今天，价值流图通常与精益制造和精益软件开发实践联系在一起。

丰田将价值流图作为"丰田之道"的标准实践。Mike Rother 和 John Shook 研究了丰田，然后出版了一本关于他们在这个主题上的发现的书，书名为《学习观察：使用价值流图增加价值和消除浪费》。后来，Mary 和 Tom Poppendieck 在他们的同名书中介绍了精益软件开发相关问题。他们的书使价值流图成为精益社区的主流技术。

本节总结了精益—敏捷概念部分。下一节介绍 VSM 概念、方法和工具，以及价值流图技术，以及如何使用它们来标识价值流的现状、提供价值改进的一个或多个想要的未来状态。在此过程中，大家会发现开发价值流是为运营价值流提供支持的。

1.5　理解 VSM

本书第二部分，提供了与 VSM 相关的方法和工具的全面指导，并介绍了一些领先的 VSM 软件产品。我们还将在第 6 章"启动 VSM 举措（VSM 第 1～3 步）"中介绍基本的 VSM 概念。在我们进入这些主题之前，这一预备章节旨在解释 VSM 在帮助组织实现价值方面的相关性。

1. 在精益基础上进行构建

如果只阅读最近关于 VSM 的文献，可能会认为 VSM 是对敏捷和 DevOps 实践的增强,它仅限于改进与 IT 相关的价值流。这种认知是错误的,因为这些实践起源于精益制造和精益开发战略,而这些战略可以追溯到 TPS 的发展。日本工业工程师从 1948—1975 年就定义了这些实践,作为丰田之路举措的一部分,丰田维护,且继续完善了其精益实践内容。

丰田的精益制造和精益生产开发实践*创造了显著的竞争优势*,在世界范围内开始引起注意。到 1979 年,在 James P. Womack 博士的指导下,麻省理工学院启动了一项为期多年的国际汽车项目(IMVP)研究计划,以研究全球范围内的汽车价值链和精益流程。

1991 年,James P. Womack、Daniel T. Jones 和 Daniel Roos 在一本名为《改变世界的机器:精益生产的故事》一书中发表了他们的工作成果,这有助于使精益生产成为全球主流。虽然他们的工作集中在汽车行业,但作者在书的结语中指出,他们完全期待精益生产成为 21 世纪的全球标准生产体系。

商业实体必须采用精益生产流程来进行有效竞争,同时利用它来提供与我们的数字经济相关的产品。软件业很快就看到了实施精益生产理念的优势。带头的是 Mary 和 Tom Poppendieck,他们写了知名的书(至少在敏捷社区是这样的),名为《精益软件开发:敏捷工具包》。

VSM 是关于改善一个 IT 组织的精益价值流,但并不取代敏捷的价值观、原则和实践。它当前的趋势是将精益和敏捷实践连接成一个集成的策略,VSM 是将它们结合在一起的黏合剂。

2. 基于敏捷进行构建

VSM 不能仅限于实施一个新的敏捷软件开发规程。例如,Dave Thomas 写了一篇题为《敏捷已死》的重要文章,这表明我们已经将敏捷软件交付的概念过度复杂化了。

如果我们接受 Dave Thomas 的"我们已经使敏捷软件交付变得太难了"这一前提假设,那么 VSM 的额外开销和复杂性提供了什么价值呢? 这是一个很好的问题,所以让我们仔细看看 VSM 概念和流程的起源,以及它们如何影响 IT 价值交付组织。

3. 定义 VSM 概念和流程

术语"VSM"并不是作为一个与 IT 相关的首字母缩略词出现的。例如,Peter Hines 等人在他们的著作《价值流管理:供应链中的战略和卓越》(Hines 等人,2000 年)中使用了这个术语。他们的书记录了一个涉及近 20 家制造、零售和服务公司的研究项目。由精益企业研究中心(LERC)开展的这项研究的目的是应用精益生产理念来理解供应链环境中的价值和浪费的。

作者使用术语"VSM"来传达他们的发现,即精益企业必须设置和管理长期存在的计划,以积极和持续地减少其整个供应链价值流中的浪费(Kaizen)。

在其现代语境下,VSM 是一种精益业务实践,以改善软件价值交付和 IT 资源的有效利用。VSM 采用精益软件开发概念,帮助 IT 组织改善内部和外部客户的价值流动。

VSM 的现代语境还集中于使用软件工具和集成平台来改善 DevOps 流水线的流动。然而，采用精益软件开发实践的组织可以在不使用 VSM 工具的情况下实现许多精益生产的改进。永远记住——方法先于工具！

VSM 工具可以对精益价值流改进活动进行集成和自动化，就像 DevOps 流水线对 IT 组织的开发和运营流程进行集成和自动化一样。现代 VSM 工具还可提供指标和分析，以指导改进方案。现代 VSM 工具对整个 DevOps 流水线中的价值流图、度量、监控和分析活动进行集成和自动化。他们还支持所有组织价值流的改进。

不过，在利用这些工具之前，我们需要将我们的基础建立在经过验证的 VSM 方法上。

4. 先学方法再学工具

Don Tapping、Tom Luyster 和 Tom Shuker 在他们的书中将 VSM 描述为一种以数据为中心的分析方法，用于规划和链接价值流举措。

Tapping、Luyster 和 Shuker 的书中将基于需求的拉动、流动和生产均衡的精益开发概念简化为一个 8 步过程，以帮助加速、协调和维持精益开发实践，他们称之为 VSM。在其后来的书中，Tapping 和 Luyster 将他们的 VSM 概念应用于所有的组织价值流，如制造、客户服务、工程、应付款，当然还有 IT。

Done Tapping 和 Tom Luyster 都很热心，允许我们将他们的 VSM 8 步法作为本书的 VSM 基础方法论。这本书应用了他们的 VSM 方法论来改善敏捷团队实施 CI/CD 概念和工具的流动。

他们的 8 个 VSM 步骤如下：

（1）承诺精益。

（2）选择价值流。

（3）了解精益。

（4）映射当前状态。

（5）确定精益度量指标。

（6）映射未来状态。

（7）创建持续改善（Kaizen）计划。

（8）实施持续改善（Kaizen）计划。

请注意，Tapping 和 Luyster 的 8 步 VSM 过程并没有明确地识别 IT 实践——因为 IT 只是精益企业中许多价值流中的一个价值流。另一方面，如前所述，IT 是关键的开发价值流，支持数字经济中几乎所有其他的组织价值流。

这本书的中心前提是，IT 产品需求和产品待办事项可以来自组织中的任何价值流，一些用来支持内部客户的需要，而另一些用来支持外部客户的需要。类似地，在多团队敏捷开发环境中，一些 IT 开发团队可能支持单独的内部或外部价值流。尽管如此，VSM 的基本精益改进理念也是具有普遍性的。

本书第 6 章"启动 VSM 举措（VSM 第 1～3 步）"包含 8 个流程步骤的详细描述，作为包括 IT 在内的整个组织范围内采用精益实践的一般方法。但是下面让我们快速看一下 IT 行业目前是如何看待 VSM 的。

5．在 IT 中实施 VSM

本书第 6 章，"启动 VSM 举措（VSM 第 1～3 步）"，将解释如何在映射当前状态和期望的未来状态之前识别价值流。识别价值流是这两项任务中最具挑战性的，也是最关键的，因为与精益改进相关的内容都是从这里开始。

传统意义上，软件开发团队将功能性和非功能性需求实例化为软件特性和功能。然而，在精益/VSM 模式中，开发和运营团队专注于改进活动，以交付持续的客户价值流动。

在作为价值流运行的软件开发团队中，客户需求不会消失。功能性和非功能性需求，以及 Bug 修复和解决技术债务，都成为开发价值流的输入，而输出是开发的特性和功能。这些都是要记住的重要概念。

在现代语境中，VSM 实施了一些方法和工具，通过优化价值流中的工作流，帮助组织增加向客户提供的价值。此外，VSM 经常采用软件技术来集成工具套件，以形成牢固的 VSM 平台（VSMP）。

行业领先的 VSMP 供应商 Plutora 在他们的文章《价值流管理平台》中列出了帮助组织实现其软件目标的 8 项关键 VSMP 能力，如下所示：

（1）工具集成和互操作性。

（2）公共数据模型。

（3）映射人员、流程和数据。

（4）治理和合规。

（5）价值流关键绩效指标（KPI）数据获取和度量。

（6）数据分析和分析。

（7）仪表板和可视化。

（8）财务和预算。

在本书第二部分，实施价值流管理（VSM）中，您将了解这些 VSM 能力如何帮助组织改善其价值流。下面让我们先来看看行业分析师如何评估这一新兴领域在 IT 方面的重要性。

1.6　看好 VSM 增长前景

应用于软件开发实践的 VSM，尤其是 VSMP 都被认为是新兴的概念。然而，一些领先的 IT 行业分析师，如 Forrester Research，Inc. 和 Gartner，Inc. 认为 VSM 是一个重要的需求，并呈现指数级的增长趋势。

例如，Forrester 为 VSM 定期发布 Forrester Wave，通过分数和权重对领先的 VSM 供应商进行评估。最新版本《Forrester Wave：价值流管理，解决方案，2020 年第 3 季度》对 11 家领先的 VSM 供应商进行了评估。

同样,Gartner 也关注 VSM 行业,Gartner 指出:为了加速开发,并让持续交付客户价值成为可能,组织需要在敏捷和 DevOps 实践方面达到更高的水平。相关领导者和应用领导者必须关注价值流管理,以使流动最大化、提高交付效率和推动创新。

Gartner 列出了其对 VSM 的战略规划假设,如下所示:

(1) 2023 年,会有 70% 的组织使用价值流管理来改善 DevOps 流水线中的流动,从而更快地交付客户价值。

(2) 2023 年,使用价值流交付平台来简化应用交付的比例会从 10% 增长为 40%。

(3) 2023 年,受监管的垂直行业中,60% 的组织会把持续合规自动化集成到他们的 DevOps 工具链中,从而将他们的前置时间至少缩短 20%。

(4) 到 2025 年,60% 的 I&O 领导者将实施混沌工程,以提高价值流流动的弹性和速度,从而将系统可用性提高 10%。

(5) 到 2025 年,20% 的企业将超越 SRE,增加 IT 弹性角色,以改善产品团队和传统灾难恢复之间的弹性态势。

目前,VSM 的使用似乎越来越多,而且会持续下去。下面让我们看一下 VSM 是如何补充 DevOps 实践的。

在本节中,我们将探讨 DevOps 如何支持价值交付。从介绍 DevOps 背后的基本概念,以及它如何帮助实例化实践的一些敏捷的价值观和原则。

1. 在 IT 中交付价值

成熟的 IT 组织可应用《敏捷软件开发宣言》中概述的价值观和原则,以提高他们对客户、交付速度和效率的关注。组织不需要集成或自动化其基于敏捷的 SDLC 和运营为导向的流程来实现显著收益,这样做的组织也可以迅速加快交付新价值的步伐。

此外,通过改进开发和运营之间的沟通和集成,IT 组织将获得更大的收益。来自运营的反馈有助于开发团队创建更具 VA、可持续性和更高质量的产品。另外,协作还帮助开发团队部署更易于部署、配置、安全和在必要时候回滚产品。

将 DevOps 视为 IT 职能的再造并没有错,再造的程度取决于 IT 组织的当前状态。那些仍在实践传统瀑布型实践的组织,比那些实践基于敏捷的方法(如 Scrum 或极限编程(XP))的组织,更需要进行重大的变革。从实践的角度来看,基于敏捷的方法已经将传统的 SDLC 过程从线性顺序的开发生命周期过程再造为迭代和增量的开发周期。

瀑布和敏捷的单个活动看起来有点相似。例如,这两种方法都包括以下类型的工作:

(1) 规划。

(2) 需求收集和分析。

(3) 设计和架构。

(4) 开发。

(5) 测试。

(6) 客户评审和验收。

(7) 产品发布和部署。

瀑布将跨单个项目的这些活动视为线性顺序和计划驱动的过程。传统模型延长了交付前确定价值的总前置时间,这通常会在查找和修复 Bug 时产生大量问题。延迟交付可能会有效地交付客户以为他们想要的东西,但实际上不会在交付时提供他们真正需要的东西。在添加新的增强功能和修复产品缺陷(之前未识别的客户需求)之前,组织必须证明、资助和启动新项目,这通常会将新工作推到下一个财政年度。到那时就已经太晚了。

相比之下,敏捷将 SDLC 活动视为一个循环过程,这个循环过程直到持续开发的投资回报不再支持增加新价值的成本时才会停止。基于敏捷的实践在多个迭代开发周期中以频繁和重复的模式增量地发布新的价值。短的交付周期使得测试之间的代码很少,使得错误和缺陷更容易被发现和解决。频繁的客户评审和团队回顾有助于确保团队持续关注客户的当前需要、优先级和改进要求。

尽管敏捷宣言提到了 CD 概念,但它并没有推广集成或自动化策略。这些想法是后来出现的。相反,《敏捷宣言》提到了在开发职能中改进协作和沟通。DevOps 最初是作为一种策略来改进开发团队和运营团队之间的协作和交流。在当前的形势下,DevOps 通过整个 IT 的协作、集成和自动化来推广 IT 敏捷性,从而快速交付客户价值、更高的质量和更少的压力。

2. 自动化 IT 价值

DevOps 是以两种重要的方式扩展了敏捷模型的。首先,DevOps 超越了传统的 SDLC 流程,将 IT 运营中的活动和人员联系起来。其次,DevOps 与 CI 和自动化能力同步发展,进一步加快了从构思到价值交付的前置时间,同时提高了交付质量。

业务流程改进(BPI)和 BPR 专家都知道,在分析和实施所需的流程改进之前,自动化关键业务流程是没有意义的。理想情况下,组织采用精益方法来映射当前的现状和期望的目标价值流,以确定新流程为什么样,然后执行工作,以实现期望的转变。

有一个格言:自动化一个有缺陷的过程只会让它更快地产生一个糟糕的结果。换句话说,如果组织没有交付价值,那么过程自动化将会更有效、更迅速地产生错误的结果。因此,自动化一个有缺陷的过程只会更快速地造成更多的浪费。

因此,在任何 IT 组织尝试集成和自动化其 SDLC 和运营活动之前,首先需要了解需要解决哪些问题。我们将在下一节讨论这些问题。

3. 跨 IT 开发和运营部门的协作

从概念上讲,DevOps 最初只是作为一种策略来改进 IT 开发和运营团队之间的协作。这种协作帮助开发团队看到了运营团队在部署他们的产品时所面临的问题。

如果没有适当的协作,工程和测试环境可能无法充分模拟生产环境,从而导致一系列问题,例如:

(1)生产环境配置说明可能不充分。

(2)测试可能没有安装与生产环境相同的应用程序,因此很难看到配置、应用程序编程接口(API)和集成冲突。

（3）工程和测试环境中的性能测试可能无法充分评估生产环境中遇到的负载和压力。

（4）在工程和测试环境中开发的回滚和故障转移指令在生产环境中可能无法正常工作。

（5）开发团队可能没有充分关注生产环境中的安全问题。

（6）运营团队缺乏一种实用的方法来表达他们的关注，并使他们的需求成为开发团队的优先事项。

（7）运营部门通过其服务台和客户支持职能，对客户问题和期望的改进有最直接的理解。

实际上，IT 开发团队必须既要支持内部客户，还要支持外部客户。然而，当开发团队只关注外部客户时，他们没有意识到累积重要的技术债务严重影响了运营团队。

既然我们已经识别了开发和运营之间的沟通和协作问题，以及开发有两种客户（内部和外部）的事实，我们就可以识别典型的 IT 价值流了。所以，这是下一节的主题。

4. 定义 IT 价值链和价值流

IT 组织可以自由地以他们选择的任何方式定义 IT 价值流，只要他们识别内部和外部客户，并花时间组织和评估他们的活动，以最大化以客户为中心的价值。VSM 从价值的角度提供了映射现状和目标流程的详细说明，然后根据组织改进目标监控和分析交付绩效。

另一方面，IT 组织不必从零开始，例如，Open Group 提供了其 IT4IT 参考架构（即 IT for IT），作为管理 IT 业务的标准参考架构和基于价值链的运营模型。Open Group 赞同 Michael Porter 对价值链的定义，认为价值链是一套完整的主要和辅助活动的分类方案，有助于创造市场产品的净价值的生命周期。在 Open Group 的术语中，IT 组织是一个价值链。

在这种情况下，Open Group 定义了价值流，描述了 IT 价值链中离散区域的关键活动。随着 IT 产品或服务在其生命周期中的发展，价值流活动在 IT 产品或服务中创建新的净值单位，即一个序列中的每个价值流活动都是增值的。否则，活动就不应该存在，或者至少不应该以当前的形式存在。

IT4IT 定义了 4 个主要的 IT 价值流，概述如下：

（1）战略到投资组合：推动 IT 投资组合到业务创新。

（2）需求到部署：在业务有需要时，构建业务所需的内容。

（3）请求到履行：编目、履行和管理服务的使用。

（4）检测到纠正：预测，并解决生产问题。

5. 加速敏捷性

敏捷开发的宣言原则是敏捷过程无限地、持续地促进可持续开发。然而，现实情况是，这些目标很难实现。客户的迫切需求似乎总是超出团队的承受能力，团队感受的是来自高管、营销和销售人员的压力，要求他们立即交付所有产品。这些压力不会随着敏捷而消失。

可以肯定的是，当开发团队增量地交付客户想要的价值时，并且当客户可以从他们的高优先级请求中看到相应的结果时,他们看起来就像是英雄。尽管如此,前面的描述句子仍然有效:"客户似乎总是有超出团队承受能力的更迫切的需求。"

成熟的 DevOps 环境中采用的集成和自动化功能大大加快了交付速度。在他们的书《加速:构建和扩展高绩效技术组织》中,作者(Forsgren,Humble 和 Kim,2018 年)使用 DevOps 功能的高绩效 IT 开发团队的指标与不使用 DevOps 功能的低绩效团队的指标进行了比较。结果令人震惊,正如我们在这里看到的:

(1) 代码部署频率提高了 46 倍。

(2) 从提交代码到部署的前置时间加快了 440 倍。

(3) 从停机中恢复的平均修复时间(MTTR)快了 170 倍。

(4) 变更失败率降低了 5 倍(变更失败的可能性为 1/5)。

关于 DevOps 的基本机制,第 5 章"通过 DevOps 流水线驱动业务价值",介绍了开发 CI/CD 和 DevOps 流水线的复杂性和挑战。然后,在"安装 DevOps 流水线——在我们的数字经济中竞争"中,我们将深入探讨开发 DevOps 流水线的 4 种策略。

学习了关于加速敏捷性的讨论,下面,介绍 VSM 和 DevOps 为什么以及如何成为互补的实践。

1.7   集成精益、敏捷、VSM 和 DevOps

到目前为止,我们已经了解了敏捷的价值观和原则、精益生产实践以及 VSM 和 DevOps 的协作、集成和自动化能力,这些都支持组织的主要目标:交付以客户为中心的价值。作为一名精益—敏捷实践者,您应将这些概念和能力融会贯通,无缝衔接。

Digital. ai 的第 14 份年度敏捷状态报告(2020)发现,75% 的 IT 受访者将 Scrum 或混合 Scrum 作为他们首选的基于敏捷的框架,35% 的受访者将规模化敏捷框架(SAFe)作为他们首选的基于精益敏捷的框架。

与此同时,实施 DevOps 能力越来越被重视,高绩效者指标表明,有效掌握 DevOps 的组织比不掌握 DevOps 的组织具有显著的竞争优势。

相比之下,VSM 仍然是一种新兴的实践方法,目前,它正在迅速发展,并被整个 IT 行业所接受。鉴于精益生产理念在制造业和服务业的大规模成功,VSM 背后的基本精益理念支持 IT 行业持续采纳这一成功应用的观点,因为 IT 价值流必须与更广泛的精益企业的价值流保持一致,并为其提供支持。

Lizz Corrigan 在她的博客中的观察如下:

"在 DevOps 环境中,VSM 和精益方法论被选用于特定的行动,例如在团队之间转移工作,以创建有形的交付成果和事件报告。DevOps VSM 是 IT 和业务如何构建、部署和管理工作流的统一可视化表示。它应该从 SDLC 开始,贯穿经过质量保证和发布/运营活动。"

简而言之,VSM 提供了基础框架,指导和监控通过 DevOps 流水线的新需求。您应该对如何将这些能力联系起来,为跨 IT 开发和运营职能组织和加速以价值为导向的工作有较深入的了解。

1.8 小 结

在本章中,我们学习了为什么在实施敏捷、精益、VSM 和 DevOps 实践以获得它们的全部优势时,价值的概念是至关重要的。还了解了价值是期望的客户体验的一种表达。

当前的 IT 方法论经常使用"精益—敏捷"这个术语。然而,精益和敏捷是互补的概念,这两种实践的融合有助于 IT 组织快速、高效、高质量地交付 VA 产品。

VSM 通过集成和自动化价值流识别、映射、分析、度量和监控能力,在 IT 领域实施精益实践,以支持端到端的 E2E 产品生命周期的价值交付,DevOps 有助于加速价值的交付。

本书第一部分,主要介绍了 IT 专注于价值交付,后续章节介绍使用价值流图评估当前和期望的未来状态变化以改善价值流的指导等。然后介绍如何使用 VSM 能力来支持、分析和监控你的价值流改进活动。最后,还会学习为什么 DevOps 是快速、高效和经济地实施支持价值流改进的数字应用的关键推动者。

1.9 问 题

(1) 最初数字经济一词描述了电子商务视角下的 IT 应用。在现代背景下,还有哪些因素构成了我们的数字经济?

(2) 为什么语义问题在信息科学中如此重要?

(3) 什么是价值主张?

(4) 谁负责传递组织的价值主张?

(5) 为什么重视价值很重要?

(6) 价值流的定义是什么?

(7) 关注特性和功能与关注价值流有什么区别?

(8) 在现代 IT 环境中,VSM 的目的是什么?

(9) 在 IT4IT 参考体系结构中,IT 价值链中与 IT 相关的 4 个价值流是什么?

(10) DevOps 能力的实施在现代 IT 组织中扮演哪两个角色?

1.10 扩展阅读

- Krafcik,J. (1988). Triumph of the Lean Production System. Massachusetts Institute of Technology (MIT). Sloan Management Review. Vol 30,Number

1. https://www.lean.org/downloads/MITSloan.pdf. Accessed November 16, 2020.

- Womack, James P., Jones, Daniel T. (1996, 2013). Lean Thinking: Banish Waste And Create Wealth In Your Corporation, Simon and Schuster, ISBN 9781471111006.

- Womack, James P., Jones, Daniel T., Roos, Daniel (1990). Machine that Changed the World. New York: Rawson Associates, ISBN 9780892563500.

- Poppendieck, Mary, Poppendieck, Tom (2003). Lean Software Development: An Agile Toolkit. Addison Wesley, Boston, MA. ISBN 0-321-15078-3.

- Rupp, Cecil G. (2020). Scaling Scrum Across The Modern Enterprise. Implement Scrum and Lean-Agile techniques across complex products, portfolios, and programs in large organizations. Packt Publishing. Birmingham, UK.

- Liker, Jeffrey K. (2004). The Toyota Way: 14 Management Principles from the World's Greatest Manufacturer. McGraw-Hill. ISBN 978-0-07-139231-0.

- Rother, M., Shook, J., (1999). Learning To See: Value Stream Mapping to Create Value and Eliminate Muda, Brookline, Massachusetts: Lean Enterprise Institute.

- Martin, K., Osterling, M. (2014). Value Stream Mapping: How to Visualize Work and Align Leadership for Organizational Transformation. McGraw-Hill. New York, NY.

- Tapping, D., Luyster, T., Shuker, T. (2002). Value Stream Management: Eight Steps to Planning, Mapping, and Sustaining Lean Improvements. (Create a Complete System for Lean Transformation!) 1st edition, Productivity Press, New York, NY.

- Tapping, D., Luyster, T., Shuker, T. (2003). Value Stream Management for the Lean Office. Productivity Press, New York, NY.

- Hines, P., Lamming, R., Jones, D., Cousins, P., Rich, N. (2000). Value Stream Management. Strategy and Excellence in the Supply Chain. Pearson Education Limited. London, England.

- Forsgren, N., Humble, J., Kim, G. (2018). Accelerate: Building and Scaling High Performing Technology Organizations. IT Revolution. Portland, OR.

第 2 章　基于精益—敏捷进行构建

IT 行业不断发展,直到可以更快速、更高效、更高质量地交付以客户为中心的价值。尽管很多改进的理念,比如敏捷和 DevOps,都直接来自软件行业,然而,精益、系统思考和价值流管理都起源于软件行业之外,凑巧的是,所有这些实践又都是软件、数字产品和服务交付行业的主流方法。

虽然本书讲的是关于应用 VSM 和 DevOps 实践来加速数字价值交付的知识,但每个组织都必须建立基本的基础实践。具体来说,IT 组织需要在敏捷、精益和系统思考实践坚实的以价值为中心的基础上建立其 VSM 和 DevOps 能力。

本章将帮助精益—敏捷实践者理解如何建立这个集成的基础,您将学会敏捷和精益实践如何协同工作来交付以客户为中心的价值。

本章将讨论的主要内容如下:

- 灌输敏捷的价值观和原则。
- 获得利益相关者的支持。
- 实施有用的度量指标。
- 通过精益思想改善 IT 流动。
- 消除软件开发中的浪费。
- 建立精益—敏捷的基础。
- 加速整个 IT 价值流的流动。

2.1　灌输敏捷的价值观和原则

在前一章中,了解了敏捷软件开发宣言(也称为敏捷宣言)列出了改进软件交付的 4 个价值观和 12 条原则。如果您是敏捷的新手,可能不知道敏捷不是一个具体的或单一的方法论。敏捷宣言中没有关于如何灌输敏捷价值观和原则的指导,只有对理想结果或目标的描述。

我们也可以从另外一个角度看敏捷宣言价值观和原则,即它们是"being Agile"而不是"doing Agile"的概念。也就是说,虽然我们可以做很多事情来提高软件开发的敏捷性,但是敏捷宣言并没有提供任何"do Agile"的规范性指导。

我在我的上一本书 *Scaling Scrum Across Modern Enterprises* 中介绍了敏捷的历史以及业界领先的敏捷和精益—敏捷方法论。本书里小团队层面的领先敏捷方法论是 Scrum——包括几个混合版本,使多个团队能够协同工作。

相比之下,领先的多团队精益—敏捷方法论是 Scaled Agile Inc. 公司的规模化敏捷框架(Scaled – Agile Framework,SAFe)。另一个好的精益—敏捷方法是项目管理协会(PMI)提供的规范敏捷。在本章后面的"创建精益—敏捷的基础"部分,将介绍精益—敏捷实践如何扩展迭代和增量开发的基本敏捷实践。

理解 VSM 和 DevOps 是建立在敏捷和精益的概念上是很重要的。因此,在实施 VSM 和 DevOps 采用的流程整合和自动化能力之前,组织必须建立敏捷和精益实践的基础,并允许企业或团队围绕这些实践演进。

将有缺陷或实施不佳的流程进行集成和自动化,只会让有缺陷的流程加速产生不良结果。不良结果包括构建具有客户不想要的特性和功能的产品,交付质量低劣的产品,交付有 bug 和缺陷的产品。如果不对底层的开发和运营流程进行再造,集成和自动化也不会解决这类问题。

敏捷和精益—敏捷方法论都是通过它们实施的实践来灌输敏捷的价值观和原则。然而,领导支持的规模和层级决定了哪种敏捷方法论最合适,且能支持软件开发团队或项目群的需要。在下一节,我们将花点时间快速回顾领先的 Scrum 和精益—敏捷方法论。

1. 领先的 Scrum 和精益—敏捷方法论

实际上没有什么能解释一个组织不在运营中变得敏捷和精益,另一方面,如果有经验证的方法能够帮助指导其工作时,为什么要从头开始呢? 那么问题就变成了,什么方法论和实践最适合一个组织?

Scrum:开发于 20 世纪 90 年代,Ken Schwaber 和 Jeff Sutherland 在 2010 年以《Scrum 指南》的形式将他们的 Scrum 框架确定下来。Scrum 实现了一个基于经验主义的框架——该理论认为所有的知识都来自使用我们的感官(即视觉、听觉、触觉、味觉、嗅觉、空间感等等)进行观察所获得的经验。经验主义者重视循证知识,这些知识是从经验、观察,以及通过试验(即科学方法)测试假设过程中获得的。

Schwaber 和 Sutherland 持续更新《Scrum 指南》,最新版本于 2020 年 11 月发布。他们的最新版本宣称 Scrum 的基础也包括精益概念。然而,他们在之前版本的《Scrum 指南》中并没有做出这样的声明。他们在最新的书中对精益的讨论仅限于"精益思想减少浪费和关注本质"。

简而言之,Scrum 框架将迭代冲刺作为一个容器来实现其他实践和活动,所有这些都用敏捷的方式执行,从而在短而频繁的时间间隔内交付增量价值。容器的概念是必不可少的,因为 IT 行业使用了无数的科技、方法、工具和技术。试图使用单一的敏捷方法论强制形成一个特定的开发策略是没有意义的。相反,Scrum 框架指导团队以敏捷的方式使用他们喜欢的方法和工具,在每个冲刺交付增量价值。

Scrum-of-Scrums:Scrum 最初的扩展是,以"多个团队组成一个大团队"的结构形式实现,在协作的多个团队中应用 Scrum 实践。Scrum-of-Scrums 模型被推广为协调超越 IT 职能之外的小团队的工作,所有团队合作交付同一个产品。

Scrum@Scale:是 Jeff Sutherland 对《Scrum 指南》进行的扩展,它结合最小可行

传统(Minimum Viable Bureaucracy，MVB)通过可无限扩展的架构将基本的 Scrum-of-Scrums 概念扩展到企业范围和整个业务领域。

Nexus 框架：Ken Schwaber(Scrum. org)是对《Scrum 指南》进行的扩展，它设置了 Nexus 集成团队(Nexus Integration Team，NIT)来管理多团队软件产品开发工作中跨团队的依赖，以及集成和同步问题。

LeSS(Large－Scale Scrum，大规模 Scrum)：Craig Larman 和 Bas Vodde 提出的扩展 Scrum 的方法，它包括用来协调多团队活动的两个 Scrum 扩展框架。LeSS 框架围绕特性协调多个 Scrum 团队，而 LeSS Huge 框架围绕需求领域协调活动。这两个框架都支持多团队协作来开发大型复杂的软件产品。

DA(Disciplined Agile，规范敏捷)：一种精益－敏捷的开发方法，它提供了 6 个产品开发生命周期、大量的流程指南和数百种潜在有用的技术。DA 方法允许团队选择他们喜欢的工作方式来支持他们独特的业务、组织需要和情况。DA 最初由 Scott Ambler 和 Mark Lines 开发，2019 年项目管理协会(PMI)收购了他们的公司，并从 Net Objectives 收购了 FLEX(FLow for Enterprise Transformation)。FLEX 与 DA 集成，就可实现精益和系统思考，从而提高组织的业务敏捷性。

SAFe(Scaled Agile Framework，规模化敏捷框架)：SAFe 有 4 种配置，是一种精益－敏捷方法，适用于从事大规模产品开发工作的大型组织。SAFe 帮助大型组织利用其规模经济来提供更高的效率，同时结合精益－敏捷实践来实现企业级的业务敏捷性。SAFe 的 4 种配置如下：

(1) 基本 SAFe：这是基本的多团队精益－敏捷规模化模型，它围绕称为 ART(Agile Release Train，敏捷发布火车)的 Scrum of Scrums 理念构建。其受邓巴数以及人类可以积极维持的稳定关系数量的认知限制，每个 ART 的规模通常在 50～125 人之间。ART 中的各个团队共同协作，支持单一大型产品或单个价值流。ART 内的小团队根据自己的情况，实践 XP(eXtreme Programming，极限编程)、Scrum 和 DevOps，并且所有人基于时间盒 PI(Program Increment，项目群增量，通常 8～12 周)进行协作，交付集成的增量价值。XP、Scrum 和 DevOps 以较小的时间间隔运作，并与每个 PI 同步。

(2) 大型解决方案 SAFe：它扩展了"基本 SAFe"的精益－敏捷基础，协调和集成支持大型产品或大量产品的多个 ART 的工作。大型解决方案 SAFe 同步任何数量的 ART 和数百到数万名团队成员。

(3) 投资组合 SAFe：通过围绕价值流中的价值流动组织精益－敏捷企业，使投资组合的执行与企业战略保持一致。SAFe 的投资组合是在一个业务部门内运作的以开发和运营为导向的价值流的集合。这种 SAFe 的配置还增加了精益投资组合管理(LPM)的概念，从而可以随着时间的推移监测和评估已规划的投资组合的投资需要。

(4) 完整 SAFe：将基本 SAFe、大型解决方案 SAFe 和投资组合 SAFe 链接为一组集成的、协调的流程和活动。

实际上，之前讨论过的任何 Scrum 和混合 Scrum 方法论和框架都可以帮助您的组织提高单个或多个团队的敏捷性，协同工作开发一个产品或产品线。DA 和 SAFe 还包括实现精益软件开发理念和投资组合管理流程的强大方法,以支持跨多个产品线的战略规划、投资优先级和资源分配。

无论选择使用哪种 Scrum 或精益—敏捷方法,它的成功主要取决于高层支持的层级,因为这会影响实施的规模和范围。

2. 引领实施路径

敏捷和精益实践的实施对整个组织都有影响,对任何实施的成功都有潜在的影响。此外,实施规模越大,影响就越广,拥有恰当的领导力和高层的支持力度对其成功至关重要。理想情况下,组织中的首席执行官是要引领实施的。

小型软件开发团队有时可以在小团队层面上实施 XP 和 Scrum 实践,只需要最少的高层的支持即可。然而我们会发现,如果没有合适的产品负责人来引领这些工作,很难获得关于客户需要和工作优先级的信息。

此外,在组织的传统资金和资源分配做法下,开发团队可能无法摆脱项目导向的思维模式。而敏捷实践是以产品为导向的。高管、客户和其他利益相关者可能会抵制支持产品导向模型的迭代开发和增量发布策略所需的组织变革。坦率地说,敏捷和精益关注产品和以客户为中心,这需要他们付出更多的努力,然而他们可能看不到其潜在的价值。

价值是存在的,但受影响的内部组织和客户需要接受培训,并看到结果后他们才能认识到价值所在。因此,让我们花点时间来讨论如何获得他们的认同。

2.2　获得利益相关者的支持

敏捷和精益实践需要各业务职能间进行更频繁和更紧密的交互,并且参与者必须与新产品或产品改进的成功有利害关系。在传统的软件开发模型中,与管理者和客户的交互仅限于最初的需求收集活动,之后只是以最低的频度出现在定期的里程碑评审、阶段门限和后期用户验收测试等时间点。精益—敏捷方法论在参与度方面的要求高得多。

敏捷性的优势直接来自团队和利益相关者之间频繁和持续的互动,以及所有关键信息都完整、准确,并且最新状态可见。但是早期采用者如何鼓励组织中的其他人和他们的客户考虑进行这样的改变呢?

早期采用者可能在帮助他们的高管了解敏捷和精益—敏捷实践的好处方面取得了一些成功。然而,根据个人的观察和经验,最不成功的方法是让高管听您的意见,让他们颁布命令,强制立即作出改变。要知道,没有恰当的领导、指导和资源,强制执行往往会失败。

相反,组织可以遵循以下切实可行的步骤:

(1)内部推广:制作与建议的敏捷或精益—敏捷实践相关的培训材料,以供分发和阅读。

（2）高管发起人：找到一个拥有权威、有投资决策权，并具有前瞻性视野的关键高管发起人，帮助他了解加速交付价值的好处。

（3）内部试点：确定一个具有高可见度和巨大潜力的产品作为内部试点和案例研究。

（4）试点团队：召集一个由志同道合的早期采用者组成的小团队，这些早期采用者看到了敏捷和精益—敏捷实践的价值，并且希望处于变革的前沿。同时，要对试点团队和其他参与的利益相关者进行培训。

（5）基础设施：构建支持试点项目所需的基础设施。理想情况下，敏捷团队要在同一个地方工作，他们有专用的会议室、独立的工作区、笔记本电脑和服务器、软件开发和测试工具，以及网络接入。

（6）规划试点试验：对活动和时间进度进行规划，为试点项目安排一系列的迭代，每个迭代都交付增量价值。

（7）运行试点试验：以敏捷迭代的形式，周期性将待办事项列表梳理，并计划开发和测试等工作，每个周期交付增量价值。同样重要的是，确保高管领导层、客户和最终用户在每次迭代评审中积极参与。他们的指导和输入对于交付增量的以客户为中心的价值的团队至关重要。

（8）检视和调整：在最初的试点过程中，团队和其他利益相关者要通过回顾和产品演示来评估他们的绩效，完善他们的改进活动，执行计划的改进，监控，并根据需要继续调整。检视和调整过程永不停止。

（9）新的试点：在成功完成第一个试点后，寻找二三个新的试点项目来进一步证明和扩展组织的新开发方法。大多数人都想成为成功者，每一个新的试点成功都会鼓励其他产品团队评估和采用新的方式开展开发工作。

（10）检视和调整：继续进行更多的试点活动，新团队和利益相关者通过回顾和产品演示评估他们的绩效，完善他们的改进活动，执行计划的改进，监控，并根据需要继续调整。检视和调整过程永不停止。

（11）路线图：由于最初的试点证明了新的工作方式是可行的，组织的高管领导必须创建一个详细的路线图来指导其企业范围的部署。如果没有从实际角度出发做出的初步计划，并在以后对计划进行更新，就不可能准确地度量、监控和指导未来的部署。

可能有必要在新模式下重新定义产品和产品线，以便与新的精益价值流模式保持一致。这种调整影响的不仅仅是软件产品。企业需要从增值的角度评估所有内部和外部客户关系，以定义其运营价值流和开发价值流。

需要成立产品团队，包括聘请和辅导人员成为产品负责人（PO）和 Scrum Master。需要开发和部署与培训（training）、教练（coaching）和辅导（mentoring）相关的资源和能力，以使员工快速掌握新的精益—敏捷实践。建立一个或多个卓越中心（Center of Excellence，CoE）来提供辅导和教练资源，并引导价值流转型可能带来益处。

首次展示（Rollout）：执行路线图中列出的部署计划，确保已经定义了适当的度量指标，并根据这些指标监控进度。

（12）检视和调整：在首次展示之后，新团队和利益相关者通过回顾和产品演示来评估他们的绩效，完善他们的改进活动，执行计划的改进，监控，并根据需要继续调整。同样，检视和调整过程永不停止。

正如大家所认识到的，检视和调整活动贯穿于敏捷和精益—敏捷的转型以及所有的产品生命周期。此外，提供可见度对于检视和调整过程至关重要。度量指标和其他形式的信息有助于组织根据计划和过去的表现，直观评估自己到目前为止做得怎么样。

在前一章中，我们了解到评估团队绩效的 4 个最重要的度量指标：

① 部署频率：团队代码部署到测试和生产环境中的频率。

② 前置时间：从开发人员将他们的代码提交到共享存储库中到在生产环境中成功运行所花费的时间。

③ 平均修复或恢复时间：当发生对用户造成影响的服务事故或缺陷（例如，计划外停机或服务受损）时，恢复服务所需的时间。

④ 变更失败率：需要补救（例如，紧急修复或回滚）导致服务降级或失败（例如，导致服务中断）生产变更的百分比。

然而，每个团队还可以选择维护和展示其他有用的度量指标和信息。例如，Intellectsoft 确定了敏捷度量的 5 个类别，以及可以作为良好起点的 15 个有用的度量指标。VSM 供应商 Plutora 也有一篇类似的文章，标题是 Agile Metrics：The 15 That Actually Matter for Success。我们将在下一节快速了解这两篇文章中介绍的指标。

2.3　实施有用的度量指标

不是每个敏捷或精益—敏捷团队都需要相同的度量指标，高管和客户会影响指标的选择，此外，产品负责人可能需要额外的信息来理解产品的架构、设计和技术深层问题会如何影响已识别和排序的产品待办事项的交付。

下面的列表包括产品团队和他们的利益相关者可能会发现有用的标准度量指标。这些度量指标广泛地支持敏捷、精益和看板绩效度量以及软件质量度量的主要质量、生产率和项目目标。

1. 敏捷质量度量指标

本小节中描述的度量指标支持敏捷开发实践中的通用质量改进目标：

（1）产品待办事项列表：这是一份按优先顺序排列的包含新特性、功能、增强特性、Bug 修复、基础设施变更或其他工作项的清单。此度量中的质量度量指标涉及基于价值和交付成本对已识别的工作项进行梳理和优先级排序的程度。

（2）逃逸缺陷数：这是对已发布到生产中的缺陷的度量，这些缺陷之前已经通过了团队对完成的定义。由于全面的缺陷预防是一个理想的目标，逃逸缺陷数目大表明在我们并没有恰当定义验收标准或我们的测试能力和程序方面做得并不好。

（3）部署失败次数：这是对生产环境中软件部署失败，并需要回滚的频率的度量。

理想情况下,开发团队的工程和测试环境,以及他们的测试工具和过程,应该在部署到生产环境之前,捕获,并解决可能导致系统故障的问题。

除了通过测试去发现 Bug 和不符合验收标准的情况,测试环境还必须针对生产环境中相同的应用程序和配置组合准确地模拟所需的负载。测试环境可能会执行许多性能测试,例如负载、持续性、容量、可伸缩性、峰值和压力测试。在 DevOps 中,理想的情况是将这些测试以及其他所有测试都进行自动化。

(4)版本净推荐值(NPS):这个指标最初是用来对客户体验进行度量,以预测客户忠诚度和业务增长。以版本为导向的 NPS 使用定向问题来度量客户对每个新版本或主要版本的满意度,分值为 1~10。在 NPS 模型中,贬损者(Detractors)是评分为 6 分或以下的客户;中立者给版本的评分定为 7 或 8;推荐者(Promoters)给版本评分为 9~10。NPS 的计算方法是从推荐者的百分比中减去贬损者的百分比。

出现贬损者是因为他们更有可能投奔我们竞争对手的产品,并批评我们的产品。中立者倾向于既不支持也不反对新版本。推荐者往往更热衷于推广公司、产品或新版本。

理论上,任何高于 0 的 NPS 评分都意味着该版本拥有比不开心的贬损者更多的热情支持者。然而,组织应该努力做得比 0 好得多。

2. 敏捷生产率度量指标

本小节中描述的度量指标支持敏捷开发实践中的生产率提高目标:

(1)前置时间:如前所述,这个度量跨越了从代码提交到发布到生产的时间。这是帮助评估软件开发团队效能的度量指标。然而,在敏捷环境中,前置时间度量的是从用户故事或工作项进入产品待办事项列表到冲刺结束或特性发布再到生产的时间跨度。前置时间包括工作项请求在产品待办事项列表中等待的时间,如图 2.1 所示:

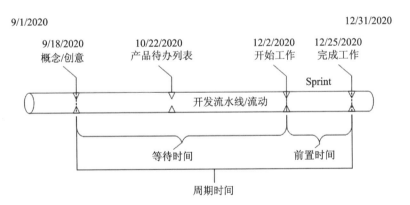

图 2.1　前置时间/周期时间图

(2)周期时间(控制图):这是前置时间的组成部分,衡量在价值流中完成一项或一组活动需要多长时间。也就是说,周期时间度量的是在制品花费的时间,不包括所有先前的等待时间。前置时间越接近周期时间,流程的效率越高。

　　图 2.2 是周期时间控制图的示例。在我们的例子中,VSM 团队收集了整个流水线特定活动的周期时间数据。在我们的例子中,软件开发团队可以使用 VSM 工具来获取对新的代码增量进行一组端到端测试需要多长时间的度量数据。不管怎样,周期时间控制图包括数据点、平均值和已建立的控制阈值(限值)。

　　这种类型的测试将应用程序的工作流从头到尾进行自动化,通过每种可能的操作方式来复制常见的用户场景,以发现应用程序与硬件、网络、外部依赖、数据库和其他应用程序交互时的故障。该团队认为此项测试可接受的周期时间在 5～8 h 之间,并且他们通常在晚上运行这些测试,以避免导致软件开发活动中断。

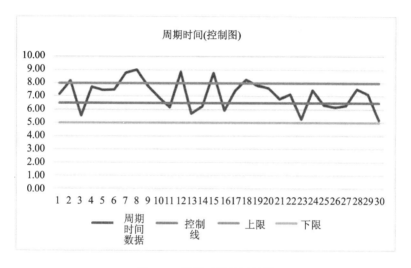

图 2.2　周期时间(控制图)

　　从前面的控制图示例中,我们可以看到过去 30 d 的绩效没有保持在 5～8 h(平均6.5 h)的可接受范围内。更糟糕的是,测试有 6 次超过了规定的 8 h。有了这些信息,团队就有了他们需要的数据来探究是什么事件导致了冗长的端到端测试。他们可以将这些信息与这些日期的测试结果对应起来,看看团队可以做些什么来防止将来出现这样的问题。

　　在敏捷和基于精益/看板的系统中,周期时间度量的是一个工作项作为在制品(Work In Progress,WIP)的时间,也就是故事已被梳理,并进入进行中的阶段后花费的时间。在这种情况下,周期时间不包括工作项在构思、待办事项列表梳理以及之后在产品待办事项列表中等待的时间。当工作项被接受为冲刺待办事项列表中的工作项,或者在基于精益或看板的价值流中被拉入生产时,周期时间立即开始。

　　尽管如此,在敏捷、精益和基于看板的系统中,在周期时间中包含等待时间是可能的。在基于敏捷的冲刺中,周期时间总是包括交接时间和等待时间,但是我们希望在以精益为导向的软件价值流中突破,并尝试消除所有的等待时间。

　　(3)等待时间:产品或物料在工作开始之前处于延迟状态的非活动时间。在精益和基于看板的系统中,我们寻求消除所有等待时间。

(4) 冲刺燃尽图:用来度量和可视化团队的预测速率,我们把这个作为工作完成速度的度量,通常使用估算出来的故事点进行绘制,这些故事点来于冲刺待办事项列表,我们通常会为一个或多个冲刺绘制冲刺燃尽图。冲刺燃尽图的主要目的是展示团队相对于冲刺目标的进展(图 2.3)。

团队最初以故事点的形式预测每个工作项所需的工作量水平。冲刺燃尽图跟踪冲刺待办事项列表的进展,即与计划的燃尽情况相比,实际完成故事点数量的图表上通常有两条线:一条显示冲刺的计划速率,另一条显示冲刺的实际速率。

史诗和发布燃尽/燃起图:适用于跟踪已定义的史诗和产品发布的工作进度,史诗是一个巨大范围的有计划的,并且相互关联的工作,尚未细化为更小的故事:

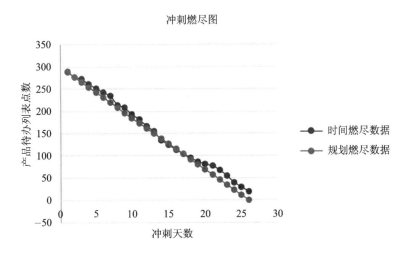

图 2.3　月冲刺的燃尽图

使用这样的度量指标的主要问题是不要使用图表来发现团队进展的错误。周期越长,需求越不明确,就越难以绝对准确地评估工作。史诗和产品发布燃尽图仅显示了相对于初始计划的进展,对于理解现状的成因没有任何帮助。

(5) 燃起图:请注意,我们可以使用创建冲刺燃尽图时使用的相同数据来可视化整个冲刺中已完成的工作量以及剩余的工作量,如图 2.4 所示:

请注意,图 2.4 中较小的虚线表示已完成工作的最初计划的预测值。在这个例子中,团队进展顺利,他们能够提前完成最初估算的 300 点工作。

(6) 速率:度量的是一个或多个团队在一段时间内完成了多少已经估算的工作,通常在敏捷中每个冲刺都对其进行度量:

目标是使用速率图(图 2.5)来判断未来的表现。然而,这个数字的变化幅度越显著,团队就越难对产品和冲刺待办事项列表中的工作范围进行估算,也就越难对他们的交付进行规划。

在大型组织的 DevOps 中,速率度量的是在几天甚至几个小时内完成的故事数。

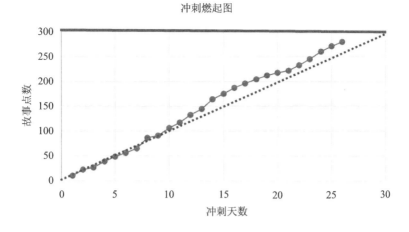

图 2.4　冲刺燃起图

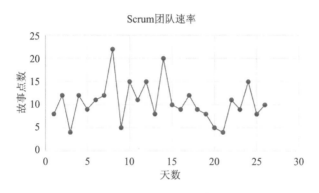

图 2.5　Scrum 团队速率图

（7）控制图：也称为休哈特图（以沃特·A·休哈特（Walter A. Shewhart）这个人名命名），这是一种统计过程控制工具，用于确定过程是否处于受控状态。在敏捷和精益开发实践中，团队使用控制图来跟踪任务从"进行中"到"完成"的持续时间，过程控制图如图 2.6 所示。

在一个理想的世界里，所有的活动都是可以预测的，并且永远不会偏离理想的平均值。然而，这种情况很少发生，我们使用控制图来查看我们的过程是否朝着错误的方向发展。控制图有定义最佳持续时间的上下限，还有表示越界度量的控制上下限。当团队看到他们的度量趋向于控制边界的上限或下限时，他们就知道他们有问题要解决。

控制图的一个典型使用场景是展示活动或过程实例的缺陷率。然而，如果用它来度量活动的持续时间时，控制图有助于展示团队的工作速率及其趋势。

3. 敏捷项目度量指标

本小节中描述的度量指标支持如何在基于敏捷的开发实践中管理工作流：

（1）看板和看板卡片：看板（Kanban）是一种"拉式（Pull）"信号系统，最初是为了支

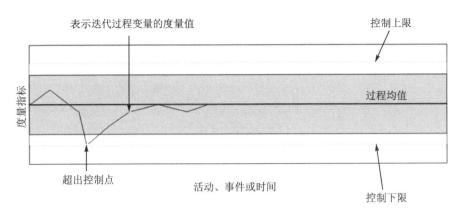

图 2.6　过程控制图

持日本的精益生产和准时制(JIT)制造理念而开发的。看板(Kanban)代表 Kan(即卡片)和 ban(即信号),两者放在一起解释,就是公告牌或信号板的意思。在看板系统中,在收到表明所需零件或工作的数量和类型的信号卡之前,生产流程是不会开始的。整个价值流流程只有在客户订单到达的情况下才按需启动。

(2)可视化工作流:团队可以使用白板中的列来表示团队定义的工作阶段。举一个 IT 的例子来说,这些阶段可能包括待办、梳理、开发和测试、验收和交付。

图 2.7 显示了一个看板实例,其中的看板卡片表示故事的工作进展,即待办、进行中、待验证和已完成这些价值流活动:

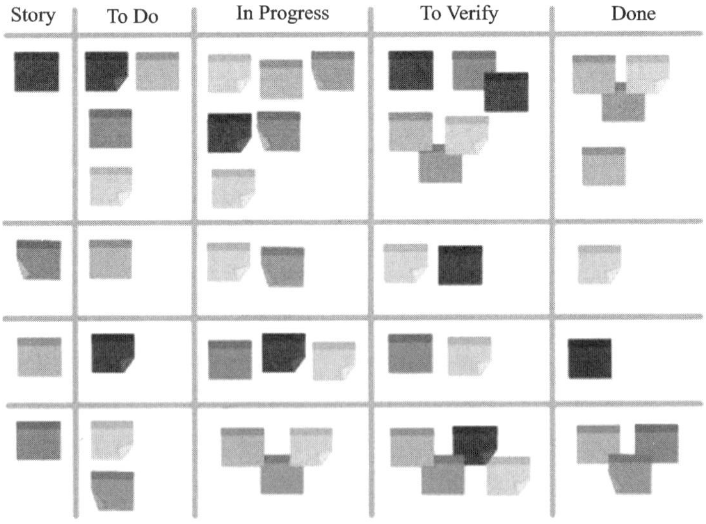

图 2.7　带看板卡片的看板

图 2.7 中,最上面一行的列名对应软件开发团队管理的敏捷流水线看板活动。"故事"(Story)列是产品待办事项列表中管理的用户故事。"待办"(To Do)列是最高优先

级的用户故事。"进行中"(In Progress)包括正在开发的用户故事。"待验证"(To Verify)是已开发完成,但需要由其团队成员和产品负责人验证的用户故事。最后,"完成"(Done)表示可以发布到生产中的用户故事。

(3) 限制在制品(WIP):在理想情况下,除了最初的产品待办事项列表之外,不应该有其他的工作或物料队列。下游流程只在有容量执行工作时才会拉取工作。如果没有这个简单的规则,工作和物料会在流水线中相对较慢的过程环节中积压,我们知道这会由于过度的存储要求和运输成本而造成浪费。此外,过多的在制品隐藏了排队产品中的 Bug 和缺陷。发现这些问题变得越来越困难,以后修复起来也越来越昂贵。

(4) 管理流动:使用看板卡片作为信号设备,表示来自内部和外部客户的新请求。这些卡片进入看板中的队列。当下游有容量能够开始承接上一阶段的工作时,承接工作的这个人将他们选择的卡片移动到看板中的下一列,表示他们已经承接该工作。也就是说,只有当容量可用时,工作才会被拉进下游流程;工作永远不会被"推"到下游流程。

(5) 将政策明确展示出来:组织必须提供简单、清晰、可见的政策,这些政策描述期望的工作实践、批准的技术、采购流程和人力资源管理。当我们获得了新的信息,了解到还有更好的方法时,这些政策必须能够随之演进。

反馈:看板中的反馈来自协作会议。传统看板实践实施 7 种类型的会议:

① 战略评审:这些是对受资源、时间、竞争和技术约束的业务使命、目标和宗旨进行公司级评估。

② 运营评审:他们帮助团队评估用于交付价值的看板实践、价值流活动和资源。

③ 风险评审:识别风险,并制定缓解策略和应急计划。

④ 服务交付评审:评估支持产品交付所需的服务(也称为运营价值流)。

⑤ 填充会议:这是一种基于看板形式的待办事项列表管理活动,用于识别必须从待办事项列表中拉取的任务。实现的方式是为任务指定服务类别(Class of Service,CoS),并设置从每个服务类别中拉取的任务数量限制。服务类别的例子包括紧急请求、固定交付日期、Bug、标准任务和维护任务等。

⑥ 看板站立会议:这在概念上类似于每日 Scrum 会,团队成员在会上简短地讨论工作进展如何,还有什么工作要做,以及什么阻碍了我们的工作。看板会议的主要区别是将工作作为一个连续流来管理,通过消除瓶颈和减少在制品来最小化前置时间。团队成员可以在看板旁边开会。

⑦ 交付规划会议:如果组织在固定的日期正式发布产品,这个会议就是必需的。交付规划会议帮助团队解决实施问题、支持和维护交接、数据迁移、培训开发和交付要求,以及其他服务级别协议(Service Level Agreement,SLA)问题。

(6) 持续改进(Kaizen):改进的想法来自观察、协作、回顾和产品演示。使用基于团队的回顾会来评审和分析以前的问题,立即实施试验来解决这些问题,并且永远不要停止这些持续改进的迭代工作。此外,使用客户演示从客户的角度帮助指导开发工作的优先级。

（7）累积流图（CFD）：这是一种通常与看板方法相关联的分析工具。它在概念上与敏捷的燃起图相似，CFD 提供了价值流（例如，软件开发价值流）每个阶段累积工作量的可见性。

在理想的世界中，工作项在一个同步的和协调的开发流水线中流经一系列的活动，活动持续时间的变化幅度非常小，没有返工，没有由于缺陷和 Bug 造成的损失。但是我们并没有生活在那个世界里，在我们开发流水线的不同点上，会发生一些导致工作积压的事情。

图 2.8 展示了一张 CFD 图，它对某软件交付流水线如下 4 个阶段的工作进行了跟踪：

① 工作项请求（黑色）。

② 需求梳理（深灰色）。

③ 开发和测试中（灰色）。

④ 交付（浅灰色）。

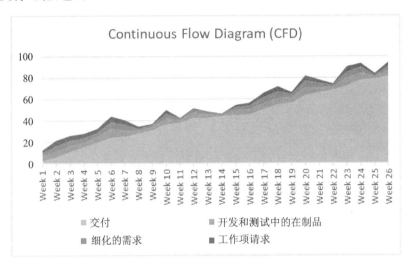

图 2.8　累积流图（CFD）

CFD 让团队能够可视化其价值流流程中潜在的障碍，也是观察整个价值流活动影响的最有效工具。突然上升或下降的图形表明存在障碍，而不是那些相对平滑的平缓上升或下降的图形。

（8）代码覆盖率：它用于度量和可视化单元测试或测试套件覆盖了团队的多少产品代码。典型的代码覆盖率度量指标包括方法或函数覆盖率、语句覆盖率、分支覆盖率、条件覆盖率、多条件/决策覆盖率（MC/DC）、参数覆盖率和圈复杂度。

测试中的代码覆盖范围越广，软件的潜在可靠性和质量就越高。代码覆盖率中的任何差距都可能导致软件故障和 Bug。即使您的团队有很高的代码覆盖率，也总有可能漏掉某些东西。另一方面，如果有良好的代码覆盖率，这些情况应该是很少的。

4. 敏捷团队健康度量指标/敏捷绩效度量指标

本小节描述的度量指标支持精益和敏捷开发实践中的员工满意度目标：

（1）员工幸福感：这是一个有点主观的度量标准，对长期留住员工至关重要。幸福是通过简单的员工调查来度量的，要求他们对自己在公司的幸福程度、最喜欢什么、不喜欢什么以及什么会增加他们的幸福程度进行评分。当然，高管领导需要根据这些信息积极加以行动，以产生积极的效应，帮助留住和吸引有才华的员工。

（2）团队士气：团队层面的士气通常提供了更好的工作满意度度量。同样，用问卷调查效果最好，但问题不是开放式的。相反，问卷调查要求团队成员用 1～7 的等级评分来评价他们对问题的认同程度。这些问题询问团队成员是否觉得自己很适合这个团队，是否为自己的工作感到自豪，是否对自己的工作充满热情，是否在工作中找到了意义和目标。

5. 精益和看板的核心度量指标

本小节中描述的度量指标支持精益软件开发实践中的生产力改进目标：

（1）故事前置时间：这个前置时间度量指标再次出现，但是这次出现在精益和看板系统的背景下。由于精益和看板实现了价值流的流动，故事的前置时间从进入产品待办事项列表开始，一直到完成为止。因此，前置时间总是包括产品和物料在队列中等待的时间。

（2）故事周期时间：周期时间是前置时间的一个组成部分，它度量完成价值流中的一系列活动需要多长时间。在 DevOps 的上下文中，周期时间是一个流水线流动度量，它度量工作流过团队开发流水线所花费的时间。具体来说，前置时间是工作项从创建到完成的时间跨度，而周期时间度量的是工作项处于进行中状态所经历的时间跨度。

（3）特性前置时间：这是故事前置时间的一个变体，重点是它实现特定的特性。用户故事代表了用户或客户期望的能力，这在范围上可能是细节问题。例如，一个在线汽车购买者的用户故事可能会是，"作为一个汽车购买者，我想查看经销商可用汽车的颜色，以便我可以看到任何符合我偏好的颜色。"从这个例子中可以清楚地看出，用户故事是从用户角度出发的需求陈述。

相比之下，一个特性实现了一个业务功能切片，它可能包含多个用户故事请求。在这种情况下，经销商的在线特性可能包括所有客户在线汽车查找偏好，包括品牌、型号、年份、价格、颜色和其他差异化选项即，特性是业务视角下的一块功能的实现。

区分用户故事和产品特性是至关重要的，因为客户购买的是能力，他们可能不知道某个特性提供了什么能力和好处，除非明确说明。回想一下我们之前的讨论，我们需要通过产品的价值主张清楚地陈述产品的能力和优势。

（4）特性周期时间：它与故事的周期时间类似，这是开发人员积极设计、开发和测试特性所需的总时间即，周期时间度量的是处于进行中状态的时间。

（5）故事等待时间：该指标度量的是产品需求或正在进行的工作处于空闲等待状态的非增值时间。我们的目标是尽最大可能减少等待时间。

（6）故事吞吐量：这是个速率度量指标，它计算随着时间的推移，流经开发流水线（或者其他价值流）故事的数量。较小的故事在两个方面有助于提高吞吐量。首先，较小的故事实现起来更快，因为需要完成的工作更少。第二，较小的故事往往不太复杂，因此更容易和更快地调试发现的错误。

在基于精益或看板的环境中，保持您的故事规模相对一致是很重要的。在基于精益的系统中，目标是让活动的持续时间能够匹配，以防止工作在较慢的活动中排队。当然，使用与可用容量相关的拉式订单输入系统也有助于减少排队。

另外，回顾一下，任何价值流的理想周期速率都是可用生产时间除以这段时间内的客户请求数（也称为生产节拍）。因此，如果您的软件开发团队在一天中每 8 h 平均接收 10 个故事，那么生产节拍就是：

$$\frac{10}{8} = 1.25 \text{ 用户故事/每小时。}$$

换句话说，基于 DevOps 或看板的开发流水线中的活动，需要以与订单进入速度相同的速度进行运转。如果您比节拍时间慢，就不会交付所有的客户订单；如果您操作得比订单进入的速度快，您就生产了别人不需要的产品。

（7）创建—完成比率：度量的是一段时间内进入价值流的工作项数量与完成的工作项数量之间的差异。当进入价值流的工作项数量超过完成的数量时，就形成了队列，这里假设工作进入了产品待办事项列表。

如果订单进入速度稳定，开发团队可以通过简化其价值流活动或增加容量来解决创建—完成比率的问题。然而，也有可能有些故事没有足够的优先级或成本合理性，所以不能进入产品待办事项列表队列中。无论如何，如果工作是客户的优先事项且成本合理时，创建—完成比率过高就表明丧失了良机。

6. 度量敏捷中的软件质量

本小节中描述的度量指标支持敏捷开发实践中的软件质量改进目标。

（1）静态代码分析：这是一种用来调试软件的方法。它在不执行程序的情况下，通过对照一组预定义的规则和标准来检查源代码。开发人员在最早的代码开发阶段，即在单元测试之前，或者在与源代码库的主干代码集成之前进行静态代码分析。目标是尽可能早地发现并修复编码错误。

大家可以用人工测试的方式进行静态代码分析。但是人工测试既费时又费力，而且容易出现人为错误。更好的方法是使用静态代码分析工具（SAST）来扫描和检查对编码规则的合规性，例如语法违规、未定义的值、死代码或未使用的代码、编程错误、安全性、漏洞、性能问题等。静态代码分析工具的输出是显示代码健康状态的总结报告。

虽然有许多开源和商业的静态代码分析工具，但现代编译器在运行代码之前也会检测语法或技术错误，捕捉许多与静态代码分析工具能够捕捉到的相同类型的错误。

（2）动态代码分析：它是在编译，并运行代码之后识别缺陷，在整个产品测试生命周期中进行，包括单元测试、集成测试、系统测试、验收测试和回归测试。动态代码分析旨在检查系统对应用程序中动态变化的变量所作出的反应。

动态代码测试的主要好处是,在相同的时间范围内,测试所使用的数据输入的排列组合数量比人类手动实现的要多得多。例如,在持续几个小时的批处理运行中,动态代码分析可能涉及数以万计或更多的数据输入配置,针对多个组件和集成系统进行操作。

(3)质量智能:数据分析工具有助于改进产生不良或不理想质量结果的软件开发过程。静态和动态分析工具侧重于识别已经开发的代码的问题。然而,质量智能旨在发现开发过程中在速率、质量和效率方面不断产生问题的领域。质量智能工具帮助团队组织和分析来自整个软件开发生命周期活动的数据。

我们对有用的精益—敏捷度量指标的讨论到这一节就结束了。在下一节中,将学习如何通过在整个 IT 组织中实施精益生产和运营实践来改进 IT 流动。

2.4 通过精益思想改善 IT 流动

如前所述,理想的目标是将每项活动和整体生产率与接收客户订单或需求的速度相匹配,此时我们需要计算生产工作项的时间除以这段时间内请求的工作项数量,也称为生产节拍。

从概念上讲,精益生产消除了阻碍我们努力实现以客户为中心的价值的所有形式的浪费。在精益制造的传统观点中,有 7 种不同类型的浪费,列举如下:

(1)等待:处理过程中的延迟,包括产品等待或排队的时间。

(2)过度生产:生产出比您需要或客户当前想要的更多的产品。

(3)额外加工:过度加工或进行任何非增值活动。

(4)运输:将产品和物料从一个地方运输到另一个地方所浪费的时间、资源和成本。

(5)移动:人们进行的不必要的运动或活动。

(6)库存:携带和储存任何不进行增值活动的物料和产品。

(7)缺陷:生产的产品或服务中的任何缺陷。

上面列举的精益中的浪费主要发生在制造业,不过它也支持以服务为导向的公司,如软件开发公司。软件开发实践中的浪费是我们下一节学习的主题。

2.5 消除软件开发中的浪费

2003 年,Mary 和 Tom Poppendieck 发布了他们的书《精益软件开发:敏捷工具包》,在这本书中,他们讨论了关于将精益制造概念应用于软件开发的问题。他们将软件开发中的 7 种浪费形式对应到了最初精益中浪费的概念上,图 2.9 所示:

当您通读以下精益概念列表时,请理解它们同样适用于物理、数字和物理—数字混合产品和服务的开发:

精益生产的七种浪费	精益软件开发的七种浪费	浪费的一般描述
库存	部分完成的工作	导致额外的在制品（WIP）
过度加工	额外的过程	执行非增值工作，比如对产品不增值的过度审批或文档
过度生产	额外的特征	从用户角度看，低优先级的特征或低价值特征
运输	任务切换	经常从一个任务跳到另一个任务，打断开发人员的专注，延长工作花费时间
等待	等待	没有增值的耗时工作项或资源，用于等待
移动	移动	额外的搬运——包括额外的时间、人员、物料、工作项在价值流活动间的移动
缺陷	缺陷	早期没有预防、没有检测到的和未修复的缺陷和其他错误，后期难以修复、耗时且昂贵

图 2.9 将精益制造浪费对应到其软件开发的浪费

（1）价值：价值总是由客户定义的。不管我们有多少经验，也不管我们有多聪明，在得到目标客户的充分验证之前，我们提出的任何想法充其量都是一种风险。

（2）持续改进（Kaizen）：目标是通过团队合作、改进的程序以及员工和客户协作来提高工作效率和效果。持续改进的工具包括质量控制机制、准时制交付、工作标准化、快速设置、简化的流动、更高效的设备和消除浪费。此外，改进应该有助于使员工的工作更有成就感，更少疲劳，更加安全。

（3）可视化控制：这包括诸如使用看板卡片之类的控制来管理工作项，以匹配价值流的流动。控制图是另一种形式的图表，可以帮助我们看到什么时候在什么指标上有越界的趋势。

（4）内建质量：这意味着在问题引入的时候就发现，并立即修复问题。在精益系统的连续流动中，我们可能不得不停止价值流中的所有工作，将每个人的精力集中在快速解决问题上。内建质量有助于我们消除因产品召回、返工以及在产品开发后期发现和修复 bug 的漫长过程而导致的更高成本问题。

（5）提高知识水平：这是精益和敏捷实践中持续改进的基本要素。无论我们是从经验中学习，通过试验和错误，还是从他人那里学习，我们都可以来发展更有效和更有生产力的新的工作方式，所以团队必须为观察、分析和学习留出时间。

（6）延迟决策和承诺：虽然延迟决策看起来与精益原则背道而驰，但由于信息不足而作出糟糕的决策是有代价的。最好推迟决策，直到我们有足够的信息来减轻我们的风险。从长远来看，组织通过构建客户想要和重视的产品，而不是我们认为他们想要的产品，可以节省时间和金钱。

（7）通过自働化检测缺陷（Jidoka）：自働化这一日本的精益概念意味着有人参与的自动化。Jidoka 是一种质量控制原则，它建议使用自动化技术来检测异常情况，当异常情况发生时停止流程，解决眼前的问题，然后识别原因和影响，并探索防止或减少未来再次发生的方法。

（8）消除错误（Poka-Yoke）：也称为防错。这种消除浪费的方法可以防止员工或产品用户进行不正确的操作。目标是设计一个过程或机制，使得不可能不正确地执行特定的活动。例如，一个团队的持续集成实践可能实现一个自动执行静态分析和测试驱动开发指令的构建过程。自动化流程有助于确保开发人员的代码满足组织的编码实践和客户的接收要求，然后才允许他们将自己的代码与主干集成。

（9）消除浪费：即对于精益生产和软件开发，评估，并消除前面识别的 7 种形式的浪费。

（10）停止多任务/任务切换：因为这样的活动会分散我们对当前正在做的事情的专注力，这迫使我们的大脑在任务之间快速切换。实际上，多任务是任务切换的一种形式。也就是说，当我们同时处理多项任务时，不是在同时思考两个主题，而是在它们之间来回切换的注意力。

多任务处理只对数量有限的一组活动有效，这些活动将我们的认知活动分散在大脑的左前额叶和右前额叶皮层，例如与朋友散步时交谈。此外，多任务处理只有在执行相对自主的运动技能和认知任务时才有效——即使这样，也可能两项任务都做得更慢。

当跨多个认知任务工作时，我们的思维涉及一个顺序切换过程，这会在认知任务之间切换时产生了一个瓶颈。在主题间进行切换时，我们的大脑需要时间和努力来重新调整我们的思维，并从我们离开的地方重新开始，在这个过程中我们会丢失信息。这样一来，我们就失去了思路，需要更长的时间来思考完想法和工作。

但是，多任务和任务切换还有其他不良影响，如犯错、增加压力、破坏短期记忆，以及在任务之间切换时错过重要细节等。任务切换也会对创造力产生负面影响，如你可能会为了完成任务而多次重新审视同一主题。

（11）现场实践（即去现场）：这有助于大家看清自己的现状。当应用于精益生产时，经理们会在生产车间走动，审视生产进度，并与工人交谈，讨论他们的问题和担忧。在一个软件开发环境中，我们使用每日 Scrum 会和其他人来交流进展、问题和想法。在开发运营中，我们制作大图表，并使大家可见，还要对其经常更新，以简化与任何需要或想知道事情进展的人的交流精力和时间。

（12）实现单件流：这在精益生产和精益软件开发实践中是理想的。这个概念扩展了我们的讨论，即关于为什么最有效的价值流会注入一系列线性的活动来简化工作流程。生产率的另一个棘手问题是批处理，当活动之间的批处理和活动持续时间不匹配时，情况会变得更糟。

直观地看，似乎大批量处理的成本更低，因为它们可以一批处理数百个工作项。然而，在现实生活中，漫长的等待时间、生产设备之间产品转换时间过长以及大批量隐藏的 bug 和缺陷会使节约的成本丧失殆尽。

理想的情况是每个价值流活动中都只有一个工作项在流动。通常冗长的设置或转换要求，所以活动周期时间应尽可能最短，并与整个价值流中的活动相匹配。最后，价值流的生产吞吐量应该等于订单进入的速度（即生产节拍）。

（13）均衡工作负载（Heijunka）：我们必须有一个目标，防止大批量订单或请求进入系统,导致等待和其他问题。Heijunka 包含在固定时间内平衡生产的类型和数量。

我们可以举一个精益软件开发环境中的例子,一个产品负责人收到的需求每天都不同,这取决于提供信息的来源和产品管理活动。然而,对于这个例子,让我们假设总体需求保持相对稳定,例如大约每周 25 个新的高优先级需求,即使它们不是以每天 5 个的恒定速率出现。

假设我们的精益开发车间每天可以处理 5 个工作项的负载,产品负责人维护一个产品待办事项列表,其中有足够的库存来维持一天 5 个工作项的稳定发布。新请求的数量可能每天都在变化,但是目标是保持新工作项稳定地流入生产。

(14)拉动式生产系统:强制执行规则,只生产直接响应需求的产品,而不是过早地生产产品或特性,否则就会产出客户可能永远不想要产品和特性,以未售出的库存的形式造成浪费。精益价值流在接到客户订单或需求之前,不会在拉动式生产系统中启动工作。这时看板系统是一种用于在整个价值流中加强拉动式生产系统纪律的方法。

(15)准时制(JIT)交付:这是另一种将生产率与客户需求相匹配,并且消除了在生产过程中非增值活动中所有浪费的策略。然而,JIT 最初处理的是库存管理问题。JIT 不是成批订购和储存物料,而是只接受与符合客户需求匹配的新的采购和物料交付。此外,在生产订购的产品过程中,生产商安排他们的物料只在需要的时候才到达。

通常,JIT 在数字环境中以几种方式工作。首先,软件开发团队在客户有需求之前不会开始开发新的特性或功能。此外,当数字产品支持其他组织价值流时,我们要确保所做的交付要与消费价值流的需要相匹配。

(16)整体优化:这是整合单件流、均衡工作负载、拉动式生产系统和 JIT 小节中提到的概念的另一种方式。目标是着眼于整个价值流,以简化和降低复杂性并消除浪费。致力于使生产过程尽可能高效和简化,即只允许订单或需求以接收的速率流入系统。永远不要让新订单的进入速度超过您的生产系统处理负载的速度,从而形成一个没有等待的连续不间断的流动。

我们的价值流代表了一种用于简化复杂的以生产和运营为导向系统的方法,同时确保我们专注于增加或改善以客户为中心的价值。在这种情况下,价值流是对整个复杂的以开发或运营为导向的系统的端到端优化。

(17)拒绝未完成的工作:在精益软件开发环境中,未完成的工作是指任何被发布到生产中,但还没有满足完成定义的工作。然而,未完成的工作会在价值流的所有阶段造成破坏。如果开发人员或其他工作人员在压力之下,不得不在未完成的情况下将工作交出去,那么就会对下游造成潜在的影响,包括额外的 bug、缺陷、故障、返工、延迟和不满意的客户。作为一项政策,组织不应该允许下游价值流活动接受上游活动的未完成工作。

(18)尊重他人:这应该是建立有效组织的一个明显要求。然而,等级制度和传统组织经常创造出不鼓励跨团队或跨组织沟通和协作的敌对环境。此外,当问题出现在流程范围之外,需要在整个组织层级中获得适当的响应和批准,这会造成延迟,这种流程会产生压力。

敏捷和精益实践都促进了对责任的尊重。这些概念不同于小时候被教导的"黄金法则"概念——"你希望别人怎么对待你,你就怎么对待别人。"

让我们快速回顾一下黄金法则是如何在以精益为导向的软件开发中发挥作用的:

(1) 正常工作时间,消除加班,保持可持续的节奏。

(2) 帮助团队成员理解他们为客户提供的价值。

(3) 围绕持续学习和技能建立薪酬和激励计划。

(4) 挑战团队成员,但不轻视他们。

(5) 让团队,而不是个人,对他们的承诺负责。

(6) 实施安全的工作环境,以便团队成员在出现问题时不会因为寻求帮助而受到惩罚。

(7) 让团队成员参与分析问题、探究因果关系,并提出解决当前问题的方法。

(8) 消除障碍,从而减少挫败感。

(9) 在寻求稳定的同时,也要提供多样性,防止无聊。

(10) 通过培养稳定的员工、基于相关知识和技能可证明的发展进行晋升,以及细致的继任计划来保护组织知识库。

概括地说,精益思想是关于围绕价值(产品、服务、信息)组织工作,并简化工作和信息的流动。到目前为止,我们已经学习了如何用系统思考的因果循环图来评估价值流,这有助于评估参与价值流系统的节点或元素的相互联系。

2.6　建立精益—敏捷基础

这一部分讲关于混合敏捷和精益的概念和实践的知识。从表面看,敏捷和精益实践有相似的目标,即提高客户价值,但是这两种开发哲学似乎是以不同的方式来实现主要目标。所以,接下来的问题是,我们如何来融合这两种方法的优点?

在本章的前面,我们了解到敏捷是一套价值观和原则,通常作为迭代和增量的过程来实现,交付以客户为中心的价值。其基本思想是,当敏捷团队能够灵活地通过频繁的客户和用户评审来增量地交付小块价值时,他们就为客户创造了最大的价值。这有助于确保产品符合当前的需要和优先级。我们还了解了 Scrum 是一种基于敏捷的方法论,它实现了一个经验主义的框架。这会鼓励团队尝试不同的想法,并利用他们的经验和观察发现更好的做事方法。

相比之下,精益寻求通过消除所有形式的浪费和只做客户想要的事情来提高以客户为中心的价值。一些精益实践者喜欢将精益中浪费的概念理解为避免在客户不想为之付费的活动上花费时间和精力。例如,一个组织可能会在基础设施、培训和流程改进方面进行投资,这些都间接为客户提供了更多价值,即使直接客户可能不会从这些投资中受益。

已知敏捷和精益方法论主要关注于创造客户价值,敏捷实践者倾向于从小团队的角度考虑,在小的迭代发布中增量地提供新价值。尽管迭代发布可能相对较小和频繁,特别是与传统的瀑布模型相比,然而每个敏捷冲刺仍然是一个批处理过程。

使敏捷实践更精益的一个有效方法是用基于看板的拉动模型代替冲刺迭代模型。这种策略将正在进行的工作限制在最少的工作项,同时用单件工作流代替冲刺批处理过程。

但是看板是手工流程,还有发挥空间。例如,我们可以通过简化、整合和自动化我们的 IT 流程来实现更多的改进,从而实现精益的更多好处。这是下一节的主题,即加速流动。

2.7 加速整个 IT 价值流的流动

在上一节中,了解了敏捷和精益的目标是提高客户价值,并且它们以不同的方式管理产品流动。还了解了混合敏捷和精益实践的最快和最简单的方法是从批处理冲刺模型转移到使用看板和卡片达成的连续流动模型。然而,我们也可以通过集成和自动化策略来简化和加速我们的价值交付流程。持续集成(CI)、持续交付(CD)、DevOps、平台和软件工厂可以帮助我们实现这些目标。

首先,CI 和 CD 功能帮助 IT 开发团队简化、集成和自动化他们的软件开发生命周期(SDLC)流程。这并不是说整套 SDLC 流程应该一下子就得到简化、集成和自动化。对于尚未实施 DevOps 平台或软件工厂的小型 IT 商店或大型组织中的小型团队来说,快速采用可能并不现实。但是从精益的角度来看,理想的目标是最终实现软件开发价值流的端到端的简化、集成和自动化。

凭借 CI/CD 能力,DevOps 将精益概念作为集成价值流融入到 IT 运营的职能中。具体来说,IT 组织可以实施价值流管理能力来集成前端和后端流程。同样,对于大多数组织来说,试图一次管理所有这些变化是不现实的。然而,理想的目标是尽快达到这样一个集成能力的阶段。

简化、集成和自动端到端 CI/CD 和 DevOps 流程有助于 IT 组织加快价值交付。它们还有助于提高交付的产品和服务的质量。在第二部分(第 6 章,启动 VSM 举措(VSM 第 1～3 步),至第 10 章,改善精益—敏捷价值交付周期(VSM 第 7～8 步),将介绍价值流管理如何帮助从“概念”到“交付和支持”的价值交付,同时将其业务价值交付目标与其软件交付能力联系起来。

第三部分(第 11 章,识别 VSM 工具的类型和能力,至第 14 章,介绍企业精益—VSM 实践领导者介绍)识别领先的 VSM 工具供应商和方法论者。VSM 方法论者分成两个阵营:一派主张实施 VSM 是为了支持数字业务转型,另一派主张要广泛实施精益实践。

最后,第四部分(第 15 章,制定合适的 DevOps 平台策略,至本书的第 16 章,利用 VSM 和 DevOps 实现业务转型)讨论了使用 DevOps 平台或软件工厂策略来加速组织作为业务转型的一部分而简化、集成和自动化 DevOps 流程的工作。DevOps 平台是商业产品,包含集成的 DevOps 工具链,开发团队可以轻松使用。潜在的不利方面是平台提供商已经采用或开发的工具的局限性。

另一种方法是让内部或外部 IT 开发组织构建软件工厂,以代码形式实现完全配置的 DevOps 工具链。借助现代工具和纳管的配置即代码(Configuration as Code),团队可以在几分钟内按需下载,并建立一个完全配置的 DevOps 环境。

至此,我们将结束这一章。

2.8　小　结

在本章中,我们学习了敏捷如何建立价值和原则来改进软件开发实践,以及 Scrum 如何成为流行的敏捷方法。Scrum 实现了一个包含经验主义的敏捷框架,通过观察和试验来帮助小团队演进他们的开发实践和产品。我们谈到了系统思考,将软件价值流理解为构成复杂关系的元素的复杂"混合物"。这些关系使得我们很难理解相互作用的部分如何对系统中变量的变化作出反应。因果循环图(CLD)为我们提供了一个工具来分析这些复杂的交互对整个系统的影响。

本章还介绍了精益思想和精益软件开发概念,通过简化、集成和自动化价值流活动以及引入与需求和生产能力相匹配的工作来增加价值。最后,学习了如何融合精益和敏捷的概念,从而加速 IT 价值流中的价值。

在下一章中,将介绍如何评估复杂系统,将谈谈系统的组成元素及其相互关系。

2.9　问　题

(1) 什么是领先的敏捷方法论?

(2) 什么是业界领先的精益—敏捷方法论?

(3) 精益投资组合管理的目的是什么?

(4) 说出至少两个敏捷质量度量指标。

(5) 看板和卡片如何帮助改善交付流动?

(6) 生产节拍的目的是什么,我们如何计算它?

(7) 多节点系统中最简单的配置是什么?

(8) 我们如何加速我们的价值交付流程?

(9) 精益中浪费的 7 种形式是什么?

(10) 精益和敏捷实践的主要目标都是提高效率和增加以客户为中心的价值。这两种方法的主要区别是什么?

2.10　扩展阅读

- Beck，K.，et al.（2001）Manifesto for Agile Software Development. https://agilemanifesto.org/ accessed December 2，2020.
- Rupp，C.G.，（2020）Scaling Scrum Across Modern Enterprises：Implement Scrum and Lean-Agile Techniques Across Complex Products，Portfolios，and Programs in Large Organizations. PACKT Publishing. Birmingham，England
- Poppendieck，M.，Poppendieck，T.（2003）Lean Software Development. An Agile Toolkit. Addison Wesley. Boston，MA.

第3章　复杂系统的交互分析

IT 组织在几个层面上体现的是复杂的系统。首先,软件开发的流程是一个系统,运营和支持职能是另外的系统,团队成员的加入也会扩展了软件开发系统的复杂性,他们的计算设备、网络、工具和软件应用程序的加入同样也都扩展了系统的复杂性。

假设 IT 部门支持多个敏捷或 DevOps 开发团队开发一个产品。在这种情况下,每个产品团队既作为一个独立的系统,也作为一个更大的系统(一个"由多个团队组成的大团队")的组成部分。在这些场景中,所有的团队必须协作来支持软件产品或数字化服务的持续开发。本章会评估这些系统(和任何其他类型的系统)的复杂性,即评估组成系统的元素、它们的连接和交互类型。

价值流管理的一个基本分析工具是称为价值流图的建模和可视化技术。这种技术将在下一章介绍。然而,如果价值流团队只检查他们自己的活动,可能会注意不到更广范围的影响他们价值流系统的元素,也可能注意不到这些元素是如何影响他们的系统。这种跨领域的复杂性分析属于系统思考领域,也是本章的主题。

在本章中,我们将讨论以下主要内容:
- 通过系统思考解决 IT 复杂性。
- 分析系统中的因果关系。
- 计算潜在连接数。
- 限制连接数。
- 学习系统思考的词汇。
- 可视化系统元素的相互关系。
- 扩展阅读。

3.1　通过系统思考解决 IT 复杂性

系统思考是一种评估大系统复杂性的方法,它不是把系统视为由单个部分组成的集合,而是去看系统中元素之间的交互。我在 *Scaling Scrum Across Modern Enterprises* 一书第 4 章,中详细讨论了这个问题,介绍了 17 个与基于 Scrum 的敏捷实践相关的 CLD。在本书中,我们只是简要地涉及系统思考这一主题。

系统思考也有助于分析其他复杂的业务流程,包括相互关联的价值流的交互。在本书中,主要关注的是使用价值流图来评估和改进业务流程。但系统思考是绘制价值流图的先导活动,所以精益—敏捷实践者必须理解系统思考的术语,分析系统级的因关系,评估降低网络密度的方法,并应用系统可视化技术。

虽然系统思考和价值流图都采用可视化和建模技术来评估流动,但它们有不同的目标。系统思考旨在识别所有有意无意参与到系统中的元素,识别系统内哪些元素之间有交互、如何交互,以及它们的因果关系。相比之下,价值流图是一种评估当前和未来工作做得怎么样,然后找到改进方法的技术。

当评估复杂系统的总体行为时,相互作用的元素的影响以及因果关系是需要解决的最关键的问题。下面让我们花点时间来了解一下原因。

3.2 分析系统中的因果关系

系统思考的一个关键概念是整体大于系统中各部分的总和。这句话对系统能力和复杂性都适用。正是各部分之间的相互关系创造了系统的复杂性。但是这种相互关系也使得系统既能做有用的事情,又能做无用的事情。如果我们不了解整个系统底层交互的因果关系,我们就无法开始了解如何以有用的方式控制交互。

系统中的关系和交互可能是偶然的,也可能是有意的。例如,我们可以将一个制造业生态系统评价为一个单一的系统,系统中有任意数量的参与元素,这些元素相互作用,造成预期的(有意的)和非预期的(无意的)影响。一些元素有目的地支持制造商的运营和交付职能。然而,制造业系统也会对其他无意的参与者产生负面影响。

在制造业生态系统中,有意的参与者包括供应链合作伙伴、分销商、员工、承包商、客户和其他支持运营的利益相关者。无意的参与者包括当这个行业采用不安全的环境实践造成健康或安全问题时受到影响的人和其他元素。

从系统思考的角度来看,我们需要更详细地去了解组织是如何管理他们的业务的。我们还需要了解参与元素的交互。元素是构成系统的任何东西,包括物料、人、流程、信息和技术。系统中的元素有时也称为节点。在 CLD 建模中,我们使用节点和箭头来构建表达因果关系的有向图形模型。

从技术上讲,有向图形模型包括影响图中节点的随机变量的概率。换言之,每个系统交互的原因和影响可能会在一系列值之间变化。

理解系统内元素间相互关系的挑战是,如果没有详细的系统级分析,我们可能不知道这些关系的存在,也不知道这些交互如何在系统中发挥作用。稍后在"可视化系统元素的相互关系"小节中,我们将讨论如何通过 CLD 建模来可视化元素及其交互。在我们这样做之前,让我们快速地看一下系统中元素的数量如何显著地影响相互关系的数量。另外,在开始阅读 CLD 之前,我们需要学习一些系统思考中使用的术语。在下一节中,我们将学习如何计算潜在连接数,从而可以看出参与元素的几何级增长是如何导致系统复杂性的指数级增长的。

3.3　计算潜在连接数

系统就是相互连接的网络。例如，大型企业中的 IT 组织可能有数百甚至数千名员工和外包人员在开发和运营部门工作。同时，这些员工和外包人员与其他部门、合作伙伴、员工、利益相关者和客户一起工作，并影响他们。IT 系统还包括计算机、网络、应用程序和参与 IT 生态系统的许多其他元素。

组织制定政策和流程，以帮助协调业务职能和人员活动，通过以盈利或预算内的方式生产增值的产品和服务，实现理想的结果。流程中的每一个接触点都是更广泛业务系统中的一个交互。当然，有可能出现任何数量的无意的、计划外的以及潜在的有害交互。

到目前为止，您可能已经意识到大型系统中连接数目的增长可能是一个大问题。然而，除非您已经熟悉管理网络密度这一概念，否则可能不会意识到这些互连和潜在关系增长的速度有多快。

对我们来说幸运的是，有一种相当简单的方法可以计算系统中相互作用的元素之间的潜在连接数（以下公式中的 PC）。我们还可以用实际连接数占潜在连接数的百分比来计算网络密度，潜在连接数度量的是整个系统中可能存在的最大连接数。

潜在连接数的计算公式是：$PC = \dfrac{n(n-1)}{2}$

其中 n 是系统内的节点数或元素之间的连接数。在任何系统中，参与元素都是通过交互产生复杂度的节点。节点越多，复杂度越大。我们来看一些例子：

如果 $n=1$，则潜在连接数为 0，因为它没有和其他东西连接。再增加一个节点，潜在连接数只会增加 1，即

$$PC = 2(1)/2$$

再添加一个节点，总共就有 3 个节点了，连接的数量增加为 3。

到目前为止，关系和交互的数量看起来非常容易管理。不过现在，让我们将连接数增加为 7，这相当于一个合适的敏捷团队的规模。在这种情况下，潜在连接数是 21。随着团队规模的增长，或者我们增加更多的团队在一起工作，潜在连接数就会激增。

现在，我们将团队成员的笔记本电脑添加到这个敏捷团队示例中。将笔记本电脑添加到我们的系统中，我们就在 IT 团队中建立了与设备有关的相互关系。笔记本电脑将我们敏捷系统中节点的数量增加为 14 个，潜在连接数增加为 91。团队和他们的笔记本电脑形成了 91 个交互，这些交互可以影响团队互操作的方式。

但是敏捷团队也致力于在每个冲刺中交付冲刺待办工作项。对于这个例子，让我们假设每个冲刺平均交付 10 个工作项。这样一来，相互连接的节点数现在增加为 7 个团队成员、7 台笔记本电脑、10 个工作项，总共 24 个元素，也就是说，在每个冲刺中，潜在连接数呈指数级增长为 276。

　　您是在多团队环境中工作吗？为了证明这是如何进一步增加管理敏捷团队的复杂度的，让我们在 IT 产品开发系统中添加另一个同等规模的团队。这样一来，相互连接的节点数就增加为包括 14 个团队成员、14 台笔记本电脑和 20 个工作项，将我们的敏捷系统扩展为 48 个元素。结果，潜在连接数增加为 1 128。

　　我们可以包括客户以及必须与他们互动的其他员工，但现在您可能已经明白了。在每个冲刺中，这些潜在的连接都是潜在的故障点，或者有可能产生不期望的结果。图 3.1 显示了系统连接数的增长情况：

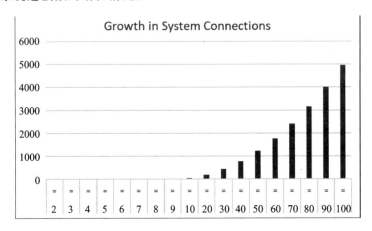

图 3.1　潜在系统连接数的增长

　　图 3.1 以图形化方式描述了相互连接的元素数从 0 增长为 100 时 PC 加速增长的情况，体现了系统内潜在连接数呈指数增长的特性。一个 10 人的团队有 45 个潜在连接，而一个 100 人的 IT 组织的潜在连接数是 4 950。

3.4　限制连接数

　　通常，系统中并非所有的元素都是相互关联的。降低系统复杂度的一种简单方法是减少元素之间相互通信或互操作的机会，另一种方法是减少参与系统的元素数量。

　　如果研究过 Scrum 或精益—敏捷扩展策略，可能注意到它们都利用了小团队的概念。他们甚至在非常大的产品开发活动中也这样做，有时涉及数百或数千人。将工作分散到多个小团队中是限制从事产品工作的人之间交互数量的一种方式。

　　例如，Scrum of Scrums 将跨团队的交互限制在少数团队成员之间，这些成员被称为大使。Scrum 的 Nexus 方法实现了 Nexus 集成团队（Nexus Integration Team，NIT）来管理跨团队的依赖、协调和同步活动。类似地，规模化敏捷框架（SAFe）以极限编程（XP）和 Scrum 团队的形式实现小型团队，并有一个更高层级的团队，称为敏捷发布火车（ART），以集成和协调大型产品开发工作，或集成和协调涉及 50～125 人的多个价值流，这些价值流又分成 5～12 个 XP/Scrum 团队。

不管他们的具体策略是什么,只要扩展的 Scrum 和精益—敏捷方法论都试图通过减少参与者关系和交互的数量来使复杂度最小化,即我们希望系统中的实际连接数少于潜在的理论连接数。

实际连接数与潜在连接数的比值称为网络密度。网络密度的概念很重要,因为它提供了一种方法来最大限度地减少大型系统中的潜在连接数,并降低它们造成不利影响的可能性。

图 3.2 显示了 6 个精益价值流及其活动,每个活动都表示为一个节点,这些节点都是沿着一条线连接,并按顺序运作的。该图还展示了识别出来的每个的价值流的最坏情况是什么样的,也就是价值流中所有的活动都是相互关联的情况。图 3.2 中还为每个价值流标注了一些度量指标:节点数(n)、潜在连接数(PC)、实际连接数(AC)和网络密度(ND):

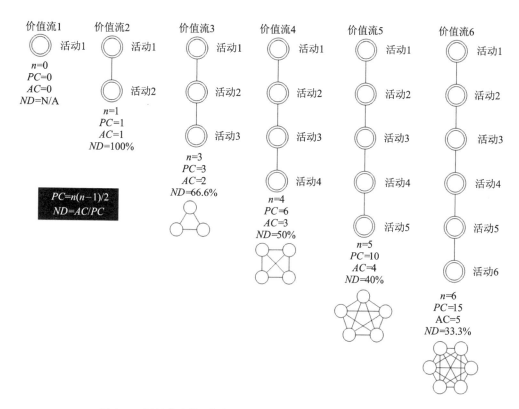

图 3.2　显示节点数、潜在连接数、实际连接数和网络密度的图形

从图 3.2 中可以清楚地看出,在价值流具有线性顺序流程或活动的情况下,交互数量最少,因此复杂度也最低。在本书中,线性顺序流动是精益生产实践以及 CI/CD 和 DevOps 流水线的标志。当我们通过减少实际连接数来降低网络密度时,我们就减少了潜在故障点的数量。

根据我们前面的例子,降低网络密度的方法包括准备备用的笔记本电脑以及能够使用替代软件产品。在复杂系统中,改善结果的另一种方法是改进政策和流程,这些政策和流程可用于减少失败的连接所造成的影响或修复失败的连接。例如,IT 支持团队如果能够快速重新配置笔记本电脑和软件,就可以减少因无法访问这些资源而导致的停机时间。

我们还可以减少团队成员和工作项之间的相互联系。例如,如果我们的团队成员拥有广泛的技能,他们就可以对工作项进行拆分,来减少跨工作项依赖的数量。我们还可以限制团队成员之间和团队之外成员的交互次数。这个问题在跨团队交互中至关重要。

在精益系统中,理想的目标是在价值流中创建一组简化的活动,就像一条装配线,使工作在一组独立的活动中单向流动,而不需要循环回到之前的活动。从图 3.2 所示的例子中可以清楚地看出,线性顺序流动复杂度更低,更加简化。还应该清楚的是,随着价值流系统中活动(节点)数目的增长,网络密度问题越来越有必要解决。

到目前为止,我们的示例系统交互非常简单。实际生活中要复杂得多,因为每个系统交互都会产生不同类型的影响。元素之间复杂的系统交互被建模和分析为因果联系。但是,在我们开始这个话题之前,让我们花点时间介绍一下系统思考的词汇。

3.5 学习系统思考的词汇

系统思考的词汇是独特的,与敏捷或精益实践没有直接联系。但是系统思考背后的概念在帮助团队协作分析他们庞大而复杂的业务系统中的元素和相互关系方面是强大而有用的。系统思考和因果循环图中的基本术语如下:

(1)系统:系统是共同服务于某种目的或功能的有形和无形的事物、原则、程序以及社会和政治环境所组成的复杂结构。

(2)元素:这个术语指的是构成一个系统的部件的集合,其元素可以是有形和无形的事物、原则、程序,或者参与并指导系统行为的社会和政治环境。

(3)相互联系:指将系统中的元素联系在一起的关系,包括物理的、信息的、正式的或非正式的联系。

(4)功能:指非人类系统的目的、目标或宗旨。

(5)目的:指以人为基础的系统的目的、目标或宗旨。

(6)存量:存量是系统中有形的、可量化的、可度量的变量,随着时间的推移会因流动的行为而动态变化。元素这个术语在任何给定的时间都是指一类事物;存量这个术语是指在特定时间点上具有可观察价值的元素的属性。例如,一个元素可能是一个价值流活动,它的存量可能是工作项或物料。

(7)流动:流动的行为会动态改变系统中存量的方向,分为流入量和流出量。

(8)流入量:指表明流动的方向有助于增加可度量的存量。流入量显示为带箭头的线条,指向存量正在累积的元素。

（9）流出量：指表明流动的方向有助于减少可度量的存量。流出量显示为带箭头的线条，箭头指向远离存量正在减少的元素。

（10）延迟：当流入量大于流出量时，导致存量累积。通过在连接元素的箭头上标明"延迟"，或者在连接的箭头上打一个双斜线的标记表示延迟。

（11）反馈回路：反馈回路是调整流量的机制，它是稳定一个系统或加强系统内的特定趋势。

（12）调节反馈回路：调节反馈回路提供信息或资源，使系统或元素达到平衡，并将它们维持在期望的范围内。

（13）加强反馈回路：加强反馈回路提供信息或资源，支持系统内的一个趋势或者支持系统内的元素。趋势可以是正向的，也可以是负向的。

（14）因果回路图（CLD）：是指一种将系统内元素（又名变量）的相互关系可视化为节点和节点之间的联系（又名边）的方法。

（15）正因果链：是指两个相连接节点的因果影响在相同（正）方向上改变了观察到的属性，增加了被监视属性的值。

（16）负因果链：是指两个相连节点的因果影响在相反（负）方向上改变了观察到的属性。

（17）开放系统：开放系统的特点是有相对于系统外部的流入量和流出量，也就是说，东西可以进入或离开系统。

（18）封闭系统：是指没有净流量进出的系统，也就是说，系统是完全自给自足和平衡的。

（19）标签：是在因果图中显示的所有内容上使用的标签，以便评审者知道系统模型中的元素和连接代表什么。

现在大家已经知道了系统思考和因果循环图的基本术语，下面我们看一下将一个基于敏捷的开发团队作为一个系统分析时如何使用它们。

3.6 可视化系统元素的相互关系

本节使用了我的上一本书 *Scaling Scrum Across Modern Enterprises* 中的一个 CLD 例子，这个例子描述了一个基于 Scrum 的冲刺规划流程（图 3.3）。这个练习的目的不是解释冲刺规划流程，而是使用一个敏捷的参考点来展示 CLD 建模过程是如何工作的。同样，对于那些想要更详细理解使用系统思考和 CLD 技术来评估精益—敏捷流程的人，这里向您推荐 *Scaling Scrum Across Modern Enterprises*。

图 3.3 显示了一个冲刺规划示例：

值得注意的是，CLD 箭头总是要形成系统闭环，以显示一个加强或调节反馈回路。也就是说，无论系统有多庞大或多复杂，所有 CLD 节点都连接回入口点，形成一个循环，从而产生一种加强或调节的效果。

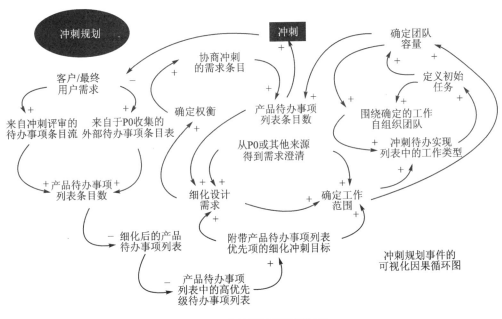

图 3.3　冲刺规划因果循环图

在加强回路这个循环中,一个变量的改变会在系统中传播,从而增加或减少一种趋势。相比之下,在调节回路这个循环中,一个变量的改变所造成的影响通过回路传播,并迫使作出对抗新趋势的反应。我们基于 Scrum 的冲刺规划流程的 CLD 例子,就是一种加强回路形式,因为当工作项进入冲刺待办事项列表,产品待办事项列表中工作项的数量就减少了。

在 CLD 中,我们用线来表示流量,箭头表示这些流量的影响。例如,标有(＋)的箭头表示趋势方向相同的正因果链,而标有(－)的箭头表示负因果链或相反的趋势。

在这个模型中,客户和最终用户的需求流量来自冲刺评审(之前增量的演示)或者直接来自外部来源。这种关系是一种正因果链,因为两者的趋势方向是相同的,即随着客户和最终用户开发新的需求,他们增加了预期工作项的流量。

相比之下,请注意产品待办事项列表中工作项(译者注:未被梳理的)数量和产品待办事项列表中梳理过的工作项数量之间的联系,这是一种负因果链。这种关系表明,梳理过程有一个总的趋势,那就是减少待办事项列表工作中工作项(译者注:未被梳理的)的数量。

1. 解析 CLD

在我们结束这一章之前,让我们围绕冲刺规划流程展开,练习将有助您理解如何评估整个 CLD 模型中描述的关系。

冲刺规划是基于 Scrum 的敏捷方法论的一部分。之前提到在我的前一本书里有 17 个 CLD 模型。然而,17 个 CLD 模型横跨了 3 个不同的过程:

（1）冲刺规划。

（2）项目团队到产品团队的转型。

（3）Scrum 的企业级实施。

这 3 个 CLD 模型都与分析 IT 职能有关,但是每个模型都有非常不同的范围和目标。例如,冲刺规划模型由 5 个独立的 CLD 组成。这 5 个 CLD 松散地围绕着团队可能想要分析的特定焦点领域。这些领域包括:

分析产品待办事项列表优先级的 CLD 模型。

产品待办列表梳理活动的开放 CLD 模型。

设计和工作澄清的 CLD 模型。

基于团队产能对工作进行分析的 CLD 模型。

谈判和权衡活动的 CLD 模式。

只有一个结果冲刺规划 CLD 模型,但是团队可能更喜欢沿着关注点的路线分解工作,并逐步构建冲刺规划 CLD 模型。现在让我们来简单看看这些次级 CLD 模型。

2. 分析产品待办事项列表优先级的 CLD 模型

这个 CLD 的目标(图 3.4)是理解构建客户和最终用户需求待办事项列表工作中所涉及的元素,该模型如图 3.4 所示:

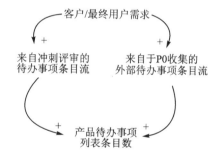

图 3.4 分析产品待办事项列表优先级的 CLD 模型

客户和最终用户的需求流入或流经冲刺评审流程和超出冲刺规划 CLD 模型范围的外部流程。带(＋)号的箭头表示正因果链,表示趋势或影响朝同一方向移动,需求的增加导致产品待办事项列表中的工作项的存量增加。

但是请注意,这种正因果链并不意味着流量只是一个加法过程。箭头上的(＋)和(－)符号并不意味着数学上的加法或减法过程,而只是表明流量加强或减弱了趋势。因此,元素之间的关系如果是正向(＋)流量,也可能意味着需求的减少会导致产品待办事项列表中工作项存量的减少。

3. 产品待办事项列表梳理活动的开放 CLD 模型

这个 CLD 的目标(图 3.5)是理解梳理产品待办事项列表中的工作项所涉及的元素。澄清一下,这意味着将 Epic 分解成用户故事,并理解开发任务。我们可以在图 3.5 中看到这一点:

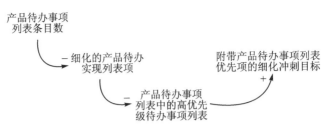

图 3.5　开放的产品待办列表细化活动因果循环图模型

图 3.5 中所示的例子包括了负向（一）趋势的箭头,这意味着"待办事项列表中的工作项数量"和"产品待办事项列表中已梳理的工作项数量"这两个元素之间的关系是负因果链。在"产品待办事项列表中已梳理的工作项数量"和"产品待办事项列表中已排序的工作项"之间也有类似的负因果链关系。

开始看可能有点难以理解发生了什么,尤其是对于那些不了解细节的人来说。负因果链表明,当一个连接起始端的节点增加时,该连接另外一端的节点就减少,反之亦然,即梳理和优先级排序活动对工作项的存量有相反的影响。这种对立效应的发生是因为团队在梳理和优先级排序方面所能做的工作是有限的(译者注:做了梳理就无法做优先级排序)。

例如,假设客户想要在下一个版本中包含一个新特性。该工作项作为史诗或用户故事包含在产品待办事项列表中。必须对工作项进行梳理,以确保团队完全理解需求,并了解它们是否是优先事项。负因果链表示梳理完的工作项数量的趋势与进入待办事项列表的初始工作项数量趋势方向相反。

当产品负责人决定哪些梳理完的工作项具有高优先级时,也会出现相同的趋势。然而,那些具有高优先级的工作项在同一个方向上为冲刺目标提供了信息,它们在同一个方向上。因此,高优先级工作项数量的增加扩大了冲刺目标的范围。类似地,如果梳理完,且经排序的工作项存量减少,冲刺目标的范围也会变小。

4. 设计和工作澄清的 CLD 模型

下一个 CLD(图 3.6)的目标是理解"设计和工作澄清的 CLD 模型"中涉及的元素。这个 CLD 是工作项设计和范围界定活动的可视化。请注意,元素之间的所有关系都有正的因果链:

在这个 CLD 中,团队需要产品负责人和其他来源(比如客户和最终用户),对需求的细节进行澄清。更清晰的细节改善了设计和确定工作范围的能力,反之亦然。

请注意,我们还从模型的另一部分获得了一个正因果链,该模型根据产品待办事项列表中的优先级事项描述了冲刺目标。理解冲刺目标可以更好地理解设计需求和工作范围。

最后,在"定义设计需求"元素和"确定工作范围"元素之间有一个正因果链。随着团队更好地理解设计,他们可以更好地理解接下来冲刺中的工作范围。

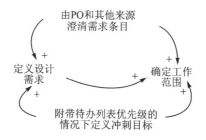

图 3.6 设计和工作说明的 CLD 模型

5. 根据团队产能对工作进行分析的 CLD 模型

这个 CLD(图 3.7)旨在理解"根据团队产能对工作进行分析的 CLD 模型"中的元素。尽管这是一个更庞大、更复杂的 CLD,但概念是相同的,我们只需通过因果链来工作:

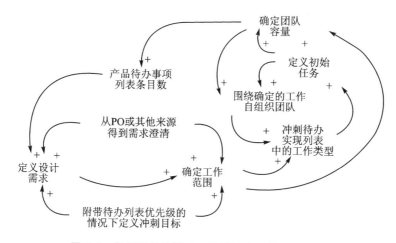

图 3.7 根据团队产能对工作进行分析的 CLD 模型

如果不把 CLD 的这一部分放在整个冲刺规划 CLD 的背景下看,就不容易看出我们应该从哪里开始。然而,我们应该从标题为"基于产品待办事项列表优先事项定义的冲刺目标"的元素开始。在下一小节中,我们将看到这个 CLD 中的交互是如何通过"冲刺待办事项列表中的工作项数目"节点退出到另一个 CLD 的。此外,请注意,这个CLD 包括几个较小的 CLD 回路。通过参与评估团队产能(根据产品待办事项列表期望的优先事项),这些活动相互联系在一起。

这个 CLD 的重要性在于,它定义了在团队产能以及团队围绕为冲刺计划的工作进行自组织能力的背景下,定义初始任务所必需的元素和交互。最终,这些关系决定了添加到冲刺待办事项列表中的工作项的数量和类型。请注意,这些工作项还强化了冲刺中产品开发的设计标准。

6. 谈判和权衡活动的 CLD 模式

这个 CLD(图 3.8)的目标是理解谈判和权衡活动的 CLD 模型。之前的 CLD(根据团队产能对工作进行分析)中的元素和相互作用影响了与设计相关的决策。但是请注意,团队已经添加了一个 CLD 循环来分析与设计相关的影响,以确定是否需要权衡,是否需要与产品负责人协商。例如,在着手一些更高优先级的工作项之前,可能需要解决一些技术债务问题。

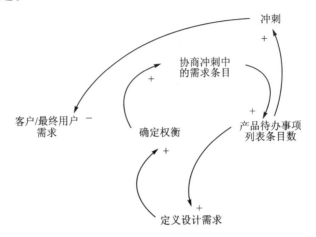

图 3.8　谈判和交易活动的 CLD 模型

我们现在已经完成了对整个冲刺规划 CLD 和本章主题的回顾。关于 CLD 建模,需要知道的关键一点是:没有普遍真理。在您的价值流中起作用的,可能在另一个组织的价值流中不合适或不起作用,即使它们有相似的目的。

在下一章中,我们将深入了解价值流管理基础知识,将其作为以精益为导向的建模和可视化工具。但是,在我们开始之前,让我们总结一下在本章中学习了什么。然后,进行快速测试,看看您是否有需要复习的地方。

3.7　小　结

在这一章中,学习到系统比它们各部分的总和要复杂得多。随着参与元素数量的增加,潜在连接和交互的数量呈几何级数增长。我们已经学会了如何使用系统思考来分析元素的及其关系的复杂性,还学习了一些系统思考的词汇,以及如何使用 CLD 作为建模和可视化技术来处理复杂的相互关系。接下来,使用了在系统思考和 CLD 可视化方面的新知识来回顾冲刺规划过程。最后,了解了系统思考采用了不同于价值流图的建模和可视化方法。

有了这些知识,现在就有了评估系统中参与元素及其关系的技能——这些关系通过它们的相互作用增加了系统的复杂性。系统思考是一种分析方法,用来理解相互联系和相互作用的元素的影响、原因和效果。相比之下,价值流图是一种评估工作的当前和未来状态,然后找到改进方法的技术。

系统思考为我们提供了发现和评估相互关联元素影响的工具，而价值流图为我们提供了改进工作和信息流的工具。我们将在下一章探讨价值流管理的组成部分。

3.8　问　题

（1）系统思考的价值是什么？

（2）在一个系统中，元素之间有哪两种关系？

（3）为什么我们要对系统中元素的连接和交互进行建模？

（4）因果回路图中闭环的目的是什么？

（5）多节点系统中最简单的配置是什么？

（6）确定系统中潜在连接数的公式是什么？

（7）为什么我们要试图减少实际连接数？

（8）计算网络密度的公式是什么？

（9）CLD 图中箭头的目的是什么？

（10）正负因果链有什么区别？

3.9　扩展阅读

- Rupp，C. G.，（2020）Scaling Scrum Across Modern Enterprises：Implement Scrum and Lean-Agile techniques across complex products，portfolios，and programs in large organizations. Packt Publishing. Birmingham，England.

第4章 价值流管理的定义

价值流管理(VSM)正在迅速成为信息技术(IT)社区的一项基本能力,尤其是作为评估和消除软件交付过程中非增值活动(浪费)的一种手段。然而,VSM 并不是一个新概念。在本章中,您将了解 VSM 的起源以及其在精益生产、供应链、办公和 IT 流程中的应用。

VSM 提供了一种方法,用于系统性地持续评估所有组织发展和运营价值流。VSM 的实践和工具不仅局限于应用在 IT 部门中,还有助于改善所有的价值流。VSM 提倡聚焦在确保我们的价值流最为高效的运作,对于公司战略,并以最少的浪费增加以客户为中心的价值,但不提倡大家额外学习多种 VSM 策略来增加我们的负担和复杂性。

在这本章中,将学习 VSM 的基本方法和工具。具体来说,您将了解一个通用的 8 步 VSM 方法来计划、规划和保持精益改进。本书旨在教授一种成熟的方法,而不考虑价值流应用或工具,而不是学习一套高度定制的 VSM 工具。

采用这个 VSM 通用方法的原因是,在我们的数字经济中,IT 解决方案通常支持其他组织级的价值流,且在此过程中不可分割。因此,理解 VSM 的基本原理是至关重要的,因为每个基于 IT 的 VSM 计划都必须支持组织在所有价值流中构建和维持精益企业更广泛的目标。

稍后,在本书的第二部分,我们将深入研究基于 IT 的 VSM 计划的实际案例。在这一章和接下来的两章中,我们重点学习 VSM 的基本元素,但先不考虑怎么应用它。

在本章中,我们将讨论以下主要话题:

- 实施精益理念。
- 识别价值流。
- 应用 VSM 方法和工具。
- 定义 VSM 的 8 个步骤。

4.1 实施精益理念

VSM 是从本质上影响组织中精益理念的实施,并使精益开发和交付流程成为组织中的一种生活方式。在现代精益实践中更高效地交付以客户为中心的价值的前提下,VSM 广泛应用于构建高效开发和面向运营的工作(不仅局限于 IT)。在这种情况下,仅基于 IT 的开发和运营活动作为组织的价值流,也同样受益于 VSM 能力的采用。

具体来说,VSM 支持 IT 部门通过实施持续集成(CI)和持续交付(CD)能力来实现精益,通常是更大的 DevOps 流程集成、自动化和协作战略的一部分,即使用 VSM 来驱动 DevOps 开发和交付能力本质上是一种组织级别的精益价值流实施策略,是用于 IT 价值交付的。

在《价值流管理:规划、映射和维持精益改进的 8 个步骤》一书中,作者对 VSM 的定义如下:

"价值流管理是一个通过简要数据获取和分析,来进行流程规划和连接举措实践的过程。"(Tapping,Luyster,Shuker,2002 年,第 2 页)

请注意,他们对 VSM 的定义不仅限于在 IT 价值流中进行精益生产改进。事实上,这些作者合著了 3 本书,将可重复使用的 VSM 方法应用于制造、精益管理办公室和医疗保健价值流,这是他们在本书第 2 部分"实施价值流管理(VSM)方法和工具"中应用的 8 步法,用于在 CI/CD 流水线流程用例场景中分析、计划和执行精益改进。我们将在本章的后面部分介绍 VSM 的 8 个步骤,以及应用 VSM 方法和工具。

在我们的现代数字经济中,IT 几乎支持所有的组织活动。因此,VSM 的实践不仅简单关注改善 IT 价值流本身,而是在于通过改善面向 IT 的 VSM 改善企业范围内所有价值流活动(译者汪珺举例:例如财务、人事、ERP 等价值流等都是基于 IT 的 VSM 之上,通过基于 IT 信息化的 VSM 价值流,来促进相关业务、人事、财务、信息系统打造等价值流活动的开展)。此外,由于组织内部的各种价值流通常是相互关联的,我们必须改进跨所有关联价值流的最终以客户为中心的核心价值交付流。(译者举例,例如参考 IT4IT,通过聚集以下相关价值流:财务、人事、供应商、行政、项目管理、外包管理等,最终目的是聚合"人财物等资源"+"各类流程",最终组织开发测试运维等人员,促进业务需求变现为最终上线的交付物。

这个过程,就是组织了很多不同的价值流,最终促进通过项目管理进行需求立项、财务审批、需求分析、开发测试、发布上线、运维运营等阶段的核心价值流,来达到交付 IT 软件给客户的目的。)

让我们看一个简单的例子。假如在我们的场景中,一个客户有兴趣购买一个可定制的产品,所以他们会到供应商的网站上查看可用的选项。在网站上,他们决定想要购买什么,并提交订单(这里就是以客户交付价值为核心的价值流)。订单触发其他价值流活动完成下订单、付款和收款、更新财务系统、订购替代材料、执行生产,并最终执行组织下游的履行或供应和支持流程(这里就有各种价值流,例如财务、供应链、首付款等)。在这一过程中,IT 系统从头到尾都在使用流程管理方法,同时确保正确的信息和材料在正确的时间和地点出现。因此,组织的所有价值流在某种程度上都是联系在一起的,而 IT 价值流是一个重要的推动因素。

在本书的"延伸阅读"部分,您可以看到致力于将 VSM 应用于制造业的精益生产流程、精益办公室、精益供应链和精益 IT 价值流的系列书单。在一个真正的精益企业中,组织的所有价值流都需要持续改进,并与其他关联的价值流协同。这是 VSM 的前提。

1．实现信息流

在数字经济中，每个价值流都有信息流。在许多情况下，数字价值流的材料是信息元素（例如 表格、图形、商业智能、元数据或信息支持服务）。在之前章节中，我们已了解到信息流对于支持精益生产流程至关重要，但同样，信息流对于支持前端和后端的所有价值流流程同样重要。

前端流程直接帮助客户，而后端流程是指所有不需要面对面互动的内部支持活动。例如，前端流程包括由人或通过在线产品信息系统提供的销售支持活动。同样，一个组织的客户支持运营过程也是前端过程的一个案例。相比之下，后端流程的例子包括供应和合作伙伴的管理实践和履约。

因此，术语"前端"和"后端"与它们在产品生命周期中的顺序没有任何关系。相反，可以将术语"前端"理解为面向客户的流程，而后端流程在幕后执行。

然而，在精益术语词典中，我们使用术语"上游"和"下游"来表示产品生命周期中的活动关系，如图 4.1 所示中呈现的上游和下游。在精益中，客户始终是我们的关注焦点，因此产品或服务的交付是精益流程的目标。

图 4.1　上游与下游的价值流活动

在这种情况下，精益价值总是向下游流向客户，任何之前的活动都是上游活动。同样的概念适用于每个价值流。离客户最远的活动总是位于离客户最近的活动的上游。

延伸图 4.2 中描述的上游和下游的例子：价值流包括各类材料和信息的组合，这些材料和信息随着每一个后续的价值流活动进行积累组合和改造，直到准备好作为最终产品或服务交付给客户。

2．定义价值流的类型

术语"价值流"已经应用到现代精益环境中商业企业内的所有增值和非增值的活动组合中。一些价值流直接有助于产品和服务的开发，而另一些价值流专注于面向交付产品和服务的运营活动。

精益企业研究所（LEI）这样定义价值流：

将产品从概念到上市（也称为开发价值流）以及从订单到交付（也称为运营价值流）所需的所有活动，包括创造价值的活动和不创造价值的活动。这些活动包括处理客户信息的活动，和产品交付给客户过程中的一系列行动活动集合。

请注意，价值流定义包括处理客户信息所必需的活动。此外，回想一下，丰田最初将价值流图称为材料和信息流图。在精益中，我们努力改善材料和信息的流动，从而提高以客户为中心的价值交付效率。在本章中，您将了解为什么促进基于 IT 的 VSM 策略，会在整个企业实施和维持精益变革中发挥至关重要的关键作用。

现代 VSM 系统提供了一系列方法和工具来映射现状和未来活动,定义改进指标,并根据绩效目标监控行为进展。此外,在作出承诺和投资之前,分析工具提供了评估因果关系能力及模拟可供选择的业务改进策略的能力。

在本章的后面,我们再回过头来理解 VSM 如何帮助识别和改进价值流。但下面让我们先花点时间来理解价值流和 VSM 背后的最质朴且仍然重要的相关概念。

3. 使用 VSM

VSM 作为一个概念已经存在一段时间了。有趣的是,James Martin,20 世纪 90 年代的 IT 领袖之一,在其著作《伟大的转变:使用企业工程的 7 个原则来调整人员、技术和策略》(Martin,1995)中,将术语价值流应用于软件开发实践。在 James Womack 和 Daniel Jones 在《哈佛商业评论》的一篇文章《从精益生产到精益企业》(Womack and Jones,1994 年 3~4 月)中首次提出这个术语后不到一年,Martin 的书就出版,并且提出此概念。Martin 将术语价值流定义为"由'客户'产生的端到端的活动集合,这里提到的'客户'就是价值流的最终客户或内部'最终用户'。"

价值流管理的 VSM 首字母缩写词与价值流图的首字母缩写词相同,但价值流图是整个 VSM 过程的一个子集。为了保持清晰,本书中使用的 VSM 缩写词总是指价值流管理。为了进一步减少混淆,本书将会详细说明价值流图这个术语,或者将其简称为 VS map 或 VS mapping。

虽然 James Martin 定义了价值流这个术语,但他倾向于在描述改进价值流的活动过程时使用"价值流再造"(value stream reinvention)这个术语。Martin 反对使用术语"流程"和"业务流程再造(BPR)"(business process reengineering)的概念。在第一种情况下,Martin 认为"流程"这个词太笼统,与以客户为中心的价值增值的精益概念相去甚远。而第二种他对 BPR 这个术语的主要问题是,他觉得他那个时代的大多数流程从一开始就没有被设计过,当时大多数业务流程只是为了发展支持分层的业务结构,在这种结构中,通常活动更多是为了保护组织的领地和权力,而不是提高效率。

其他作者后来在他们的书中引入了术语 VSM,如下所述:

(1) 价值流管理。规划、映射和持续精益改进的 8 个步骤。Don Tapping,Tom Luyster,和 Tom Shuker(精益生产,2002 年)。

(2) 精益办公室的价值流管理。在管理领域规划、映射和持续精益改进的八个步骤。Don Tapping 和 Tom Shuker(*Lean for the Office*,2003)。

价值流管理。供应链中的战略和卓越。Peter Hines,Richard Lamming,Dan Jones,Paul Cousins,*Nick Rich*(*Prentice Hall/Pearson Education*. Harlow,England,2000)。

Tom Shuker 热心地授权本章使用他们的 8 步流程作为如何在整个组织中实施 VSM 战略的范例。8 步 VSM 流程通过精益计划帮助组织简化基本精益概念中的需求、流动和进行整体平衡,并有助于实施整体流程以加速、协调和维持精益工作。

是的,这是一本关于 VSM 在 IT 转型中应用的书。大家可以问问自己:在数字经济中,我们到底在改善哪些业务价值流?为了回答这个问题,让我们重温一下 James

Martin 在这个主题上的原创性和开创性的著作。

4.2　识别价值流

James Martin 从根本上理解了为什么一个商业组织投资 IT 来实现和维持支持其价值流的卓越业务流程。Martin 领先于他的时代,他的想法一直持续影响后续 IT 发展。例如,开发组织体系结构框架(TOGAF)仍然在其业务架构标准中采用 Martin 的价值流概念(*Open Group Guide*,*Value Streams*,2017 年 1 月)。

但是当 Martin 使用价值流这个术语时,他到底是想达到什么目的呢?原来 Martin 不仅在寻找改进 IT 开发和运营流程的方法。相反,他的目标是帮助组织重构他们的价值流,并通过实施软件应用程序来支持、维持和持续改进所有价值流的价值交付。

在其著作中,James Martin 引用了 T. H. Davenport 发表的题为"过程创新"的研究,该研究识别了 5 家大型企业的平均 14 个价值流。这些公司包括 IBM、Ameritech、Dow Chemical、Xerox 和一家主要的保险公司(虽然身份不明)(哈佛商学院出版社:波士顿,1993 年)。

Martin 综合了 Davenport 论文中发现的成果,识别了 17 个典型的价值流(Martin,1995 年,第 107 页)。他列出的 17 个传统业务价值流包括:

(1)客户融合:获取客户,识别客户需求;销售,确保他们满意。

(2)订单履行:接收订单、履行订单、收款。

(3)客户服务:为客户提供服务,如产品使用帮助、规划和咨询。

(4)制造:商品生产,库存维护,与供应商的互动。

(5)采购服务:供应商选择支持、签约和管理。

(6)产品设计工程:设计产品和制造设备。

(7)研究:探索具有潜在价值的科学技术。

(8)市场营销:确定客户需要,生产什么产品,需要的功能特性;打广告。

(9)市场信息获取:获取销售信息;查找竞争情报。

(10)产品维护:在客户现场维修产品和预防性维护。

(11)法务服务:解决法律问题;拟制合约。

(12)IT 应用程序开发:开发和修改系统和软件。

(13)IT 基础设施:构建公司范围的网络、数据库和设施,包括用于分布式计算的相关设备。

(14)人力资源:招聘、培训、薪酬、职业规划。

(15)租赁和资本资产管理:建筑设施和资本管理。

(16)财务管理:会计、押汇、现金管理。

(17)企业工程:设计、实施和改进价值流;设计企业学习过程。

通过上述学习,我们对典型的面向业务的价值流有了更好的理解,那么接下来,理解我们如何确定它们的边界和接口就很重要了。

1. 确定价值流边界

每个价值流都有特定的开始和结束活动,这些活动确定了价值流的边界。这个概念非常重要,以至于业务架构社区中的一些人通过他们的开始和结束活动来确定他们的价值流(例如,潜在客户到订单和订单到交付价值流)。

图展出了 Martin 著作中的价值流命名惯例(James Martin,1995 年,第 108 页,图 4.2):

为了分辨价值流的内涵,命名价值流的起止活动。		
下单采购	潜在客户,线索	订单
订单履行	客户订单	交付
采购	需求确定	付款
抵押请求	询价	仲裁
制造	采购	装运
产品设计	概念	原型
软件应用程序	概念	移交
战略开发	市场需求	业务战略
客户沟通	客户咨询	客户对产品感兴趣
索赔处理	事故报告	索赔付款

图 4.2 VS 命名约定

至此,我们已经了解了如何应用价值流边界和命名进行约定,下面让我们看看价值流改进如何帮助交付业务价值。

2. 提高商业价值

James Martin 在撰写图书《大转变》时,几乎所有的企业都还处于使用信息技术支持其关键业务流程的早期阶段。1995 年,Don Tapscott 首次提出了数字经济一词。但是 James Martin 和 BPR 与业务流程改进(BPI)社区的其他人已经理解了重新设计或逐步改进业务流程以利用其新功能的重要性。

Martin 明白在数字经济中,公司 IT 部门必须开发更高效、更快速、更迅速响应的组织级价值流相关工作。Martin 对价值流再造的观点是"用快速、简单、尽可能自动化的新工作流取代传统的跨职能及孤立的业务流程,并由专注于取悦客户的小团队(或个人)执行"(Martin,1995,第 64 页)。

James Martin 进一步指出,价值流再造是一种改进战略,旨在回答几个基本问题,例如:

(1)组织的价值流是什么?

(2)谁是价值流的客户?

(3)这些客户想要什么?

(4)我们需要做些什么来取悦这些顾客?

作为参与数字经济工作的 IT 专家,我们必须问自己一个基本问题:我们如何尽可能高效、经济、快速地利用 IT 和软件应用程序来支持以客户为中心的组织级价值流？

从精益的角度来看,答案是多方面的,并且在概念层面上不难理解:IT 组织支持组织价值流活动的自动化和集成,同时还可以提高价值流信息流动的准确性和及时性。在许多情况下,IT 还支持在物理产品中实现数字化特性和功能。

我们现在明白了利用 IT 来提高交付业务价值的重要性,下面让我们继续理解为什么组织的 CEO 必须推动这项工作。

3. 引领变革

精益战略不容易实施。精益开发和交付活动通常需要对组织及其设施进行一定程度的结构性改变,实施新的业务流程和设备,开发新的技能,并对 IT 进行投资。只有组织的首席执行官或业务线(LOB)主管可以授权此类变更。

为了支持企业级的精益计划,对技能和工具进行明智的 IT 投资是本书主要讨论的议题。事实上,改变组织结构、开发新技能以及投资新的 IT 方法和工具仍然很困难,有数不胜数的技术和产品选项需要研究,大多数都需要额外的时间和资源来集中于配置和集成任务。

与其他企业精益计划一样,只有高层领导才能指导 VSM 战略,并进行必要的工具、基础设施、集成和配置投资决策。不可否认,将 DevOps 添加到组合中会增加这些投资成本。稍后,我们将在第 6 章中讨论该主题(即 DevOps 工具、基础设施、集成和配置方面的投资)。

CI、CD 和 DevOps 能力已经在 IT 部门应用很好,可更好地支持 James Martin 在 20 世纪 90 年代提出的想法;VSM 提供了一套方法和工具来指导和帮助维持组织的精益转型。然而,所有这些能力都需要投资,高层领导必须获得足够的知识才能作出明智的投资决策。

您可能不是首席执行官或业务线主管,但无论您在组织中担任什么职位或角色,您仍然有义务帮忙提供教育、思想领导和支持,因为一个组织精益计划的成功需要每个人的参与和支持。

为了便于讨论,我们假设组织有管理层的支持,且有意愿进行必要的结构调整,已设置了训练有素的导师和教练,并投资必要的技术和工具。那么,下一个问题是:如何发起和执行一个持续的 VSM 战略?这是本章最后一节的主题,但是在我们进入该主题之前,让我们快速地浏览一个基本的 VSM 可视化和分析工具——价值流图。

4. 绘制价值流图

本节的目的是解释绘制价值流图的重要性。后面,在第 7 章映射当前状态(VSM 第 4 步),会介绍如何创建价值流图,这是一种评估当前(现状)和未来(目标状态)流程的技术。价值流图有助于 VSM 团队评估过渡到简化的价值流活动、最少浪费和以客户为中心的价值的理想未来状态所需的工作范围,所以我们将继续使用价值流图来帮助指导和优化我们的 CI 活动。

丰田首创了价值流图技术,但他们称之为材料和信息流映射,即丰田明白,即使在分析制造流程时,信息流的改善与物料流的改善同样重要。

制造企业需要及时准确的信息来支持物流。如果信息流动不正确,当正确的材料不能在正确的时间以正确的数量到达以支持精益生产流程时,生产流程就会被延误。当然,客户订单信息必须与物料一起流动,以确保为每个客户制造正确的产品。

James Martin 也是绘制价值流图的早期支持者,他在其书的第 8 章中,用了整整一章的篇幅来讨论价值流图的主题。然而,Martin 的方法在时间上领先于 Mike Rother 和 John Shook 在他们的书中介绍的现代价值流图表技术。

本书讲述了由 Rother 和 Shook 制定的现代价值流图绘制方法,后来由 Karen Martin 和 Mike Osterling 在他们的著作《价值流图:如何可视化工作并为组织转型调整领导力》中进行了更新。现代价值流图提供了评估整个价值流的精益状态所需的活动和信息流数据的组合。

无论你的组织倾向于哪种建模技术,都要确保它是一种标准化的方法,并且每个人都接受过所采用技术的培训。否则,VSM 团队可能会在沟通、解释和分析中遇到问题。

在我们讨论价值流的这一点上,理解这个基本概念是至关重要的:所有的价值流都代表了该组织中端到端的价值流。在这种情况下,精益价值流的运作类似于 Henry Ford 的第一条 T 型车装配流水线中的大规模生产概念。重要的是,精益整合了拉动式生产和订单管理生产流程,而不是推动式生产控制策略,大规模生产和精益生产都包含同步和自动化流程的概念。

例如,一个客户订单记录了一个新的需求,它启动了产品的生产或交付。构建遵循围绕初始组件的价值流,例 1:T 型车生产示例中的车架;例 2:在计算机系统组装过程开始时为笔记本电脑或服务器构建框架或底盘。在这两个例子中,当框架遍历生产线上的活动时,价值的附加部分以材料、零件和信息的形式被添加到产品中。在精益的词汇中,我们在价值流过程的每一步为产品增加价值。

下面的截图 4.3 展示了一条现代汽车装配流水线。尽管使用了机器人技术和其他自动化能力,Henry Ford 最初的大规模生产概念背后的基本概念仍然是端到端的同步过程。

本书并不是介绍如何在制造业中实施精益流程——有许多其他这类信息的。然而,我们将讨论 VSM 在面向发展的过程中的应用,装配流水线就是其中的一个例子。此外,我们还将讨论使用 VSM 来支持面向运营的价值流,这与前台和后台流程关系密切。

如前所述,前台操作流程是面向客户的,而后台操作流程通常是管理性的。与面向开发和运营的价值流一样,所有的业务流程都可以通过应用 VSM 方法和工具来精益化和改进提高。

使用了前台和后台这两个术语后,请注意,您很可能会认为在您的组织中没有这样的东西来评估从客户的角度增加价值的活动,但价值流不受组织层级、技能或业务职能的限制。价值流是从最初的请求到交付价值所需的一系列端到端活动,他们的客户可以是组织内部的,也可以是组织外部的。

图 4.3　汽车装配流水线

　　在下一章中,我们将探讨如何将 VSM 实践作为一个由 8 个步骤组成的结构化过程来实施。在进入下一章之前,让我们先快速浏览一下规划、映射和持续精益实践的八个 VSM 步骤。

4.3　应用 VSM 方法和工具

　　每个 VSM 工具供应商都有其独特的 VSM 过程,通常根据其业务来源及其软件工具的重点或优势进行定制。我们不需要软件工具来实现 VSM 功能,尽管它们是强大的赋能器。尽管如此,在我们投资 VSM 工具之前,首先,我们必须学习实施 VSM 实践背后的基本概念和方法。

　　如本书所述,VSM 的实施遵循 Don Tapping,Tom Luyster 和 Tom Shuker 在他们的价值流管理书籍(Tapping, Luyster, Shuker, 2002; Tapping, Shuker, 2003)中归纳的 8 个步骤流程。具体来说,这 8 个步骤引导组织通过 VSM 过程来规划、映射和维持精益改进。

　　下面的截图 4.4 介绍了 8 个 VSM 步骤。

　　与 Tapping, Luyster, 和 Shuker 的书关注的是精益管理、精益医疗保健和精益办公室所不同,本书关注的是将 VSM 应用于 IT 中。但是,需要注意的是,IT 涉及到组织内在数字经济中发生的一切。此外,正如 James Martin 所指出的,IT 的角色是通过精益计划来支持组织的流程和价值流再造。因此,任何 VSM 计划都可能包括计划、映射、改进和维持活动,这些活动可作为参与性价值流的一部分,但不一定是主要价值流。

　　前一段提出过一个关键点。几乎所有的现代 VSM 工具都专注于对 DevOps 流程建模以展示概念。改善 DevOps 价值流非常重要,但 VSM 更大的好处来自于将 De-

1. 承诺精益	6. 绘制未来状态图—客户需求
2. 选择价值流	绘制未来状态图—连续流动
3. 学习精益	绘制未来状态图—均衡化
4. 绘制当前状态图	7. 创建改善计划
5. 识别精益指标	8. 实施改善计划

图 4.4　规划、映射和持续精益实践的 8 步法 VSM 流程

vOps 活动联系起来,以支持 IT 职能部门之外的企业精益计划,包括运营和面向开发的价值流。

4.4　定义 VSM 的 8 个步骤

Tom Shuker 善意地允许我在本书加入他们的 8 步 VSM 过程。在我们结束这一章,进入执行他们的 VSM 战略细节之前,我们将快速看一下 Tapping 和 Shuker 是如何定义他们的计划、映射和持续精益改进的 8 个步骤的,如下所示:

(1)承诺精益(第 1 步):成功的精益计划需要管理层领导和员工及利益相关者的支持。参与 VSM 计划的每个人都必须理解精益实践的重要性,以便通过价值交付提供更可持续的业务。精益的目标是延伸人力资源的价值,而不是消除工作岗位或走捷径。

(2)选择价值流(第 2 步):我们不可能在一夜之间在整个组织范围内实施和改进精益实践。识别和实施价值流改进需要时间和精力,优先级基于以最低成本增加最多价值的工作。此外,VSM 团队在产品的整个生命周期中不断确定,并致力于新的改进重点。

(3)学习精益(第 3 步):VSM 是致力于改善跨组织价值流的精益实践。因此,所有 VSM 团队成员和被分配在价值流中工作的员工都必须对精益生产系统的日常运营实践有深入的了解。

(4)绘制当前状态图(第 4 步):在完全理解系统如何运行之前就开始调整系统是很危险的。我们需要了解我们的工作如何在价值流中流动,我们的工作有多少是增值的,以及相对于等待,有多少时间花在增值活动上。最后,我们需要找出其他形式的浪费,这些浪费增加了我们的成本,却没有增加价值。本阶段目标是描绘我们的开发或面向运营的业务实践的现状。

(5)识别精益指标(第 5 步):当前价值流图完成后,VSM 团队将注意力聚焦于识别可以帮助组织实现其业务目标的指标。如果我们不首先确定客户的需求、存在潜在浪费的领域和我们的价值流生产力目标,就无法评估我们未来的 VSM 工作是否成功。满足客户需求和消除浪费是降低成本和获得业务可持续产品价格的最可靠途径。

(6)绘制未来状态图(第 6 步)——客户需求:这是为期望的未来状态构建计划的

三个阶段中的第一步。目标是评估客户对我们产品和服务的需求。在这个映射练习中,我们输入了之前确定的可接受质量的精益指标、单位需求和期望的交付周期。

(7) 绘制未来状态图(第 6 步)——持续流动:这是未来状态图的第 2 步。目标是标准化工作执行方式,并找出如何使组织工作、材料、零件和信息连续流动。在许多(如果不是大多数)情况下,可能需要移动设备和办公区以实现更好的流动。信息系统是帮助在价值流活动中建立高效信息流的另一个关键推动因素。另外,还应采取措施,通过最小化活动设置、交接和轮换时间之间的差异来平衡工作流程。最后,我们应该决定实施哪些生产控制策略,比如准时制(JIT)、先进先出(FIFO)和看板(Kanban)。

(8) 绘制未来状态图(第 6 步)——调配:这是绘制未来状态图的最后一步。在这个阶段,我们应该已经在我们的价值流中实施了精益实践,并最大限度地减少了影响生产力的更为关键的浪费因素。我们现在需要实施策略来平衡客户需求。该 VSM 工作包括实施基于拉动的策略,以最大限度地减少过多的排队和等待,减少批量,以最大限度地减少与批处理相关的排队和等待时间,并实施我们的价值流交付和提货系统,即看板卡片或看板文件夹,以及工作项。

(9) 创建改善计划(第 7 步):无论规模大小,VSM 实施是精益导向的变革。改善计划概述了我们持续改进开发和运营导向的价值流的策略,但许多精益导向的投资属于重大投资,而 VSM 团队无法授权进行。此外,计划变更的范围可能需要多个规划周期来实施,他们的改善计划可能会随着时间的推移而演进。因此,VSM 团队需要创建一个变更计划(改善计划),以显示和管理计划的变更范围。

精益和敏捷的一个关键区别在于精益评估所有潜在的改进领域,而不考虑所需的投资、权限、时间和资源需求。相反,敏捷回顾倾向于关注小型敏捷团队在下一次 Sprint 迭代中可以授权和完成的事情。

精益和敏捷实践者都理解持续变革的重要性。尽管如此,VSM 仍然强调更长期的规划视野,并可能包括比基于敏捷的回顾中设想的需要更多资本投资的不同。

最后,需求、问题和优先级会随着时间的推移而变化,因此需要定期审查和更新改善计划,其中创建和修改改善计划是这一步的主要活动。

(10) 实施改善计划(第 8 步):最后,我们需要实施我们创建的所有改善计划。此外,我们需要在必要时经常检查和更新它们。商业中的始终不变的就是持续变化,因此我们需要不断改进我们的精益实践,并保持与客户需求一致。我们还需要不断评估我们计划如何通过发现和消除额外的浪费来改进我们的价值流活动。

既然我们已经介绍了规划、映射和持续精益改进的 8 个基本步骤,那么下一章的内容,就让我们从精益承诺开始,更细致地看看每一个步骤发生了什么。

4.5 小 结

对 VSM 的介绍章节到此结束。我们已经了解到 VSM 提供了一种系统地、持续地评估所有开发和运营价值流的方法。VSM 的目标是确保组织与企业战略保持一致，并增加以客户为中心的价值。

我们还了解了 VSM 并不是一个新概念，这些概念和实践支持在组织价值流中实施和持续精益生产实践。组织通常有许多价值流。IT 领袖 James Martin 就以价值流的形式对业务流程进行端到端再造的必要性进行了全面的讨论。James Martin 也是价值流图的早期支持者，尽管他的方法早于我们将在第 6 章使用的现代形式，在后面章节中，我们将发起关于映射和改进价值流的 VSM 计划（VSM 第 1～3 步）。

最后，您现在可以在您的价值流中定义 8 个 VSM 步骤来规划、映射和持续精益改进。在下一章中，我们将继续学习如何执行与 VSM 计划相关的步骤，包括精益承诺，VSM 计划选择价值流，以及了解精益。

4.6　问　题

为了提升大家的学习体验，请花点时间回答以下 10 个问题：

（1）VSM 的主要或根本目的是什么？

（2）丰田如何评价其价值流图活动，它有什么意义？

（3）在精益生产的背景下，上游和下游有什么区别？

（4）是非题：价值流总是包括创造价值和非创造价值的活动。

（5）James Martin 是如何定义价值流的？

（6）价值流有哪两种类型？

（7）VSM 的 8 个步骤是什么？

（8）在承诺实施 VSM 计划时，建立坚实基础的 5 个关键要素是什么？

（9）哪个著名的原则或定律有助于指导我们的 VSM 决策过程？

（10）识别价值流的良好命名惯例标准和方法是什么？

4.7　扩展阅读

- Martin，J. (1995). The Great Transition. Using the Seven Disciplines of Enterprise Engineering to Align People，Technology，andStrategy. American Management Association，now a division of HarperCollins Leadership. New York，NY.
- Womack，J. P.，Jones，D. T. (March-April 1994). From Lean Production to the Lean Enterprise. By James P. Womack and Daniel T. Jones. Harvard Business Review. https://hbr. org/1994/03/from-lean-production-to-the-lean-enterprise Accessed June 26，2021.

- Open Group Guide. Value Streams (January 2017). (must register to access) https://publications. opengroup. org/downloadable/download/link/id/MC45NDQ2MjkwMCAxNjA4MzM2NjcwNzM2ODYwNzU1OTU2MjUx/ Accessed December 2020.

- Tapping，D.，Luyster，T.，Shuker，T. (2002) Value Stream Management. Eight Steps to Planning，Mapping，and Sustaining Lean Improvements. Productivity Press. New York，NY.

- Tapping，D.，Luyster，T.，Shuker，T. (2003) Value Stream Management for the Lean Office. Eight Steps to Planning，Mapping，and Sustaining Lean Improvements. Productivity Press. New York，NY.

- Tapping，D.，Koslowski，S.，Archbold，L.，Speri，T. (2009) Value Stream Management For Lean Healthcare. Four Steps to Planning，Mapping，Implementing，and Controlling Improvements in all kinds of Healthcare Environments. MCS Media, Inc. Chelsea，MI.

- Gregory，L. (September 2018). Toyota's Organizational Structure：An Analysis. http://panmore. com/toyota-organizational-structure-analysis Accessed 28 December 2020.

- Ohno，T.，Bodek，N. (1988) Toyota Production System：Beyond large-scale production. Productivity Press. Routledge/Taylor & Francis Group. An Informa Business. London，England. (Originally published in Japan in 1978)

- Hines，P.，Lamming，R.，Jones，D.，Cousins，P.，Rich，N. (2000) Value Stream Management. Strategy and Excellence in the Supply Chain，Prentice Hall/Pearson Education. Harlow，England.

- Martin，K.，Osterling，M. (2014) Value Stream Mapping：How to Visualize Work and Align Leadership for Organizational Transformation. McGraw-Hill Education. New York，NY.

- Rother，M.，Shook，J. (2003) Learning to See. Value-Stream Mapping to Create Value and Eliminate Muda. The Lean Enterprise Institute. Cambridge，MA.

- Jones，D.，Womack，J. (2011) Seeing the Whole Value Stream，2nd Edition. Lean Enterprise Institute. Cambridge，MA.

- Womack，J. P.，Jones，D. T. (March-April 1994). From Lean Production to the Lean Enterprise. By James P. Womack and Daniel T. Jones. Harvard Business Review. https://hbr. org/1994/03/from-lean-production-to-the-lean-enterprise Accessed June 26，2021.

第 5 章　通过 DevOps 流水线驱动业务价值

在前 4 章中,我们了解了术语"价值"的许多不同定义方法,以及理解其于上下文中如何使用的重要性。因此,我们花了一些时间学习这些术语,以确保在交流如何使用价值流管理(VSM)和 DevOps 来交付以客户为中心的价值时,我们有共同的语义理解。

了解了精益和敏捷实践如何相互补充,可以帮助组织交付以客户为中心的价值。我们还了解了为什么我们需要采用系统思维的方式来改进大型复杂组织中的价值交付。

本章会解释 IT 组织如何以及为什么跨两个主要绩效表现的非常复杂的系统:开发和运维。在传统的 IT 部门中,开发和运维组织作为独立的部门开展不同的活动,每个部门都有不同的关注点和文化,人员和职责的分离只会增加 IT 组织的复杂性。

本章将解释为什么 IT 组织中的这种职能分离会是一个问题。还将了解可用于解决此类问题的协作和集成策略。

本章介绍的主题是讨论 VSM 工具和方法的实现的必要前提,如下所述:
- 打破壁垒。
- 利用 CI/CD 流水线改善流动。
- 建立 CI/CD 流水线的工具。
- 了解虚拟化。
- 使用容器进行虚拟化。
- 定义 CI。
- 定义 CD。
- 赋能 CI/CD 和 DevOps 流水线作业。
- 整合 ITSM。
- 超越项目,转入产品。

在本书第一部分的最后一章中,我们将学习开发有竞争力的 DevOps 流程能力所涉及的不同技术、投资组合和真正的复杂性知识,下面我们从理解导致其在软件行业中发展的业务驱动因素开始介绍 DevOps。

5.1　打破壁垒

如今,在互联网上快速搜索,会发现许多行业分析师和其他评论员都会同意 DevOps 已经成为我们现代数字经济中有效竞争的筹码(Dietrich,2019)。对于在 IT 价值流中跨越开发和运维的活动,掌握了工具集成和自动化的那些组织,软件交付速度在数量级上更胜一筹,质量及效率也"出类拔萃"。

正如精益实践改变了制造业和其他服务型公司的竞争格局一样,DevOps 也同样改变了 IT 行业。具体来说,DevOps 流水线实施的软件开发策略相当于制造业和其他行业的精益生产流程概念。因此,那些有效实施 DevOps 流水线的组织在应对崭新的市场机遇、不断加剧的竞争压力和不断变化的客户需求时具有得天独厚的竞争优势。

此外,DevOps 是精益和敏捷实践的融合,或者简称为精益敏捷。敏捷提供了指导以客户为中心的软件开发实践的价值和原则;精益生产概念提供了行之有效的方法来消除浪费,并实现高效的软件价值交付。正如我们将在本书的第二部分了解到的,现代 VSM 方法和工具使组织能够在其 IT 价值流中实施精益转型。

DevOps 概念最初出现在 2008 年。具体来说,在同年多伦多举行的敏捷大会期间的一次私人会议上,Andrew Shafer 和 Patrick Debois 首次讨论了这些概念,他们因此而受到称赞。2009 年,Patrick Debois 在比利时组织了第一次 DevOpsDays 会议,随后 DevOps 开始流行起来。

值得注意的是,DevOps 最初是敏捷系统管理中的一种协作策略。目标是克服基于敏捷的软件开发团队和传统的规避风险的系统管理组织之间的冲突,基于敏捷的软件开发团队现在可以以更高的频率(即更高的速度)交付新的软件产品和特性。

我们将在本章后面介绍 CI(参见定义 CI),CI 能力可以让开发人员提高应用程序交付给 IT 运维部门的速度。然而,很少有什么集成过程的路径或协作的文化是用来促进新的软件产品频繁发布到组织的测试和生产环境中。

在传统的 IT 组织中,开发和运维是两个独立的职能部门。他们有不同的目的和目标。他们也有不同的心态。软件开发人员热衷于不断变化的世界,不断提供新的特性和功能。这是一件好事,因为客户和用户希望新的功能能够增加价值,而且越快越好。

另一方面,系统管理员不关心变化,因为他们负责确保所有网络、系统和应用程序的运行、稳定和安全。简而言之,变化会破坏他们的系统、基础设施和安全性。他们的踌躇是一件好事,因为我们需要网络和软件正常运行,并保障安全。

想象一下这样的文化差异:开发人员热衷于改变,当他们发布支持客户和用户需求的新功能时,他们会得到回报。相比之下,运维中的任何变化都是可怕的,因为这些变化可能会破坏他们部署的网络、系统和应用程序。更糟糕的是,当系统停机时,系统管理员将会受到指责,在系统恢复运行之前,他们会独自承受所有的压力。

首先,DevOps 是一种沟通和协作策略。在这种情况下,DevOps 的目标是让两个团队以协作的方式一起工作,双向流动信息。开发人员需要知道为什么他们的新版本在生产中会失败。相比之下,运维团队需要关于安装配置、系统管理和技术支持的详细信息,以及产品发布是否已经过包括系统测试、安全测试、性能测试、负载测试和压力测试的全面测试。然而,当开发和操作团队仍然被职责、期望的结果和他们不同的成功度量标准所分开时,这样的协作几乎是不可能的。

开发团队经常要发布他们已经构建和测试过的新版本,并且认为已经可以发布了。但是,由于运维团队传统上与开发团队分开工作,所以运维团队在确认产品不会失败或在其生产环境中导致系统配置、性能或安全性方面的其他问题之前,不愿意发布新版本。

当开发团队实现新的变更时,运维部门负责确保部署中的一切正常运行。例如,运维团队可能会进行测试,如用户验收测试(UAT),而这些测试本应早点在开发阶段完成。如果软件失败了,运维团队必须带着 bug 和缺陷列表回到开发阶段,然后努力使它们成为开发的优先事项。

其他测试,如性能测试、负载测试、压力测试和系统测试,需要复制组织的生产环境。如果开发团队不能在他们的测试环境中完全复制生产环境,他们可能无法发现扩展应用程序的潜在问题。这意味着性能和集成问题可能直到应用程序进入生产环境后才会被发现。即便如此,在一系列事件引发故障之前,可能还需要一段时间。因此,这可能看起来是运维团队的失败,而事实上,这是在类生产环境中系统测试的彻底失败。

理想情况下,开发或运维团队将构建一个预生产或试运行环境来模拟生产环境。当不可能实现时,运维团队可能被迫直接在他们的生产环境中运行一组有限的测试,这么做要抱有最好的希望,并作最坏的打算。

运维团队的所有测试都需要时间来计划和执行。除此之外,这些测试不会发生,直到开发团队已经在他们的下一轮 Sprints 中开发新的特性和功能。运维团队发现的任何 Bug 或缺陷都必须返回到产品的 Backlog 中进行重新排序和调度,这可能会延迟客户期望的新功能发布。此外,任何发布失败的责任和责备都倾向于转嫁到运维部门。

如果开发和运维团队以任何方式保持隔离,这种文化就陷入了僵局,无法跨越鸿沟。大家可以利用精益—敏捷概念,基于精益敏捷的基础,组织需要整合和精简,并协调 IT 开发和运维团队之间的工作流和信息流。

组织必须消除将这些职能分开的壁垒。对于较小的组织来说,消除沟通障碍可以简单到让两个团队在每次发布之前进行良好的沟通。然而,更大的组织可能设计多个产品线,多个软件产品开发团队,甚至不同的运维支持团队。在这些情况下,沟通、集成和同步的挑战会呈指数级增长。在更大的组织中,消除开发和运维之间隔阂的唯一可行的方法是在产品团队或产品线中集成这两种能力,并让产品团队中的每个成员并驾齐驱地负责每个版本的交付速度和质量。

这种策略的实际结果是,开发和运维中的活动必须与开发中的每个产品相联系、被简化,并保持同步。也就是说,开发和运维需要作为单一产品团队进行交互操作。

产品团队成员共同承担每个新功能从构思到交付发布的责任。产品团队还负责在整个产品生命周期中有效地支持面向运维的活动。

另一组问题来源于两个 IT 组织——开发和运维——具有不同的速度。传统上,运维团队需要更多的时间来管理将新版本部署到组织生产环境中的相关风险。这种速度上的不匹配造成了一个瓶颈,减缓了向组织的生产环境中发布新特性的速度。

5.2   利用 CI/CD 流水线改善流动

从第 6 章中的发起 VSM 倡议(VSM 第 1～3 步),到第 11 章中的确定 VSM 工具类型和功能,我们将使用在本节中学到的概念作为用例,来介绍如何使用 VSM 8 步法来改进 CI/CD 流水线中的工作流和信息流。然而,在我们开始这个用例之前,我们需要对 CI/CD 流水线的目的、其组成活动以及实现完全集成的自动化工具链的复杂性有基本了解。这些是我们将在这一小节中讨论的主题。

在软件开发生命周期中,CI/CD 工具链促进了工作项和信息在流水线中的流动。关于 CI/CD 流水线的另一个有用之处是,它们能够在 IT 价值流中实现精益生产理念。在我们讨论 CI/CD 流水线的组件之前,让我们回顾一下这两个构成要素的目的:

(1) CI:提供了基础设施,以允许多个软件开发人员甚至不同的开发团队实现和测试开发中软件产品的代码变更。

(2) CD:自动提供让开发、测试和生产环境能作为可配置的工作项。

有 3 个关键功能和相关工具支持 CI/CD 流水线的实施。其中包括以下内容:

- 配置管理。
- 任务管理/自动化。
- 容器化。

让我们更详细地看一下这 3 种支持技术和工具。

5.3   建立 CI/CD 流水线的工具

配置管理(CM)帮助我们跟踪和管理配置项(CI)的正确版本,配置项是一个系统组件或相关联的信息工件,它已被用于版本和变更控制以及标识。源代码管理(SCM)工具帮助开发人员维护源代码和其他配置项的版本控制。

Git 和 GitHub 是两个比较有名的配置管理工具。但是还有其他的工具,比如 Apache Subversion (SVN),Azure DevOps Server(以前的 Team Foundation Server),Bazaar,Bitbucket Server,CVS,GitLab,Gerrit,Kallithea,Mercurial,Monotone,Perforce Helix Core,Rational ClearCase,以及版本控制系统(RCS)。

任务管理工具促进了 CI/CD 和 DevOps 工作流的自动化。在 CI/CD 和 DevOps 平台中,软件行业将自动化工作流称为流水线。通常,CI/CD 工作流会自动执行计划、设计、开发、测试、设置和交付软件版本的流水线活动。此外,任务管理支持跟踪工作项的进度,监控和分析整个流水线中的关键指标,并报告结果。

Jenkins 是一个比较知名的任务管理工具,因其社区提供了业界领先的开源自动化服务器而备受赞誉。Jenkins 用于在 CI/CD 环境中自动化软件构建、测试和部署过程。

虽然免费,但有人认为 Jenkins 有点过时和笨重。因此出现了 Jenkins 的替代品,包括 AutoRABIT、Bamboo、Bitrise、Buddy、Buildkite、CircleCI、CruiseControl、FinalBuilder、GitLab CI、GoCD、Integrity、Strider、TeamCity、UrbanCode 和 Werker。

这里讲一下容器化,容器化是一种机制,用于打包应用程序的代码及其相关的配置文件、库和其他依赖项,以便在目标硬件环境中运行应用程序。从概念上讲,容器实现用虚拟化策略来最大化利用计算资源。在虚拟化之前,组织必须使用专用服务器来运行特定的应用程序,如电子邮件、基于 web 的应用程序和后端业务应用程序。拥有专用的应用服务器导致非常低效,并且不够灵活。两种比较著名的容器技术是 Docker 和 Kubernetes,它们可以协同工作。Docker 是开发人员用来构建和部署容器的软件工具,而 Kubernetes(即 k8s 或 Kube)则在集群中编排和管理多个容器。对于容器化应用程序部署、管理和扩展的调度和自动化,编排是必不可少的。

与 SCM 和任务管理一样,Docker 和 Kubernetes 在行业中都有替代工具。Docker 的替代产品包括 Canonical (Ubuntu)、Linux Containers (LXD)、CoreOS rkt、Open Container Initiative (OCI)、LXC Linux Containers、Mesos Containerizer 和 OpenVZ。Kubernetes 的替代品包括亚马逊 ECS(弹性容器服务)、AWS Fargate、AZK、Azure Kubernetes Service (AKS)、Cloudify、Containership、谷歌 Kubernetes Engine (GKE)、OpenShift、Marathon、Minikube、Nomad 和 Rancher。

如果您认为可用于支持这三种技术的工具数量令人望而生畏,请别着急,我们来检视一下可用于支持整个 DevOps 工具链的更庞大的工具选项。这些工具是 DevOps 流水线工具的一个小子集,可作为商业和开源产品使用。后面,在第 11 章通过识别 VSM 工具类型和功能,您将了解有 17 类工具和 400 多种产品可用于支持全面的 DevOps 价值流交付平台(VSDP)。

随后我们将再次讨论这三种技术,在我们学习关于容器化的详细内容之前,需要理解虚拟化背后的基本概念。

5.4 了解虚拟化

IT 组织,尤其是大型组织,需要最大限度地提高其计算资源的灵活性、利用率和可扩展性。如果没有虚拟化,这些目标很难实现。虚拟化是 IT 组织采用的一种方法,旨在简化运维并更快地响应不断变化的业务需求。

虚拟化提供了一种在任意数量的计算设备上分发应用程序的实用方法。例如,在许多情况下,由于高负载需求,一个计算设备不足以运行相关业务应用。通常,应用程序负载需求会随着时间的推移在组织的应用程序中变化。虚拟化提供了一种在需求变化时跨服务器重新分配负载的方法,实现了需求关键型应用程序的高可用性,同时简化了部署和迁移应用程序的流程。

此外,现代数据中心采用部署在机架中的服务器来最大程度地提高计算资源利用率。虚拟化通过协调机架式服务器的使用将最大限度地利用这些资源成为可能。这些基于机架的服务器策略降低了计算设备和空调的功耗需求;此外,它们还减少了数据中心的土地和设施空间需求。

1. 虚拟化数据中心资源

虚拟化可创建位于物理计算环境之上的逻辑(虚拟)计算环境,而每个虚拟化环境都模拟运行特定软件应用程序所需的硬件、操作系统(OS)、存储设备以及其他系统和安全组件。

虚拟化允许 IT 组织将单个物理计算机或机架服务器划分为虚拟机(VM)。每个虚拟机独立运行,可以运行不同的操作系统或应用程序,同时共享单个主机的资源。

虚拟化的主要优势是每个物理计算系统可以管理多个虚拟环境,从而最大限度地提高其利用率。此外,IT 部门也可以自动构建和废除虚拟环境,以匹配需求负载和业务应用需求,最大限度地提高 IT 组织的响应能力和灵活性。

虚拟化概念使用特定的语义描述来区分物理环境和虚拟化环境,就像主机和客户机一样,主机是用于虚拟化的物理机器,客户机是虚拟机。主机和客户机术语让我们更容易区分运行在物理机上的操作系统和运行在虚拟机上的操作系统。

2. 使用虚拟机管理程序软件进行虚拟化

图 5.1 左侧显示了传统的应用服务器架构,右侧显示了虚拟化服务器。该图清楚地表明,传统模型需要一台单独的计算机作为服务器来满足每个应用程序的要求。相比之下,虚拟主机在所有虚拟客户机及其应用程序之间共享其资源。

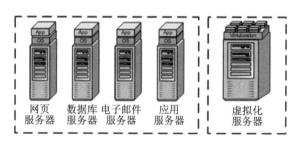

图 5.1　传统(左)与虚拟化(右)服务器

在最初的虚拟化模型中,虚拟机管理程序软件(即虚拟机监视器、VMM 或虚拟化器)安装在主机上,以使多个虚拟机能够在一台物理服务器上作为客户机运行。虚拟机管理程序软件是一个轻量级操作系统,它充当一个抽象层,将应用程序及其所需的操作系统与服务器的操作系统分离开来。

虚拟机管理程序在两种操作模式下工作:

裸机虚拟机管理程序在一台硬件服务器上运行多个操作系统。

托管的虚拟机管理程序安装在硬件的标准操作系统之上,但会隔离虚拟化应用程序的操作系统。

图 5.2 描述了两种标准虚拟机管理程序软件实施模式,即裸机和托管模式。

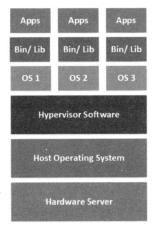

裸机虚拟机管理程序　　　　　　托管虚拟机管理程序

图 5.2　虚拟机管理程序软件实施模型

使用虚拟机管理程序软件进行虚拟化的优势如下：

（1）比起每个软件应用程序安装一个或多个物理服务器，它在调配虚拟机方面提供了更高的速度、效率和灵活性。

（2）它允许多个操作系统驻留在同一台主机上。因此，不需要重写软件应用程序运行在主机的 OS 上。

（3）所有虚拟化应用共享相同的虚拟计算、存储和内存资源，从而减少计算设备需求、机房空间、能源成本和设备维护。

（4）它使创建和恢复快照映像变得更简单、更快速，从而改进了灾难恢复。

（5）它简化了将测试环境创建为虚拟机的过程。

从虚拟化能力来看，在大型企业中，数千台服务器专门用于支持一个关键业务应用程序并不罕见。事实上，最大的商业数据中心可能有超过一百万台服务器部署在数万个机架上，为任意数量的客户运行任意数量的应用程序。

这些数据中心提供托管在互联网上的远程服务器网络，并作为基于云的服务。随着时间的推移，数据中心可能会采用不同的技术。无论底层物理环境如何，服务器虚拟化对于外部客户的高效存储、管理和处理数据都至关重要。

然而，事实证明，基于虚拟机管理程序的虚拟化并不是完美的解决方案。由于虚拟机管理程序软件模拟虚拟硬件，因此虚拟机管理程序必须包括所有客户机的应用程序操作系统和系统功能，这使得它们的效率相对较低。

在接下来的小节中，我们将学习容器如何通过共享轻量级操作系统来解决这些问题。

5.5　使用容器进行虚拟化

容器和虚拟机管理程序都使应用程序部署起来更快捷、更便携、更高效。然而,它们实现这些目标的方式不同。至此,我们已经了解了虚拟机管理程序软件在主机环境上实现轻量级操作系统。相比之下,容器的操作系统比管理程序软件更细小、更高效。容器将应用程序及其依赖项打包,并作为操作系统进程在主机上运行。

通常,容器包可以在安装了容器引擎的任何地方运行。大家可参考图 5.2 了解虚拟机管理程序虚拟化体系结构,然后将其与图 5.3 所示的基于容器的体系结构进行比较。

基于容器的虚拟化

图 5.3　基于容器的虚拟化

基于容器的虚拟化模型表面看起来与托管虚拟机管理程序模型相对相似。它们都在主机操作系统和应用程序之间提供了一个抽象层。但是,带有虚拟机管理程序的虚拟机隔离了硬件及其操作系统,以运行虚拟化应用程序的完整操作系统。相比之下,容器引擎在硬件操作系统之上提供了一个抽象层,以便直接使用其首选操作系统运行应用程序,而无须利用虚拟机上安装的操作系统。

商业操作系统,如 Linux、Windows 或 MacOS,需要提供许多公共服务来支持在安装了操作系统的硬件上运行的计算机应用程序。然而,这些服务中的大多数并不是任何一个应用程序都需要的。因此,容器不包含完整的操作系统,只包含运行它所支持的应用程序所必需的基本元素。

基于容器的虚拟化方法比基于虚拟机管理程序的虚拟机更加轻量和灵活。例如,一个虚拟机可能会占用数百亿字节的空间,而一个容器可能只需要数十兆字节。此外,容器往往更安全,因为每个容器的操作系统都是自包含的,从而为恶意行为者提供了更少的入口点(例如,通过恶意软件或入侵攻击)。

打个比方,容器提供了一种运输功能,这种功能类似于通过船只、火车和卡车运输物理产品的运输容器。在基于软件的类比中,开发人员构建产品,并通过他们的容器将它们部署到目标主机环境中。但是在我们基于软件的变体中,容器将应用程序与运行时所需的资源一起传输作为目标主机物理环境上的虚拟化客户。这些资源包括代码、运行时、系统库、系统工具和配置设置。容器被构造成独立于其运行时环境的映像。因此,它们可以部署在任何地方——只要目标环境安装了容器引擎,比如 Docker 引擎。

一种现代的软件开发方法,特别是在面向 DevOps 的流水线中,将非常细小的代码片段定义和创建为独立的服务,称为微服务。基于微服务的开发策略允许将新功能快速编码、测试和部署到生产中。通常,可以每天多次进行。从概念上讲,微服务方法模仿了精益生产实践中单件流的概念。

我们将在本书的第 7 章了解实现单件流的价值,映射当前状态(VSM 第 4 步),以及第 8 章:确定精益指标(VSM 第 5 步)。但现在,理解单件流代表最有效的精益开发过程是至关重要的。

容器引擎执行两个关键服务:集群和编排。其中,集群将 2 台或多台服务器连接成 1 台虚拟化计算机。服务器集群允许它们并行操作,容器引擎管理服务器集群中的负载均衡和容错活动。容器编排自动化了容器的部署、管理、扩展和联网。当在由跨多个集群运行的微服务组成的数百或数千个单独容器之间进行调度时,编排至关重要。

当使用软件容器时,软件开发者不需要担心跨多种类型的生产环境的部署,也不需要担心硬件资源的虚拟化;容器拥有在桌面、组织的后端服务器或云中可用的计算环境上运行应用程序所需的一切。

IT 组织可以同时部署虚拟机管理程序和基于容器的虚拟化策略,以便在部署和管理应用程序时最大限度地提高灵活性。虚拟机管理程序和容器引擎可以运行在同一个物理服务器上。

在基于云的环境中,以及当开发人员想要构建细粒度服务(称为微服务)时,容器表现良好。没有很多遗留应用程序的 IT 部门可能更喜欢从一开始就采用这种方式,因为微服务为构建、测试和部署新的 IT 服务提供了最大的速度和灵活性。

另一方面,虚拟机提供了成熟操作系统中可用的所有管理功能和安全工具。虚拟机提供了硬件抽象层(HAL),消除了软件应用程序与底层硬件的兼容性问题。虚拟机有效地利用内存容量和 CPU 中的多个内核,允许跨每个物理系统整合大量应用程序和任务。事实上,虚拟机最适合运行需要持续高事务量工作负载的应用程序。例如,具有大型事务性数据库的应用程序——想想需要弹性和持久后端的银行 ATMs 不能丢失数据,并且具有高输入/输出(I/O)事务要求。最后,一些第三方应用程序没有也可能不会采用容器模型。

5.6 定义 CI

从根本上说,CI 是一种加快软件开发速度的开发方法。CI 执行了一种纪律,在技术层面上每天多次将所有开发人员代码的工作副本合并到一个共享存储库中。这样做的目的是在开发代码时,通过软件构建和测试过程来验证每个增量代码集成的功能。目标是确保主软件代码总是处于工作和潜在可部署的状态。

通常,一个成熟的 CI 流水线包括自动化构建和自动化测试能力;尽管这两种能力不是最初定义的一部分,CI 工作流包括从主分支(即主线代码、主干或主代码)获取每个新的代码提交,并运行适当的步骤来验证该提交的过程。

如图 5.4 所示,一个基本的 CI 流程跨越了一些软件开发活动。

图 5.4　CI 流水线流程

图 5.4 是一个较复杂流程的高阶视图。作为复杂性的示例,以下任务通常通过 CI 自动化服务器(如 Jenkins)进行编排:

(1) 将源代码移到版本控制系统。

(2) 管理版本控制系统的推动、拉动和合并功能。

(3) 执行软件构建过程(例如:编译源代码、链接目标文件和库,以及打包库和工具)。

(4) 执行静态代码分析。

(5) 运行自动化单元测试。

(6) 执行代码覆盖率分析。

(7) 准备测试服务器。

(8) 设置测试夹具(例如:设置测试环境的代码,然后在测试完成后将其返回到初始状态)。

(9) 运行自动化测试。

(10) 发布日志和报告。

(11) 向开发人员发送信息。

CI 流程看起来工作量很大,而且是一个高度复杂的流程——作为手动流程实施的时候它确实是。但是,作为一个自动化的 CI 流程,完整的反馈循环运行应该不到 10～20 min。我们的目标是让这个过程变得快速和简单,以至于开发人员会毫不犹豫地每天执行几次该过程。

CI 策略解决了两个基本问题。第一,在对主代码进行修改之前,要确保每一段新代码都能根据其需求和验收标准正确地实现其功能;第二是确保新集成的代码不会在应用程序的主线代码中出现问题或缺陷。

很明显,从根本上来说,CI 是一个用于快速和频繁地开发和测试新软件功能的小增量的过程。这个策略支持敏捷软件开发宣言的第 1 条和第 7 条原则(Beck 等人,2001)。

敏捷宣言原则 1 和原则 2 如下所述。

(1)我们的最高优先级是通过尽早,且持续交付有价值的软件来满足客户。

(2)工作软件是衡量进度的主要标准。

虽然第一个原则很有价值,但事实证明第 7 个原则通常更重要,至少在 CI 的收益方面是如此。让我们花一点时间来解释一下为什么。

在传统的瀑布模型中,软件开发人员在开始任何测试之前,要创建实现所有确定的需求所必需的所有代码。这种开发策略的一个重要问题是,在更大的代码集中定位和解决软件缺陷的来源变得越来越困难。一个较好的策略是测试新代码每一步的小增量或单元。这样做的好处是,当测试中出现错误或 bug 时,开发人员可以更准确地知道他们在代码中修改了什么。

此外,频繁的代码更新有助于识别代码合并冲突、不同的代码策略和重复尝试。也就是说,使用 CI 和自动化测试,开发人员被迫在这类问题出现时就解决它们,而不是等到它们变得非常复杂、耗时且昂贵时才开始修复。

接下来,我们将学习 CD 能力如何增加和改善 CI 阶段软件交付的速度。

5.7　定义 CD

CD 能力允许产品团队建立新的环境,用最少的手工劳动快速测试新的代码更新。CD 的主要目标是将新的更新转化为开发团队可以按需执行的常规且高速的任务。

正如 CI 有一个连续的步骤序列,CD 过程也是如此,如图 5.5 所示:

图 5.5　CD 流水线流程

图 5.5 中描述的 CD 流水线视图提供了一个高级视图,与 CI 流水线类似,它可以分解为一个更长的相关活动列表。这些活动可能包括以下内容:

(1)进行静态代码分析。

(2)进行单元测试。

(3)进行 API 测试。

(4)准备测试环境。

(5)并行测试(例如,可用性/可访问性、探索性、UI 和性能测试)。

（6）过渡到预生产环境。

（7）执行应用程序测试（例如，验收、探索、容量、负载和压力测试）。

（8）执行软件和网络安全测试。

（9）执行 UAT。

（10）将应用程序部署到生产环境中。

同样，上述活动并不是一个团队可能需要执行的所有可能测试的详尽概要。

提示一下，没有明确定义哪里是 CI 过程的结束或是 CD 过程的开始。例如，一些分析师将合并代码过程是将源代码集成活动放在 CI 流水线中，而其他人将其视为 CD 流水线活动。实际上，CI/CD 流水线代表了贯穿整个系统开发生命周期（SDLC）的连续流程。实际上，除了传达在流水线的每个组成部分发生的工作类型之外，没有理由进行区分它。

一旦开发团队确定运行哪些测试以及需要哪些工具，他们就可以通过用机器可读的代码编写配置指令来执行自动化测试。

1. 通过代码自动化配置任务

在 CD 方法和工具出现之前，开发团队必须要求操作人员设置测试环境和预生产环境。然后，操作人员按照配置文档中的说明手动设置网络、计算设备和软件。这种手动过程既费力又耗时。

在现代的 CD 环境中，开发人员可以将软件和系统配置指令部署为机器可读代码。此外，这些配置可以在源代码控制存储库中进行管理，并作为自助服务快速部署。基础设施和软件资源在云环境中按需供应，并在执行机器可读代码后几分钟内即可使用。

软件行业中用来描述自动化部署配置的术语是基础设施即代码（IaC）。然而，大家可能也遇到过术语"配置即代码（CaC）"，个别 IT 从业者和供应商使用它来表示配置作为源代码的一般实现。我们将在本章后面讨论 IaC 和 CaC 之间的语义差异。

现在，有必要理解 IaC 和 CaC 将配置指令实现为机器可读的代码，以便按需建立和配置环境及软件。在深入 IaC 和 CaC 的细节之前，首先让我们了解一下为什么 CM 如此重要，为什么有些配置项不能作为代码部署。

如下一小节所述，基础设施和软件配置大体上都属于软件配置管理的范畴。

2. 保护我们的软件资产

复杂的软件发布涉及部署和配置大量硬件、网络和应用程序安全、软件组件以及其他相关的信息工件。CM 确保我们对构成每个独特软件版本的状态和工件有完整的理解。如果没有这些信息，很难回去修复错误和缺陷、维持产品或提升以前的软件版本。

随着软件的发展，每个新版本都有独特的配置。在每个版本中，一些组件会发生变化，而其余的则保持不变。尽管所有的组件可能以相同的版本控制号开始，但是随着时间的推移，这些版本控制 ID 在软件组件和其他面向信息的工件之间会有所不同。因此，为版本分配一个版本控制 ID 是不够的。我们需要知道组成发布的每个信息工件和软件组件的具体版本。

现代版本控制存储库,如 Git(一个本地 repo)和 GitHub(一个基于 web 的协作 SCM 平台和存储库),是使用树结构表征用于管理与每个软件版本相关的配置项。

回到应用于 SCM 库的树结构表征,开发人员在将组件与代码主干合并之前,将它们作为应用程序的独立分支来创建(和演进)、集成和测试。主代码是在任何给定时间都可用于发布的最新的代码集。这并不是说主干代码是可发布的,但就集成的功能和测试而言,这是最重要的。

然而,除了跟踪我们的源代码之外,我们还需要跟踪每个版本中所有的其他信息工件,这就是 SCM 的目的。

SCM 下的信息和软件工件包含了整个 SDLC 过程,包括以下内容:

(1)软件需求:软件需求包括规范、用例、史诗和用户故事中指定的功能性和非功能性需求。

(2)环境信息:环境信息包括网络交换机、防火墙、路由器、服务器、操作系统、网络安全系统、数据库和其他关键基础设施要素。

(3)软件构建信息:软件构建信息包括将源代码文件编译、链接或转换成独立软件工件的指令,以便它们可以在计算机上运行。

(4)软件发布计划:软件发布计划提供了关于如何将产品发布到生产环境中的说明、时间表、交付日期以及面向生产的测试要求,例如 UAT、QA 测试、生产前测试(例如,压力、负载和性能)以及外场测试(如果适用)。

(5)软件评审内容:软件评审内容可能包括同行评审,软件质量保证(SQA)评审,或者第三方的独立验证和确认测试。

(6)版本控制:版本控制包括关于所有软件系统组件和相关工件的当前和过去版本的信息,这些信息通常在源代码控制存储库中进行管理。

(7)配置项:配置项包括所有的软件组件和工件,由它们独立的名称和版本控制 id 标识,并且属于一个特定的版本。

(8)测试信息:测试信息包括测试用例、测试脚本、测试场景以及与每个软件发布相关的测试结果。

(9)用户支持信息:用户支持信息支持团队的信息提供用户协助指导,并帮助解决产品实施和使用过程中的用户问题。

(10)文档:文档可能包括培训帮助、系统管理文档以及体系结构和设计文档。

(11)问题跟踪:问题跟踪用于记录与错误和缺陷相关的信息。bug 是由编码错误引起的,而缺陷是对需求的偏离。

(12)任务管理:任务管理用于维护开发和交付生命周期中的活动信息。

一个版本所附带的大多数基于信息的组件都不是应用程序源代码的一部分。因此,产品团队必须实时记录和维护每个产品发布信息的流程和系统。我们需要通过发布来管理所有的上述信息,以确保生产环境中的可操作性和可持续性,在发现时修复错误或缺陷,并在产品的生命周期中增强产品。

现在,我们已经了解了更重要的软件配置问题,让我们来看看管理和执行 CaC 和

IaC 之间的区别。我们将从描述 CaC 开始。

（1）CaC。CaC 是一个宽泛的术语，意为在源代码存储库中实现配置文件，但该术语更常用于应用程序配置信息。CaC 的目的是促进不同环境之间应用程序配置的版本化迁移。

CaC 配置是通过配置文件作为机器可读代码实现的，配置文件侧重于安装软件应用程序、服务器和操作系统所需的设置和参数。开发人员在 CaC 中用参数指定配置设置，这些参数可以被改变以影响目标信息系统的远程硬件、软件或固件组件。这些配置设置和参数会影响系统的安全级别和功能。

必须在所有 IT 产品中实施和维护几乎无穷无尽的潜在配置列表，尤其是那些可以定义安全相关配置设置的产品。美国国家标准与技术研究所（NIST）特别出版物 800-53（修订版 4）记录了以下可配置项目的示例：

① 大型计算机、服务器（例如，数据库、电子邮件、认证、web、代理、文件、域名）、工作站、I/O 设备（例如，扫描仪、复印机和打印机）、网络组件（例如，防火墙、路由器、网关、语音和数据交换机、无线接入点、网络设备、传感器）、操作系统、中间件和应用程序。

NIST 出版物还列出了与安全相关的标准参数，如下文所述：

安全相关参数影响信息系统的安全状态，包括满足其他安全控制要求所需的参数。

登记册设置；

帐户、文件、目录权限设置；

功能、端口、协议、服务和远程连接的设置。

② 已确定的设置成为系统配置基线参数的一部分。在手动过程中，软件开发人员创建安全配置清单、锁定和强化指南、安全参考指南和安全技术实施指南。操作人员按照这些指南正确配置系统和应用程序。CaC 的价值在于它自动化并简化了设定配置和参数的过程。

与 CaC 不同，IaC 是关于配置 IT 基础设施的，包括服务器、网络、负载平衡和安全性，如下一小节所述。

（2）IaC。顾名思义，IaC 允许开发人员使用编程或脚本语言生成一组可重复的代码或脚本指令来配置 IT 基础架构。借助 IaC 功能，开发人员无须手动配置或更改基础架构组件的配置，如服务器、操作系统、数据库连接、存储、网络、虚拟机、负载平衡器和网络拓扑。

如果没有 IaC 功能，开发者每次想要开发、测试或部署软件应用程序时，都必须手动设置和配置新的系统环境。从精益的角度来看，也就是从我们的客户的角度来看，这些活动是不必要的重复工作和不增值的活动。这并不是说它们没有必要。然而，自动化这样的流程可以缩短交付时间，并消除人为或其他错误造成的浪费。

人为错误的问题尤其令人担忧，因为配置错误的累积会导致环境漂移，其中每个新的环境配置都变得与以前的配置完全不同。开发人员称这种新配置为雪花，因为它们有一个相似的特征，即每种配置都是独一无二的。

3. 管理环境漂移

环境漂移的问题在于,系统配置的每一个新变化都会影响先前部署的资产。回想一下,运维的职能是维护稳定、安全、可用的环境和应用程序。然而,让我们假设开发人员没有将新的配置变更传达给基础设施或应用程序。在这种情况下,这些修改会导致生产环境出现故障,或者使其面临与安全相关的风险。

同样的情况也适用于工程和测试环境。与代码中的错误或缺陷相比,配置中的更改使得隔离和修复由配置更改导致的错误变得越来越困难。同样,每一个新的配置变更都会以缺陷的形式引入浪费,解决这些缺陷既费时又费钱。

导致环境漂移的问题数不胜数。然而,大多数情况下,这些配置更改是在设置服务器、配置网络或其他计算资源时,由不正确的文档、沟通或实施新增或修改的参数造成的。

前面的例子显示人为错误是根本原因。计算机更擅长执行通过代码定义的精确描述配置的机械记忆的指令。但是这些类型的错误可以在测试过程中被发现,从而避免负面的后果,并在新版本进入生产时限制任何风险。

4. 避免配置错误

与 CaC 概念一样,开发团队使用 IaC 编写脚本或代码来描述配置设置和参数。每个配置文件都代表定义和设置环境或随时间更新环境的单一权威来源。

代码或脚本保存为独立的配置文件,并登记到开发团队的版本控制和 SCM 系统。在 SCM 系统中,管理 IaC 文件的优势在于所有开发人员和操作人员都可以通过自助服务模式免费使用可执行例程。

也就是说,CaC 和 IaC 都有助于提高软件交付的速度,同时减少错误。

5. 提高速度,同时减少错误

借助 CaC 和 IaC,IT 人员可以按需下载和执行配置文件,并在几分钟内设置好新环境,而不会出现手动错误。自助服务模式意味着开发人员不需要让运维团队参与进来就可以建立和提供新的测试环境。此外,运维团队可以确保在向生产环境发布新的更新之前,对新版本的代码和配置进行适当的测试。

IaC 支持了 CD 的高速,以匹配开发人员通过 CI 工具获得的同样速度。有了 CI/CD 流水线,开发人员可以动态地更改代码和配置,并建立测试环境,从而快速确认一切正在正常工作。此外,高性能的商店每天可以多次部署新功能,交付时间不到 1 h(Forsgren 等,Accelerate,2018)。

IaC 是说明 CI/CD 和 DevOps 流水线配置和作业的关键赋能者。手动配置过程太慢,效率太低。当 CI/CD 和 DevOps 流水线得到充分实施时,它们会在所有 IT 价值流中履行精益生产理念。

下面我们了解学习 CI/CD 和 DevOps 流水线如何支持跨全部 IT 价值流的工作和信息流。

5.8 赋能 CI/CD 和 DevOps 流水线作业

工具链是工具的组合,这些工具共同执行一组特定的 IT 任务或功能。这个术语对集成或自动化策略不置可否,有点模糊。

DevOps 流水线和 CI/CD 流水线包括一系列集成工具,用于简化和自动化整个 IT 价值流中的 IT 任务或功能。流水线更类似于本书后面介绍的精益和 VSM 概念,我们可以将 CI/CD 和 DevOps 流水线理解为提高软件价值交付的速度和可靠性。

术语工具链规定了支持 IT 价值流活动的工具范围。同样,术语工具链本身并不表明采用了集成或自动化策略。虽然并不理想,但是开发人员可以根据前面工具的输出手动设置下面的工具。

更好的策略是通过集成和自动化工具链来协调和简化工作和信息流,从而提高效率。在这个语境中,流水线这个词意味着流动作业。在精益生产理念的情况下,我们希望简化我们的 IT 价值流中的工作和信息流,并高效流动。

CI/CD 和 DevOps 工具链实现了集成和自动化,从而支持跨全部 IT 价值流的高效和简化的工作和信息流。当工具被集成和自动化以支持简化和高效的工作和信息流时,CI/CD 和 DevOps 工具链被称为流水线。

1．改善流水线流动

熟悉工具链和流水线之间的区别很重要。例如,敏捷软件开发团队可以采购一组工具,共同组成一个工具链。然而,在基于项目的运维模式下,团队不太可能有时间或预算来实现集成的或自动化的工具链。在这种情况下,敏捷团队绝不可能实现与实施完整流水线相应产品团队相同的生产效率。由于产品团队贯穿其产品的整个生命周期,因此他们可以调整和摊销 CI/CD 和 DevOps 流水线工具链投资。

敏捷团队有变通方法。例如,敏捷团队可以通过商业或内部 DevOps 平台提供商访问集成的自动化工具链(作为基于云的服务)。我们将在本书的第三部分学到更多关于这些选项的知识,下面我们将不仅学习 CI/CD 活动,而是全面了解与 DevOps 相关的活动。

2．了解 DevOps 的全部范围

学习 CI/CD 活动让我们了解传统的 SDLC 流程——从概念到部署。但实际上,IT 组织还要维护和支持其软件应用程序。下面我们将了解 DevOps 超越了软件开发和交付,从而确保适当的对已部署软件产品的生命周期支持。

DevOps 不仅包括我们在本章中已经学到的基本 CI/CD 活动,还包括整体工作范围软件生命周期的所有阶段的内容,如下所述:

(1) 构建自动化和 CI。

(2) 测试自动化。

（3）CD 和供应。

（4）部署自动化。

（5）运维、监控、支持和提供反馈。

（6）发布协调和自动化。

在下面的小节中，我们来定义一下 CI/CD 流水线和 DevOps 流水线之间的边界。

3. 定义 CI/CD 和 DevOps 流水线边界

DevOps 最初是作为一种协作策略用来实现敏捷系统管理的。作为一种风险管理策略，其主要目标是为了改善 IT 开发和运维团队之间的信息流动。然而，DevOps 要解决与速度不匹配相关的问题。也就是说，面向运维的服务速度需要与基于敏捷的开发团队的速度相匹配。

在传统的 IT 术语中，我们使用术语 SDLC 来指代由开发团队实现的 IT 价值流活动和工具。相比之下，运维团队使用术语 ITSM 来描述有关设计、创建、交付、支持和管理 IT 服务相关活动的全部活动和支持工具。

不足为奇，术语 DevOps 流水线包含 SDLC 和 ITSM 的活动和工具，最终形成一个集成的 DevOps 流水线。在下一小节中，我们将了解 CI/CD 模型如何扩展为 DevOps 流水线。

4. 扩展 CI/CD 模型

CI/CD 模型跨越了通常由软件开发团队执行的活动，跨越了迭代的 SDLC。DevOps 扩展了 CI/CD 流水线概念，将 IT 运维团队的活动包括在内。也就是说，DevOps 寻求合并开发和运维的活动，最好是在产品团队级别。

在一篇名为《帮助你走向成功的 8 项 CI/CD 最佳实践》的文章中，Taz Brown 绘制了图 5.6，展示了在整个 IT 部门实施和支持精益价值流的复杂性。该图将价值流分为 3 个明确的作业流程，即软件开发、用户支持和事件管理。

该图简化了构建、部署和支持产品所需活动的视图。虽然从 DevOps 的角度来看，该模型是不完整的，但它确实强调了开发和支持相关活动的分离。

图 5.6 中的第一条线位于边界线内，描述了一组标准的 CI/CD 流水线活动。请注意，边界内有一个决策点，其用于决定开发和运维团队是否准备好将软件部署到组织的生产环境中。

考虑到它存在于边界线之外，部署产品节点建议采用手动的决策和过程。然而，事实并非一定如此。借助成熟的 CI/CD 流水线功能，软件发布实现了自动化。

开发和运维团队可能仍然更喜欢在发布之前进行一些手动审查过程。然而，当以更快的速度发布微小的新功能增量时，使用自动化测试功能，或者在将版本部署到更大的用户社区之前，在一小部分用户中自动化 UAT，甚至该需求也变得不必要了。

查看图 5.6 中的第二行和第三行，我们进入运维团队的传统 IT 支持和事故管理职能。这些活动属于 ITSM 过程。

但是，这种模式仍然缺少面向运维的 IT 运维管理（ITOM）流程。ITOM 涵盖 IT

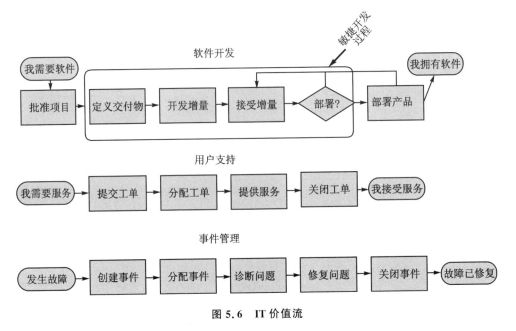

图 5.6　IT 价值流

运维控制和设施管理,但也与技术管理和应用程序管理重叠。非常成熟的 DevOps 流水线在产品团队层面集成,并自动化完成这些活动。

在本章的最后一部分,我们将深入研究 ITOM 和 ITSM。但是在我们开始这些主题之前,让我们来看看开发和运维之间不匹配的速度是如何成为演进 DevOps 策略以及后续演进 DevOps 工具链和流水线的驱动力的,这也是我们下一小节的主题。

5.解决速度不匹配的问题

如前一小节所述,开发的速度总是让管理频繁、有效的新版本部署所带来的风险超出运维部门的能力。但是,所有这些问题都可以通过 CD 和持续部署能力来解决。

许多基于敏捷的 IT 开发人员采用创新的实践时,经常使用 CI 方法和工具来部署小增量的新功能。CI 功能可以自动执行前端 SDLC 开发流程,以便在开发人员每次将代码签入源代码存储库时执行自动化的代码集成、构建和集成测试。

CD 最初的发展是为了支持自动化测试的需求,它位于开发和运维之间的边界。开发团队应该在部署之前彻底测试所有新软件版本,包括系统、验收、负载、压力、性能和其他关键测试。手动设置测试环境用来支持这些测试需求需要时间、计算资源和人力。

简单地说,手工测试过程无法达到 CI 的速度。CD 让读取代码中的应用程序和基础设施配置、提供测试服务器、安装和配置应用程序自动化执行,然后运行所有必要的测试所需的活动。

持续部署将配置过程向前推进了一步,使生产环境中的部署过程自动化。此外,持续部署可以近乎实时地自动调配基础架构资源,以满足不断变化的生产需求。

运维功能可以使用 CI 方法和具有 CD 和部署功能的工具来匹配基于敏捷的开发

团队的速度。精益生产流程强调快速交付高质量的产品和服务以及准时交付,提供了一种将 IT DevOps 流水线活动整合到单一 IT 价值流中的方法。

当大家读到本书的第二部分——实施 VSM 时,将学会如何在整个 IT 价值流中贯彻精益生产理念,以创建精益流水线作业。但是在我们继续本书的这一部分之前,需要看一下 DevOps 活动的全部范围。

6. 界定 DevOps 流水线活动的范围

事实证明,完全进化的 DevOps 流水线包含了 CI/CD 流水线作业之外的非常多的集成活动。在这一部分中,我们将探索更高层次的活动,以及它们如何作为一个连续迭代、增量开发和支持过程来运行。

当大家阅读本节时,要记得传递以客户为中心的价值,关于组织有两种类型的价值流:开发和运维。提醒一下,面向运维的价值流向组织的外部客户交付产品和服务,而开发价值流创建组织面向运维的价值流所使用的东西。

DevOps 首字母缩略词令人困惑,因为该术语意味着运维和开发是同一个价值流的一部分,事实也的确如此。但是 DevOps 首字母缩略词中开发和运维的语义与精益的上下文含义不同。DevOps 范式包括与 CI/CD 流水线相关的重复迭代的 SDLC 活动,也包括产品的 ITSM 活动里的运维活动。

图 5.7 是 DevOps 流水线的标准展示。虽然 DevOps 流水线可以显示为线性顺序作业流,但更常见的方法是将其显示为无限循环。无限循环意味着迭代和增量的 DevOps 交付活动作为一个持续的流程运行。

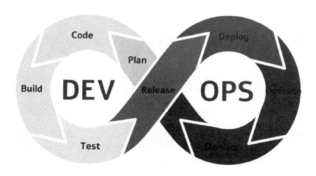

图 5.7　无限 DevOps 流水线作业

现代敏捷和精益—敏捷实践都执行迭代开发循环,频繁交付客户价值增量。DevOps 只是扩展了迭代和增量开发模型,以包含 IT 服务的管理活动。

这个 DevOps 模型过于简单,因为它的重点仅是在表达高层的流水线作业流程。正如我们在 CI/CD 流水线活动中发现的那样,DevOps 流水线的 ITSM 部分包括的活动比 DevOps 无限循环图中描绘的要多得多。

至此,我们已经了解如何在 DevOps 流水线模型中将 CI/CD 活动作为流水线实现。在下一节中,我们将了解与 ITSM 相关的活动及其作业流程。

5.9　整合 ITSM

在第 1 章里,交付以客户为中心的价值,我们了解到支撑开发或运维的组织级价值流,通常是相互关联的。还了解到,基于 IT 的面向开发价值流通常会创建支持面向运维价值流的软件产品。

例如,一家保险公司的内部软件开发团队可能会创建基于 web 的服务来支持公司保险产品的推广、销售和交付。类似地,医疗保健软件提供商拥有支持多种价值流的开发团队。这些包括患者登记、索赔管理、财务管理、会计、诊断和计费代码、患者健康数据、预约安排、合规性和报告。

大家知道的,IT 价值流超出了软件开发和交付活动的实现。除了这些能力,IT 组织或软件产品团队必须配置 ITOM 能力和 ITSM 流程和平台。

ITSM 关注 IT 团队如何提供服务。相比之下,ITOM 侧重于事件管理、绩效监控的活动和工具,以及 DevOps 流水线中 OPS 部分描述的运维流程(请参考图 5.7)。在理想情况下,IT 组织在产品团队级别安装 ITOM 和 ITSM 活动,作为其 DevOps 流水线作业的一部分。

简单说来,ITIL 4 已经从服务价值体系(SVS)的角度解决了 ITOM 和 ITSM 的问题。如果组织已经实施了 ITIL 4 实践或等效的实践,VSM 团队则需要评估 DevOps 流水线中面向运维的工作。

1. 交付服务价值

在之前显示的图 5.7 中,DevOps 流水线的运维部分包括发布、部署、运维和监控作为其主要活动。其中的发布和部署两个活动,是产品团队开发和运维支持的过渡活动。

但是,在本节中,我们将了解到这 4 个面向运维的流程分解为至少 34 个独立的 ITSM 域,跨越 3 个管理实践。"领域"这个词意味着特定的活动或知识领域。在 ITSM 的上下文中,可以假定术语领域包括特定的知识领域和相关的活动集。

服务管理一词泛指旨在改善公司客户服务流程的实践和活动。服务管理包括战略、设计、开发、集成、运维和服务改进等活动。然后,ITSM 包括支持客户使用由 IT 组织生产或获得的软件和相关基础设施和安全组件的实践和活动。

产品团队可以选择使用多种 ITSM 框架,如 ISO/IEC 20000 - 1、ITIL 4、COBIT 5、FitSM、微软运维框架(MOF)、开放组 IT4IT 参考架构、VeriSM、SIAM 和 YaSM。鉴于其领导地位,本章评估了 ITIL 协议 4 如何将其服务价值链定义为其最佳实践的一部分,从而在 DevOps、敏捷和精益方法的背景下交付 ITSM。

《ITIL 4》将服务价值链定义为一组"在 ITSM 价值流中使用的联合实践、活动和行动",即 ITIL 4 服务价值链代表了一个作业。当然,我们知道 ITSM 价值流只是 DevOps 流水线中包含的更大的 IT 价值流工作和信息流的一个组成部分。

在我们进入服务价值链活动和作业之前,首先,让我们快速了解一下有助于交付价值的 ITSM 的 4 个维度。

2. ITSM 涵盖的 4 个维度

ITIL4 描述了服务管理的 4 个方面作为 ITSM 提供商能力的基础。从系统思维的角度来看,这 4 个维度是参与基于价值的 ITSM 交付的要素。它们包括以下内容:

(1)组织和人员:为了建立正确的组织结构和能力。

(2)信息和技术:用正确的技术建立信息技术系统和基础设施,以支持服务的交付。

(3)合作伙伴和供应商:为了实施财务和技术上适当的第三方服务交付合同。

(4)价值流和过程:为了发展高效的和以客户为中心的服务价值交付能力。

服务管理的全部 4 个维度都有助于产品团队交付服务价值。软件产品团队必须协调他们的服务价值链响应,以包括所有 4 个维度。否则,服务交付功能无法以最佳方式运行,也无法向客户和产品用户交付价值。

以下外部因素会影响服务交付的 4 个维度:经济、环境、法律、政治、社会和技术。在决定如何部署服务管理的 4 个维度时,必须考虑所有这些因素。

现在我们已经了解了服务管理的基本要素,让我们来探索与 ITSM 相关的活动流程。

3. 定义 ITSM 交付作业流动

与任何价值流一样,ITIL 4 服务价值链代表一个活动流;尽管它是在一个高层次上描述的,正如我们将在下面的小节中看到的。服务价值链包括从价值交付角度响应 IT 服务需求的主要活动:

(1)计划:为了定义对服务能力、需求和策略的现状/未来评估,从而形成对需要什么服务以及如何交付服务的共同愿景。

(2)交付的价值:新的服务标识和供应计划。

(3)改进:为了确保在服务管理的所有 4 个维度上所有产品、服务和实践的持续改进。

(4)交付的价值:服务水平目标的实现。

(5)参与:为了确认我们对利益相关者需求的理解,并确保利益相关者的及时参与和积极成果。

(6)交付的价值:管理和解决用户的投诉。

(7)设计和移交:为了确保新发布的产品和相关服务反复满足利益相关者对质量、成本和上市时间的期望。

(8)交付的价值:支持升级到业务应用程序的下一版本。

(9)获取/构建:为了确保服务组件在需要的时间和地点是可用的,并且它们符合约定的规范。

(10)交付的价值:及时准确地满足用户的要求。

（11）交付和支持：为了确保根据商定的规范或服务级别协议交付和支持服务，同时满足利益相关方的期望。

（12）交付的价值：成功解决所有事件报告。

上述活动表达了定义、创建和交付以客户为中心的服务的一般作业的流动。因此，正如软件开发有一个通过交付定义构思的流程一样，ITSM 提供了一个定义和交付 IT 服务的价值流作业流程。下面让我们定义交付基于价值的 ITSM 所涉及的潜在工作范围。

4. 交付 ITSM 价值

在前面内容中，我们提到了服务价值链文档中跨越 3 种管理实践的 34 个独立的 ITSM 域，尽管没有明确归因于新 ITIL 协议，术语领域同样指的是知识领域和相关的活动集，ITIL 4 提供了关于计划、管理和改进这些管理实践和领域相关活动的详细指导。

三组管理实践包括以下内容：

（1）一般管理实践：本组跨越 14 个服务管理领域，来自帮助支持工作或实现特定目标的一般业务管理。这些域包括以下内容，见表 5.1。

表 5.1　一般管理实践包括的服务管理领域

类　别	具体名称	
架构管理	投资组合管理	服务财务管理
持续改进	组织级变更管理	战略管理
信息安全管理	项目管理	供应链管理
知识管理	关系管理	人力资源管理
度量及报表	风险管理	

（2）服务管理实践：本组跨越 17 个领域，以确保服务提供商定的可用性级别，以满足客户和用户的需求。这些域包括以下内容，见表 5.2。

表 5.2　服务管理实践包括的领域

类　别	具体名称	
可行性管理	监控和事件管理	服务设计
商业分析	问题管理	服务桌面
能力及绩效管理	发布管理	服务等级管理
变更赋能	服务目录管理	服务请求管理
事件管理	服务配置管理	服务验证与测试
IT 资产管理	服务连续性管理	

（3）技术管理实践：本组跨越三个领域来实施服务管理实践，将重点从技术解决方

案扩展或转移到 IT 服务。这些域包括以下内容,见表 5.3。

表 5.3　技术管理实践包括的领域

类　别	具体名称	
部署管理	基础架构及平台管理	软件开发及管理

显而易见,ITSM 引入了更广泛的实践和活动来实施、改进和支持以开发运维为导向的价值流。在这本书里我们去探究 ITSM 的细节。本章的主要目标是介绍构建和简化 DevOps 用于协调的流水线流程活动所涉及的工作范围。

到目前为止,您应该已经意识到在开发一个简化的 DevOps 生产作业中,面临复杂的挑战时需要对工具链和无数活动进行投资来实现、集成、自动化和编排。

本书并不试图解决特定 CI/CD 和 DevOps 流水线作业流程问题,而是为大家提供工具,VSM 包含了可以用来改善 CI/CD 和 DevOps 流水线中精益生产流程的方法和工具。

在我们结束本章时,还有一个我们需要解决的问题,那就是从面向项目的开发范式转移到面向产品的开发策略。

5.10　超越项目,转入产品

传统的软件开发瀑布模型是基于项目的。在行业早期,由于软件开发中涉及的高成本、复杂性和风险,面向项目的方法似乎是有意义的。

让我们回顾一下最适合传统项目管理实践的工作类型。如基于项目的工作包括以下特征:

(1) 项目以产品、服务或成果的形式具有可定义的可交付成果或输出。

(2) 基于项目的可交付成果是相对独特的,因此,这项工作有很大的风险。

(3) 项目约束是在项目章程中定义的,由客户或执行发起人批准,在授权范围、进度、成本和质量上有着具体的界限。

(4) 通常,面向项目的工作是高度定制的,是支持每个产品独特需求的,因此,从一个项目到另一个项目,相对来说工作不会重复。

(5) 鉴于软件产品需求相对独特,工作的全部细节和范围可能只会随着项目的进展而变得明显(对于基于敏捷的工作也是如此)。

(6) 项目团队采用正式的变更管理实践尽量防止范围蔓延,预算短缺和进度超支。

(7) 时间表有助于加强项目的临时性质,包括定义好的开始和交付日期以及预定义的活动、相关性和持续时间。

(8) 基于项目的工作经常跨越组织的界限,因此涉及多种技能。

(9) 在一系列规定的约束下管理高度定制的工作似乎处于奇怪的对立面——的确如此。也就是说,我们应该理解为什么客户对项目相关的工作设置约束。具体来说,我们的付费客户建立了项目约束条件,从而确保预计的 ROI 在时间表内可以实现,并且投资的成本具有经济意义。

然而,在基于项目的约束下开发软件会产生一系列问题,其中有 3 个关键问题。第一,考虑每个软件产品的独特性质,开发团队无法预见他们可能遇到的所有问题。第二,客户和用户通常不知道他们想要什么或者需要什么,直到他们手头有一个软件产品版本可以评估。第三,客户需求是不断发展的,他们的优先事项也随着时间而变化。

但是,无论项目团队在项目规划上投入多少时间和精力,在执行之前都会出现不一致。

现代软件方法和工具为了支持软件开发的独特需求已经逐渐优化,例如响应客户需求和优先级的变化。在传统的瀑布项目管理模式下,这类响应是不可能的。有了充分发展的 CI/CD 和 DevOps 流水线,最成熟的软件开发团队可以迭代地、增量地、快速地交付新的功能,可能每天交付很多次。因此,CI/CD 和 DevOps 流水线功能等效于现代制造设备。

在本书的第二部分,我们将探讨 VSM 如何帮助改善 DevOps 流水线中的精益生产作业流程。但是在我们开始之前,首先,让我们花一点时间来理解为什么基于产品的开发和交付模型在软件开发中优于传统的基于项目的瀑布模型。

通常,没有必要将软件开发活动限制在特定的范围、进度、成本或质量度量上。相反,就像一个制造工厂,只要有新的客户订单它就会持续运营。同理,只要客户有不断演进的产品需求,现代软件工厂就会持续运营。

实物产品往往会磨损,迫使客户更换它们。相比之下,软件产品不会在物理上磨损。另一方面,驱动最初软件开发目标的需求往往有一个保质期。在这种情况下,客户最终需要更换或升级他们的软件应用程序。

由于这些原因,超越项目模型来实现面向产品的开发模型是合理的。在面向产品的开发模型中,产品团队取代项目团队。

团队的组成可能会随着时间的推移而改变,以支持不断演变的需求。在产品生命周期的开始,开发在努力和成本方面举足轻重。在生命周期的末期,开发资源可能会减少,资源重点转向支持运维。

基于产品的融资模式不同于基于项目的融资模式。基于项目的融资建立在预计的未来投资回报率之上,且基于项目的融资有双重风险:第一,是产品是否能在授权的约束内制造出来。第二,未来是否会存在支持投资的市场。

基于产品的融资风险较小,因为它颠覆了基于项目的模式。基于产品的融资模型不是询问产品最终是否能收回投资,而是评估当前的成本和收入,进而评估在开发和运维支持方面需要投入多少成本。

如果初始开发成本投资仍然存在风险,这些风险会转移到投资组合层面,公司高管决定他们需要进行哪些投资,以使公司在未来的业务中处于最佳位置。这些投资可以开发新产品或投资到现有产品的能力增强,以吸引新的利基市场的客户。投资组合级别的投资是战略性的,而对产品团队预算的持续调整是基于实际成本与实际收入的战术决策。

我们将以一个总结部分和一组 10 个问题来结束本章,这将帮助你分析大家对本章内容的理解。

5.11　小　结

本章介绍了实现 CI/CD 和 DevOps 流水线作业流程的复杂性。我们学习了如何运用 VSM 的方法和工具,以及在 IT 价值流中实施和改进精益生产流程。

具体来说,在本章中,学习了实现成熟的 CI/CD 和 DevOps 流水线作业流程的复杂性。了解了虚拟化(主要通过基于容器的技术)对于支持高效利用 IT 基础设施资源和快速交付少量新软件功能至关重要。最后,还了解了 CI/CD 流水线集成,以及实现传统 SDLC 流程的自动化,还有 DevOps 扩展了 CI/CD 流水线以包括服务管理功能。

学习了这些知识,就可接着学习如何使用 VSM 的方法和工具来实施和改进 De-vOps 活动,实现精益生产导向的作业流程。本书主题的下一部分,即第二部分,为实施价值流管理(VSM)方法和工具——以改进 IT 价值流。

5.12　问　题

(1) 是什么推动了 DevOps 概念以及后来的方法和工具的发展?

(2) 支持 CI/CD 流水线实施的三项关键功能和相关工具是什么?

(3) CI 是什么,它的用途是什么?

(4) 软件开发团队和 IT 运维团队之间有什么显著的文化差异?

(5) 什么是 CD,它的目标是什么?

(6) IaC 和 CaC 有什么区别?

(7) 与"流水线"相比,使用术语"工具链"的主要区别是什么?

(8) 仅使用两个术语,描述构成 DevOps 流水线的 IT 价值流的最佳方式是什么?

(9) 如何区分 ITOM 和 ITSM?

(10) 面向项目的团队和面向产品的团队在资金上有什么不同?

5.13　延伸阅读

- Dietrich,E. (June 2019) DevOps Table Stakes:The Minimum Amount Required to Play the Game. DZone/DevOps Zone. https://dzone.com/articles/devops-table-stakes-the-minimum-amount-required-to. Accessed 2nd February 2021.

- US National Institute of Standards and Technology（NIST）Information Technology Laboratory. NATIONAL VULNERABILITY DATA-BASENIST. Special Publication 800-53（Rev. 4）. Security and Privacy Controls for Federal Information Systems and Organizations. https：//nvd. nist. gov/800-53/Rev4/control/CM-6. Accessed 2nd February 2021.

- Forsgren，N.，Humble，J.，Kim，G.（2018）Accelerate. Building and Scaling High-Performance Technology Organizations. IT Revolution. Portland，OR.

第二部分　VSM 方法论

本书在这部分介绍了价值流管理(VSM)作为一种通用的方法论,用于帮助识别、排定优先级和规划整个企业和任何价值流的价值流改进的相关知识。鉴于在 IT 和其他组织价值流中实施和改进精益生产能力所涉及的工作范围,这部分在本书中所占篇幅最大。

在现代背景下,VSM 工具支持跨组织 IT 价值流的精益改进,旨在通过基于 De-vOps 的流水线提高软件交付能力。但工具只是行业 VSM 解决方案需求的一部分,IT 行业还需要采用经过验证的 VSM 方法论,从 VSM 工具中获得最大价值。

基于这个目标,第 6～10 章介绍了强大且经过验证的 VSM 方法论相关知识,并将其应用到基于 IT 的 CI/CD 流水线实施策略,从而作为样本的用例。

目前,VSM 并不是一个新概念,已被应用于制造业、供应链管理、办公室管理和医疗保健管理领域中实施精益改进等,但应用 VSM 来解决 IT 价值流中的生产效率和价值交付问题是一个相对较新的概念。

IT 社区刚刚采用了 VSM 概念和工具,它们就迅速获得了关注。例如,Gartner 报告称,预计 2023 年,70%的组织会将使用 VSM 来改善其 DevOps 流水线中的流动作业,从而更快地交付客户价值。

在我们的现代数字世界中,IT 和业务近于唇齿相依。因此,改进组织的 IT 价值交付能力也有助于全面提升企业业务。

本部分包含以下内容。

第 6 章,启动 VSM 举措(VSM 第 1～3 步)。

第 7 章,映射当前状态(VSM 第 4 步)。

第 8 章,识别精益指标(VSM 第 5 步)。

第 9 章,绘制未来状态图(VSM 第 6 步)。

第 10 章,改进精益—敏捷价值交付周期(VSM 第 7～8 步)。

第 6 章　启动 VSM 举措（VSM 第 1~3 步）

在前一章中，我们了解到价值流管理（VSM）提供了一种系统和持续地评估所有开发和运营价值流的方法。VSM 举措的目标是确保组织与企业战略保持一致，同时增加以客户为中心的价值。还了解了支持 VSM 团队计划、映射和持续精益改进的 8 个基本步骤。

因为每个基于信息技术（IT）的 VSM 举措都必须支持组织建立和维持精益企业的更广泛目标，所以了解 VSM 的基本原理至关重要。

在本章中，我们将讨论以下主要话题：

- 承诺精益——VSM 第 1 步。
- 选择价值流——VSM 第 2 步。
- 了解精益——VSM 第 3 步。

6.1　承诺精益——VSM 第 1 步

VSM 旨在跨组织价值流中进行精益改进。大多数 VSM 举措会在战略和投资组合规划层面影响投资和决策。因此，我们需要管理层和利益相关者承诺精益才能使用 VSM 取得成功。这是本节的主题。

很明显，如果一个组织不能严肃地实施精益生产（开发）和交付（运营）实践，他们就不会认真对待 VSM。如果 VSM 举措仅仅是为了改善 DevOps 价值流，那么组织就偏离了方向。VSM 就是要在所有价值流中实施和维持精益实践，并最终在企业范围内全面进行。

在我们决定承诺精益之前，我们应该了解它的起源和目的。这是下一小节的主题。

1. 探究精益的起源

精益的起源可以追溯到 Henry Ford 早期的汽车装配线和早期的大规模生产概念。Henry Ford 的方法以较低的成本显著提高了生产率和质量，但其装配线方法不允许产品线变型。

例如，他早期的装配线将他的汽车产品限制为只有一种颜色（黑色），一种型号（T型），并且每个装配部件只有一种规格，无法组装不同类型、车身样式、颜色、底盘或其他汽车零件。

后来，通过丰田喜一郎、大野耐一、丰田佐吉和新乡重夫的努力，丰田改进了 Henry Ford 的装配线和大规模生产概念，在支持多种产品线变型的同时保持连续流动。丰田对精益生产理念的贡献是多方面的,已经演进了数十年,并且还在继续演进。

这些始于 1930 年,当时丰田喜一郎实施了准时制(JIT)的概念,提高了稀缺和昂贵资源的利用率,并消除了对生产流程非增值部分的浪费。简而言之,JIT 就是指在需要的时间生产需要的东西。

大野耐一、丰田佐吉和新乡重夫改进了 JIT 概念,并实施了 Jidoka 背后的概念,基于自主和自动,大致翻译为自働化(Autonomation)。JIT 和 Jidoka 构成了丰田生产系统(TPS)的两大支柱。新乡重夫为丰田工作,实施了其一分钟换模(SMED)和防错(Poka-Yoke)概念,并发布了对丰田生产流程的第一份详细主导评估。那本书的标题是《丰田生产系统研究》(Shingo,Dillon;2005 年——英译本)。

现代形式的 TPS 被称为丰田方式,涉及准时生产,消除浪费和持续改进(Kaizen),但丰田没有提出精益这个术语。

John Krafcik 在《斯隆管理评论》(1988)上发表论文《精益生产系统的胜利》,因定义了"精益"一词而受到赞誉。本文描述了他在麻省理工学院(MIT)斯隆管理学院攻读工商管理硕士(MBA)期间的研究,同时他还在麻省理工学院国际汽车项目(IMVP)担任精益生产研究员和顾问。

在 James P. Womack 的指导下,John Krafcik 和 IMVP 团队研究了 15 个国家的 90 多家汽车制造公司,以了解精益实践如何帮助西方制造公司与采用丰田 TPC 概念的日本同行竞争。

2. 将精益与价值交付联系起来

精益企业寻求实现世界级的价值交付能力。精益组织尽可能降低成本,生产行业内最高质量的产品,满足交付要求,并从客户价值流角度消除所有浪费。

VSM 团队成员明白他们的责任是帮助改善组织的价值流,同时帮助组织比业内任何人都更好地满足客户的需求。他们通过促进跨组织价值流的精益导向改进来实现这些目标。

通过不断改进业务运营,精益公司比其他公司更具竞争力。精益企业对员工更友好,对他们的工作表示尊重,并把责任授权给做工作的人。这些对员工友好的策略有助于较大限度地减少阻碍生产力,并最终导致员工压力和倦怠的官僚主义和等级制组织结构。同时,精益管理作出承诺,对员工培训、认可、沟通和使用精益工具。

随着运营的简化和效率的提高,世界级组织的运营基于低成本原则,绝不允许将更高的成本转嫁给客户。目标是让其他竞争对手不能通过更好的定价夺取市场份额。世界级组织努力实现零缺陷,并从其价值流活动中消除所有形式的浪费,进一步降低成本,同时提高竞争力。

精益组织不允许管理者将工作推进到生产或运营职能中,直到有可用能力来执行工作。将订单和物料以比其生产流速更快的速度推送到生产环境中,只会导致库存持有成本、等待和隐形的缺陷等形式的浪费。因此,精益企业管理层知道,只有当产能可用时,他们的员工才必须将工作纳入他们的价值流,并且物料、零件和信息必须及时到位以支持运营,而不能更早。

3．在不影响灵活性的情况下改进生产流动

丰田在保持产品变型柔性的同时改善生产流动,其重要性不可低估。是的,福特早期的装配线效率很高,生产出高质量的汽车,但产品线变型缺乏灵活性,导致公司向竞争对手敞开大门,这些竞争对手找到了实现高效流动的方法,同时还增加了以客户为中心的价值。提供以客户为中心的价值,意味着我们必须在客户需要时,以有竞争力的价格提供他们想要的产品特性和功能。

这些经验同样适用于我们的现代 IT 开发运营(DevOps)实践。现代 CI/CD 和 DevOps 流水线可实现高效的生产流程,而不会影响组织在需要时生产正确产品的能力。完全自动化的 CI/CD 和 DevOps 流水线不会限制软件开发的创造性,但是它们确实消除了执行重复性和非增值活动的问题。

本章的其余小节强调了持续沟通、管理层参与以及为长期成功建立合适起始条件的重要性。精益在开发和维持生产流动中强调持续集成。VSM 的方法和工具支持精益产品生命周期的承诺过程。虽然这一精益承诺步骤仅是 VSM 之旅的开始,但有一个良好的开端是至关重要的。

4．为 VSM 安装合适的操作系统

值得注意的是,丰田从未意识到有必要脱离传统的层级组织结构。相反,随着丰田成长为一家全球性企业集团,他们建立了区域和产品线事业部,并在部门层面授予了更多的决策权。区域分部的建立允许每个地理上分散的业务单元定制产品和服务,以满足当地市场需求。相比之下,产品线事业部帮助丰田开发和维护其产品品牌。

保留业务线(LOB)级别的执行和职能管理职位与精益理念不一致,但精益生产实践也将决策转移到组织的最低实践级别。

例如,本地运营团队和主管最了解事情的运作方式和可以改进的地方。价值流团队有权在不涉及超出其授权级别的投资或过度延迟生产的情况下,进行局部改进。这并不是将管理层和执行层排除在决策过程之外。在"第 7 章,映射当前状态(VSM 第 4 步)"中,将了解 Gemba(即"实际"或"真实"场所)的实践,作为经理和 VSM 团队在生产车间走动以了解情况的实践。Gemba 的价值在于,当决策需要提升到更高的权力级别时,经理和高管已经认识,并了解问题。

精益价值流叠加在层级组织中的所有业务功能上,将产品线作为独立的业务单元运作。精益的理想状态是在高管、经理和操作者之间有开放的交流和持续的合作。在一个精益企业中,沟通应该在层级或部门业务结构中上下流动。

保留层级组织结构似乎违背了敏捷的方法,即运营小团队或扩展的"团队中的团队"(team-of-teams)作为完全独立,且大部分自主的生产交付结构。然而,通过仔细观察发现,精益价值流拥有类似的独立自主运作的专用资源。

在精益中,职能型的管理结构(当它们存在时)支持跨所有面向开发和运营的价值流的价值交付。每个价值流可能有更小的独立团队,并以半自治的单元工作。尽管如此,他们必须始终支持精益导向的工作流动和信息流动,以跨越更大的和其他相互关联

的价值流。

精益改进的另一个重要方面是,高管和经理们不能是唯一提出想法或作出决策的孤家寡人。这项工作的执行人通常对如何改进它有最高明的想法。自由交流和对所有团队成员的尊重使得这些想法能够迅速获得支持,并传播到决策者那里。

John Kotter 在他的《为快速发展的世界构建战略敏捷性》(2014)一书中提出,我们需要两个业务"操作系统"。双操作系统利用了大企业的规模经济,不是通过取消职能层级,而是通过在管理结构上叠加精益价值流。

用价值流叠加层级组织结构的概念,可通过沿着价值流调整资源来支持数字化转型。职能型结构有助于发展和维护资源增长,所以面向开发和运营的价值流有助于提高敏捷性和对客户需求的响应能力,并促进对新兴业务机会的投资。

现在我们得知 VSM 是一种持续进行精益改进的方法,也知道为什么精益是从客户角度提供最佳价值的重要策略。现在让我们深入理解如何发起和支持 VSM 举措。

5. 管理 VSM 举措

高管和经理们在指导精益企业方面发挥着关键作用。保障 VSM 举措的成功是他们的终极职责,因此他们要对结果负全部责任。他们的角色是保证他们的价值流组织采用的工作方式比竞争对手更高效、更合适和更精练,以交付更多价值。

通常高管制定,并指导战略、治理政策和投资决策。他们有信托和法律责任来监督这些职能。他们还为企业制定使命和愿景,并指导组织价值观。

相比之下,管理者将战略、使命、愿景、政策、价值观和投资决策转化为可操作的工作。也就是说,管理者可以促进和指导在战术上实现战略计划达成目的和目标的工作。

在战术层面,经理们在每月、每两个月或每季度的会议上审查客户订单,审查客户状态和投诉、供应商和定价信息。经理们评估并上报满足客户需求所需的设施、设备和工具的新投资请求。

无论是否担任产品经理或产品负责人这样的正式角色,经理们都会审查竞争对手的产品和定价,并与所有产品团队成员和其他利益相关者分享这些信息。业务线经理要认可员工的努力,并为价值流流程改进活动的实施提供支持。

在协助 VSM 工作时,要高管们确定 VSM 倡导者和最初的核心团队成员。发起活动的高管们建立了一个指导 VSM 举措的 VSM 章程,并挑选一名 VSM 经理来领导这项工作。

如果价值流已经存在,发起的高管、VSM 团队领导和价值流经理应该已经实践了Gemba(即,在价值流工作发生的实际地点走动),无论如何一旦 VSM 举措启动,他们就一定要这样做。Gemba 的目标是打破任何阻碍跨职能合作的沟通和层级障碍。VSM 领导还会评审任何持续改进(Kaizen)计划(如果有)。

在 VSM 举措开始时,VSM 团队领导应该创建一个清单,以确保团队实现其目标。清单本身很有必要,因为它们相当于待办事项列表,这样我们就不会忘记需要做的事情。然而,如果清单变成了指令,用于强制不必要的工作,它很快就会失去其价值,还会被用作"刑具",去惩罚没有做指定工作的人。

例如,清单可能包括以下活动:

确保高管发起人制定,并批准 VSM 章程。

制定初步的 VSM 举措计划,概述目标、指标和资源。

计划,并推动启动会议。

为培训分配时间和资源。

为支持实现 VSM 目标的 VSM 团队成员和员工建立激励机制。

创建沟通计划,并勤于执行和更新计划。

根据一组映射到预期结果的指标反映团队活动。

与 VSM 团队合作,识别,并消除精益活动的障碍。

分配足够的资金支持 VSM 举措。

允许在日期和时间上的灵活性,但对向精益目标前进坚定不移。

保持参与,参加启动和评审会议,并保持信息畅通。

关于 VSM 领导者的作用,还有最后一点需要注意,VSM 团队必须作为一个相互尊重的协作团队一起工作,不畏惧专横独断的领导打击报复。

例如,团队成员必须有权停止工作,并寻求帮助来解决任何影响其交付质量的问题。这个概念在日语里叫作 Andon,意思是安灯,表示当工人发现质量问题时,他们可以打开该灯作为停止生产线的信号。任何人,无论其级别或职位如何,都会因为采取这一行动而受到尊重,而不必担心受到惩罚。

正如敏捷实践,VSM 领导者是 VSM 团队的引导者和"仆人式"领导者,帮助消除停滞他们工作的障碍。VSM 团队负责人还会教练、指引和教导 VSM 团队的精益生产流程。

在 IT 社区中,集成精益—敏捷实践的原因之一是因为两者的基本精神实质(即哲学和文化)非常相似,正如我们在这里看到的:

- 团队合作。
- 尊重所有团队成员和利益相关者。
- 专注于根据客户需求增加价值。
- 团队协作,有问题立即解决,即使这意味着停下其他工作。
- 找到,并解决根本原因,防止问题再次出现。
- 消除一切形式的浪费活动。
- 迭代地、渐进地、通过实验解决问题。
- 永不放弃寻找改进的方法。

至此,我们已经知道了高管发起人、经理和 VSM 团队领导在 VSM 举措中的角色,让我们继续来看看 VSM 团队的启动要求。

6. 发起 VSM 举措

在为 VSM 举措选择价值流之前,我们必须为实施富有成效的 VSM 项目建立合适的环境。这个主题是我们本节的学习目标。

在选择精益改进的目标价值流之前,我们需要确保目标 VSM 项目支持公司战略计划。我们可能还需要 VSM 举措来支持组合投资目标。

VSM 团队必须清楚地了解为什么企业投资该项目是合理的。如果价值流活动没有积极支持组织使命和战略,那么这种改进没有什么价值。当然,在作出 VSM 投资决策时,传统的投资回报(ROI)准则同样重要。

高管和经理们需要确保批准适当的资源来实施 VSM 举措,并充分参与计划、映射和改进活动。

VSM 举措同样采用敏捷开发项目的迭代和增量方法。图 6.1 显示了作为迭代和增量价值交付周期的 8 个 VSM 步骤,以体现这一概念。

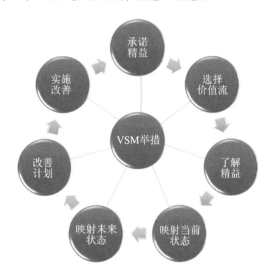

图 6.1　作为迭代和增量价值交付周期的 8 个 VSM 步骤

这 8 个步骤——VSM 计划、映射和改进循环的每次完整执行都是一次迭代,每次迭代都逐渐提供新的价值交付能力。

请注意,VSM 团队可能会在 8 个 VSM 步骤之间往复,通常是为了在一个迭代 VSM 周期中获得额外的信息。以 VSM 周期方式工作的主要目的是确保工作连续性,以实现期望的精益价值流改进活动。

如同基于敏捷的思维一样,每一次 VSM 迭代都为组织实现精益能力增加了价值。因此,组织的管理者必须抵制想要明确定义和强制一个特定成果的诱惑,作为 VSM 工作存在的理由。只要继续投资于他们的工作能带来合理的益处,VSM 团队活动就会一直存在。

为了确保 VSM 举措的长期可持续性,高管们必须指派一名项目经理或 VSM 倡导者,或者——在敏捷环境中——一名 ScrumMaster 来指导团队的工作。在 VSM 项目中,VSM 团队领导者、VSM 团队成员和价值流经理必须全力以赴,将时间投入到他们的价值交付改进工作中,并愿意在 VSM 项目的整个生命周期中持续他们的精益工作。

就准备和规划而言,磨刀不误砍柴工——时间不用太多,但花费几周时间也是可能的。最初,组织高管或其指定人员必须制定一份 VSM 章程。通过章程正式批准,并确保有活动资金。VSM 章程还列出了概要目标以及大致的工作范围,确定了 VSM 团队的领导者,以及衡量成功的高层级度量指标和成果。

制定并让高管签署 VSM 章程有助于确保 VSM 举措有一名或多名支持,并推动该计划的高管发起人。组织的高管必须参与支持和领导工作,以资助 VSM 团队所需的资金,批准团队识别出来的改进措施。

一旦 VSM 章程获得批准,VSM 团队就开始制定最初的 VSM 计划。就概述团队工作而言,该计划不应过于僵化或强硬。然而,VSM 计划至少需要确定以下几点:

- VSM 团队成员。
- 所需要的培训和教练资源。
- 为 VSM 团队的工作及其提出的改善活动提供资金。
- VSM 团队用来指导组织精益改进的步骤,如本书中概述的 8 个步骤。
- 可用的 VSM 软件工具。
- 对团队和利益相关方持续沟通的指导。

VSM 章程和计划制定,并获得批准后,VSM 团队领导将召开启动会议,以确保每个人都达成共识,并了解各自的角色和职责。至少,VSM 团队领导、所有 VSM 团队成员、发起的高管(即拥有预算的主管)和关键利益相关者必须参加。

随着 VSM 启动会议的召开,VSM 举措正式就位,并准备开工。

7. VSM 举措持续化

尽管精益概念相对容易理解,但实施起来很有挑战性,而且随着时间的推移,持续运作更具挑战。要知道,想要移步换形或者放任自流是人的天性。

VSM 与敏捷实践有几个共同点,例如,沟通和对人的尊重有助于确保困难的信息被有效共享和处理。与 Scrum 一样,精益实践鼓励实验和观察(即经验主义),以及小的迭代和增量步骤来提高价值,VSM 团队必须愿意展示他们的发现(透明),检验他们的发现(审视),并在需要改变的地方灵活地作出适当和积极的响应(适应性)。

最重要的是,高管发起人和团队领导必须全力以赴带领这项工作。在价值流中工作的人们很快意识:当领导者没有认真对待他们的改进想法时,他们会因沮丧而放弃他们的改进努力。

价值流改进活动的可视化是 VSM 持续活动的重要组成部分。同样,与敏捷概念类似,VSM 使用可视化辅助工具更新团队信息和度量指标,不断地向高管、经理和其他利益相关者通报他们的工作目标和状态。我们将在本章的"学习精益"部分更详细地讨论可视化辅助工具。

本节总结了关于承诺精益的必要性的讨论。现在我们知道了承诺精益的重要性,让我们看看有助于支持这一目标的工具。

8. 承诺精益的工具

本节讨论的工具有助于我们实现精益的目标,这些工具包括以下内容:

(1) VSM 章程。

（2）启动会议。

（3）VSM 故事板。

这些工具将在接下来的小节中详细讨论。

9．VSM 章程

VSM 章程是一个重要的工具，有助于确保您得到高管的承诺。章程是管理层和 VSM 团队成员对他们希望实现的目标的正式承诺。VSM 章程应涵盖以下主题：

（1）VSM 举措的标题。

（2）VSM 章程的使命。

（3）可交付成果。

（4）预期范围/方法/活动。

（5）战略对齐的考量。

（6）时间框架/持续时间。

（7）团队资源。

（8）团队流程。

（9）预期结果。

（10）主要客户和供应商。

（11）假设。

（12）风险。

（13）内部问题。

（14）外部问题。

10．启动会议

启动会议是一个重要的会议，旨在确保每个人都为启动 VSM 举措作好准备，并了解自己的角色和职责。VSM 举措倡导者应该参加第一次会议，并解释为什么组建该团队以及他们是如何被选中的。这位 VSM 倡导者向 VSM 团队解释了公司高管为什么赞助和资助 VSM 举措。例如，VSM 项目可以解决竞争压力、新兴或利基市场客户需求、交付周期缩短、质量改进或其他与浪费相关的问题。

至关重要的是，VSM 倡导者必须向 VSM 团队成员强调他们花时间学习精益原则和工具的重要性，这一点我们将在本章稍后讨论。

11．VSM 故事板

VSM 故事板是本书中介绍的基本工具。它可以作为整个 VSM 项目的指南，引导完成规划、绘制和改进所选价值流的 8 步流程。

VSM 故事板包括以下部分：

（1）开始日期。

（2）识别的价值流。

（3）VSM 倡导者。

（4）VSM 团队成员。

（5）问题类别。

（6）主要精益工具。

（7）当前（as-is）状态图。

（8）未来（to-be）状态图。

（9）度量。

（10）改善建议/计划。

对于这个最初的 VSM 步骤，即承诺精益，VSM 倡导者完成 VSM 故事板的第 1 和第 2 部分，指明了最初的项目状态、预期的价值流（如果确定）、VSM 倡议倡导者的姓名以及 VSM 团队成员。

至此，我们已经完成了承诺精益的部分。有了承诺，下面讨论 VSM 团队如何确定支持其工作的最佳组织价值流了。

6.2　选择价值流——VSM 第 2 步

本节讨论了帮助 VSM 团队为其精益改进计划选择价值流的活动。从长远来看，最初的 VSM 团队可能会继续评估其他价值流。然而，更大的组织也可能会发起多个 VSM 团队来支持其他价值流中的精益改进计划。

VSM 举措必须有一种紧迫感，证明投入的资源和时间是合理的。我们已经知道，组织通常有众多的价值流，可能没有时间和资源一次处理所有的价值流。所以，我们需要为团队的工作排优先级。

那么问题就变成了：我们应该从哪些方面开始改进？根据帕累托原则（也称为 80/20 法则和帕累托定律），一些价值流的改进对组织的快速成功更重要。组织的高管可能已经确定了效率低下或成本高昂的领域，或者没有生产出客户想要的产品，或者显示出一些其他方面的浪费，但是我们仍然需要做功课来确定我们的价值流，并对需要改进的领域进行优先级排序。例如，VSM 团队可以做到以下几点：

评估组织识别价值流的程度。

评估每个价值流程图对于客户导向的价值交付的程度。

进行研究以发现哪些价值流具有最大的成本和延迟。

进行客户调研，了解组织满足他们需求的程度。

使用精益指标来识别浪费程度最高的价值流。

与员工讨论他们对需要解决的价值流问题的看法。

如果可能，进行竞争分析，以确定该公司在行业中的表现如何。

确定公司内部和外部的关键标杆指标，看看它们与公司内其他人和具有类似价值流的企业相比如何。

在作 VSM 投资决策时，采用 SMART 原则——具体的、可衡量的、可实现的、相关的和基于时间的。

无论采取何种措施,VSM 团队都必须始终致力于提供以客户为中心的价值,并在短期和长期内以最精简的方式实现这一目标。所以,为了作出这些决定,让我们花点时间以 VSM 为背景回顾一下价值这个主题。

1. 在 VSM 背景下定义价值

本节将重新审视与 VSM 相关的价值概念。大家已经知道,从精益的角度来看,价值一词意味着为内部或外部客户创造的,并以产品、服务或成果的形式交付的价值。此外,价值的概念意味着这些活动提供了客户愿意购买的成果。

事实上,我们的价值流总是包含某种程度的浪费。产生与客户需求无关的结果的活动是一种形式的浪费,我们需要尽最大努力消除它们——这就是 Kaizen 的要点,Kaizen 是日语中持续改进的意思。

精益价值一词适用于我们在价值流和 VSM 活动中所做的工作。但是您可能会问自己术语"流(steam)"意味着什么。这就像我们想象的一样简单。打个比喻,术语"流"指的是创造价值的活动的依序流动,因此 VSM 改进了我们组织中的价值的流动。

从概念上讲,工作项在价值流活动中向下游流动,就像水在小溪或河流中向下游流动一样。就像溪水和河水最终流向海洋一样,精益导向的价值则流向我们的客户。

精益实践者理解价值流包括增值和非增值工作活动。从长远来看,我们希望消除非增值的工作活动,尽管在短期内这样做可能不切实际。

图 6.2 提供了通用活动工作流模型(activity workflow model)的图示,显示了与价值流中的四项活动相关的周期时间和等待时间:

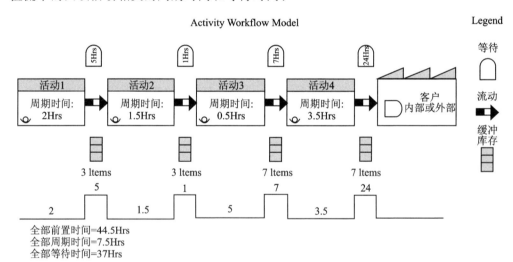

图 6.2 活动工作流模型

该模型包含了价值流图中使用的一些图标,但我们将在下一章的当前和未来状态价值流图中更详细地回顾这个主题。现在,使用图例来解释图表中包含的信息。

例如,假设我们的工程师知道如何改进活动 2,将周期时间缩短到 1 h。这似乎是一件合理的事情。然而,问题是系统的主要瓶颈在活动 4,因为它的周期时间要长得多,为 3.5 h。提高上游活动的速度仅意味着更多的产品在活动 4 的入口处排队,而流动并没有改善。

这个例子很简单,因为在改善流动时还有其他变量需要考虑。我们可以通过采用更好的工具来改进准备时间。我们的缺陷水平可能很高,这些缺陷比活动 4 的缓慢产出给组织带来的损失更大。而且,我们的价值流图也没有提到任何关于批量/批次大小,或缓冲库存限制的内容,所有这些都会显著改变每个已识别活动的吞吐量和排队情况。

到目前为止,我们只知道活动周期时间和基本的物料流动。然而,我们已经可以看到,这个模型表达的不是一个精益价值流。相反,这可能更像在还没有过渡到精益的组织中发现的情况。例如,箭头指示物料被推送到每个下游活动,并且在每个活动之间有缓冲库存来容纳由于周期时间不匹配而导致的溢出。

请注意,总等待时间为 37 h,而前置时间(lead time)为 44.5 h。前置时间内只有7.5 h 的实际工作时间,原因是周期时间和批量不匹配,但我们需要分析价值流中的流程,以确认实际的原因和影响。

精益组织必须考虑的另一个问题是各个价值流之间的集成或接触点(touch-point)。这个主题是下一小节的主题。

2. 集成价值流

每当一种价值流以其他价值流需要的产品、服务或信息的形式增加价值时,价值流相互作用就会发生。例如,在 IT 社区中,面向 IT 开发的价值流生产软件产品,然后由面向运营的价值流交付给内部或外部客户,我们经常会看到这种情况。

我们还看到,当产品和营销管理价值流展开活动,帮助确定客户对产品设计、开发和交付导向的价值流的需求时,价值流会产生交互。例如,组织可以开发或采购软件应用程序来帮助其产品和营销管理功能,即:

(1) 战略规划。

(2) 市场分析。

(3) 产品规划。

(4) 上市活动。

(5) 销售支持。

在数字经济中,所有价值流都由 IT 部门集成和支持基础设施、计算设备、软件、网络和安全组件。许多物理产品和服务拥有内置的计算、网络和软件组件,作为增强产品功能的特性。使用数字特性的价值在于,产品的更新可以实时传导给产品,进而优化现有产品,而无须很多的维护或服务。

但是,让我们暂时简化一下,回到使用数字服务来支持与产品和营销管理相关的价值流的主题。作为示例,图 6.3 显示了一个自适应性产品化过程,它包括 3 个产品管理子过程:战略规划、产品规划和市场分析和两个营销管理子过程——上市和销售支持。

图 6.3 中 5 个子过程中都包括多个工作流,在适应性营销流程中提供价值。在理想情况下,每个工作流程都经过简化,以最少的浪费(如果有)交付价值。在这种情况

下,每个辐条都是价值流的一种形式。此外,基于每个产品的独特需求,以及产品生命周期中的各种需求,这些过程执行时在每个产品的生命周期中都有差异。

这些过程描述如下:

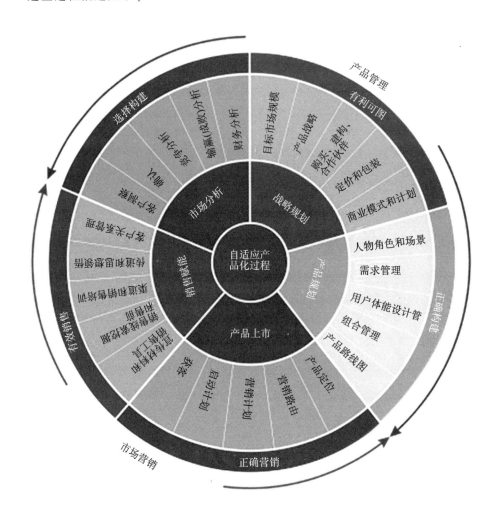

图 6.3　产品管理和营销管理流程

产品和营销管理价值流是面向运营的,即它们不是为我们的外部客户开发产品,而是支持我们帮助外部客户,并为其提供价值的能力。在下一节中,我们将使用自适应性产品化(adaptive productizing)过程作为例子,更仔细地研究面向运营的价值流是如何运作的。

3. 面向运营的价值流集成

根据定义,面向运营的价值流直接与内部或外部客户交互,但不直接涉及产品开发。通常,面向运营的价值流为他们的客户收集、分析和交付信息。面向运营的价值流也可能涉及直接向组织的客户交付产品和服务。

本小节介绍支持产品管理和营销管理功能面向运营的价值流活动,我们将使用自适应性产品化流程作为我们的示例。

自适应性产品化流程是一种以客户为中心的方法,有助于组织跟踪和响应客户需求。自适应性产品和营销管理方法不断发展,以支持新兴的业务模式,如软件即服务(SaaS)、通过 Web 进入市场的新促销和销售路线,以及通过企业对企业(B2B)和企业对消费者(B2C)行业领域向客户销售。

自适应性产品化过程的一个重要因素是利用基于社交媒体进行营销。因此,自适应性产品化过程非常适合应用于在我们的数字经济经营中。

适应性营销流程利用数字化使能来支持组织的价值链,也就是说,产品和营销管理价值流已经发展到支持我们在现代数字经济中开发的内容以及我们销售和交付产品的方式。产品和营销管理子流程以市场和客户信息的形式增加价值,从以客户为中心的角度确定产品需求。

图 6.3 图形化地将自适应产品化过程描述为一个中心辐射过程模型——在自适应产品化过程中移动的工件和信息可以向任何方向流动。因此,当我们设计产品管理和营销管理价值流以及相关的信息系统时,我们都需要考虑这些问题。

使用 IT 类比,我们需要一个价值流集成方法来模拟由中心辐射型消息代理执行的工作,以简化通信、数据流和异步转换。但,点对点的流程和信息集成策略行不通,因为集成点太多了。此外,开发团队不可能考虑自适应产品化过程中每个可能的信息流动或活动交互。

更好的方法是将每个分支内的每组活动作为整体价值流的潜在元素进行评估。中心的每个分支代表一个独立的活动或子流程。此外,每个子流程都可以在需要时被其他子流程调用。对于每个产品或产品系列,都应评估整体产品管理和产品营销价值流,以确定流程限制形成的瓶颈在哪里,以及哪里浪费阻碍了整体流程。

中枢辐射类比并不意味着在自适应性产品化过程中,工作被一个营销价值流推到另一个价值流。在精益生产流程中,当上游客户或后续活动需要时,工作总是按需拉动。

尽管如此,中枢辐射类比还是有用的,因为通过确定的自适应性产品管理和产品营销任务的工作流,可是高度依赖于每个产品在其生命周期中需求的。

以产品上市流程为例,产品的定位、上市路线以及其他相关的子流程都是价值流潜在的工作流组件。每个工作流组件潜在包括多个活动和技术。组件的子流程具有不同的周期时间和等待时间。它们都可能混合了增值和非增值活动,以及其他形式的浪费,应该将这些浪费随着时间的推移而被清理干净。

通常,要始终优先考虑改进活动,以消除整体价值流过程中的当前限制。如果您有时间和资源去做一个以上的价值流改进计划,一定要确保优先解决主要的流程限制或最高成本的驱动因素。在本章的后面,我们将学习如何使用当前(现状)和未来(未来)价值流图来帮助进行评估。

自适应性产品化价值流代表了产品和营销导向价值流的一个更复杂的观点,而不是 James Martin 最初确定和概述的观点。然而,图 6.3 更好地展示了活动的复杂性以及跨产品和营销管理价值流的潜在互动。有了这个类比,大家可能就深层次了解为什么 VSM 和 DevOps 是改善整个组织的精益价值流的关键推动者。

4. 面向开发的价值流集成

从概念上讲,面向开发的价值流包括生产一种产品或服务所必需的所有增值和非增值活动,从最初的概念到开发再到收款。面向开发的价值流为外部客户生产产品,或者支持面向运营的组织价值流。

在制造业中,每个产品系列都遵循一个独立的价值流。产品系列通常将共用相似工艺序列的零件或型号组合在一起。总体目标是确保正确的零件和材料及时送达正确的地点,因为需要它们来支持开发过程。这意味着与产品订单相关的信息必须流经所有上游开发导向的价值流活动,以将零件与产品及其相关开发活动相匹配。零件和物料必须以正确的顺序到达缓存仓库,以支持客户订单。然后客户订单信息流回库存管理系统,触发供应链合作伙伴的新零件和材料补货订单。

每个产品领域都有三个主要的价值流,它们相互叠加,并一起流动,如下所示:

从概念到发布(concept-to-launch)的价值流——包括将概念或想法引入产品设计和工程、确定竞争性定价、建立供应链和物料采购流程、设计客户订购和报价活动以及确定控制计划发布流程所需的所有活动。

从原材料到成品(raw-material-to-finished-product)的价值流——包含所有制造材料和信息活动,进而以尽量低的成本、尽量短的交付周期向客户交付质量尽量高的产品。

从订单到现金(order-to-cash)的价值流——从收到客户订单开始,到收到付款收据结束。

概念到发布和订单到现金是面向运营的价值流,而原材料到成品是开发价值流。上述三个面向开发的价值流的命名按照惯例应遵循之前确定的策略,即指定名称的开始和结束活动。其实不一定以这种方式命名价值流,但是这种方法使得每个价值流中执行的工作和可交付成果变得更加容易理解。

正如面向运营的价值流所描述的那样,面向开发的价值流有多个过程和活动。不同行业和公司的活动各不相同,因此 VSM 的一个基本要素是定义给我们带来更好竞争优势的那些活动。

这个问题值得重复:在没有完整了解价值流的情况下,永远不要试图改进单个过程。没有当前价值流图,就无法知道瓶颈和浪费在哪里。如果单个流程不是主要瓶颈,那么对其改进可能效果很小或者根本没有效果,并且在任何特定的时间点总是只有一个主要瓶颈。

遵循帕累托法则(即 80/20 原则),一旦解决了当前的主要瓶颈,其他活动的周期时间就会在价值流中变得相对较长,从而产生新的瓶颈。同样的原则也适用于解决价值流中任何形式的浪费。这是我们必须始终实践改善的主要原因(也就是说,不断改进我们的工作实践,以消除新出现的约束和其他形式的浪费)。

在《VSM for the Lean Office》一书中,Dan Tapping 和 Don Shuker 指出,所有产品开发成本中有 60%~80% 是非生产成本。也就是说,最高的成本是从概念到发布和订单到现金的价值流中累积而来的。由于这些主要是信息驱动的价值流,VSM 和 De-vOps 是所有精益实施活动的关键推动者(Tapping,Shuker;2002,2003)。

在结束这一小节之前,让我们快速浏览一下有助于识别哪些价值流最有机会提高我们的价值交付能力的工具。

5. 选择价值流—工具

(1)活动内容

在每个 VSM 举措开始阶段,VSM 团队成员应该开展四项活动来帮助他们为下一个举措选择合适的价值流。这些活动包括以下内容:

① 识别没有得到充分解决的客户当下的要求和顾虑。

② 执行工作单元路线分析。

③ 根据最关键的净积极影响(net positive impact)对目标价值流进行优先排序。

④ 更新团队章程,继续集思广益。

(2)活动功能

VSM 团队可用于协助这四项活动的主要工具包括产品数量(PQ,product - quan-tity)分析、产品路线(PR,product - routing)分析、工作单元路线分析,以及对 VSM 故事板的更新。下面将详细介绍这些功能:

① PQ 分析:包括创建一个帕累托图,其中包含前 6 个月生产的零件或工作项的列表。列表每行包括零件号、生产数量、累计数量、生产百分比和累计生产百分比。这种分析有助于 VSM 团队快速了解哪些产品线对提高产量有贡献,并产生了最大的影响。

② PR 分析:如果 PQ 分析的 PQ 比率为 40:60 或更高(40% 或更多的产品占零件总量的 60%),那么可使用 PR 分析来帮助选择价值流。也就是说,我们希望围绕具有相似价值流活动集合的最大量的产品形成产品系列。

③ 工艺路线组合分析:使用矩阵或表格格式,在第一列列出产品及其成交数量,然后横向列出其产品活动顺序。接下来,将具有相同工艺顺序的产品分组,并分析工艺路线的组合。分析应该包括对最高产量产品、最高成本产品、最低效流程以及当前和未来客户需求的评估。请参见图 6.4 的屏幕截图示例。

成交量	产品	活动A	活动B	活动C	活动D	活动E	活动F	活动G
2500	1	A	B	C		E	F	G
1200	2		B	C		E		G
1000	3	A	B		D	E	F	G
800	4		B	C	D	E	F	G
150	5	A	B		D			G

图 6.4　PR 分析表

在本例中,产品团队创建了一个 PR 表,并可以很快看到销量最高的产品 1～3 都有活动 C、E 和 G。此外,产品 1 和 3 都有活动 A 和 F 的需求。因此,将活动 A 到 C 和 E 到 G 作为专用工作站来创建价值流可能是有意义的。然而,在最大批量产品列表中,只有产品 3 对活动 D 有要求。需要进一步分析,以确定添加活动 D 作为价值流的专用工作站在成本上是否合理。

工作单元路线分析是面向服务的,相当于 PR 分析,但不是在矩阵中列出产品线,而是列出工作单元系列或涉及目标改进领域的客户。

图 6.5 的截图显示了工作表格式的工作单位路线分析示例。

工作单元路由分析						
工作项类型	月均成交量	活动/过程A	活动/过程B	活动/过程C	活动/过程D	活动/过程E
WI_1	100	×	×	×		
WI_2	350		×	×	×	×
WI_3	25	×	×			
WI_4	125	×	×	×		
WI_5	150		×	×	×	×
WI_6	500		×	×	×	×

图 6.5　工作单元路线分析

图 6.5 中第一列是为客户所做工作的工作项类型,而第二列列出了一段时间内为每个工作项或客户所做的平均工作量。矩阵中的下一组列出了支持矩阵中生产工作项的过程或活动的顺序。在矩阵中形成的网格中,标出生产每种产品类型所需的活动或过程。最后,将具有相似流程的工作项分组,然后根据它们的工作量对所有流程进行排序。

我们的示例显示了工作项类型 1、5 和 6 具有相似的工作流,总共有 1 000 个工作项。我们称这个组为 A 组。另外,工作项 1 和 4 有相同的流程,总共有 225 个工作项,我们称之为 B 组。工作项 3 是独立的,只需要 25 个工作单元。

很明显,A 组代表了公司最重要的工作量,其次是 B 组。第 3 个工作项的生产需求相对来说是最小的,可能不需要太多的分析,除非它的利润特别高或者对其他产品线造成瓶颈问题。

④ 更新的 VSM 故事板:至此,我们应该有一个明确的想法,我们的 VSM 团队计划在精益导向的改进活动中关注哪些价值流。更新 VSM 故事板,以反映第 2 节中确定的价值流。

到目前为止,我们已经学习了用于计划、映射和持续精益改进的 8 步 VSM 流程的前 2 步。第 1 步包括确定和启动核心 VSM 实施团队的活动。接下来,第 2 步中的活动有助于为他们的 VSM 举措确定最高优先级的价值流。下面我们来看看第 3 步了。

6.3 了解精益——VSM 第 3 步

第 3 步,VSM 团队必须确保他们对精益概念有深刻的理解,他们必须确保在价值流中工作的团队成员理解精益生产的概念。

有许多资源可以用来学习精益生产实践,VSM 团队成员应该先学习精益的基本概念,然后应用它们。精益原则的应用有助于为所有未来的 VSM 举措培养技能。

1. 制定学习计划

为了确保所有团队成员发展足够的技能并理解精益概念,VSM 团队应该通过建立精益学习计划来启动他们的学习活动。制定培训计划通常包括以下 6 个步骤:

(1)识别所需的技能和知识。

(2)评估当前技能和知识水平。

(3)评估所需与当前技能和知识的差距。

(4)设计培训方法(即,讲师指导的课堂培训、互动小组会议、实践中的培训、基于计算机和 e-learning 的培训、视频培训、教练和指导)。

(5)排期和实施培训。

(6)评估培训的有效性,并作出必要的调整。

2. 标杆管理

假设这是您团队的第一个 VSM 举措。在这种情况下,团队可能不了解行业中导入精益生产能力的最佳实践和衡量标准。对此,花时间从相似企业或部门收集信息来设定一组比较分析的标杆通常是有价值的。这种类型的活动称为标杆管理,通常涉及使用质量、时间和成本指标分析有竞争力的实践。

VSM 团队应该明确想要改进的地方,开始标杆管理活动。坦率地说,团队应该从一开始就这样做,因为这是 VSM 举措的全部重点。当团队接触潜在的标杆组织时,必须保持谦逊。

团队的首要任务是确定与 VSM 团队的价值流中执行的工作类型相似的组织和行业。

当 VSM 团队接触他们的目标标杆合作伙伴时,应该首先花时间了解对方的业务。如果没有足够了解潜在伙伴,就很难说服对方花时间提供帮助。至关重要的是,让对方知道您的目标是建立一种双方都能从共享信息中获益的关系——不是短期的,而是长期互惠互利的。这样,两个组织才可以继续共同发展和改进,而且标杆合作伙伴也不会觉得他们被利用了。

一旦明确 VSM 举措的目标是什么,即可以据此设计一系列的问题,并询问您的标杆伙伴。这项工作应该在与他们碰面甚至联系他们之前就完成。同样,这样的准备工作会向伙伴展示已经做了功课,这会给合作带来美好的期待。

当与标杆管理合作伙伴会面时,应该不止一名 VSM 团队成员出席。不需要带上整个 VSM 团队,但是至少需要两个人去参加会议——一个做笔记,另一个提问题。

会面时,您可能会问到一些机密或专有信息的问题。因此,要对他们的担忧保持敏感,尊重他们的隐私。

面对面的会议有利于观察人们的反应,并对他们关心的问题作出适当的回应。您的合作伙伴甚至可能愿意在拜访他们时向你们的团队展示一些活动示例。然而,尤其是在 COVID-19 时期,在线会议肯定也是可行,并且适宜的。

会议结束后,要感谢您的标杆合作伙伴的时间和考虑,并确保您按照承诺分享信息。具体来说,您应该分享在价值流中实施的 VSM 实践的成果。

标杆管理练习的目的是拥有一套可以与您自己的进行比较的度量标准和程序。假设已经选择了标杆合作伙伴,因为他们在您测量的领域表现出了卓越的能力。在这种情况下,您将有一个良好的基线来衡量您当前的状态,并为您期望的未来状态定义期望。

随着精益培训计划的实施,VSM 团队需要确保所有参与者和积极的利益相关者都能从培训中获益。具体来说,他们必须了解精益的 6 个方面。我们将在下一小节讨论这 6 个基本概念。

3. 学习精益的基本概念

创建一个精益系统,需要理解 6 个基本概念,这 6 个概念包括以下内容:

(1) 降低成本原则。

(2) 精益的 7 种浪费。

(3) 精益的两大支柱——JIT 和 Jidoka。

(4) 5S 系统。

(5) 可视化工作场所。

(6) 精益应用的三个阶段——需求、流动和均衡。

在接下来的小节中,我们将依次简要回顾这 6 个精益概念。

4. 降低成本原则

精益生产中的成本降低原则与主流定价实践相反,在主流定价实践中,我们通过统计所有成本然后加上期望的利润率来定价。这种策略的问题在于,其焦点既不是客户,也不是如何改进。如果不了解我们的客户如何评估价值,我们就无法知道他们愿意支付什么价格。此外,如果我们不专注于优化价值交付并据此定价,我们就有可能将业务拱手让给竞争对手。

相反,精益组织允许客户设定销售价格,成本和利润成为变量。也就是说,精益组织通过分析来确定一个可接受的价格,然后评估在价值流中必须做什么来消除浪费,这样他们就能够以可接受的价格交付产品和服务。

5. 7 种致命的浪费

这 7 种精益浪费增加了成本和时间延迟,或者降低了质量,却没有给客户增加价

值。精益的 7 种浪费包括:

(1)过度生产:如果我们在没有客户订单情况下过度生产,或没有外部客户的历史需求来证明时间和资源投入的合理性,或者没有内部客户而要求该工作项之前,就属于这种情况。

当我们获得或开发了与价值流中其他活动的流速不匹配的批量流程或高速设备时,也会出现生产过剩。回想单件流的理想状态,我们已经知道批量处理会导致队列的形成并产生过多的库存。此外,投入金钱、时间和资源来加速价值流中的一项活动可能会导致在价值流其他地方出现等待、瓶颈和排队。

回想一下 80/20 法则(帕累托定律):总是改善效率问题的前 20%,因为这代表了当前 80%~90% 的浪费和低效。通过解决当前的瓶颈,可以提高整个价值流的流动和产能。

(2)等待:这是指任何事情——人、材料、设备或信息处于等待而没有执行增值工作。浪费来自隐藏的 bugs 和缺陷、库存持有成本和额外的存储设施。

(3)运输:包括不得不移动某物,而这种移动是非必要的,以进行下一项活动,这是对时间和精力的浪费。运输适用于材料、人员和基于纸张的信息流。

与运输相关的浪费通常在转向精益之前形成,此时价值流活动按职能或部门分散于不同设施内或跨不同设施,或交给外部供应商,并且不支持给定产品线的有效流动。

当物品被临时归档、储存、堆放或从路线上移开时,也会产生运输浪费。

(4)过度加工:当我们给产品增加客户没有要求的特性和功能时,就属于这种情况。这些功能没有被价值度量,除非有明确的客户需要证明该工作的价值,我们不应该开发或交付任何产品功能。此外,在产品经理或产品负责人进行业务机会评估之前,我们不会知道这些增强在成本投入上的合理性。

过度加工是很大的浪费,因为投入到客户不认可的功能上的时间和资源无法挽回,我们不得不自己消化这些成本。即使市场有需要,这些特性或功能也可能不是最优先的,并且可能不具有成本合理性。如果不合理,客户就不会想支付开发和交付的成本。

(5)库存:这是任何不立即需要的材料或产品,甚至资源的过剩库存。我们只需要足够的材料来均衡流动,仅此而已。

请记住,单件流是最理想的状态,所有价值流活动的周期时间相等,且没有步骤之间的转换时间。如果我们能够实现这一理想状态,包括准时制生产方式下的物料交付,那么就没有理由进行库存。

同时,库存会占用空间,影响安全,在某些情况下会过期,或者在库存批次中隐藏bugs 和缺陷。采购和存储库存也很昂贵,更糟糕的是,当最终将库存材料与客户订单匹配时,它们可能不是我们所需要的(即错误的零件号、型号或类型)。

(6)移动:完成一个操作不必要的任何运动。移动是一种浪费,由无效的工作流程或设施布局造成,通常会导致不必要的走动、伸展或弯折。在数字工作情景下,这可以被视为过度的流程开销和滞后,或者内置的推动式系统和工作流。

这种形式的浪费跟运输相似,但规模较小。将运输视为跨设施或地理位置的移动,而移动仅限于在价值流活动内部或关联的价值流之间的移动范围。

(7) 缺陷:这是一种隐藏的浪费形式,来自物理产品中有缺陷的工作或软件开发中的 bugs。虽然有时可以互换使用,但是软件开发中的缺陷(defect)一词指的是产品缺少客户要求的特性的情况。相反,bug 是软件代码中的缺陷。缺陷通常需要返工或销毁材料和产品。无论哪种情况,缺陷都是相当费力费钱的。

尽管没有被列入浪费的 7 宗罪,一些精益思想领袖描述了另一种形式的浪费,即未被利用的人才。人类既有智力属性,也有身体属性,这些属性为组织增加了价值。特别是,我们员工的智力属性可以通过获得相关的经验、知识和技能而增长。

假设我们不做任何事来提高员工的智能潜力。这意味着我们限制了员工的才智增长及员工能够为工作带来的创新,浪费由此形成。员工才智是对员工贡献的一种经济学观点,用于评估他们的技能、知识和经验对组织贡献的价值和相应成本。

本节最后要说明的一点是,价值流中所有形式的浪费都包含在产品的总成本中,因此也包含在产品的价格中。这种精益理念至关重要,因为消除浪费代表着改善价值流以提供客户为中心的价值的机会。在这种情况下,浪费的发生是因为我们没有充分用好未被利用的人才。

本节总结了我们关于消除浪费的讨论。现在让我们继续理解 TPS 背后的两个精益支柱的重要性:JIT(准时制)和 Jidoka(自働化)。

6. TPS 两大支柱

回想一下我们之前关于 TPS 的讨论。在大野耐一的书中,他声称 TPS 是基于两个主要的概念或支柱:JIT(准时制)和 Jidoka(自働化)。

TPS 旨在尽可能快速高效地生产客户订购的车辆,并尽快交付价值。让我们快速看一下 JIT 和 Jidoka 是如何为这些目标作出贡献的,如下所示:

(1) JIT 生产:这是一种连续流动的理想状态,在这种状态下,物料以正确的顺序,在需要的时候到达正确的装配点。当客户订单到来时,信号沿着生产线或价值流传播,以表明每个生产阶段的新材料需求。在先进先出(FIFO)订单输入系统下,价值流中使用的订单和材料会不断向前流动,以便在正确的生产阶段、正确的时间与正确的产品相遇。

也就是说,JIT 系统在由客户订单驱动的拉动式系统补充零件。理想的情况是细化我们的精益流程和价值流活动,使单件流能够在需要的时间和地点补充材料。例如,当收到下游客户订单时,JIT 会触发上游生产线的第三方供应商以交付零件和材料。在面向 IT 的价值流中,我们通过看板和卡片实现相同的概念。

JIT 是精益生产系统的心跳节拍,建立了脉动频率,确保在需要的时间和地点以正确的节奏交付信息、材料和零件。

(2) Jidoka(又名自働化[①])——这是一种利用自动化来执行重复性和危险性任务

---

① 这个自"働"化(Autonomation)与一般的自动化(Automation)不同,它的动加了人字旁,加了人工的智慧,不但会自动生产所需要的零件,也会在发现品质问题时自动停止。——译注。

的技术。目标不是用自动化代替人类。相反,自働化功能有助于解放员工的时间,让他们在其价值流中执行需要灵活性和思考的多项任务。

为了实现这一目标,我们必须将需要人工指导的工作与重复、危险或易犯人为错误的工作区分开来,因此最好由自动化机器来完成。自働化包括为所有组装和测试过程开发缺陷检测、预防设备以及自动化功能。

注意,Jidoka 同样适用于自动化任务,例如软件开发环境中的测试、配置和预置。CI、测试自动化和 CD 中采用的自动化功能允许开发人员专注于与需求分析、架构和设计、编码和问题解决相关的增值任务。

Jidoka 的目标是提高工作的效率和安全性,同时最大限度地降低交付低质量或有缺陷产品的可能性。最终,Jidoka 有助于防止价值流出错,同时提供效率和吞吐量,以符合客户需求的速度(即节拍时间)交付产品。

4 个与 Jidoka 相关的基本概念如下:

① 简化或自动发现异常。

② 立即停止所有已失败或失败中的活动,即使这意味着停掉整个价值流,因为我们不希望形成排队等待。

③ 在重启产线之前解决问题。

④ 调查,并解决问题的根本原因。

这 4 个过程确保问题被迅速发现和解决。此外,Jidoka 的目标是防止产生更多浪费而导致问题失控。最终,我们需要找出根本原因,这样才能防止未来发生灾难。

既然我们已经讨论了 JIT 和 Jidoka 背后的概念,我们再来讨论一下 5S 系统,一种通过消除浪费来帮助提高工作场所效率的精益生产工具。

7. 5S 系统

正如上一节讨论的精益的两大支柱一样,5S 系统是作为 TPS 制造方法的一部分在日本开发出来的。首次进行精益改进举措时,存在价值流流程错位、混乱和低效的情况并不少见。这种情况经常发生在生产多条产品线的生产线中,以及缺乏组织的纸质系统、文件、用品、工具、设备和书籍的面向运营的价值流中。5S 系统的主要目的是以一种结构化的方式消除混乱,并改善我们价值流活动的流动,如图 6.6 所示。

5S 一词的起源来自日语单词 Seiri(整理)、Seiton(整顿)、Seiso(清扫)、Seiketsu(清洁)和 Shitsuke(素养)。正巧,有 5 个英文术语也是以字母 S 开头,同样代表了原文。正如你所想,5S 系统包括 5 个步骤,每个步骤都以字母 S 开头,如下面的截图所示。

这 5 个字母中的每一个都表明我们在改善和维持精益实践的过程中迈出了一步。让我们花点时间来回顾一下与每个步骤相关的工作,如下所示:

(1) 整理——Seiri(整洁性):首先检查所有和零件、设备、文件、文档、书籍或任何其他用具的库存,并在重整或新构的价值流中去除不再需要的任何东西。

(2) 整顿——Seiton(有序性):在上一步的基础上,整理余下的部分以支持高效工作流程,包括对库存以及缓冲库存存储区的识别和存储。安排所有必要的物品,使它们易于有效地存取。最重要的是,在持续前进中保持有序性。

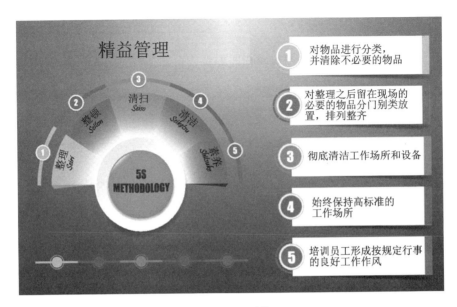

图 6.6　5S 系统

（3）清扫——Seiso（清洁度）：作为前两个步骤的一部分，花时间清洁区域，并检查设备以确保一切正常。定期清洁和检查每个工作区域。定期清洁过程有助于确保我们的工作区域和设备得到充分维护，减少造成浪费或意外停工的可能性。

（4）标准化——Seiketsu（标准）：这里的目标是使活动标准化，以维持整个价值流中的工作环境——也就是说，创建 5S 标准操作程序，以保持工作环境的有序、清洁和维护。让 5S 标准在工作区域内清晰可见。

（5）素养——Shitsuke（纪律性）：5S 标准的维护不是偶然发生的。它需要持续关注细节和纪律，以确保价值流团队始终掌控他们的任务。价值流倡导者或领导者必须分配职责，跟踪进展，并持续循环。他们还负责就 5S 流程和标准对团队成员进行教育和沟通，以确保持续符合性。

5S 系统背后的概念很容易理解，但实施和维护却很有挑战性。尽职调查和持续关注需要融入价值流管理工作中。通过消除浪费，并防止浪费回到价值流系统中，从而获得有价值的回报。

至此，我们介绍了实施 5S 系统和标准可视化以帮助维持纪律性的思想，我们接下来继续讨论视觉辅助如何改善 VSM 的其他方面。

8. 视觉工作场所

如果您是一名敏捷实践者，应该已经非常清楚在工作环境中创建视觉辅助工具的重要性，以便为您的团队工作提供相关和及时的信息。这些视觉辅助工具采用大型可视图表和信息辐射器的形式。尽管拥有大型可视化显示的概念起源于 TPS，但是 IT 创新者 Kent Beck 和 Alistair Cockburn 让使用可视辅助工具的实践在敏捷实践者的 IT 社区中广泛传播。

Kent Beck 在他的书中创造了术语 BVC,而 Alistair Cockburn 在他的书《敏捷软件开发》(2001)中创造了术语信息辐射器(information radiator)。信息辐射器是一个通用术语,指敏捷或精益—敏捷团队放置在明显位置的任何手写、绘图、打印或电子显示器,通常在他们共同工作的区域内。

通常,拥有大型可视化显示的目的是让所有的产品团队成员、经理和其他利益相关者能够很容易地快速找到和查看关于产品待办事项和正在开发的工作项的更新信息。关于生产数据的可视化,回想一下那句老话:一图胜千言。信息辐射器可以包括看板、燃尽图、燃起图、自动化测试的状态和计数、事故报告、CI 状态以及任何其他与理解产品团队目标、进度和优先级相关的信息。

现在,让我们继续讨论精益应用的三个阶段,包括需求、流动和均衡的概念。

9. 精益应用的三个阶段——需求、流动和均衡

想在整个价值流中一次性实施精益实践是很理想的,但这可能不会有太好的结果。最好将分析和实现分成三个阶段,首先关注客户需求,然后是连续流动,最后是均衡。

这些阶段也应该按以下顺序发生:需求、连续流动和均衡。我们将在下一章价值流图中看到它们是如何工作的,特别是绘制未来状态图。但是在我们开始这个主题之前,先来看看在这些阶段发生的活动,如下所示:

(1) 客户需求阶段:此阶段包括一系列的活动来确定谁是我们的客户以及他们的需求。此阶段使用的工具包括生产节拍计算、Pitch(单位制造时间)计算、缓冲和安全资源、办公场所的 5S 和问题解决的方法。

(2) 连续流动阶段:此阶段包括一系列活动,以帮助在价值流中建立连续流,从而确保正确的单位在正确的时间按所需的数量到达,以支持我们客户的订单,包括内部和外部订单。这个阶段使用的工具包括在制品超市、看板系统、先进先出(FIFO)生产线平衡、标准化工作和工作区设计。

(3) 均衡阶段:此阶段包括在价值流中均匀有效地分配工作的活动。这一阶段的工具包括一个可视的 pitch 板、一个负载均衡(heijunka)箱和一个流道系统。

前面的描述清楚地表明了,每个未来状态映射阶段都包括一组独特的活动和工具。前面也提到,其实还有一个未来状态映射工作的隐含流程。在改进工作流程之前,我们需要了解客户需求如何影响我们的价值流,并且当新客户订单进入我们的价值流系统时,我们需要在均衡工作负载之前改进工作流程。

实施 8 个 VSM 步骤的指导方针,为在目标价值流中实施精益实践以及保持和改善精益改进提供了坚实的基础。尽管如此,学习如何实施精益实践的需求、流程和均衡阶段以实现期望的未来状态目标也是至关重要的。

图 6.7 显示了精益应用的三个阶段:需求、流动和均衡,以及每个阶段的工具和阶段顺序:

执行经理不能强制实施精益实践——这是一项涉及所有支持 VSM 活动的团队成员以及在价值流中工作的全员活动。员工的参与是下一小节我们介绍的主题。

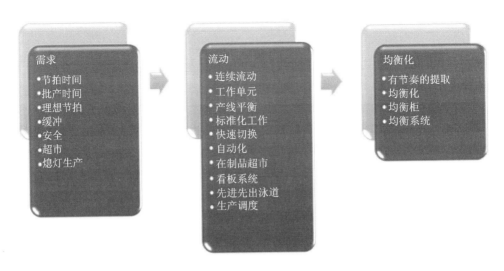

图 6.7　精益应用的三个阶段:需求、流动和均衡

10. 全员参与

我们鼓励员工通过持续改进活动(也称为 Kaizen)为改善他们的工作领域作出积极贡献。请注意,精益中的改善事件与敏捷回顾的概念是一回事。在这两种情况下,产品团队都会留出时间来评估哪些工作良好,哪些有问题。目标是探索各种方法,以改善不尽如人意之处。

Kaizen 一词来自日语的连词 Kai(拆开)和 zen(做好),即我们想剖析问题,探究原因和影响,然后找出如何改变我们的做法来消除问题的根源。

改善事件或敏捷回顾的结果是制定一个行动计划,该计划包括团队可以采取的立即可行的活动,进而提高他们的绩效。在改善和回顾过程中,重点必须放在改进工作上,而不是责备他人。后一种方法只会导致团队成员之间的相互指责和不和。和任何系统一样,一个团队远远大于其各个部分的总和,但是一个功能失调的团队不再像一台运转良好的机器。

每个团队成员都必须对他们面对的工作有一个共同的愿景,并将价值流视为一个整体。如果价值流的一部分崩溃,价值流作为一个功能系统也会崩溃。当这种情况发生时,所有人都要分享想法,鼓励反馈,并建立认同,以确定解决问题的策略。

要知道好创意可以来自组织的各个领域,包括经理、利益相关者和员工。因此,所有的想法都需要仔细考虑,不论其来自何方。每个人都需要感觉到他们对结果拥有所有权,并被鼓励改善整个价值流中的物料和信息的流动,并消除昂贵的浪费。

我的一个好朋友,也是这本书的技术审阅者,Enrique Gomez,讲述了他在六西格玛培训期间如何被教导的故事,说明改善事件可能非常激进。他所举的例子据称发生在一家日本制造厂其某个工作站的生产受到生产任务执行混乱的影响。然而,管理人员并没有渐进地改进工作站,而是把工具全部拿起来扔在地上——这是一个非常生动的拆解的例子。然后,作为一个团队,操作员重建了工作站,将需要的东西放回去,移除不需要的工具,并替换了所有功能不佳的工具或设备。

通过这种方式,使改善事件相当具有颠覆性,但在解决阻碍生产输出的根本问题方面非常有效。简而言之,并不是所有的改善事件都像友好的敏捷回顾那样进行。他们可以采用极具颠覆性的行动来推动必要的改进。

作为类比,我们可以将房屋翻新作为有时需要进行破坏性改变的另一个例子。例如,为了使房子里的厨房更具功能性,最好拆除现有的墙壁、设备、台面和橱柜,以获得更好、更具功能性的工作环境。这么做的结果是长期利益大于短期中断。

本主题完成了学习精益概念的部分。就像大家需要知道精益是什么样子一样,但也需要知道精益不是什么样子。这是下一小节的主题。

11. 了解您何时不精益

既然您已经知道了精益生产的概念,让我们来讨论如何评估在价值流中实施精益实践的状态。为了做到这一点,我们将要查看一个组织内面向开发和运营的流程,并且我们需要问自己一系列问题。问题集中在流程、订单处理、批量大小、客户需求、清洁度、库存管理和活动转换方面。

在我们进一步讨论之前,提醒大家精益、精益生产和精益产品开发这些术语在本书中可以互换使用。所有这三个术语都意味着精益概念在运营和面向开发的价值流中的实施。

12. 流动相关问题

与流动相关的问题有助于评估浪费性运输、移动和等待的程度。具体来说,我们希望通过提问来了解组织在以下方面做得如何:

（1）改变设施的布局以支持连续工作流。

（2）消除导致过多库存、瓶颈和队列形成的批处理。

（3）采取措施将所有价值流活动的转换和周期时间差异降至最低。

（4）采取措施最大限度地缩短价值流活动中的物品运输距离。

（5）采取措施减少执行每项价值流活动所需的行程距离、移动、重物提升和弯折。

接下来,我们将看看有助于我们评估订单管理活动精益度的问题。

13. 订单管理问题

一旦我们解决了流动相关领域,我们需要评估订单的处理方式,包括零件、物料和信息的到达。以下是在运营过程中应该询问的有关订单处理的问题:

（1）零件和材料是否仅在需要支持现有客户订单时订购和供应?

（2）订单收到后是否投入生产,是否有足够产能承担该工作?

（3）订单是成批接收和处理还是单独处理?

（4）操作员只有在有产能时才拉取工作吗?

（5）价值流操作员是否同时处理多个工作项目?

（6）在价值流活动中,正确的物料是否在正确的时间出现在正确的地点?

（7）在执行当前工作的每项活动中,是否所有订单和流程信息均可按需获得?

此时,我们应该对流程和订单处理的效率有一个很好的了解。现在,我们需要根据批量大小评估订单在价值流中的处理方式。

14. 批量大小问题

VSM 实践者试图将价值流的输入、输出和中间活动持续时间与客户需求同步匹配,即产品订单进入系统并流经每个活动的速度应该与我们的客户希望产品交付的速度相匹配。

例如,如果客户希望每周交付 40 件产品,理想的生产率是每周 40 件,即每小时 1 件。为了满足价值流流水线中的这些客户需求,我们可能会每小时向生产系统中引入一个工作项的新工单。同样,如每个流程中间的活动每小时执行一次,那么每小时应输出一个工作项。当我们必须成批运输产品时,生产控制变得更具挑战性,并且生产和运输活动的间隔时间变得不同。

从概念上讲,生产控制经理"编排"工作流程,就像指挥编排乐队以保持节奏一样。精益实践者使用术语"生产节拍(Takt time)"——或者更简单地说,节拍(Takt)——来指代满足客户需求所需的生产节奏。Takt 是德语中指挥棒的意思,乐队指挥用它来调节管弦乐队或乐队的节奏。

因此,精益生产的理想目标是在所有价值流活动中以与生产节拍相同的恒定速度调节单件制品的所有物料和零件的流动。这一目标,应该询问的有关运营中批量大小的问题如下所示:

(1)贯穿基于开发和运营价值流的工作项的批量大小是多少?

(2)您的组织是否已经确定了价值流中每项活动的批量大小(也就是说,一些设备可能比其他设备更好地处理更大的批量,这可能会导致上游和下游出现瓶颈和等待)?

(3)组织是否努力在所有价值流活动中转向单件生产?

(4)组织需要做什么来实现所有价值流活动的单件生产?

在回答了流动、订单处理和批量问题后,我们需要根据已知或预计的客户需求来评估价值流的生产节拍。

15. 客户需求问题

在这一部分,我们需要了解客户订单的频率。这个问题在有季节性调整需求的行业中尤其具有挑战性,例如圣诞节购物高峰。以下是在运营中应该询问的有关客户需求的问题:

(1)您计算过价值流的生产节拍吗?

(2)您是否有历史数据来显示一段时间内的生产节拍趋势?

(3)必须对我们生产节拍做季节性调整吗?

(4)您是否有特定的客户一次下大量订单?

(5)我们的价值流生产速率是否与生产节拍时间相匹配?

(6)我们能做些什么来确保价值流生产速率与生产节拍相等?

(7)组织管理变化的客户需求的流动情况如何?

（8）组织管理具有变化客户需求的订单输入的流程是什么？

精益生产寻求匹配生产能力以满足客户需求。提出上述问题的目的是让我们了解组织如何调整生产率以满足客户需求，而不损失生产效率或导致其他形式的浪费。

在前面的 5S 系统部分我们已经了解保持整洁有序的状态是多么重要，下面作详细介绍。

16．清洁度问题

到目前为止，我们已经对材料、零件和信息在价值流中的流动情况有了很好的了解，此时应该询问具体的问题来帮助辨别任何流动问题的原因，尤其是与工厂的清洁和有序性相关的问题。应该询问的关于操作中清洁度和有序性的问题如下所示：

（1）我们的价值流工作区域是否杂乱或不干净？

（2）上一次清理工作区域是什么时候？

（3）员工最后一次清理多余的物料、供应品、文件、文件夹、文档和其他文书工作是什么时候？

（4）在支持最佳流程方面，我们的价值流动的工作区域是否杂乱无章？

（5）价值流中存在哪些流程来保持清洁和有组织性？

（6）清洁和维护过程是否有可视化显示？

（7）是否有清单来确保清洁和维护流程的符合性？

制定清洁和维护流程，然后展示，并遵守这些流程，这似乎有些捡小丢大，但在这方面的投资可以显著降低停工、延迟、缺陷的风险，并最终降低长期成本。

17．库存管理问题

通常，组织允许将物料队列作为安全和缓冲库存，缓冲库存允许物料和零件积累，保证在客户需求突然变化时依然保持流动。安全库存置于价值流或生产线中，解决上下游流程的周期时间和批次或批量大小不匹配的问题，但安全库存和缓冲库存在持有成本、延迟以及隐藏缺陷和错误的可能性方面都是较大的浪费。

考虑这些问题，以下是需要回答的有关运营中库存管理的问题：

（1）价值流工作区允许零件和物料排队吗？

（2）价值流工作区有定义的存储缓冲区吗？

（3）价值流是否对存储缓冲限制实施了严格的规则？

（4）是否存在这样的生产活动，其物料和供应品自然倾向于堆积和排队？

（5）组织是否知道为什么货物在其运营的某些阶段会形成队列？

（6）组织有没有发现隐藏的错误和缺陷在他们的库存和缓冲区中堆积？

（7）是否有整个价值流中周期时间与等待时间和总交付时间的历史数据？

（8）价值流是否有适当的流程来最大限度地减少物料和零件库存的排队、等待、运输和流动时间？

问题差不多问完了，这里我们没有提到的一个方面是设置和转换零件时间的影响。这是下一组问题的主题。

18. 活动转换问题

设置设备和转换零件或工作项目似乎是内在的需要,但冗长的设置和转换会影响存储物料和在制品所需的库存和库存缓冲区的大小。因此,从精益的角度来看,它们是延迟和等待浪费的另一个主要原因,而且这部分工作可能隐藏有缺陷的工作项目和物料。

我们需要通过投入来减少(如果不是消除)整个价值流中的设置和转换需要,但首先需要知道我们可能面临的问题有多大。为了回答这个更高层次的问题,我们需要通过询问一系列问题,来寻找关于设备设置和零件更换要求的潜在原因,问题如下:

(1)设备是否需要定期停机,以应对订单、物料或零件号的变化?

(2)您知道随着零件号或客户订单的变化,在价值流活动中更换设备所需的时间吗?

(3)支持设备设置需要哪些信息?

(4)需要哪些工具和模具来支持设备转换?

(5)设备、设置程序或配置多久会失败一次?

(6)当工具和模具失效时,是否有一个适当的程序来确保我们有快速可用的备份?

(7)是否衡量了安装和转换所花费的时间以及交付周期和等待时间?

(8)价值流团队成员是否有有效的程序来评估和改善过度的转换时间?

(9)在等待和排队的零件和物料和加工延迟方面,哪些转换活动造成的问题最多?

前面的问题有助于 VSM 团队评估目标价值流中的精益状态。这些问题中有许多直接与构建物理产品的面向开发的价值流相关,但是考虑运营和面向开发的价值流之间的依赖性,一个价值流中的难题通常会在它们相关的价值流中产生负面的和意想不到的后果。

现在大家应该已经很好地了解了关于开发和面向运营的价值流的精益生产流程,以确定优先级,并进行未来改进。但在完全结束本节之前,让我们花点时间回顾一下帮助组织学习精益的工具。

19. 了解精益工具

在这一小节中,我们将了解组织可以实现的各种工具,以帮助团队成员和其他利益相关者学习精益生产流程的基础知识。主要工具包括:

(1)培训计划。

(2)标杆检查清单。

(3)需求阶段工具。

(4)流动阶段工具。

(5)均衡阶段工具。

我们的讨论将从回顾精益培训计划的组成开始。

20. 培训计划

培训计划是一个重要的工具,有助于指导组织在其员工和其他利益相关者中培养技能和知识。精益培训计划应包括以下部分：

（1）所需技能和知识领域列表。

（2）计划评估受影响团队成员的现有技能和知识水平及其培训需求。

（3）可用或期望的培训资源和材料清单，包括以下内容：

① 微学习（Microlearning）：微学习涉及开发和部署简短而精准的内容单元，用于教授关键的精益概念或实践。这些模块必须易于发现，引人入胜，并且因地制宜。

② 视听：指集成视觉和声音格式，通常是幻灯片或视频内容和录制的演讲，以演示精益概念。可能还混入了音乐，使内容更有吸引力。

③ 互动内容：互动内容可以是基于网络的，也可以是多媒体演示的一部分。这种教学方法要求员工完成特定的任务，如参加测验或投票，参加社区讨论，或采用游戏方法来检验学生解决特定问题的方法。

④ 图片：照片、信息图表、图表以及图文并茂，有助于说明精益概念和活动。

⑤ 播客：音频或视听内容可以帮助员工在非传统的学习环境中，也就是在教室或办公室之外找到时间从组织的导师和教练那里学习精益理念。

（4）培训内容开发计划。

（5）培训交付时间表。

（6）识别培训效果的评估过程。

21．标杆检查清单

标杆管理是很强大的工具，可以收集关于其他组织价值流（甚至该组织）如何采用精益实践的信息，但为了充分利用这种方法，标杆管理评估团队必须在与他们正在进行对标的组织会面之前准备好问题列表。标杆清单应该清楚地定义所寻求获得的信息。

必须确定一个我们希望效仿的组织，该组织在精益价值流领域代表了最高级别的能力，如果我们能确保标杆组织有足够的动力与我们的团队合作，这会非常有帮助。这项任务可能很有挑战性，因为我们需要找到他们支持我们的动机。这也有助于我们在与他们见面之前了解一些关于标杆组织的情况，这样他们就知道我们已经做了功课，没有浪费他们的时间。

通常情况下，最好在会议前提出您的问题，给他们时间准备。当我们和标杆组织开会的时候，最好有不止一个标杆管理团队的人参加，分而治之，一个人提问，另一个人做笔记。同样，您可能希望标杆组织包括多个成员，以充分提供涵盖我们希望讨论的主题的专业知识。

现在，让我们继续讨论精益需求阶段工具。

注意：阶段（phase）和步骤（stage）这两个术语在需求、流动和均衡这三个精益应用流程中可以互换使用。

22．需求阶段工具

在本章中，我们学习了精益应用的三个阶段：需求（Demand）、流动（Flow）和均衡（Leveling）。本小节介绍需求阶段的工具，如下所述：

（1）节拍时间（Takt Time）：这是客户需求的速度。节拍时间是可用生产时间除以同一时期（即秒、分、小时、天、周或月）的总需求量的度量。简而言之，节拍时间是时间除以总量的度量。

（2）Pitch（单位制造时间）：根据节拍时间，Pitch 是上游工序将预定数量的在制品发放给下游客户所需的时间。当上游流程必须一次批量交付一批商品时，这个问题就值得关注了。

例如，您的客户可能会批量订购产品，用整箱货物、一卡车货物或集装箱装运。批量订单即使到货不符合公司单件流的理想目标，但是通常更便宜，并影响客户购买决策。另一方面，作为生产商，您可能更乐于确定性（比如您的客户愿意每月订购 1 000 个部件），因此您希望以费效最优的方式运送它们。

解决这个问题的方法是计算 Pitch 速率，一个 Pitch 速率等于节拍时间乘以一个包裹内部件的数量。如您的节拍时间是 6 min，而理想的运输容量是每个集装箱 100 个部件，那么您的 Pitch 是 600 min。因此，应该每 10 个生产小时（production hour）产出 100 个部件。这个 Pitch 意味着可以每 10 h 向价值流发布 100 个客户每月的部件订单。公式如下：6 min（节拍时间）×100 个部件＝600 min。

Pitch 概念也适用于相反的情况—例如，我们的价值流可能无法产生单件流。假设价值流的节拍时间为 30 s，但必须批量生产 20 件。在这种情况下，价值流的 Pitch 是 300 s，这意味着每 5 min 发布 10 个新订单。公式如下：30 s（节拍时间）×10 件＝300 s。

（3）节拍图像：这是一个可视化过程，价值团队成员必须具有实现单件流的愿景并消除所有形式的浪费。理想永远不可能完全实现。遵循 80/20 规则（即帕累托原则），重点是我们总有一些可以改进的地方。永远不要停止可视化改善价值流活动的方法，并始终寻求获得理想的精益状态。

（4）缓冲库存和安全库存：缓冲库存和安全库存是一种浪费，是非常不鼓励的。然而，从短期来看，在达到改善的未来状态之前，我们可能需要缓冲和安全库存来满足客户需求。

缓冲库存（buffer inventories）是在客户需求突然增加时可用于确保交付的成品存量，以防止节拍时间出现较大异动。

相比之下，安全库存也是成品存量，但目的是防止内部问题，如减缓或阻止工作进展的劳动力问题、材料可用性、质量问题、设备可靠性问题和转换（changeover）。

（5）成品超市：从概念上讲，想象顾客在需要时从我们的"价值流货架"上拉取订单，就像顾客在需要时从杂货店的货架上拉取产品一样。超市员工会定期补充货架上的商品，这是一个批处理过程，但客户会根据需求以小批量将商品从货架上取下。

（6）无人值守生产：从概念上讲，这包括任何可以在没有操作员参与的情况下自动运行的精益生产流程。例如，在 DevOps 中，我们可能会在整晚运行自动化测试流程检查错误和缺陷，以便软件开发人员在第二天回到办公室时可以进行修复。

如果您的部分或全部价值流以这种方式运作，这里有一些因素需要考虑：

① 自动化流程的持久性如何？

② 执行过程所需的物料和信息的可靠性如何？

③ 执行过程所需的物流和信息流有多复杂？

④ 在自动化模式下运行的最佳批量大小是多少？

这一节我们完成了对精益需求阶段工具的介绍。下面我们将继续介绍支持精益流程改进阶段的工具。

23. 流动阶段工具

本小节介绍流动阶段的工具。首先，我们将从连续流动（continuous flows）开始介绍，如下所述：

（1）连续流动：这也被称为一对一制造。连续流是一种理想状态：价值流中的每个活动都从上游活动中拉取一个工作项，并且只聚焦于这一个工作项。但是连续流也可能在次理想的状态下工作：在这种状态下，每个活动从上游活动拉取一个小批量，然后处理这个小批量直到完成。没有必要让价值流中的所有事项都分毫不差地同步，但这是理想的目标。

（2）工作单元：工作设施的布局在敏捷和精益实践中都至关重要。当时间和空间允许时，最好按活动顺序安排工作站和设备，以支持工作流程。对于劳动密集型工作来说，工作以逆时针方向流动通常很有用，这是为了支持使用右手工作的工人在工作单元中移动时工作——研究表明，70%～90%的人都是右手工作的。

同时将设备和工作站移近，考虑安全因素，以最大限度地减少工作站之间的移动和运输。虽然我们希望我们的工作按顺序流动，但我们并不需要线性流动。相反，将价值流中的最后一站放在第一站附近通常更好，这意味着 U 形工作环境通常是最佳的。然而，其他形状也可以，例如 C 形、L 形、S 形或 V 形工作单元。设备和资源的限制和可用性通常决定了单元设计的最佳形状。

（3）生产线平衡：不管我们如何努力，通常价值流中各种活动的周期时间是不同的。在这种环境中很难实现连续流，这就导致过多的排队和等待时间。克服这个问题的一个策略是使生产线均衡。

生产线均衡是一个过程，在这个过程中，我们组合工作活动来分配工作流，以创建大致相等的周期时间（也称为处理时间）。根据定义，周期时间是从一项活动开始到完成的时间。我们希望周期时间和生产节拍时间一样长，但这种情况很少发生。当生产节拍随时间变化时尤其如此。

图 6.8 提供了一个 U 形价值流的示例，该价值流把活动组合在一起，使得各步骤周期时间匹配，以平衡整个流程。其目标是让每个分组的周期时间大约为 30 s，这与最长的活动 A1、A4、A7 和 A12 的周期时间相匹配：

另外，请注意所有 12 个活动的总周期时间是 210 s，即 7 个单元乘以每个单元 30 s。当然，我们没有包括等待时间。因为我们已经均衡了生产线，我们希望在这个例子中没有等待时间。

事实上，我们很少得到如图 6.8 所示的理想情况。通常情况下，价值流会产生产品、服务或结果的多种构型。每个产品构型可能需要不同的处理时间，并且具有不同的

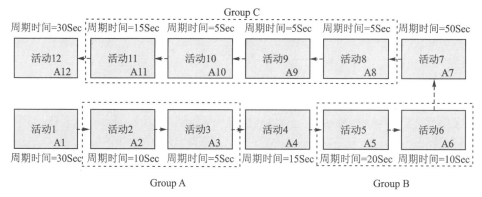

图 6.8　生产线平衡示例

设置或转换要求。它们甚至可能以不同的工作模式遍历价值流，并对工作者的要求也不同。

在这种情况下，分析平衡价值流的方法超出了本书的范围。但是，如果发现处于这种情况，可以开发一个操作员平衡图（operator balance chart），以可视化的方式显示每个活动的工作元素、时间要求和操作人员。

操作员平衡图的开发分为两步。首先，我们想要创建一个快速表格来显示每个产品线活动的周期时间。我们还希望显示每个活动需要多少操作员，以及必须有多少名操作员支持整个价值流活动集。

图 6.9 提供了一个操作员平衡的准备表示例。

操作员	A	B	C	D	E	Total CT
周期时间	50	10	47	30	65	202
No.Operators	1	1	0	1	1	
TAKT Time						60
Operators Needed(TCT/TAKT)						3.37

图 6.9　操作员平衡图准备表

接下来，我们创建一个显示活动及其周期时间的柱状图，用一条线显示生产节拍。下一步是评估平衡流动的方法，即将周期时间更短的活动和跨活动共享资源的方法结合起来。

图 6.10 显示了单一产品的操作员平衡图的示例，类似的图表需要跨产品线开发。

现在，让我们将注意力转向一个可视化显示，它有助于确保操作员通过标准化的工作表以标准化的方式执行他们的活动。

（4）标准化工作表：这种工作表是以可视化形式显示价值流中的操作顺序的视觉辅助工具。标准化的工作表应显示活动周期时间、质量检查、安全预防措施、标准工作流程、在制品（WIP）数量、生产节拍、总周期时间和操作员数量。

图 6.11 显示了这种格式的标准工作表。

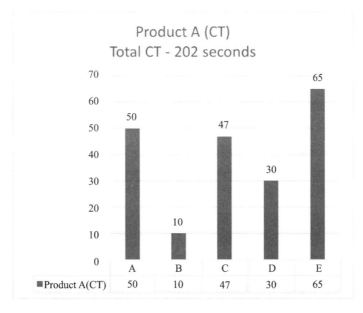

图 6.10　操作员平衡图

Standard Work Sheet

Scope of Operations	From:	Date Prepared or revised:
	To:	

Quality Checks	Safety Precaution	Standard WIP	No Pieces WIP	TAKT Time	Total CT	Operator No.
◆	✛	●	3	30	30	2

图 6.11　标准化工作表

　　另一种显示方法是创建一个表格形式的工作表,以显示有关活动序列、活动描述和活动持续时间的信息。图 6.12 显示了采用了这种格式的标准工作组合表:

　　下一个要讨论的方法是快速转换,它可以将转换保持在一分钟或更短的时间内。

Standard Work Combination Sheet

零件号		工序名称		编制日期	mm/dd/yyyy		每班需求	1000/ shift	手工	♦♦♦♦♦♦♦♦♦♦
工序名称		工序说明							自动	------------
				Dept.			TAKT Time		步行	~~~~~~~~~
Step #		Description of Operations		Time			Operation Time (in seconds)			
				Manual	Auto	Walk	5 10 15 20 25 30 35 40 45 50 55 60 65 70 75 80 85 90			
1		Activity 1 Description		3	0	2				
2		Activity 2 Description		2	30	1				
3		Activity 3 Description		5	47	3				
4		Activity 4 Description		4	15	2				
5		Activity 5 Description		2	0	2				
6		Activity 6 Description		1	0	3				
		Total =>		17		13				

图 6.12　标准工作组合表

（5）快速转换：顾名思义，这种方法就是确保我们能够快速地从一个活动转换到另一个活动，即使产品类型发生了变化。这个概念来自于新乡重夫在丰田公司的工作，他开发实现了 SMED 方法。

从客户的角度来看，在不同活动之间更换设备和物料所花费的时间和精力都是浪费。他们希望为成品付费，而不是为安装设备或检索信息活动付费。后一个关注点（及时检索正确的信息）对协助价值流改进的 IT 专家意义最大。

（6）自主维护：在制造环境中，自主维护活动旨在消除潜在的设备故障原因。也就是说，我们可以把这些策略视为预防性维护。我们有类似的需求，特别是在面向运营的价值流中，用以实现适当的维护、安全、回滚和故障转移功能。

（7）在制品超市：通常超市提供一个成品库存缓冲区，客户可以根据需要提取产品。然而，当实现价值流的连续流动具有挑战性时，在制品超市策略允许在中游构建队列，以便在有空余产能时上游有 WIP 可拉取。当对一台机器或一项活动有多种需求时，这种策略有助于缓解生产短缺。

（8）看板系统：这是一个基于信号的资源池系统，使用附在物料容器上的卡片来指示标准批量大小。当容器的物料耗尽时，卡片会指示需要更换哪些物料，以及需要更换多少。

看板系统已经在基于 IT 的精益敏捷社区中流行起来，尽管这种方法与最初的精益生产概念略有不同。基于 IT 的看板系统通常使用带有垂直分割线的白板，将白板分成与团队开发过程的活动步骤相对应的列。团队成员在便笺上写下产品待办事项的名称，以方便跨列移动。当团队成员可以开始新工作时，他们在上游活动列中查看可用于下一步工作的事项，并从中进行工作选择。

基于 IT 的看板系统的价值在于它促进了跨软件开发活动的连续工作流。在传统的敏捷过程中，比如 Scrum 或者极限编程（XP），工作项被批量拉进 Sprint backlog 中，并且 Sprint 的固定时间限制了批量工作项的流动。

（9）先进先出（FIFO）通道：先进先出是精益价值流中使用的一种生产控制策略，

适用于工作项目之间存在很大的可变性,以及多个价值流为产品的最终组装或定制而汇集时。在这种情况下,我们需要确保不会因为没有人想处理它们或进行所需的转换,导致零件卡在队列中。先进先出策略会确保队列中等待时间最长的产品总是具有最高的优先级。

(10) 生产调度:这与调度零件和物料有关,以支持精益价值流中的工作流。大家还可以将信息调度纳入其中,以确保有关客户订单需求的信息也在正确的时间和正确的上下文中与价值流中的每个活动一起显示。要点是,在拉动式系统中,生产计划和库存控制系统必须协调上游活动,以支持最接近客户下游操作的需求。

不可否认,了解以拉动为导向的生产过程是一项挑战。直觉上,当一个新的客户订单到来时,我们应该立即将它推到生产车间,并允许生产的每个后续阶段通过制造过程来推动产品,这似乎是合理的。但是众所周知在生产过程中推动产品只会造成排队和等待时间,隐藏错误和缺陷,并产生其他形式的浪费,这些浪费在增加成本的同时会阻碍生产力。

正如精益企业所实践的,更好的策略是从概念上让每个下游活动在生产流程中拉动订单。由于上游的障碍,下游的活动将面临工作短缺的问题,因此采用拉式生产调度策略会立即暴露出这些问题。此外,组织需要改进其信息系统,以确保零件和物料在正确的时间以正确的顺序到达正确的地点。

精益组织中的 IT 部门必须与价值流协同工作,以开发支持新的精益流程的业务信息系统。

这一部分我们完成了对支持连续流工具的介绍。接下来,我们将继续介绍精益均衡阶段工具。

24. 均衡阶段工具

我们需要在解决客户需求和流动问题之后,才能继续提高生产负载水平。至此,我们已经做到了,我们可以看看帮助我们平衡价值流的工具,以使价值流更具生产力和效率。本小节介绍均衡阶段的工具,概述如下:

(1) 当客户希望以标准包装数量交付而不是一次一个交付时,有节奏的提货(Paced withdrawal)有助于产品交付。但是,只有当我们在价值流中没有产品变型时,有节奏的提货才有效。也就是说,生产流程是稳定的,产品线之间的转换很少或没有,并且周期时间大致相当。

有节奏的提货时间与 Pitch(单位制造时间)相同。回想一下,Pitch 等于节拍时间乘以包装数量。通过将下游客户在指定时间段内的总需求分成与包装数量相等的批次大小,因此有节奏的提货有助于均衡生产流程。

(2) Heijunka 是一种更好、更可靠的方法,用于在生产流程中存在不匹配活动的价值流中均衡生产计划。Heijunka 使用基于 Pitch 的生产均衡的有节奏的提货方法,但根据生产产品的数量和种类将其分解为看板单元。

图 6.13 显示了一个 Heijunka 负载平衡表的示例。我们假设这个精益价值流每天可以生产 500 个单位的产品,通过 5 个基本产品线构型(即产品 A 到 E),假设我们的下

游客户具有相同的每批 25 个单位的批量交付需求。

此外,我们的价值流每天只操作一个班次,总可用生产时间为 28 800 min。因此,我们的生产节拍等于可用时间 28 800 min 除以 500 件的产量,即 57.6 s,而我们的 pitch 等于生产节拍乘以批量 25,即 1 440 s(24 min)。也就是说,每 24 min,我们需要能够运送另一批 25 个单位的产品。

但是现在,我们需要根据产线决定交付频率。为此,我们需要了解每种产品类型的日生产量。通过将产品类型的每日需求除以装箱数量,我们可以确定每种产品类型每天可以形成和发布多少看板卡。图 6.13 显示了每种产品类型所需的看板数量。

产品类型	A	B	C	D	E
每日需求量	150	200	100	25	25
包装数量	25	25	25	25	25
看板数量	6	8	4	1	n

图 6.13　Heijunka 负载均衡表

我们还可以看到,我们总共需要 20 张看板卡,每张在轮班期间生产 25 个单位。最后,Heijunka 表有助于我们评估看板卡如何在不同产品类型之间进行划分(图 6.13 的最后一行所示)。

既然我们已经计算出每种产品类型需要多少看板卡,我们就可以计算出如何将它们安排到生产中。生产均衡柜(Heijunka box)是一个很好的方法。

(3) 一个生产均衡柜,按照最初的设想,是一个物理盒子,用于将看板卡插在一天中特定时段的插槽中。生产均衡柜的目的是在固定时间内平衡负载。但是,我们可以用电子图表或表格的形式来安排和调整看板卡。图 6.14 显示了这样一个例子:

Product Type	7:00 AM to 7:24 AM	7:24 AM to 7:48 AM	7:48 AM to 8:12 AM	8:12 AM to 8:36 AM	8:36 AM to 9:00 AM	9:00 AM to 9:10 AM	9:10 AM to 9:34 AM	9:34 AM to 9:58 AM	9:58 AM to 10:22 AM	10:22 AM to 10:46 AM	10:46 AM to 11:16 AM	11:16 AM to 11:40 AM	11:40 AM to 12:04 PM	12:04 PM to 12:28 PM	12:28 PM to 12:52 PM	12:52 PM to 1:16 PM	1:16 PM to 1:40 PM	1:40 PM to 2:04 PM	2:04 PM to 2:28 PM	2:28 PM to 2:52 PM	2:52 PM to 3:16 PM	3:16 PM to 3:40 PM	3:40 PM to 4:04 PM
A	1	1					1	1				1	1										
B			1	1					1	1				1	1		1	1					
C					休息						午餐					休息			1	1	1		
D																						1	
E																							1

图 6.14　生产均衡柜

有时,我们不得不靠蛮力来迅速完成任务。以下主题是关于这种生产调度和均衡的方法的。

(4)跑腿者。跑腿者是指从一个活动地点移动到另一个活动地点的人,他们在移动中运送物料并解决生产问题。跑腿者的主要目标是确保保持 pitch。他们通常在pitch 时间内经过指定的路线,拿起看板卡,并根据卡片信息提供工具和物料,在正确的时间将它们送到正确的地方。

跑腿者不能是随便什么人,也不能是新员工,他们要对价值流生产活动和要求有深刻理解。他们必须有优秀的沟通技巧,能够识别问题,并报告任何阻碍流动的异常情况。他们必须了解精益概念以及生产节拍和 Pitch 的重要性。他们必须能够高效、准确地完成工作。

25. VSM 故事板更新

在学习精益 VSM 的步骤中,您需要准备好的另一个工具是 VSM 故事板。回想一下,VSM 故事板是一个可视化工具,为您的 VSM 项目的信息、度量和价值流图提供更新。这个阶段对 VSM 故事板的主要更新和记录了 VSM 团队可能选择解决的问题类别或事项(issue)。

如果您还没有这样做,现在就应该创建您的 VSM 故事板。您所需要的只是一个简单的大白板和记号笔,放在一个共享或公用的空间里。您可以使用 VSM 故事板作为例子来帮助指导您的 VSM 团队构建他们的故事板。请注意,本书中的示例 VSM 故事板有带编号的图标,以指示跨每个 VSM 步骤所需的信息更新。

有了本章所学的信息,下面一章我们学习绘制当前状态的价值流图。

6.4　小　结

本节介绍了我们关于规划和准备 VSM 活动的内容。在本章的开始,我们了解到VSM 是一种精益业务方法,用于改善整个组织的价值流,并端到端管理和监控开发和交付生命周期。我们已经了解到 VSM 不是一个新概念,在面向开发和运营的价值流中,有 8 个传统步骤帮助规划、映射和改进精益生产流程。

最重要的是,我们了解到 VSM 不仅仅是在 DevOps 模式中改进 IT 运维。相反,VSM 可以在我们数字经济中作为利器,利用精益和 DevOps 能力来改进、监控和管理组织的所有开发和运营价值流。

下一章我们将学习如何绘制价值流运营的当前和未来状态,还将学习如何可持续地实施精益改善(即持续改进)流程。但是在我们开始之前,让我们花点时间回顾一下在这一章中学到了什么。

6.5   问   题

为了提升大家的学习体验,请花点时间回答以下 10 个问题:

(1) VSM 的本质是什么?

(2) 列出精益实践对组织至关重要的三个原因。

(3) 在选择的价值流中,确定"精益"程度的可行策略是什么?

(4) 精益应用的三个阶段是什么?

(5) 为什么标杆管理是一个重要的精益评估工具?

(6) Heijunka 的目的和目标是什么?

(7) VSM 和该组织的之间关系如何?

(8) 叠加,并共同流动的三个主要价值流是什么?

(9) 列出创建精益系统需要理解的 6 个基本概念。

(10) 精益的 7 大致命浪费是什么?

6.6   扩展阅读

- Shingo, S., Dillon, A. P. (2005). A Study of the Toyota Production System: From an Industrial Engineering Viewpoint (Produce What Is Needed, When It's Needed) 1st Edition, English Translation. CRC Press, Taylor & Francis Group. Boca Raton, FL.

- Krafcik, John F. (Fall 1988). Triumph Of The Lean Production System. Sloan Management Review, Fall 1988; 30, 1; ABI/INFORM Global, pg. 41.

- Kotter, J. (2014) Accelerate (XLR8): Building Strategic Agility for a Faster-Moving World. Harvard Business Review Press. Boston, MA.

- Martin, J. (1995). The Great Transition. Using the Seven Disciplines of Enterprise Engineering to Align People, Technology, and Strategy. American Management Association, now a division of Harper Collins Leadership. New York, NY.

- Tapping, D., Luyster, T., Shuker, T. (2002) Value Stream Management: Eight Steps to Planning, Mapping, and Sustaining Lean Improvements. Productivity Press. New York, NY.

- Tapping, D., Luyster, T., Shuker, T. (2003) Value Stream Management for the Lean Office: Eight Steps to Planning, Mapping, and Sustaining Lean Improvements. Productivity Press. New York, NY.

- Gregory，L.（September 2018）．Toyota's Organizational Structure：An Analysis.（http：//panmore. com/toyota — organizational-structure-analysis）Accessed December 28，2020.
- Ohno，T.，Bodek，N.（1988）Toyota Production System：Beyond large-scale production. Productivity Press. Routledge/Taylor & Francis Group. An Informa Business. London，England.（Originally published in Japan in 1978）.

第7章　映射当前状态(VSM 第4步)

在前两章中,已经学习了价值流管理(VSM)的目的以及如何规划 VSM 举措。现在我们将深入剖析执行 VSM 举措的分析类型,即将学习 VSM 8 步法中的第 4 步,如何绘制价值流图来表达当前的流程。

尽管直截了当地实施变更,以消除识别到的浪费区让人怦然心动,但其带来问题是,如果没有适当的分析,可能会事倍功半,无法取得 VSM 团队憧憬的成果。缺少当前状态的价值流图映射,可能会无意关注当前价值流活动的相关系统及影响范围。具体来说,我们需要记录我们现有的活动流、订单录入系统、生产控制系统、周期时间、设备安装和产品切换时间、批次和批量大小、质量水平、缺陷以及异步的材料和信息流。

在本章中,我们将讨论以下主要话题:
- 评估精益实践的现状。
- 映射入门。
- 开始绘制价值流图。
- 创建 IT 价值流图。

根据本章提供的说明,您要具备创建任何类型的当前实际状态价值流图的能力。此外,本练习中使用的持续集成/持续交付(CI/CD)用例将帮助大家可视化,展现如何使用价值流图来评估面向软件开发的价值流。

7.1　评估精益实践的现状

经典的业务流程分析技术通用实践是,分析当前的工作方式(AS-IS 状态),然后评估拟改进的领域以期实现未来状态(TO-BE 状态),通过分析以理解期望变更的全部工作范围(差距分析),最后建立并执行一个变革计划。大家会发现 VSM 的实践遵循类似的模式。本章介绍了如何从精益导向的视角出发,使用价值流程图评估 CI/CD 活动的当前状态(AS-IS 状态)。

前述第 4 章定义了价值流管理,这主要归功于丰田使用的一种分析方法,称为物料和信息流映射。正如术语"物料和信息流动"表明,价值流图提供了一种图形化的技术,用来建立跨价值流活动的物料和信息流动联立模型。但是在我们深入价值流图细节之前,让我们先了解该技术与其他业务建模技术的区别。

1. 对比业务流程建模技术

参与业务流程改进(BPI)或计算机辅助系统工程(CASE)工具的人可能熟知业务

流程建模技术。例如,对象管理组织(OMG)的业务流程模型和符号(BPMN)规范是IT 社区中业务流程建模的标准规范。

其他流程建模标准包括统一建模语言(UML)的活动图和流程描述捕获方法的集成定义(IDEF3)。UML 最初是由 Rational Software 创建的,但是现在是一个 OMG 标准,而美国空军在集成计算机辅助制造(ICAM)项目集中开发了 IDEF3 模型。此外,IT 专家可能还熟悉各式各样的工作流建模工具和技术,如 Web 服务业务流程执行语言(WS-BPEL),通常简称为 BPEL。BPEL 是一种标准的可执行语言,用于表示 web服务中的业务流程操作。

有如此多样的业务流程建模正式标准,大家可能会好奇,为什么我们需要采用一个单独的标准为精益业务实践建模。答案在于每种建模技术的侧重点不同。

价值流图描绘了信息和物料流动的高层视图,并设计了理想的图表来记录、沟通,并最终消除影响交付效能的浪费,实现以客户为中心的价值交付。顾名思义,价值流图迫使组织将增值活动从其他活动和官僚机构膨胀的浪费行为中分离出来。绘制价值流图的总体目标是识别和消除浪费,包括降低从构思到产品和服务的生产力,以及妨碍组织中以客户为中心的价值交付能力。

另一方面,价值流图为 VSM 和价值流团队成员以及其他利益相关者之间的可视化协作提供手段。这些图形让参与者更好地沟通他们对当前运营的理解,并在以后评估和沟通备选的变更场景。

与之形成鲜明对比,业务流程改进和面向工作流的流程建模技术侧重于识别采用的基于数据的详细信息以及数据流之间的工作流程协调,是业务流程自动化的部分工作。BPMN 是通过软件应用程序推进业务流程改善(BPI)的经典方法。此外,BPEL是通过建模,基于 web 的应用程序改进业务流程数据和信息流的一种现代方法。

业务流程模型提供了可视化方法,详细展示跨领域和跨职能业务环境中的技术及组织活动交互方式,强调了复杂的交互和决策点。业务流程模型常用于支持业务流程再造和改进活动,并通过开发业务系统自动化完成改进。

换句话说,IT 社区和 BPI 分析师使用标准化的业务流程建模技术,专注于业务流程建模,以实现自动化。相比之下,价值流图技术对价值流的工作流动和信息流动进行建模以消除浪费,是精益改进举措的组成部分。

从价值流的角度来看,太多的业务系统对工作流动没有提供支持性帮助。举例来说,假设您的业务系统无法支持实现工作流动和信息流动的预期状态。在这种情况下,您将难以达成 VSM 举措的目的和目标。

业务流程的自动化与精益实践并不矛盾,您将在下一节中看到这一点。因此,价值流图和流程建模两类模型或其混合模型,对于达成 VSM 举措实现更宽泛的效率目标同样是必不可少的。

2. 自动化业务流程

在精益实践中,使用流程建模工具(尤其是 BPEL)实现业务流程自动化并不相悖,因为该活动与丰田生产系统(TPS)的 Jidoka(autonomation,自动化)概念是一致的。

但是,除非我们得知该流程是高效和增值的,否则业务流程自动化也毫无意义。

作为基于商业货架产品(COTS)解决方案的组合,实施自动化和数字化信息系统,也许使我们的流程更加高效。但是流动太快也是危险的,根源是流程错配吞吐量或者隐藏缺陷,或承载大量非增值工作,以至于我们最终实现了自动化产生的浪费。此外,即使是基于 COTS 的解决方案也经常要求高度定制,以实现业务流程,使组织变得高效、增值和富有竞争力。

打好基础后,我们就可以开始运用价值流图。

7.2 映射入门

对于这一节,假设您的组织和 VSM 团队已经整装待发,并承诺精益实践。您已经选择了价值流,并学习了精益实践的基础。毋庸置疑,企业现在进行精益转型正当其时。用大野耐一的名言名句来说:

行动吧!

由于这是本关于 VSM 推动 DevOps 能力的书,我们的例子遵循了跨越 IT 价值流的持续集成(CI)和持续交付(CD)部分的精益改进。正如我们在第五章学习到的,通过 DevOps 流水线推动业务价值,CI/CD 实践是 DevOps 可扩充流水线的一个子集。因此,我们的 CI/CD VSM 示例旨在简化分析范围,聚焦 VSM 方法和工具的使用。

需要铭记在心,DevOps 是数字经济中几乎所有价值流改进的关键促成因素。然而,无论价值流是否正在改进,本书中介绍的原则和技术同样适用于所有 VSM 举措。

1. 建立价值流图的标准图标

价值流图的重要组成部分是一贯使用特定的图标来描述我们的价值流元素,例如,我们看到的图 7.1 是最常见的价值流图符号显示为图标。当然,您的组织或 VSM 团队可能会选择其他图标。没关系,因为没有权威标准机构管理价值流图的图标。

但是,为确保每个人都完全理解价值流图中应用的图标定义,在没有征得他人同意和沟通的情况下,不允许创建非标准的图标。因为一旦没有标准,VSM 团队成员和其他审核价值流图的利益相关人之间的沟通和理解就会迅速恶化。本书使用的价值流图的图标分为不同的类别,如下所述:

(1)流程:识别跨越客户和供应商、专用和公用流程、活动工作单元和数据盒的工作活动,以显示关键信息和指标。

(2)物料:表示价值流的各个阶段如何处理物料,包括库存和缓冲区库存,以及生产控制策略,如超市、拉动式生产和先进先出(FIFO)。

(3)装运:包括所有确定的运输原材料、零件和产品的机制,包括空运、叉车、卡车、船只或轮船。但您的组织可能还包括显示由铁路、自动线、机器人或第三方运输公司进行移动的运送图标。

(4)信息:获取指标,用于告知我们的当前状态(AS-IS)和期望的未来状态(TO

－BE)分析接管,并提供信息,以支持跨开发和运营价值流的工作流动。图 7.1 中显示的图标表示从多个来源收集到的信息,例如:

① 现地观察(Gemba,去现地观察)或口头交流。

② 在企业资源计划(ERP)/物料需求规划(MRP)系统中维护的信息。

③ 来自生产控制数据或策略中的信息。

(5) 价值流图:用于显示价值流中的特定点,代表团队想在图上标明感兴趣的特定区域,例如改善行动[Kaizen burst,即快速流程改进(RPI)倡议要求]操作者、及时性或质量问题。

(6) 看板箭头:显示运输和生产过程中的物料和信息流动。注意,直线箭头通常表示推动型产品控制策略,而弯曲箭头表示拉动型策略。折线的箭头表示电子化信息流动。

大家可以在下面的截图中看到最常见的价值流图图标:

请注意,图 7.1 所示的通用价值流图符号包含了本书中使用的 41 个标准精益图标。该图显示了之前确定的 7 类 VSM 图标。

每个 VSM 工具提供商都提供价值流图工具,并带有自己的图标集。虽然大多数现代 VSM 工具都有绘制价值流图的功能,但是许多绘图工具提供基于图形用户界面(GUI)的易用工具,带有预定义的图标来绘制价值流图,而且价格通常很便宜。

VSM 团队可以使用一套标准的价值流图符号,将工作和信息流动映射到目标价值流中。然而,在绘制前还有另一个步骤,就是收集数据以理解价值流活动中的工作流和动信息流动。

如想创建准确的价值流图所需的理解水平,不应来自于阅读规范和文档。相反,必须走入一线,与一线工作人员见面沟通,询问大量的问题,并亲眼看到工作和信息在价值流中如何流动。

2. 现场(Gemba)

当前价值流图绘制工作的主要目标是识别增值活动,同时消除增加浪费的活动(Muda)。因此,在开始绘制当前状态图之前,我们的 VSM 团队必须先去现场看看(Gemba),并且了解价值流是如何运营的,然后再绘制状态图,并提出变更建议。

有些书籍中建议现地观察(Gemba),这看起来像个简单的一次性活动,实际上是不恰当的,因为一次价值流观察无法完成工作。例如,作为德州仪器(Texas Instruments)一名年轻的制造和工业工程项目经理,说:在车间的时间比在办公桌前的时间多得多。我的工作包括规划和指导三个大型工厂改进项目,涉及地理位置上分开的两个制造工厂。我需要的生产信息不在我的办公桌上;它在车间里,主要保留在工作执行人的头脑中。

现地观察(Gemba)和当前状态映射活动可以洞察了阻碍物料和信息流动的浪费领域。但一种思考浪费的方式,总是导致更多的管理开销和处理时间。我们必须始终以客户为中心,而这些管理任务大多增加了开支,却没有增值。

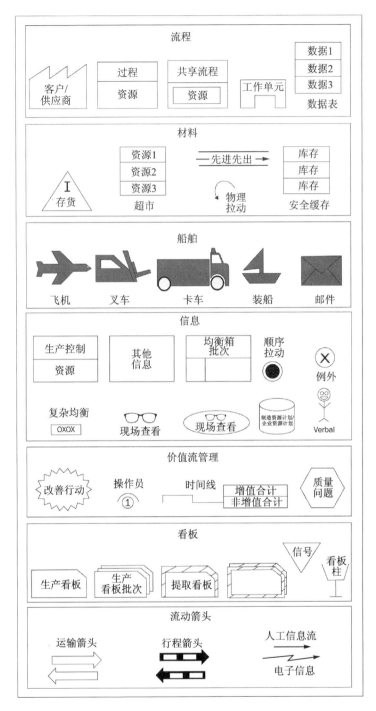

图 7.1　常见价值流图符号

（1）现地观察 3 个原则

练习现地观察（Gemba）时有 3 个基本规则，概述如下：

① 亲自去看看是怎么回事。

② 多问几次"为什么"，以找到问题的根本原因。

③ 尊重他人：您的工作是帮助解决问题，而不是挑毛病。

（2）现地观察步骤

当 VSM 团队成员进行现地观察（Gemba）时，他们需要有组织地进行。以下步骤概述了合理的现地观察（Gemba）策略。

① 确定目标和目的。

② 让价值流团队知道您的到来以及拜访的原因。

③ 两个或两个以上的 VSM 团队成员一起去。

④ 跟随价值流的流动。

⑤ 专注于发现价值流程和工作活动的问题，而不是人的问题。

⑥ 记录调查结果。

⑦ 提问，即"5W"（谁、什么、何时、何地和为什么）或"为什么"，以全面了解问题，并找出根本原因。

⑧ 倾听，不要在活动初期建议变更。记住我们的目标是学习。

⑨ 持续跟进价值流员工，提出您的观察和建议。

⑩ 现地观察（Gemba）再次确认实施和改进的结果。

⑪ 再次现地观察，启动新的改善循环。

从流动的角度来看，同步的和有组织的价值流实际上会自动化地运作。在组织良好的价值流中，工作流动是自然而然地直线前进。信息和物料的流动没有障碍或瓶颈，当需要时，正确的信息和材料就在手边，而不是在之前或之后。这是理想的未来状态，采用现地观察（Gemba）可用于识别在当前状态下未达成理想状态的问题和原因。

最后，VSM 团队必须理解，无论现有活动是增值的（VA）还是充满浪费的，需要收集实际工作活动、信息和物料流动过程中的准确和实时信息。没有记录所有未同步的流动和浪费，就不可能将价值流作为整体性系统进行评估。此外，如果没有将价值流作为一个系统整体看待，就不可能理解影响其绩效的动力学原理。

3. 以客户为中心开始绘制我们的价值流图

从最终客户交付物开始您的当前状态绘制工作，并跟踪各种流程的上游（反向）工作。请牢记，目标是交付客户想要的产品、服务或成果。如果您没有考虑客户需求和预期结果就开始当前状态评估，那么您的 VSM 团队就有可能陷入险境，忽视开始或中游活动对价值交付的负面影响。

图 7.2 以图形方式描述了价值如何流向下游客户。

在传统的流程模型中，我们倾向于从第一个活动开始，然后按照我们的工作方式向前延伸，在活动和工作定位之间映射工作流。在价值流图中，我们从客户获得价值的起点收集数据，然后反向（上游）梳理工作。在每一步，我们都要扪心自问，当前的活动是符合客户的需要，还是以某种形式增加浪费。

分析顺序并不意味着我们计划按该顺序解决浪费问题。相反，VSM 团队必须根据

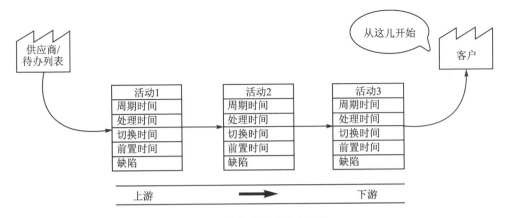

图 7.2　价值流图从客户开始

最高价值的影响来考虑改进活动的优先级。我们将在第 9 章绘制未来状态图（VSM 第6 步）讨论这个问题，但现在,有必要了解反向绘制价值流图的几个原因,主要包括以下几点：

（1）它将重点放在客户的需要上。

（2）它引导我们的思维去思考基于拉动的流动。

（3）我们能够在有多个装配线分支的生产环境中更顺畅地实现复杂流动。

最后,管理多个分支会在管理流动方面产生了复杂性。在推式生产调度系统中,避免排队和等待的同步按需物流几乎不可能实现。然而,在物料和信息交付方面,采用拉式生产计划和准时化(JIT)更容易避免瓶颈。

在这里,我们看一个包含多个分支的价值流图,如图 7.3 所示。

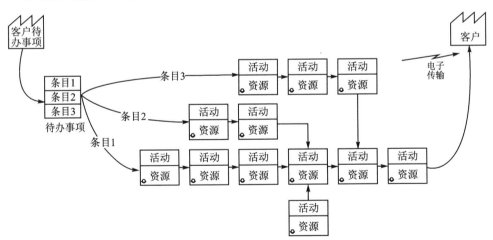

图 7.3　具有多个分支的价值流图

既然我们知道需要以客户为中心开始我们的 VSM 价值流图,那么让我们了解一下为当前的价值流图绘制工作需要作哪些准备。

4．准备绘制

我们已经学习了现地观察（Gemba）是绘制价值流图（当前状态）的必要步骤，让我们仔细审视当前价值流图绘制工作之前需要做哪些准备。在绘制价值流图之前，VSM 团队可以采取以下四个通用步骤：

（1）确定 VSM 团队成员的任务。

（2）画出价值流的草图。

（3）开始现地观察（Gemba）练习。

（4）讨论数据。

VSM 团队需要给每个人分配特定的角色，以简化在当前状态映射工作中的数据获取和映射活动。虽然 VSM 团队可以使用电子工具或活动挂图来创建他们的映射图，但最好从可擦写的白板开始。在整个工作过程中，我们将定期更新此信息，并且白板越大，越有利于每个人查看和参与讨论过程。指派某人作为记录员是有帮助的，或者让团队成员轮流担任该角色会更好。

某人负责引导价值流图活动，会使人专注于手头的目标，并可监控时间。团队发现，如果他们遵守时间表，并有短暂休息，就更容易聚精会神，并事半功倍—如有必要，可以安排更多的时间回归，去完成工作。因为留出一段时间可能更有益处，团队能够休息，进而反思他们已经完成的工作，同时检查价值流图，以便找到可能遗漏的任何信息。

另外，还需要一个人在现地观察（Gemba）时充当计时员。计时员在一线现地观察时，他们的责任是记录价值流活动的周期和转换时间。他们还应记录在现场走动时发现的其他重要信息，如问题、原因、影响、延迟或巡查中发现的其他浪费问题。

我们来讨论下创造性工作和标准化的工作的本质。通常，建立软件架构和设计，以及编写代码的开发人员从事创造性的工作。没有两个业务需求是相同的，开发人员必须认真考虑所涉及的工作，以设计出更合适的方案。相比之下，标准工作包括的重复性任务在受控环境中不该有显著的变化。

标准化的工作是精益的全部，消除浪费，从而提高成果的可预测性，但标准化的工作实践在经常得不到敏捷实践的认同，因为许多敏捷人员不想被指定的工作方式所束缚。但是，当一个组织试图在没有标准化方法和工具的情况下构建和维护 CI/CD 和 DevOps 流水线或任何其他精益价值流时，就会增加风险。

举例来说，假设我们已经花费了时间、精力和金钱来设计基于流水线的价值流，包括采购工具。如果没有彻底评估我们的需要和目标，以及评估活动和价值流动变更的潜在消极后果，我们不应该随意进行变更。VSM 是评估整个精益企业持续改进的可行方法。

无论是使用敏捷还是精益概念，我们一直希望保持匹配节拍时间的生产流程。换句话说，在理想情况下，我们的生产速度（节奏）与客户的需求速度相匹配。充满挑战的一个领域是软件开发生命周期（SDLC）的前端，产品经理和团队在这里识别需求，对需求优先级排序，并细化。接下来，软件团队必须对设计和实现软件特性和功能需求所涉及的工作开展评估。最后，产品待办事项清单的细化人要具有创造性，使得预测工作范围和持续时间变得更具挑战。

一旦工作项作为细化任务进入到开发周期，工作流动就能够遵循有时间限制的标准活动集，这些活动是适度标准化和可预测的。然而，对产品 backlog 细化的创造性活动强加随意的时间限制更具挑战性。反之，提高设计等相关工作可预测性的最佳策略是将初始的高层次需求尽量分解到最小尺度。

基于微服务架构应以最小的尺度拆分需求，用最细粒度的方式描述独特的业务服务。除了设计等工作的预测性更好之外，微服务架构还有许多其他好处，包括将高度可维护、可测试和可独立部署的功能单元构建为松耦合的业务服务能力。

在开始现地观察（Gemba）之前，绘制当前状态价值流草图的目的是确保 VSM 团队成员理解价值流中的工作。因此，让熟悉价值流的人来指导这项工作可能会有所帮助。

粗略的价值流图有助于提高 VSM 团队在开始现地观察（Gemba）之前对价值流活动的理解，使他们的现地观察时间更加高效。此外，草图有助于团队稍后识别价值流领域，这些领域没有反映他们对流程应该如何工作的最初期望。

当一个团队开始他们的现地观察（Gemba）时，他们应该准备获取以下信息：

（1）每班或每天的总工作时间。

（2）价值流中的计划停工期和休息时间。

（3）实际执行工作的可用时间。

（4）支持价值流的员工、承包商或合作伙伴的数量。

（5）每个价值流工作人员完成的工作量。

（6）价值流中每项活动的交付频率。

（7）每项活动的周期时间，从开始到结束。

（8）每个价值流活动的等待（排队）时间和数量。

（9）标准流程的任何例外。

（10）价值流特有的其他相关信息项。

在开始现地观察（Gemba）前，团队应该尊重价值流工作人员的时间和努力。出于尊重，VSM 团队成员需要寻求价值流经理的批准，并根据 VA 经理和员工的时间表安排他们的行程，以最大限度地减少对他们的工作影响。

花点时间沟通，包括计划在哪儿观察，以及想完成什么。然后，当您参加现地观察（Gemba）时，确保您和您的团队成员作自我介绍，并提醒团队您此行的目的。诚实地回答他们的问题，毫无保留地解释精益生产实践的目标和好处。

请记住，您需要得到他们的认可来支持您的工作。当您在该区域走动观察时，请尊重工作人员的时间和他们的工作区。最重要的是，记住他们是价值流中所执行工作的专家。

当 VSM 团队可以开始他们的现地观察之旅了，在回到会议室之前，VSM 团队成员不应试图马上分析他们收集的数据。这只会占用价值流工作人员的宝贵时间，并阻碍 VSM 团队的数据收集目标。在完成现地观察后，会有足够的时间来思考和分析数据的。

　　既然我们已经完成了现地观察，并获取了数据，那么是时候就可以开始价值流图工作了。

7.3　开始绘制价值流图

　　到目前为止，我们已经执行了以下步骤来准备当前的状态映射练习：

- 确定客户需要和优先事项。
- 共同制定价值流图计划。
- 分配角色和职责。
- 进行现地观察和信息收集。
- 编制当前价值流图的草图。

　　现在，将这些信息整合到当前状态的价值流图中。同样，使用一个大的白板或张贴板，并根据具体情况，使用可擦记号笔或铅笔，这样可以纠正任何的错误或遗漏。此外，可以使用软件工具来创建您的价值流图，但要确保您有一个足够大的屏幕，所有人都能集中观看。

　　虽然数字化的 VSM 工具可以制作美观易读的图表，有些工具更易使用，但它们也会降低绘图速度。在团队准备展示和分发他们的成果之前，创建手绘图可能更有意义。团队需要自己判断，并决定哪种方式最适合。

　　绘制价值流图不存在单一的最佳方式。然而，最好有建立一个共同的策略自始至终指导整个过程，并确保没有遗漏。针对到这个目标，按顺序应用下面的 8 个步骤，提供当前状态映射的一种实践方法。

　　(1) 绘制客户和供应商：识别提出需求和接收成果物的外部或内部客户。请注意，在前面的图 7.3 中，价值流图从客户的角度识别了产品待办列表（Backlog）。另外，请注意图 7.3 没显示两次客户图标。在这种例子中，客户图标被使用了两次，一次用于提出需求，另一次用于交付，表明产品 backlog 包含所有客户需求，而成果将交付给特定的客户。最后，识别为价值流贡献原材料、产品或零件的供应商、承包商或合作伙伴。

　　(2) 标出入口和出口活动：在面向 IT 开发的价值流中，入口点可能是 backlog 的细化或者确定 Sprint 目标。相反，出口点可能是一个部署活动。因为活动代表工作，所以使用动词和动词短语命名活动是一种好的实践。此外，由于我们活动的预期输出是有形的东西，包括产品、服务或结果的形式，使用名词和名词短语来命名产出是一种好的实践。

　　(3) 绘制进入和退出流程之间的所有活动：当最初从客户反向收集数据时，可以从最下游（即从左到右）开始绘制活动。该方法使得图形化描述工作的流动变得更容易。确保使用分开字段的活动框记录基本的数据，如周期和转换时间、等待时间、资源、批次或批量大小、缺陷和其他重要细节。

（4）列出所有活动属性：包括前置时间、周期时间、转换时间、等待时间、资源、批量或批次大小、缺陷和其他重要细节。

（5）绘制队列以及活动之间的等待时间：使用单独的图标来表示队列的类型，如等待物料、安全库存、缓冲库存和预期库存。等待物料是由于生产率不匹配工作单元之间的队列。安全库存是储存物料的仓库，以确保我们能够在物料短缺等意外情况发生时继续工作。缓冲库存有助于对冲客户引起的需求变化或峰值。最后，预期库存包括现有的成品，以支持预期的需求高峰，例如假期需求。

（6）标出价值流中发生的所有沟通事宜：使用不同的箭头类型来表示沟通是否涉及口头、邮件或电子信息流。

（7）使用"推动"或"拉取"图标来表示工作流的类型：使用直箭头表示基于推动的工作流，使用圆形箭头表示基于拉动的工作流。使用不同的箭头类型表示物料和产品的外部装运，以及物料和产品的价值流活动。

（8）记录所有收集的其他数据：可使用本书中所示的价值流故事板来说明您可能需要收集的信息类型，即绘制日期、价值流名称、VSM 冠军、团队成员、问题类别以及其他重要的活动和流动相关信息。

快速浏览当前状态价值流图的工作内容可能是我们愿意做的事，但不要这样做，因为团队的遗漏，将会影响团队的可信度以及未来状态图和建议的准确性，所以还是认真些。

此外，不要试图在当前状态的价值流图中应用标准化实践的现有信息，如商店流程或指南。这些来源通常代表一种理想化的方法和预期的度量，但可能无法代表实际的实践。同样，这个问题也是我们使用现地观察（Gemba）亲自到场查看的原因。

7.4 创建 IT 价值流图

VSM 已经成为贯穿 IT 相关价值流实施和改进精益实践的关键能力。通常，采用 VSM 方法和工具的组织可能已经开展了敏捷实践，并且可能实施了 CI/CD 工具链。但是，他们的目标是将 CI/CD 实践作为精益流水线来实施。VSM 团队的首要目标是改善协作，跨开发价值流同步信息，优化工作流程。

这些活动都无法保证 IT 部门从以客户为中心的精益视角经过努力就能消除浪费。然而，VSM 帮助我们做到了这一点。对于价值流图工作，可以假设与 VSM 团队合作的高级管理层已经选择了一个软件开发计划作为价值流改进目标。

更准确地说，在本书使用标准化的 VSM 8 步法的例子中，我们假设组织有一个或多个软件开发团队使用敏捷实践，并采购了实现 CI/CD 能力的工具链。我们不打算使用购买的工具来集成或自动化 SDLC 流程。

此外，我们的公司高管已经批准甚至强制执行 DevOps 实践，但可能并不完全理解执行非凡价值交付转型所涉及的议题。解决这个问题超出了 CI/CD 的用例范围，但是我们将在本书的第 3 部分，即在我们的数字经济中建设 DevOps 流水线提高竞争力内容中回答上述问题。

在 VSM 团队开始工作之前，团队成员必须接受精益实践的所有指导，假设这是他们的第一个 VSM 举措。接受精益培训后，团队在开展当前状态价值流图工作之前会再次会谈，为绘制工作作准备。作为准备工作的一部分，应分配角色和职责，并绘制他们期望看到的 IT 开发过程的价值流草图。最后，进行现地观察（Gemba）以收集必要的数据。

在这个阶段，VSM 团队可以讨论他们发现的数据，并构建他们当前的状态流图。在规划工作中，可以团队讨论数据，并通过几次会议构建他们的当前状态流图。他们可能还要额外现地观察，以收集更多的数据，对以前收集的，但是后来看起来不完整或不准确数据进行核实。

1. 记录现地观察的结果

在我们开始绘制当前状态价值流图之前，我们需要收集足够的信息。在我们的例子中，VSM 团队必须记录项目 IT 价值流中从前端到末端的活动：

（1）规划：此任务包括细化用户故事、更新待办事项优先级、评审架构和设计、制定团队任务以及更新发布时间表。

（2）编码：此任务包括开发测试、开发软件代码和配置、将版本控制下的源代码签入源代码库、执行静态代码分析，代码自动化评审及代码同行评审。

（3）构建：此任务包括编译代码、执行单元测试、审查代码度量指标（规模、复杂性、耦合性、内聚性和继承性）、构建制品包或容器镜像、准备或更新部署配置，以及监控仪表板。VSM 团队会注意到，依据编程语言和使用的工具，构建过程变化迥异。

（4）测试：此任务包括（但不限于）冒烟/构建验证、回归、性能、负载、压力、用户界面（UI）、端到端（E2E）和系统测试，以及（根据需要）其他专项测试。

测试可以手动执行，或者最好通过运行自动化测试脚本来提供服务器和测试初始化。在理想情况下，多个测试在独立的测试服务器或容器中并发运行。但那是未来理想状态的关注点。相反，VSM 团队应考虑 IT 组织如何建立他们的测试环境，所需测试的类型，以及开发团队如何为当前状态的价值流图开展测试活动。

（5）合并：在源代码管理（SCM）存储库中创建分支、推送、拉取和合并代码的任务。

（6）供给与开通：此任务包括设置或更新基础架构配置，以满足开发/工程、测试/质量保证（QA）、试运行、生产等环境的需要。

当 VSM 团队进行现地观察时，他们应注意开发团队在全新的测试实例上重新执行他们的冒烟测试，包括试运行和生产环境。他们的目标是验证最新的软件安装是否稳定，是否符合所有验收标准。

（7）部署：指正式发布过程的一部分包括准备发布说明的任务，冻结代码版本及决策、配置和特性，以及开发系统管理员、用户、过程指南和培训辅助工具（根据需要）。

（8）运维：此任务包括通过仪表板和错误日志监控性能和安全性。监控工具通常包括在网络、服务器或应用程序变得不稳定、出现故障或在预先指定的性能和安全指标出现故障时触发警报的功能。安全信息和事件管理(SIEM)是运营监控的另一关键组成部分。

在现地观察期间,VSM 团队还注意到运营部已经实施了基于信息技术基础架构库(ITIL)的 IT 运营管理(ITOM)和 IT 服务管理(ITSM)实践。然而,对于最初的 VSM 项目,该团队选择将重点放在记录开发团队的 IT 价值流动和信息流动上,以改善他们的 CI/CD 流水线。

VSM 团队计划稍后处理面向运维团队的工作和信息流动。当前的问题是,开发和运营团队没有作为一个集成的 IT 价值流来运营。尽管将 DevOps 作为一项战略来实施,是组织高层管理团队的既定目标,但 VSM 团队认为价值流改进工作超出了他们批准的范围,需要单独的章程。

当 VSM 团队观察这些活动时,他们应监控,并记录活动交付时间、增值活动时间、平均故障间隔时间(MTBF)和平均恢复时间(MTTR)时间,以及在每个价值流阶段相关工作活动的完成,及准确度百分比(C&A)。此外,VSM 团队还应观察价值流中的工作活动和信息流动,并记录 IT 组织标准软件交付过程的例外情况。

2. 映射 IT 当前状态价值流

这一部分可参见图 7.4,图 7.4 中显示了 VSM 团队当前状态 IT 价值流图的最终版本。

请注意,图 7.4 中的 IT 价值流图包括监控活动,基本上这是面向 IT 运营的一项任务。VSM 团队选择将监控活动作为产品待办事项列表(Backlog)的信息来源,同时也是待办事项。产品待办事项列表被显示为一个记录细化过程的活动,也可以显示为期望客户 Backlog 的一个库存项或等待队列。

图 7.4 中描述的当前状态图似乎相对详细和复杂;不过,也没有那么详细。所提供的信息是相对高阶的,VSM 团队需要额外来进一步分解这些活动。

例如,Karen Martin 和 Mike Osterling 在他们的图书《价值流图》中,描述了基于 Scrum 的 IT 开发组织中的变更请求(CR)过程,这是整个 IT 价值流的一个很小的子集。他们当前的 CR 流程状态图包括 10 个不同的活动和 6 个管理工作和信息流的信息系统。

请大家花点时间查看下图 7.4,以及 VSM 收集的指标。LT(表示前置周期)是对价值流中每项活动周期时间和等待时间的总和。相反,VA(增值活动时间)是开发人员执行与活动相关工作的时间量,增强了每个活动中工作项的价值。最后,%C/A(表示完成并准确度)是通过该活动的工作项的百分比的度量,而无须任何返工:

图 7.4 显示了在任意精益改进举措中需要监控的标准精益指标,还有更多指标。下一节我们学习精益改进 VSM 方法的第 5 步——确定精益指标,但在进入下一节之前,让我们花点时间回顾下绘制当前价值流状态时使用的工具。

3. 绘制当前状态图—工具

本节总结了当前状态映射中使用的工具,其中大部分我们已经在本章中介绍过,例

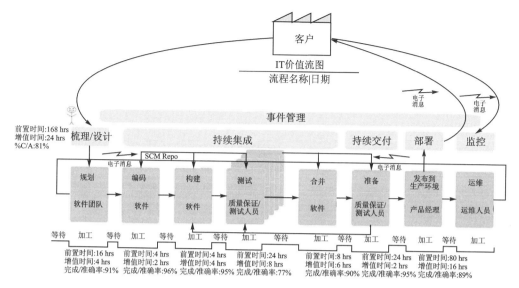

图 7.4　DevOps 价值流图

如,用于当前状态映射的工具包括价值流图符号。我们还需要一个大型白板或海报板,以便每个人都可以查看信息,并参与绘图工作。价值流故事板是用于记录价值流数据和当前价值流图的另一种重要工具。白板最适合团队协作,但是价值流故事板提供了 VSM 制图活动和分析的更持久的记录。

在前往价值流工作区域执行现地观察(Gemba)之前,您的团队应制定一份您希望记录的活动和关键指标(即属性)的清单。然后,您的团队应将指标直接记录在价值流图上。好的策略是制定一个活动和相关属性的项目列表,以记录您在现地观察(Gemba)期间发现的信息。

当您的 VSM 队友从现地观察回来后,就可以开始绘制当前的状态图了。

本节介绍了另一个 8 步法绘制流程,是用于绘制价值流图和记录关键属性和活动信息的工具,至此,我们完成了当前状态价值流图绘制工作的讨论,也是 VSM 方法的第 4 步。

7.5　小　结

在本章中,我们学习了如何创建价值流的当前状态图,以从精益生产概念的角度评估工作和信息流动。还了解了价值流图与其他过程建模概念(如 UML、IDEF3 和 BPEL)的不同之处。

作为映射工作的一部分,我们学习了如何使用一组标准的精益符号作为图形化的图标。该策略旨在简化我们的价值流图,同时确保其他人理解该图的含义。

也许绘图最重要的方面是获取有效信息,这与构建价值流图没有任何关系。在本章中,我们学习了如何利用现地观察来了解工作场所发生了什么。此外,还学习了执行工作的操作人员是我们了解工作执行方式以及改进工作和信息流的最佳信息来源。

在下一章中,将学习使用指标的价值,用来分析在当前和期望的未来状态下价值流绩效的问题。

7.6 问　题

(1) 为什么不建议直接跳到对价值流期望的未来状态进行映射?

(2) 价值流图与流程建模技术有何不同?

(3) 为什么我们不应该在改进工作和信息流之前实现业务流程的自动化呢?

(4) 一旦 VSM 团队、价值流操作员和其他关键利益相关者学会了精益流程,在执行他们的 VSM 举措之前,他们还应该做什么?

(5) 为什么要有一套标准的符号和图标来绘制价值流图?

(6) 总的来说,作为价值流图的一部分进行现地观察的目的是什么?

(7) 现地观察实践的三个基本规则是什么?

(8) 我们应从哪个方向开始画当前状态的价值流图,为什么?

(9) VSM 团队对价值流实施精益改进的顺序是什么?

(10) 绘制当前状态图的 8 个步骤是什么?

7.7 延伸阅读

- Gery, G. (1991). Electronic Performance Support Systems. How and why to remake the workplace through the strategic use of technology. ISBN 978-0-9617968-1-5. Weingarten Publications, Inc. Boston, MA.

- Tapping, D., Luyster, T., Shuker, T. (2002) Value Stream Management. Eight Steps to Planning, Mapping, and Sustaining Lean Improvements. Productivity Press. New York, NY.

- Tapping, D., Luyster, T., Shuker, T. (2003) Value Stream Management for the Lean Office. Eight Steps to Planning, Mapping, and Sustaining Lean Improvements. Productivity Press. New York, NY.

- Tapping, D., Kozlowski, S., Archbold, L., Sperl, T. (2009) Value Stream Management for Lean Healthcare. Four steps to Planning, Mapping, Implementing, and Controlling Improvements in all types of Healthcare Environments. MCS Media, Inc. Chelsea, MI.

- Martin, K., Osterling, M. (2014). Value Stream Mapping. How to Visualize Work and Align Leadership for Organizational Transformation. McGraw-Hill Education Books. New York, NY.

第8章 识别精益指标(VSM 第5步)

在完成当前价值流图后,为了同步我们的流程,并消除浪费,我们将注意力转向评估潜在的未来机会,从而为我们的客户增加价值。但是首先,我们必须以可量化、可度量的精益指标来识别我们的目标,这是 VSM 的第5步,也是本章要介绍的内容。

如果没有对当前状态和期望的未来状态进行度量,那么就难以改进。这就像没有地址或者地图,驱车赶往一个陌生的目的地一样。没有地址或地图,不知道要走哪条路,要走多远,甚至不知道何时到达。本章帮助大家识别这些关键指标,这些指标将在大家构建未来期待的价值流图时提供决策依据。

阅读本章后,大家将了解帮助组织和 VSM 团队评估几乎所有价值流中待改进地方的基础精益指标。还将学习最适用于评估基于 DevOps 的软件交付团队和流水线的绩效指标。最后,将学习支持收集精益指标的相关工具。

在本章中,我们将讨论以下主要话题:
- 定义通用精益指标。
- 评估精益绩效。
- 度量关键软件交付度量。
- 实施精益度量工具。

8.1 定义通用精益指标

在前一章中,我们已经介绍了一些关于当前状态价值流图的精益指标。然而,除了软件交付绩效相关的度量指标外,我们并没有花时间去定义精益度量指标。此外,您的 VSM 团队还需要了解如何使用这些传统的精益指标,指标定义如下:

(1)周期时间(Cycle Time,CT):周期时间是完成一个过程或价值流活动时,从开始到结束的时间跨度。CT 实际上是对吞吐量(每段时间产出物的数量)的度量。因此,如果我们能在 40 h 的工作周内生产 400 个组件,我们的周期时间是 400/40=10 个组件/h。通常,VSM 团队仅计算工作时间并不关心在制品过程,也不计算各价值流活动之间的等待时间。然而,CT 中并不都是增值时间(VT),可能存在以浪费形式出现的非增值时间。这种浪费包括缺陷、库存、移动、过度加工、生产过剩、运输和等待。

例如,假设一个操作员在拉取一个工作项时,必须等待检索信息、材料或审查信息完成后才能真正开始他们的工作。在这种情况下,这种等待类型的时间仍然是活动周期时间的一部分。此外,在设备装配或材料更换上所花费的时间也属于周期时间的一部分。

举一个真实的例子,最近,我通过景观工程对后院做了一些翻新,供应商直接将材料卸载在我车道上的托盘上,这使得我不得不额外支付园林绿化承包商的费用,因为需要他们拆掉托盘,并通过人工的方式把材料搬运到我的后院。作为客户,我更希望供应商把材料直接放到我的后院。因此,我支付的周期时间(CT)不仅包含增值的景观美化工作,还包含了非增值的材料搬运工作,而非增值的搬运工作就是精益定义的 7 大浪费中的搬运浪费。

(2)库存天数:这是在日常生产中用于储存,并量化材料、零件或产品数量的指标。例如,如果我们每天消耗 20 个组件,但库存中有 100 个组件,我们的库存天数就是 5 d。

(3)每百万缺陷数(DPMO):这是一个度量每百万次出现缺陷数量的指标。例如,每一百万个活动中可能有 40 个缺陷。或者,每一百万行代码可能有 40 行缺陷。因此,我们需要精简说明 DPMO 测量的是什么类型的缺陷率。

我们的质量目标始终是努力消除所有缺陷、错误或故障。我们希望通过控制图表来监控与记录高度重复和连续流程中出现的任何级别缺陷,以发现我们的进程何时开始失败。当我们的度量趋向上限或下限时,我们仍然有时间在发生灾难性问题之前解决问题。

例如,精益生产实践者经常在精益生产过程中使用六西格玛计算方法作为期望的质量目标。六西格玛质量目标是每百万次中只有 3.5 个缺陷。

(4)停机时间:停机时间是与正常运行时间对立的。停机时间是用于度量设备无法工作的时间占总时间比率的指标。

(5)一次通过能力(FTT):这是用于度量在整个价值流中有多少产品在没有缺陷、错误或返工下被成功生产的指标,通常使用总单位的百分比来表示。FTT 是 80%,则意味着每 100 个产品中有 80 个产品没有因为缺陷或错误而返工。

(6)库存或工作项周转率:指定时间段内使用或销售材料、零件或产品的数量。这是一个重要的度量指标,因为高周转会促进高流动、获得高回报以及降低库存成本。

(7)前置时间(LT):这是从收到订单到交付产品给内部或外部客户的周期时间与等待时间的总和。在这种情况下,前置时间适用于整个价值流、业务过程,甚至价值流中一个或多个活动之间。无论如何,前置时间包含了整个工作跨度中等待时间与周期时间的总和。

(8)平均故障间隔时间(MTBF):这是一种基于时间的对活动或过程失败频率的度量,通常以小时为单位。例如,MTBF 为 89 表明我们可以预期活动或设备平均每 89 h 发生一次故障。

当然,没有完美的事情。我们还应该度量方差和概率的分布,以便更好地洞察故障频率。我们也想找到故障原因,以便能减少或消除它们。

VSM 团队应该把价值流设备,软件发版和由于安全漏洞和网络或计算机系统故障导致的停机时间纳入 MTBF 指标的分析范畴。

（9）故障恢复时长（MTTR）：这是一个关于从发现问题或故障到我们修复故障使其继续工作所花费时间的度量。MTTR 这一指标经常被用于评估价值流中设备的可用性，但也同样适用于度量我们软件产品、IT 基础设施与安全的可用性。

（10）按时交付：这是一种度量我们满足客户需求程度的指标，表示为完整的、没有错误或遗漏的准时交付给客户的产品或服务的百分比。

（11）总体设备效率（OEE）：这是工业机械或设备在质量、速度和可用性度量方面组成的精益价值流中效率百分比的可量化表达。确切地说，OEE 通过将质量、速度和可用性指标乘以百分比来计算设备效率，如下所示：

$$OEE = 质量(\%) \times 速度(\%) \times 可用性(\%)$$

例如，100％的 OEE 代表着一次生产伴随着 100％的良好质量，100％的最大生产率以及 100％的时间都没有被中断。但是请注意，如果质量、速度以及可用性都下降到 90％，在这种情况下，OEE 将下降到 72.9％（给出的 OEE 为 0.729）。

也就是，使所有要素都达到了 90％的效率，度量的价值流活动或设备效率也将下降到总生产效率的 73％。

（12）排队（等待）时间：这是下游过程中等待物料、零件、产品或信息就绪所花费的时间。在推式和拉式的生产控制系统中，当价值流活动中的批量大小和周期不匹配时，等待就会发生。

拉动式生产流程降低了等待与库存，只要操作人员能够严格限制流程缓冲区，并且在准备好后再拉入新的工作。在上下游活动接力之间发生的任何等待时间都被认为是时间延迟。

在面向推式生产流程中，可能会遇到明显更长的等待时间与队列。周期时间与批量大小不匹配的价值流使得降低库存与等待时间更加困难。尤其当在相同的工作单元或设备上使用不同的生产线时，因为预测工作项将何时何地展开将变得极其困难，进一步加剧了降低库存与等待时间的难度。

（13）可报告的健康与安全事件：在美国，职业安全与健康管理局（OSHA）实施健康与安全法规。但我们不应该仅仅关注法律，因为任何安全问题都体现了生产力、财务和法律责任。如果一个事件恶劣到需要报告，那么我们应该进行数据分析并度量，找到根因，即使不能彻底消除，也要采取行动尽可能避免。

（14）整体价值流在制品（WIP）：在精益中，最理想状态就是让一个工作项在价值流活动之间流动，这就是所谓的单件流。如果我们在价值流中有 10 个不同的活动，那么作为 WIP 的工作项总数最好不要超过 10 个。这一步目标可能无法短期实现，但是我们的目标是要监测、控制和限制我们整个价值流中的在制品。

（15）总周期时间（Total cycle time 简称 TCT）：这是对价值流中所有活动周期时间的合计。与特殊活动周期时间一样，不包括工作项在活动之间的等待时间，但包括了非增值工作相关的时间。

（16）总前置时间（Total lead time 简称 TLT）：这是价值流中所有周期时间和等待时间的总和。通过这个指标可以了解到从接收订单到产品交付给客户整个价值流需要的总时长。TLT 能够跨内部或外部客户的价值流进行度量。

请注意,TLT 价值还可能包括参与交付的多个开发和面向运营的价值流的前置时间。无论是哪种情况,重要的是它清楚地描述了与指定的 TLT 度量相关的价值流和活动的跨度。

(17)正常运行时长:这是对可用性的一种表达,度量设备在指定时间段内处于可用状态的比率。需要注意的是,对于可用时间的度量不包含计划停机时间(也称之为非生产性活动),例如预防性维护、设备设置或工作项转换。计划工作是增值还是非生产性活动并不重要,重要的是设备是否可用。

(18)增值时间(Value - adding Time,VT):这是价值流活动或过程中的周期时间(CT)减去浪费所花费的时间。理想的目标是一个活动的周期时间(CT)全部都是增值时间。(这意味着该活动没有缺陷、库存、移动、过度加工、生产过剩、运输和等待等形式的浪费。)我们很少能够实现这个理想目标,但我们会不断努力消除所有形式的浪费。

不管价值流类型如何,上述列出的标准精益指标可适用于任何精益改进计划。但有 4 个关键的度量指标能更好地预测一个 IT 组织的软件交付价值流的表现。我们将在度量软件交付表现的章节中讨论。下面让我们回顾一下 VSM 团队在评估和收集精益指标时需要记住的关注点。

1. 收集精益指标

当您的价值流团队审查哪些精益指标最能支持当前的价值流图练习时,请记住以下几点:

(1)查看团队章程,以了解战略方向和期望的结果。

(2)以消除浪费和以客户为中心的价值观评估价值流。

(3)确定需要收集的精益指标。

(4)获得管理层对团队所选指标的认可。

(5)基于标准化流程或活动数据来计算最有可能的结果。

(6)让所有团队成员、执行人员以及相关人员都能看到相关指标。

(7)既然已经知道了评估价值流的所有标准指标,并有策略地收集这些指标,那让我们来看看哪些指标在评估 IT 价值流绩效方面被证明是最有效的。

2. 分析当前价值流图指标

回到我们当前状态的价值流图(第 7 章,映射当前状态(VSM 第 4 步)),我们纳入了 LTs、VTs——总计完成并准确度的指标。现在让我们开始使用这些信息来分析价值流的表现。

表 8.1 显示了总前置时间(TLT)、总增值时间(TVA)以及在价值流中总计完成并准确率(%C/A):

表 8.1　总前置时间、总增值时间、总计完成并准确率表

指标名称	细化	开发	发布	IT 价值流
总前置时间	168	80	80	328
总增置时间	24	17	16	57
总计完成并准确率	81%	56%	89%	41%

这个表分为三个数据行,分别代表 IT 价值流三个部分的总前置时间、总增值时间、总计完成并准确度的值。表 8.1 所示的表格中第一列数据包含了产品代办列表中细化以及设计的活动工作项。第二列数据包含了从规划到准备发布的所有开发活动。第三列数据包括了将产品发布到生产环境的相关活动。

现在,让我们仔细看看 IT 价值流交付活动的细节。表 8.2 总结了 VSM 团队获取的精益度量指标与信息,涵盖了软件交付的整个 IT 价值流的所有活动。这些指标和信息被分别划分到与工作相关的类别中,包括待办事项细化、开发和发布,如下表所示:

表 8.2　整个 IT 价值流的精益指标表

指标	代办	开发						发布
	细化	计划	编码	构建	测试	合并	准备发布	发布
LT(小时)	168	16	4	4	24	8	24	80
VA(小时)	24	4	2	0.5	8	0.5	2	16
完成并准确度	81%	91%	95%	99%	77%	90%	95%	89%
总计完成并准确度	81.0%	73.7%	70.0%	69.3%	53.4%	48.0%	45.6%	40.6%
备注	产品代办事项列表中平均花费三周的代办,并且需要 3 d 细化与设计。	敏捷团队认为超过 2 d 来执行冲刺计划。只有 4 h 的增值时间。	开发团队成员花费 4 h 对新需求进行编码,但是只有 2 h 编写测试与开发环境脚本代码。	开发团队成员花费 4 h 构建,并执行单元测试,通常花费一半时间用来构建,并且 2.5 h 执行测试以及修复代码。	QA 团队花费 3 d 时间执行测试,并且反馈结果。通常当服务可用时,将花费 8 h 来构建并执行测试。	拉取、提交以及合并是快速简单的,但是为合并获得提前的许可是最耗费时间的。	QA 团队在有时间的时候在测试、灰度生产以及生产环境配置需求与服务。他们最多有 3 d 的时间。	在两周一次的基准上是被允许进行产品开发的。有 16 h 时间准备指导书与培训。

一些发布的任务,比如开发指南和培训辅助工具,有可能并行执行。但是 IT 价值流也可将特性累积到双周发布计划中,这就是 80 h 交付周期的原因。实际上,发布过程是 IT 开发人员和运维人员之间的过渡或集成点,它涉及 IT 组织双方的人员,但是

工作更加面向操作,并相应地进行分解。

需要注意的是,从计划到发布的总前置时间是 328 h,或者说从需求进入到产品代办列表,再到发布成具有特性或功能的产品,所持续的时间要比 8 周多一点。然而,总增值工作时间只有 57 h(或者大约 1.5 周)。我们的 IT 价值交付系统中有太多的等待时间,且我们还不知道原因。

工作项大部分的非增值时间积压在产品代办事项中——总共 168 h。这就是工作项根据优先级在队列中等待的地方。回想一下前面的陈述,在细化和设计的过程中。估算和控制这类创造性的工作是有挑战性的。这可能是造成延误的部分原因。然而,产品细化与设计活动中的总前置时间和增值时间之间巨大的差异,意味着我们在下游开发和发布活动中存在吞吐量的问题。

尽管如此,交付时间中 IT 价值流的开发和发布时间都增加了 80 h,或者将近一个月,从而增加了整个产品的交付时间。因此,在其他活动中,我们也会存在很多潜在的等待。根据这些增加的时间判断,我们可能有一些内建的约束在阻碍了我们的开发和发布流程。也许是设备和资源的限制以及审批流程阻碍。

下面我们离开分析当前价值流图指标的主题,进一步详细分析一下构成 CT 指标的时间元素。

3. 分解周期时间

纵观我们整个 IT 交付价值流中的增值时间,我们可以看到细化活动占的工作量最大,其次是发布和最终测试活动。为了降低成本和增加流动性,我们需要改进这三个方面。

随着我们开始更深入了解增值时间,将会探索几项会造成浪费的非增值活动,如下所述:

(1)等待时间:这包括材料或工作项在队列中等待处理的时间。等待可能有多种原因。其中一个主要原因是,当生产控制将更多的产品推入价值流或价值流活动时,超出了它的处理能力。导致等待的另一个原因是,当多个活动的产出速度超过单个活动的处理速度,或者下游价值流活动比上游价值流活动慢时,也会发生等待。

(2)步行花费时间:这是一种在精益中被称为移动浪费的形式。移动是非增值的时间和活动。目标是尽可能地消除移动。实现这一目标的方法包括将移动工作活动尽可能更紧密地关联在一起,并在价值流的位置中尽可能地重新配置工作单元的布局。

(3)输入数据花费时间:这是不增值的工作,但是通常是必要的工作。使用条形码、图像扫描以及射频识别(RFID)标签和阅读器等技术能够大大缩短数据输入所需的时间。

(4)检索文件花费时间:这是另一种形式的等待,也是非增值的工作。然而,在这种情况下,物料和操作员都在等待活动所需必要信息的完成。

(5)发送与查看电子邮件或其他信息花费时间:听起来像是进行增值工作所需的信息,无法在需要的时间和地点获得。这个问题类似于大文件下载相关的问题。

(6)增值工作:与前面列出的所有工作项不同,这是唯一增加产品价值的工作。

至此,我们已经了解了当前价值流图的前置时间和周期时间,下面让我们看看完成准确度指标。

4. 改进完成并准确度指标(%C/A)

我们需要考虑的最终问题是总计完成并准确度。粗看表 8.2 中的完成并准确度的数值都显得相对合理。但是仔细看看冲刺测试,77%的完成并准确度对最终合计平均值影响过大(在本例中为 41%)。简单说,完成并准确度度量指标是在不需要返工或纠正错误的情况下,通过一个活动或一系列活动重新处理工作项或信息的次数(100 次中的一次)。

每个活动都有一个完成并准确度的数值,而总计完成并准确度的数值会将所有系列活动的完成并准确度的数值相乘。因此,仅一个异常值就可能产生巨大的负面影响。此外,测试中的低完成并准确度值,是我们在未来的状态映射练习中需要关注的另一方面。

我们已经回顾了用于我们当前价值流图中的指标,下面让我们回顾一下评估价值流中精益绩效所需的工具。

8.2 评估精益绩效

1. 精益评估雷达图

至此,确定的精益指标既有助于我们评估价值流的流动效率,也可作为一种甄别浪费的手段。但是作为我们持续改善工作的一部分,为了消除浪费,在最需要关注的领域,我们还需要评估方法。一个可行的方法是通过开发精益评估雷达图。

精益评估雷达图是将已经学会的具体精益目标映射到一个表格上,像辐条一样从一个中心向外辐射。如图 8.1 所示,完整的雷达图看起来有点像蜘蛛网格。此图是一个精益评估雷达图示例。

雷达图实现了从中心无保证能力到外围的世界一流保证能力的能力分级从 0(没有保证)开始,向外辐射了四个改进的能力级别。

如图 8.1 所示,在我们的精益评估雷达图示例中,辐条具有以下等级。

- 0:无保证。
- 1:开始实施精益。
- 2:变化正在显现。
- 3:各级的结果都在改善。
- 4:世界级水平。

快速浏览一下图 8.1 中的雷达图,可以看出我们最重要的改进需求在于持续流动、质量和可视化控制。相比之下,5S 系统的实施和培训似乎都进展顺利。

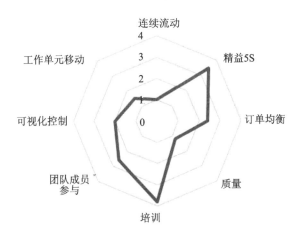

图 8.1　精益评估雷达图

2. 精益评估指标内容

没有精益度量指标作为目标,度量就会变得主观了。价值流团队必须努力确定每项评估精益实践是什么样的等级表现。在我们的雷达图示例中评估的精益评估指标包括以下内容:

(1)持续流动:持续流动是指代表流动的同步程度和效率,理想目标是实现单件流。

(2)精益 5S:随着 5S 实践的实施、安排和直观展示,表示价值流工作区域的干净、整洁、安全、组织良好的程度。

(3)订单均衡:订单均衡是指组织采用均衡化生产(Heijunka)和其他精益实践的程度。

(4)质量:质量是指价值流满足其既定质量标准的程度,同时也朝着没有错误、缺陷、返工或失败的理想目标而努力。

(5)培训:培训是指所有价值流成员都已完成了精益培训,并且可以接触到教练和导师,还可以根据需要获取精益培训辅助工具。

(6)团队成员参与:团队成员参与是指价值流团队成员和 VS 操作员参与遵循价值流的标准精益实践、参与精益评估会议、应用 5S 实践、参与精益培训计划以及支持持续改进目标的程度。

(7)可视化控制:VSM 团队、增值操作员、管理者维护和显示他们的精益指标、5S 标准和标准活动信息的程度。

(8)工作单元移动:工作单元移动是指价值流限制等待,应用准时制和拉动式调度概念,并使价值流与生产步调相匹配的程度。

在价值流团队到现场观察前,他们应该讨论,并且决定每个精益评估类别值从 0~4 应该是什么样子的。另外,还需要决定他们计划看到哪些内容,以正确评估每一个类别。

例如,对于 5S 类别,对价值流中 5 个"S"实践的每一个积极关注都可以获得 0.8 分,并且总分为 4 分。价值流团队关注每个类别的多个数值,因此平均值精确到小数点。

这些精益评估指标是我们改善工作的重要基础。与敏捷团队一样,精益团队必须努力改进他们的价值流活动,并使其持续流动。精益评估指标帮助我们看到团队可以在哪里改进他们的活动。

学习了关于精益指标部分,让我们快速回顾一下收集和应用精益指标相关的工具。

8.3 度量关键软件交付指标

到目前为止,分配给活动的指标是相对传统的精益指标,适用于任何组织的价值流。然而,Nicole Forsgren、Jez Humble 和 Gene Kim 在《加速:构建和扩展高绩效技术组织》一书中,列出了一个预测软件交付表现的关键指标候选列表(2018,第 17～19页)。基于他们详细的统计分析,涵盖了 2 000 个不同组织的 23 000 个调查反馈,发现以下 4 个度量在度量软件交付表现中是最关键的。

(1) 交付前置时间。

(2) 部署频率。

(3) 平均故障恢复时间。

(4) 变更失败率。

在 DevOps 研究和评估(DORA)团队的指导下,他们的工作仍然持续在进行,这是谷歌研究小组进行的一项为期 6 年的项目,以度量和了解整个 IT 团队的 DevOps 实践和能力。DORA 的研究发表在 2014—2019 年的 DevOps 的年度报告中。

在接下来的 4 个小节中,我们将仔细分析其每一项指标。

1. 交付前置时间

交付前置时间是从客户需求从构思到客户满意所需的总时间。在软件开发中,满意意味着产品满足其完成的定义,即团队和客户对于交付内容的验收标准达成了统一。

但是作为精益导向的一个度量标准,前置时间的计算是复杂的。在第 7 章,映射当前状态(VSM 第 4 步)中,特别是在准备映射部分,我们了解到定义和验证需求,并设计的活动是创造性的任务。与开发和测试代码、供应和部署这些相对标准化的工作相比,执行创造性工作所需的时间和精力很难预测。当我们谈到使用前置时间来度量软件交付表现时,通常最好是在产品待办事项中的需求被充分细化,并开始编码工作时开始计时。

高绩效的软件交付组织可以在不到一个小时的时间内完成开发、测试以及交付新需求,并将其作为代码库主分支的代码。相比之下,在最近数据(2017 年)中,表现最差的组织仅在每周一次或每月一次将工作代码提交到他们的主分支中,而且在以往的历史中,有多达 6 个月提交一次的。

2. 部署频率

部署频率是指代码发布到生产环境或应用商店的频率。综上所述,对较小的功能增量进行编码和测试要优于一次性构建和部署大规模的代码变更。表现最差的组织倾向于研发更多的功能,这反而增加了他们编码、测试和调试活动的复杂性,从而将他们的部署频率延迟到 1～4 周。相反,表现最好的组织会按需接受新的需求,以更小的增量构建功能,并且每天发布多个部署。

请注意,软件开发价值流是等同于单件流的理想化生产流概念。当组织建设了代码到发布活动的 DevOps 自动化流水线时,单件流即出现在软件交付中。单件流是 CI/CD 流水线的最终目标,也就是说每一次提交软件代码至配置管理库可以自动地通过流水线进入生产环境,而不需要人工干预。

从理论上讲,它仍然是止步于预生产环境以获得最终批准连续流的一个例子。但是,如果这个步骤还涉及多个特性的准备和发布,那么这个过程就变成了一个批处理过程。不管原因或优点如何,所有的批处理都会阻碍价值流向我们的客户。

3. 平均故障修复时间

平均故障修复时间是一项关键指标,因为它代表了当应用或系统发生故障,并且无法为客户提供服务的时间。通常,当系统或功能出现故障,直到我们能识别,并且修复这些问题前,我们别无选择,只能返回到修复。因此,关键是迅速发现故障,并且执行回至前一个工作版本。在理想情况下,我们希望在一个小时内看到 MTTR 的数值。表现不佳的组织需要一天到一周时间来恢复故障的服务。

4. 变更失败率

变更失败率代表代码变更导致失败所用的时间百分比,通常以 bug 或缺陷的形式被检测到。借助现代流水线部署能力,一个新的版本可能只涉及回滚新版本的功能。但是失败也可能表现为系统崩溃和服务不可用。无论如何,低绩效组织的变更失败率为 31%～45%,而高效能组织的变更失败率为 0%～15%(Forsgren,2018 年)。改进编写测试脚本,比如测试驱动开发和测试自动化能力,有助于降低变更失败率。

至此,我们已经对常见的价值流度量标准和 4 个最常定义软件开发组织性能等级的指标有了透彻的理解。在接下来的小节中,我们将探索如何使用状态价值流指标来分析当前状态。

5. 增加流动指标,并对价值流管理进行分析

除了 DORA 的 4 个指标外,软件开发的趋势是实现流动指标与分析的能力,为业务领导、产品经理和价值流团队提供可见性,以持续改进他们的流程。次优的流程和团队效能会对组织的精益—敏捷转型工作产生负面影响。

或者,当组织能够获得其业务运营和价值流准确与一致的指标可见性时,他们可以获取对改进活动和指导的指南。指标必须是可用的、最新的,并且在任何时候对所有受众都是可见的。

现代 VSM 工具能够更容易获取价值流指标。因为他们都是自动化的活动,并不

影响研究结果的人为操作和报表。自动化的数据获取,会使信息变得更加可达、及时、准确和可用。业务领导、团队成员以及其他相关人员必然会对数据及准确性有信心。

数据可能来自价值流流水线的许多不同的工具或系统。现代价值流工具应用了通用数据模型,会将数据标准化,以提供价值流的作业流数据端到端的展现。此外,有些具备人工智能功能的分析工具,可使高管和价值流团队成员更容易评估当前状态活动的流动,进而评估未来状态的替代方案。

此外,投资组合经理和产品所有者可以使用这些相同的流动指标和分析能力来评估他们的产品进展,并发布路线图。因此,企业所有者和相关人员就能提高对产品交付状态及其相关生产成本的可见性。

6. 超越 DORA4 项指标

DORA 的 4 项指标是有用的,因为它们有助于定义同行最佳软件交付能力关键指标。另外,它们还为向精益—敏捷实践转变的软件开发团队提供了一组有价值的度量标准作为奋斗目标。

然而,在精益—敏捷企业中,为确定持续改进的领域,并验证其改进目标和实现情况,组织还应跟踪许多其他指标。例如,Gartner 分析师 Bill Swanton 在 Gartner 报告《软件工程领导者如何使用价值流度量来提高敏捷效率》中确定了 18 个流动指标。这些领域的指标见表 8.3 所列。

表 8.3　Gartner 确定的流动指标列表

技术	产品	业务
代码变更规模	前置时间	产品成本
代码交付速度	周期时间	产品价值
代码重构率	吞吐量	投资回报率
代码评审率	在制品	产品质量
代码质量	流动效率	净推荐值
技术债务	工作概况	客户满意度

Swanton 说,这些指标可作为流动指标的范例,并指出:"就像精益制造过程中的度量指标一样,它们可衡量工作在系统中流动的顺畅程度以及团队对不断变化的需求响应程度。"

他进一步指出:"供应商开始为您提供的集成系统集成了软件开发、基础设施以及监控工具(版本控制、工作管理、测试管理等),以此来持续收集、计算和呈现指标。"

在这个领域做了大量工作的是业界引领者 Tasktop,其首席执行官是 Mik Kersten。

7. 实施流框架

第 12 章中会详细介绍 Tasktop VSM 工具以及其他领先的 VSM 工具供应商。考虑流框架与本节的相关性,我们将花一点时间来说明现代 VSM 工具如何帮助获取和分析流动指标。

Mik Kersten 博士(2018 年)在 *Project to Product* 一书中首次介绍了流动指标和流框架背后的概念。为方便在技术人员与业务相关人员之间建立一座桥梁,IT 领导者已经在世界范围内采用了这些概念。为系统地发现,并消除瓶颈,流框架提供了方法学和术语,这些瓶颈包括软件交付的减缓和业务结果的负面影响。

流框架的目标是确保业务层的框架和转型计划与技术层的框架和转型相关联,这些技术层框架和转型计划与实施敏捷和 DevOps 相关。Tasktop 的流框架扩展了整个业务的三种开发流程(开发、运营和客户加速交付)、反馈(创建更安全的工作系统)以及持续学习和试验(培养信任以及组织改进和风险承担的科学方法)。这些概念在《DevOps 手册》一书中有介绍(Kim 等人,2016)。

借助现代 VSM 工具,每个组织都可以收集数百个价值流指标用以评估改善流程、生产率、质量、成本、收入和标准合规情况的改进。对这些方法要心领神会。组织经常忽视端到端流程,导致很难回答图 8.2 中的问题:

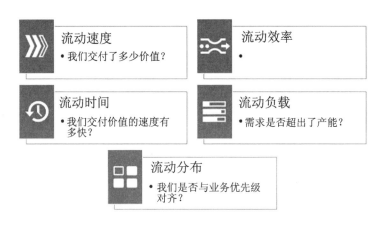

图 8.2　Flow Framework 流指标

流动指标有助于识别和解决系统瓶颈,消除由孤立的、局部可见的数据产生的低效局部优化。大家可以思考如何选择和改变来影响你的价值流。

4 个流动指标由利益相关者通过产品价值流拉动构成了一个商业价值单元。分别是特性、缺陷、风险以及债务,如图 8.3 所示。这些流动指标中的每一项都可以进行单独度量或将所有项作为一个整体来进行度量。图 8.3 显示了这些内容。

流动工作项代表组织交付的价值,即我们如何处理特性、缺陷、技术债务和风险的优先级会影响我们交付客户价值的能力。因此,业务和技术领导者必须协同工作,分析 4 种价值类型的流动、速度和优先级。

例如,通常特性具有优先权,但其他时候我们需要修复缺陷,降低我们技术债务或者解决关键风险与问题。最终,如果我们不能平衡与这 4 个流动工作项相关的工作,我们将付出沉重的代价。

尽管软件交付工作复杂又无形,但流框架通过定义如何从执行工具(集成模型)中

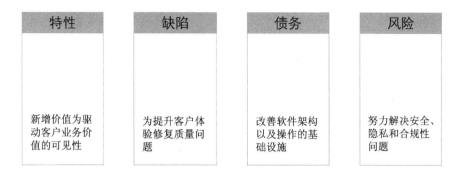

图 8.3　四个流动工作项

特性	缺陷	债务	风险
新增价值为驱动客户业务价值的可见性	为提升客户体验修复质量问题	改善软件架构以及操作的基础设施	努力解决安全、隐私和合规性问题

提取必要的数据,使得任何组织都可以获得价值流指标(以及 VSM 的日常实践)。这些指标被抽象成流动工作项和流状态(活动模型),和相对应的业务(产品模型)视图一起呈现。

通过呈现和分析流动指标,使得领导者和团队能查看和分析交付的业务成果,并为决策提供数据支撑。Tasktop 的价值流管理平台通过交互界面提供了开箱即用的功能。图 8.4 提供了流框架的海报视图:

Tasktop 指出,还有其他重要的框架(例如规范敏捷(DA)、规模化敏捷框架(SAFe)、大规模敏捷(LeSS)以及 Nexus)可以帮助组织扩展敏捷,并将这些实践与业务目标连接起来。其实,敏捷是一套价值观和准则,这种价值观和准则能帮助一个组织整合其资源和活动,来增加以客户为中心的价值,并灵活地应对变化。相比之下,价值流管理能够增加商业价值的流动,从最初的客户请求到客户交付。流动框架是软件交付组织中价值流管理的一种结构化的、规范化的方法,该框架的创建提供了一个在整个软件交付过程中以客户为中心的流动视角。因此,敏捷有助于确保我们在正确的时间交付正确的以客户为中心的价值,而价值流管理有助于确保我们快速高效地交付该价值。

8. 创造安全的工作环境

流动框架与敏捷的价值观与原则一致,我们绝不能将流动指标作为一个工具来惩罚或奖励个人和团队。相反,使用这些流动指标的目的在于帮助指导我们持续改进工作。

精益—敏捷实践强调团队的绩效,当出现错误时——这是不可避免的,我们需要全员参与的方法来解决手头的问题。如果团队和个人害怕被惩罚,可以预料他们将会变得保守,甚至可能隐瞒影响他们有效、快速和高效交付软件价值的能力的相关敏感信息。

因此,当我们的价值流中断时,我们需要停下来,并且让所有团队成员一起解决问题。如果继续生产流动,会导致排队、活动等待、产品延迟,并可能积累更多的缺陷,所有这些只会无端增加我们的成本。

实时获得流动指标带来好处,当问题出现时,我们能立刻发现问题。这让我们能够快速解决遇到的问题从而减少生产时间损失和其他浪费。此外,这些指标和分析有助

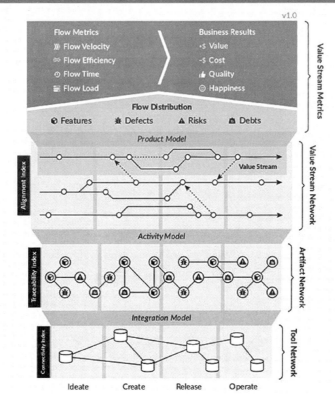

图 8.4　Flow Framework 海报

于帮助团队评估问题和发现根本原因,并集体讨论替代的解决策略。

8.4　实施精益指标工具

　　在关于精益指标部分,我们学习了常用于度量精益生产实践的指标,了解了对软件交付团队的绩效给出最佳预测的 4 个特定的度量标准;传统的 VSM 实践采用手工方式来获取和分析价值流指标;了解了现代化的 VSM 工具、流动指标和分析如何帮助我们提高软件交付的速度和效率,同时确保软件开发与业务目标一致。

　　至于手工方式方面,学习了如何使用白板或图表,或电子屏幕来让指标清晰可见。还学习了如何更新价值流故事板,以保持所有价值流团队数据的来源唯一,且可用。最后,学习了如何评估价值流的精益实践,涵盖了 8 个类别,并以精益评估雷达图的方式显示。这些都是与价值流实践同时演化的手工工具。

现代化价值流管理工具的优势,在于具有获取端到端流水线数据的能力,并且提供了通用数据模型分析工具。为支持 CI/CD 和 DevOps 流水线,他们在现代复活,价值流管理工具供应商实现了采集和分析指标能力,使用了所有其他类型组织完全相同的价值流概念和指标类型。因此,无论由多少第三方工具集成到 CI/CD 或 DevOps 流水线中,分析师都可以局部或全面地评估流水线的相关活动绩效。

但是现代 VSM 工具不仅局限于数据采集和分析,还支持流水线的集成、自动化和编排。我们将在未来状态绘制的下一章开始讨论这些主题,并在本书关于价值流管理供应商的第 3 节,深入探讨更多细节。

至此,我们结束了对精益指标的讨论,这是 VSM 方法的第 5 步。在下一章节(第 9 章,绘制未来状态图(VSM 第 6 步))中,我们将开始分三个阶段来绘制未来状态:评估与客户需求的一致性、实施持续流动以及通过生产控制以及协调策略实现生产流动的均衡。

8.5　小　　结

本章介绍了关键的度量指标说明,帮助我们从面向精益的角度评估价值流的有效性。还学习了如何收集有用的精益指标(通用 VSM 方法中的第 5 步)。

虽然价值流管理团队可以手动收集和分析指标,但这是一个费力的事。相比之下,现代的价值流管理工具变得越来越重要,这在很大程度上是因为它们能够实时获取和显示这些信息。此外,价值流管理工具的分析和假设功能,能够支持未来状态分析。

在下一章中,将学习如何在客户需求、持续流动以及均衡生产这三个不同阶段进行未来状态映射练习。在我们开始之前,花点时间回答以下问题。如果不记得这些信息或不太理解所有的问题,也不要担心。阅读前文寻找答案将有助于理解和记住知识。

8.6　问　　题

请回答以下 10 个问题:

(1) 为什么识别精益指标如此重要?

(2) 什么是周期时间?

(3) 周期时间和增值时间一样吗?

(4) 六西格玛的相关性是什么?

(5) 在精益软件交付中最重要的 4 个指标是什么?

(6) 列出造成浪费的非增值活动的类型。

(7) 变更失败率的相关性是什么?

（8）什么是最基本的精益评估工具？

（9）精益评估雷达图上有哪些典型的辐射线？

（10）在现代化的复活过程中，价值流管理工具供应商提供的指标分析实施平台，支持哪 3 个功能？

8.7 延伸阅读

- Tapping，D.，Luyster，T.，Shuker，T.（2002）Value Stream Management：Eight Steps to Planning，Mapping，and Sustaining Lean Improvements. Productivity Press. New York，NY.

- Tapping，D.，Luyster，T.，Shuker，T.（2003）Value Stream Management for the Lean Office：Eight Steps to Planning，Mapping，and Sustaining Lean Improvements. Productivity Press. New York，NY.

- Forsgren，N.，Humble，J.，Kim，G.（2018）Accelerate：Building and Scaling High performing Technology Organizations. IT Revolution. Portland，OR.

- Kim，G.，Humble，J.，Debois，P.，Willis，J.（2016）The DevOps Handbook：How to Create World-Class Agility，Reliability，& Security in Technology Organizations. IT Revolutions. Portland，OR.

- Kersten，M.（2018）Project to Product：How to Survive and Thrive in the Age of Digital Disruption with the Flow Framework. IT Revolution. Portland，OR.

第 9 章　绘制未来状态图（VSM 第 6 步）

在前面的章节中，我们学习了如何绘制当前状态图，如何执行精益办公室评估（Lean office assessment），以及观察和记录价值流的关键精益指标。还学习了如何记录价值流中工作和信息流动相关的重要信息。最重要的是，学习了如何从精益的角度可视化工作和信息的流动。

在当前价值流图中完成工作不需要太多的想象力，只需要准确地发现（通过现场走动，Gemba Walks）、记录和绘制。现在，我们将进入精益价值流图的创新阶段，并设计改进后的未来状态图。未来状态图的绘制分为 3 个阶段进行，帮助评估方法和改善价值流能力，满足客户需要，建立和保持连续的流动，并均衡客户订单的分配，以最大限度地提高运营效率。

在本章中，我们将讨论以下主题：
- 三个未来状态目标的建模。
- 第一阶段——客户需求。
- 第二阶段——连续流动。
- 第三阶段——均衡化。

具体来说，我们将学习如何通过结合精益和敏捷实践来开发我们的技能，以实现持续改进，并将精益思考与 CI/CD 和 DevOps 流水线实施相结合。我们从介绍未来状态图建模的 3 个阶段开始学习旅程：客户需求阶段、连续流动阶段和均衡化阶段。

9.1　三个未来状态目标的建模

本节引入了未来状态 3 个阶段绘制实作的介绍，包括分析客户需求、建立连续流动和实现均衡化。我们下列表包含每个阶段所涉及工作的简单说明：

（1）客户需求阶段（Customer demand phase）：此阶段包括分析客户对我们产品或服务的需求，还包括质量目标和前置时间。

（2）连续流动阶段（Continuous flow phase）：此阶段有助于改善流动，使我们的客户在正确的时间，收到正确数量和功能的产品或服务。

（3）均衡化阶段（Leveling phase：）：此阶段有助于在产品线之间均匀分配工作，减少等待时间，并淘汰批量处理（也就是说，目标是实现单件流）。

虽然这 3 个阶段之间可能有重叠，但初步的分析将遵循这 3 个阶段。

价值流像流水线流动一样运行，具有输入、序列事件或工作活动以及输出。在更复杂的环境中,我们可以期望与其他价值流甚至活动的分支进行集成。因为如果我们不理解需求如何流入我们的价值流,就更不可能理解我们最佳和连续流动的活动目标。

当我们识别和协调需求流动的输入时,VSM 团队就可以分析如何改善活动和信息的流动,以匹配需求速率。最后,我们可以预料到客户的需求会随着时间的推移而变化,因此我们需要了解如何通过均衡生产工作负载,持续地减少瓶颈、等待和其他形式的浪费。

由于未来状态阶段遵循上述的分析顺序,下面我们将以同样的顺序开始介绍这 3 个阶段,即从分析客户需求开始。

9.2　第一阶段——客户需求

在这个阶段的未来状态绘制实作旨在确保 VSM 团队在启动精益改进目标时牢记客户需求(customer demand)。但我们并不是通过讨论特性和功能层面来理解客户的需求,因为这类分析属于产品管理的职责。也就是说,工作项的识别、选择和优先级排序是 IT 语境中敏捷产品管理和产品待办列表梳理过程的一部分。

在此阶段,您需要回答以下问题:

- 我们的客户对此价值流的需求是什么?
- 您有多少客户?
- 所支持的客户类型或细分市场或利基市场是什么?
- 订单的可预测性是什么? 包括季节性调整,所有客户或按产品线划分的不同客户类型。
- 我们当前是过度生产,生产不足,还是刚好满足需求?
- 我们满足客户需求的能力是否会随着时间的推移而变化? 如果是,为什么?
- 以我们当前的资源和能力,我们能满足客户的交付日期吗? 如果不能,为什么不能?
- 我们需要预留缓冲或安全库存(safety inventories)吗? 如果需要,是哪一种,为什么,有多少?
- 当前有哪些问题需要解决?
- 我们的价值流的设施和运营是否足够干净和有序? 如果不是,会有什么负面影响,我们需要做什么来减少混乱和无序?

在精益中,专注于客户需求的重点在于实现领域。也就是说,VSM 团队致力于帮助改善价值流及其交付速率。在未来状态下,提升能力满足顾客需求,需要多步过程解决以下问题:

- 计算节拍时间(Takt time)。
- 确定批次生产时间(pitch)。
- 调整缓冲和库存。

- 改善工作环境。
- 解决当前问题。

VSM 团队通过计算价值流的节拍时间开始他们的未来状态——与客户需求相关的分析。

1. 计算节拍时间

理解生产节拍(Takt)是首要任务,因为它是衡量价值流交付产品或服务以满足客户需求的频率。如果我们不知道需求目标,就无法查明需要提升多少我们的交付量。

节拍时间(Takt time)是客户要求我们的产品或服务交付的节奏或速率。我们通过将净开动时间(Net operating time)除以特定时间内所需的产品数量来计算节拍时间。净开动时间是指特定周期内真正可用的工作时间(即,一班 7 h,一天运行 14 h,或每月 2 240 h)。

净开动时间(net operating time),是指去除会议、健康休息、午餐休息和其他非增值活动后的总可用时间。例如,在一个 8 h 的轮班中,有两次 15 min 的健康休息,一次 30 min 的午餐休息,以及 15 min 的每日站会,那么净开动时间是 405 min:

净开动时间＝(8 h * 60 min)－15 min－15 min－30 min－15 min＝405 min

如果我们的客户需求率为 810 件/d,我们的节拍时间可以计算如下:

$$405 \text{ min} \div 810 \text{ 件/d} = 每件 0.5 \text{ min}$$

如果每件产品的节拍时间为 0.5 min,那么平均每分钟就需要生产两件产品。大型商用飞机或船舶制造商通常不会要求每天交付多次。然而,汽车和电子设备制造商通常这样做。

在基于传统瀑布方式的系统或软件开发生命周期(SDLC)模型中,软件开发团队经常每年度发布新产品——通常与分配的财务年度预算时限规定的项目计划一起启动。由于多种原因,这种策略并没有很好地发挥作用。相反,现代敏捷实践允许软件开发团队在 1~4 周内交付新功能。

然而,即使有了敏捷实践,软件产品经理也可以选择不那么频繁地将软件发布到生产环境中。对于商业产品,交付活动可能必须与市场和销售促销活动一致。在业务流程改进(BPI,Business Process Improvement)语境中,新的软件增强功能会影响业务流程,它们需要提供辅助活动,编写和部署系统管理员支持指南,并培训辅导,以便与软件一起提供给运维人员和用户。

另一方面,持续集成和持续交付(CI/CD)工具和实践增强了敏捷实践,可以更频繁地部署新的软件版本。IT 开发部门可以从集成软件工程的工具开始,形成集成的工具链,从而帮助自动化和加速贯穿软件开发生命周期(SDLC)过程各组成部分的流动。

随着成熟度的提高,IT 组织实现了集成的自动化工具链,用于支持跨软件开发和运维部门的工作和信息的流动。这些集成的自动化工具也称为 DevOps 流水线或 DevOps 平台,显著地提高了软件交付的速度和可靠性。

例如,现代 DevOps 环境的持续部署能力允许一天多次向生产环境发布新的特性和功能。此外,成熟的 DevOps 流水线允许开发团队按需创建多个测试环境,并在部署前快速验证功能、系统负载、性能和承压能力。

在线零售商、保险公司、制造公司和医疗保健品提供商之间竞争激烈而快速变化，有助于证明对 DevOps 流水线和平台进行投资是合情合理的。如前所述，DevOps 能力是角逐在数字经济中和满足客户不断变化所需的筹码。节拍时间决定了生产节奏。

2. 确定批次生产时间（pitch）

批次生产时间（Pitch）是在价值流中生产一集装箱（container）产品所需的时间总量。理想的情况下，客户订单将以恒定的速度每次发来一个，一个订单一批，我们能够以相同的速度将这些订单作为单件流（single-piece flows）进行处理。但对大多数生产商来说，这种情况很少。此外，我们的供应链合作伙伴不可能仅为了满足一个客户订单而交付物料和零件，毕竟大批运输实体产品的成本通常更低。

当软件通过接入互联网进行部署时，运输成本就不是问题。但是，当软件被包装成光盘或作为物理产品的一部分时，软件的交付仍然成问题。

由于这些原因，我们很难将生产速率与精确的节拍时间相匹配，生产调度人员必须找到有效应对这些差异的方法。这就是建立单位制造时间的目标——确保组织能够以最有效。

在学习如何计算单位制造时间之前，我们需要了解单位包装数量（Pack-Out Quantity），因为它是度量单位制造时间的一部分。单位包装数量是指客户（内部或外部）希望作为一个批次一起交付的物品数量，通常在运输过程中放在一个集装箱中。

考虑单位包装数量的最简单方法是想象构建足够多的零件，以填满运往客户的运输箱或集装箱。如果我们能够以单件流方式生产，并一次装运一个零件，那么我们的单位包装数量就是一个。然而，如果我们提供产品是用来满足零售商的订单，包装数量可能会因时间、产品类型和每个客户的销售量而有所不同。

批次生产时间的计算相当简单，就是节拍时间乘以批次打包数量。例如，如果我们的产品 A 的最佳打包数量是每次装运 100 件，（译者注：节拍时间每件 0.5 min），每天生产 400 件产品 A，我们的单位制造时间可以计算如下：

单位制造时间＝0.5 min/件 × 100 件零件＝50 min

那么，每天的生产批次为：

生产批次＝每天 400 个零件÷100 个零件/装运＝每天 4 个批次

也就是说，价值流必须每天生产四个批次的 100 件产品。

当我们在思考批次生产时间代表什么时，必须理解节拍时间是由客户驱动的，但单位打包数量可能是，也可能不是。因此，在考虑单位制造时间时，有几个因素必须考虑到。

（1）客户可能不会选择一次性购买或接收一种产品。由于季节性调整，一些客户可能会要求不同批量的货物。此外，由于冗长的安装和转换时间以及批量处理过程，组织可能还没有能力以单件流的形式最高效地生产产品。

（2）价值流以更大的批量进行或许是最好的，这样可以最大限度地减少零件和材料的转换。因此，运输成本通常是确定最佳交货批量的一个重要因素。

（3）在软件交付组织中，单位包装数量和单位制造时间成为在敏捷中跨冲刺（Sprint）发布的影响因素。例如，敏捷 Scrum 框架根据每个冲刺（Sprint）完成的用户故事数量来评估他们的单位包装数量，而冲刺（Sprint）周期就是他们的单位制造时间。

（4）许多 IT 组织都存在基础设施限制，这可能会限制它们可以并行运行的测试服务器的数量。在这些情况下，单位包装数量是它们可以并行测试的数量，它们的单位制造时间即是测试活动的持续时间。

（5）客户可能不愿意在一次生产过程中获得所有的新功能，特别是当这些功能影响到业务流程和需要通知，并培训员工时。在这种情况下，每次发布都有"单位打包数量"的特性，而单位制造时间就是两次发布的时间间隔。

3．理解生产控制

当组织必须处理更大批量规模的工作项时，调度程序应该实现生产控制机制。例如，利用看板箱（Kanban bins）或生产均衡柜（Heijunka boxes），并根据生产工作项的数量和类型来平衡工作项的流动。

价值流操作人员仍然是将工作项拉入他们的工作站。不同的是他们拉走了全部的东西，而不仅仅是一部分。例如，在生产制造过程中，零件可能会被装在一个箱子里，操作员以其特定活动设计允许的计件率完成他们的工作。然后，一旦箱子被重新装满，下一个操作员可以在他们有可用的容量时，将整个箱子拉进他们的工作站。

在软件交付价值流中，软件工程师从冲刺待办列表（Sprint Backlogs）中选取工作项，并完成他们的工作，以实现和测试相应用户故事的功能。实际上，冲刺待办列表就像一个生产均衡柜，用来管理通过开发和测试活动的用户故事集合的流动。

图 9.1 展示了一个冲刺待办列表，它被描绘成用于在即将到来的冲刺中进行开发的用户故事的容器。

图 9.1　冲刺（Sprint）待办列表是一种生产均衡柜

团队已经为即将到来的为期两周的冲刺选出了 6 个优先级最高的工作项（如图 9.1A 到 F）。然而，产品所有者平均每 4 周发布 20 个新需求到产品待办列表中。因此，我们需要管理开发团队的能力，以支持客户的需求。

让我们假设开发团队成员除了休息和会议，每天工作 7 h，也就是说每个月（按 4 周共 20 个工作日计算）的净开动时间为 140 h，或者说在 2 周（以 10 个工作日计算）冲刺周期的净开动时间是 70 h。因此，无论选择哪个时间段，每个工作项的节拍时间都是 7 h（140 h 净开动时间/每 4 周 20 个新需求），即平均每 7 h 就有一个新的工作项进入我们的 IT 价值流。

因为开发团队为他们的冲刺待办列表选择了 6 个工作项,所以这个批次的单位制造时间是节拍时间(7 h/工作项)乘以本次冲刺选择的工作项数量(6 个工作项),即 42 h。也就说,开发团队必须在 42 h 内实现 6 个工作项数量的新批次,以匹配节拍时间交付速率。

由于在每两周的冲刺周期中有 70 h 的净开动时间可用,我们很容易认为满足需求应该没有问题。但是等一下——价值流管理团队的工作还没有完成。此外,我们还需要根据 6 个工作项通过整个价值流所需的时间来评估单位制造时间。

如果我们在 IT 价值流中有一个相应的自动化和连续的流动,我们也许不会担心这个问题。然而,在基于 Scrum 的敏捷实践中,开发团队只能在接下来的两周内(一个冲刺周期)处理这 6 个工作项。

回顾前面在当前价值流图中展示的指标,以及第 8 章识别精益指标(VSM 第 5 步)中"表8.1　总前置时间、总增值时间和准确度表"和"表8.2　整个 IT 价值流的精益指标表"的指标表格。我们知道整个 IT 价值流的总前置周期(TLT)为 328 h,也就是 8 周多一点的时间,即大部分时间都花在产品待办列表队列等待中,或者等待作为特性的新版本上。

从积极的方面来看,我们在整个 IT 价值流中的总增值时间(TVT,Total Value-added Time)为 57 h,完全在 70 h(2 周的冲刺周期)的净开动时间之内。消极的一面是,在与开发相关的活动中有 80 h 的前置时间,在与发布相关的活动中同样有 80 h 的前置时间。

VSM 团队需要做一些工作来解决等待和周期时间不匹配相关的问题。例如,如果基础设施无法以单件流的方式按需准备,工作项可能会在测试时再次排队。类似地,经过测试的软件工作项,可能再次处于队列中,等待被发布到客户的生产环境中。

在敏捷环境中,每个冲刺都有可能向生产环境中发布产品,但是它们通常不会过于频繁和正式发布产品。正式发布让我们有时间实施商业交付的市场推广和销售活动,以及当软件交付影响关键业务流程时的社交分享和培训。

等待是 IT 软件交付价值流中主要问题的一个例子。既然我们已经注意到队列有时是必要的或不可避免的,接下来让我们讨论如何管理它们。

4. 管理缓冲区(buffers)和安全库存(safety inventories)

到目前为止,我们已经学习了如何使用节拍时间和批次生产时间来管理流动,从而满足客户需求。但我们还需要管理缓冲区和安全库存,以确保始终有在制品(WIP,Work in Progress)来等待客户。但我们不能有太多的库存,人为地引入问题会造成最终产品延迟,并增加我们的运输成本。我们已经知道在制品队列等待是 IT 价值流中常见问题,所以让我们从这里开始。

5. 消除在制品队列

在我们进一步讨论之前,需要理解消除工作项和物料的所有在制品缓冲区的必要性。在制品队列只是隐藏了问题，并不能以任何方式帮助改善流程，也可以说在制品队列仅是隐藏流动问题的机制。精益允许的唯一库存是需要运输的成品，但即便如此，也有严格的限制。

同样重要的是，不要将库存的概念与批量处理工作项相混淆，如前一节关于"建立单位制造时间"的描述。"库存"一词意味着在我们价值流流水线或其片段中包含的物料、工作项或产品的总数。相反，批量是一种机制，用于通过价值流将一些工作项（物料或产品）汇聚到一起，以改善流动。

例如，当一个软件开发团队从产品待办列表（Product Backlog）中选取一个工作项列表时，由此产生冲刺待办事项列表（Sprint Backlog），实际上冲刺待办事项列表是团队判断最适合在即将到来的冲刺中完成的批量大小。

6. 在冲刺待办事项列表中流动工作项

在短期我们能够实现单件流之前，在更大的批量规模中流动工作项可能更有效。这种限制是由于价值流不均匀的流动所造成的，如不匹配的周期时间、安装时间和批处理过程。

这就是我们 IT 价值流的具体例子。我们通过实施迭代增量式开发的敏捷实践，借助冲刺待办事项列表最小化工作项在制品来改善生产力。实际上，这是 IT 价值流冲刺待办事项列表的目的所在：在可管理的范围内控制产品开发流程。但是工作项的批量流动并不等同于允许那些正在进行的工作项在活动之间排队和等待。

在敏捷环境中，一种常见的方法是为即将到来的冲刺从产品待办列表中选择"大量"工作项，然后使用看板管理冲刺中工作项的流动。之后，当 IT 部门实施成熟的 CI/CD 或 DevOps 流水线，简化、集成和自动化其软件开发生命周期（SDLC）过程时，IT 价值流就可以开始对产品待办列表中排队的工作项实施单件流。

7. 使用看板管理流动

另一种管理流动的策略是完全消除基于敏捷的冲刺，从而转向纯粹的基于看板（Kanban-oriented）的生产控制策略。在看板系统中，开发团队成员直接从产品待办列表中选取经过细化和优先级排序的工作项，在整个开发流水线中要从头到尾地处理每一个工作项。

有效地实施基于看板的 IT 生产控制策略需要相当成熟的 CI/CD 能力。如果没有软件开发生命周期活动的集成和自动化能力，团队将花费大量的时间在安装和配置开发、测试环境以及等待测试结果相关的非增值工作上。

在合适的看板系统中，产品待办列表中的所有工作项必须在敏捷/Scrum 团队开始新的工作之前贯穿软件开发生命周期的流动。看板和敏捷实践并没有消除传统的软件开发生命周期活动，包括编码、构建、集成、合并代码、配置、准备开发和测试环境、执行单元测试、集成测试、系统测试和其他重要测试。

但是这些活动的执行应更频繁，以适应在每个迭代开发周期中产生较小的新功能增量。集成和自动化改善了流动，并帮助消除软件开发生命周期中的浪费，而价值流管理有助于识别优先级,并推动 IT 价值流的改善。

图 9.2 展示了在 IT 价值流中实施的看板生产控制策略。注意,看板并不引用特定的软件开发生命周期的任务。相反,这些活动都被封装在基于看板的产品工作流程的进行阶段(In Progress)和验证阶段(Verify)中。

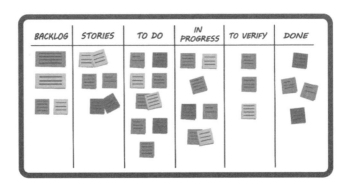

图 9.2　IT 价值流看板

同时,基于拉动方式的看板生产控制策略禁止 Scrum 团队在完成冲刺待办事项列表的用户故事之前接受新工作。

对于 Scrum 团队来说,唯一的办法是拆分用户故事,并分配给到团队成员,每个用户故事贯穿所有相关的软件开发生命周期活动,包括负载、压力和性能测试。如果真的发生了这种情况,这类测试活动往往是在产品发布到生产环境之前成批进行。

8. 利用 CI/CD 流水线改善流动

通常,将测试推迟到产品发布之前进行会带来批量处理的问题。任何隐藏在代码中的缺陷或 bug 都会在 IT 部门计划发布软件产品时被发现,这将被迫推迟产品发布日期。此外,在后期阶段集成代码的复杂性使得隔离和调试有问题的代码、APIs/web服务、查询、安全性、计算或网络等相关问题变得十分困难。

简而言之,除非开发团队有一个成熟的 CI/CD 流水线,否则看板和 Scrum 的实践会不协调。只要有了 CI/CD 能力,开发团队就可以端到端的处理每个用户故事和特性,而不会导致延迟。在这点上,团队需要评估他们的冲刺周期大小,以及他们想要在冲刺待办事项列表中安排多少工作项。记住,精益的目标是最终实现单件流。同样的目标也适用于精益—敏捷实践。

现在我们知道了允许在制品队列并不是精益的实践,那么让我们看看在什么地方允许队列和等待是有意义的。

9. 允许成品库存

在精益实践中,我们的价值流中有两种类型的库存需要管理:缓冲库存(buffer inventories)和安全库存(safety stocks)。两者都是成品库存的例子。"成品"一词仅意味着产品已经完成开发,并通过了质量保证(QA)/测试,但在出售前因某种原因被滞留。

在软件开发中,软件组件和产品的发布可以在满足完成定义(Definition of Done)

的验收标准后被延迟交付（或临时存储），从技术层面上，这些产品已经可以交付给客户、零售商或应用商店，或者安装在生产环境中。造成这种延迟的主要原因是为了确保交付的其他要素已经就绪。

例如，软件产品可能作为物理产品的一部分发布，或者由于作为更大的功能发布的一部分而延迟。软件也存在被延迟交付的可能，以便与市场营销和促销活动、或新业务流程的发布保持同步。

缓冲库存（Buffer inventories）是指当客户需求发生变化时，组织为满足客户需求而持有的额外成品库存；即节拍时间的变化。相反，安全库存（safety stocks）是当价值流的流动被中断时（如设备故障、电源中断、劳动力问题和意外的质量问题），用于持续满足客户需求的成品库存。缓冲库存和安全库存是分开存储和管理的，因为它们有两种截然不同的用途。

然而，同样重要的是要理解成品的概念，并不仅包括由我们的价值流产生的已完成的工作项，还包括从供应商采购的物料和零件。如果我们的价值流合作伙伴或他们的运输以及分销服务遇到交付问题，准备这些类型的库存来防止价值流"枯竭"可能是有意义的。

当软件产品集成到物理产品中时，例如生产制造设备和汽车的控制系统，或者为了支持基于物联网的价值交付能力，这些思想尤其重要。

10. 物联网（IoT）

物联网是一个描述嵌入了传感器、软件和其他技术的物理对象网络的术语，这些技术支持基于互联网的连接，并与其他连接的服务器、设备和信息系统交换数据。此外，物联网功能允许我们提供产品增强功能，如更新汽车、卡车、飞机、船舶和其他运输系统中的导航系统。

随着软件产品驱动着我们诸多现代产品和服务，组织必须小心地管理工作项（即软件、硬件和其他物理产品和组件）的库存。然而，组织还必须管理所有组织价值流的资源，以支持客户需求的变化。

11. 管理缓冲区和安全资源

库存的概念不仅局限于管理零件、物料和已完成工作项的储存。价值流可能需要缓冲和安全资源，以在需求旺盛时期或当我们的价值流操作员休病假时提高产量。缓冲和安全资源包括使用加班时间，雇用临时工人或退休人员，或从其他部门借用人员等。

类似地，我们可能需要在设备或工具中配置额外的能力，以管理不同客户需求负载之间的流量，或者弥补在价值流因任何原因意外关闭时损失的时间。也有可能将多余的工作交给其他价值流或拥有多余设备和人力资源能力的合作伙伴或承包商。在后一种情况下，组织必须采取主动措施，确保合作伙伴/承包商能够以同等的质量和成本交付。

12. 使用成品超市

库存有助于在需求、零件、物料和产品的可用性中断的情况下保持流动。但我们也可以使用库存来帮助我们实施拉式生产控制策略。用于此目的的库存被称为成品超市（finished goods supermarkets）。

从成品库存按需拉动产品来满足客户订单，价值流将会快速补充这些工作项。从概念上讲，成品超市的运作方式与当地杂货店的运作方式非常相似。顾客从杂货店的货架上取下（购买）产品，然后进货员从他们的成品缓冲仓库拿取产品，并将其补充到货架上。

超市是跨价值流和价值交付链进行工作的。客户从组织的成品库存中拉动产品，即使实际的拉动过程涉及装运部门和货运公司。价值流根据上游的生产和操作流动重新补充成品库存。同样地，当组织的交付价值流拉动它们时，供应链合作伙伴会重新补充物料和部件。

超市是准时制（JIT，Just in Time）生产理念的精髓。作为最下游的活动，客户触发了工作、信息和物料的流动。所有其他之前（即上游）的价值流和价值链活动以同步和准时制的方式补充其增值工作，以满足下一个客户的需求。

当我们在 IT 环境中发布先前所有累积的"产品"时，最接近于"运送成品"。但是与拥有软件成品库存的目的并没有什么不同，因为目标仍然是当客户准备好接受产品时才进行发布。

到目前为止，我们的 VSM 团队已经计算了所有产品线和客户的节拍时间，并且他们已经建立了一个或一组单位制造时间来改善流动，以符合客户的交付需求。除此之外，还可以改善工作环境，以帮助价值流满足客户需求。

13. 改善工作环境

精益组织使用 5S 系统来改善工作环境。我们不需要花太多时间来讨论这个话题，因为我们已经在第 6 章中介绍了 5S 如何改善工作区。5S 系统的目标是创造一个有效且干净的环境，提高工作环境的效率、效益和安全性。

5S 系统的一个基本要素是，它提供了一个持续的机制来观察和解决无序和混乱的问题，这些问题可能会阻碍流动、导致延误或隐藏问题。在精益中，我们总是根据浪费的 7 种形式来看待问题：运输（transportation）、库存（inventory）、移动（motion）、等待（waiting）、过度加工（overprocessing）、过度生产（overproduction）和缺陷（defects）。回顾第 6 章启动 VSM 举措（VSM 第 1～3 步）中精益的 7 种浪费——7 种致命的浪费。

作为快速回顾，图 9.3 表示了 5S 系统方法和潜在浪费区域（即：精益的 7 种浪费）：

5S 系统以数字形式列出，因为这些活动的执行往往遵循图 9.3 中的这个顺序。精益浪费的类型和程度因不同的组织和价值流而异。我们按照浪费对我们价值提供能力的影响顺序，从最高到最低来消除浪费。这里要说明的是，5S 系统有助于 VSM 团队、价值流操作员和其他利益相关者消除任何阻碍精益生产过程的浪费。如果您需要进一步复习 5S 方法，请参考第 6 章《启动 VSM 举措（VSM 步骤 1～3）》。

5S 系统	精益的浪费
1. Seiri（整理）	缺陷
2. Seiton（整顿）	过度生产
3. Seiso（清扫）	等待
4. Seiketsu（清洁）	未被利用的人类才能
5. Shitsuke（素养）	运输
	库存
	移动
	过度加工

图 9.3　5S 系统方法和潜在浪费区域

至此，让我们进入评估如何改善满足客户需求能力所必须的最后一个工作领域。在下一节中，将学习如何运用问题解决方法来提高价值流绩效，从而满足客户的需求。

14. 解决需求相关的问题

由于客户需求经常随时间而变化，无论是在数量上还是在产品需求方面，与需求相关的问题都是价值流操作者和管理者必须解决的持续问题。从客户的角度来看，当客户很难下订单，或者无法获得他们想要的特性和功能，质量无法接受，或者交付日期超出了他们的等待意望时，就会出现与需求相关的问题。

这里有许多问题解决模型，VSM 团队可以用来解决他们的客户需求问题。让我们来看看爱荷华大学人力资源部（Iowa University Human Resources Department）发布的 8 步问题解决过程（8 - Step Problem Solving Process）。以下是问题解决过程的 8 个步骤：

（1）第 1 步——定义问题

为了理解这个方法，你必须思考以下问题：

① 问题是什么？

② 如何发现问题？

③ 这个问题是什么时候开始的，已经持续了多久？

④ 是否有足够的数据来遏制问题，并防止传递到下一个流程步骤？如果是，请遏制问题。

（2）第 2 步——澄清问题

在试图解决问题之前，我们需要确保我们真正理解问题的范围。我们可以通过回答以下问题来澄清问题。

① 对于澄清或充分理解问题，哪些数据是可用或必须的？

② 此时这个问题的解决是当务之急吗？

③ 是否需要额外的资源来澄清问题？如果是，将问题上报给领导，以帮助找到合适的资源并组建一个团队。

④ 考虑一个精益事件（Do−it，Burst，RPI，or Project）。

确保问题得到遏制，并且不会进入到下一个流程步骤。

(3)第 3 步——定义目标

在软件开发中,我们总是想知道一个新的特性或功能必须提供什么样的能力来满足客户的需求。在敏捷中,我们称之为完成定义(DoD,Definition of Done)。同样的理念也适用于解决与需求相关的问题。我们需要定义目标,为未来状态的改进定义所需的状态。

① 我们的最终目标或期望的未来状态是什么?

② 解决了这个问题,我们将实现什么?

③ 预期什么时间解决这个问题?

(4)第 4 步——识别问题的根本原因

无论我们需要解决什么问题,我们都不能只解决表面问题。专注于解决表面现象就像头痛时服用阿司匹林一样——它只能暂时缓解头痛,因为我们没有找到解决它的根本原因。以下列表提供了一种策略,用于发现客户需求相关问题的根本原因。

① 识别问题的可能原因。

② 优先考虑问题可能的根本原因。

③有什么信息或数据可以验证根本原因?

(5)第 5 步——制定行动计划

通常,与客户需求相关的问题非常复杂,需要大量的活动和人员来妥善解决。在这种情况下,VSM 团队应该创建一个行动计划,定义所需的活动、时间框架以及角色和职责,如下所述:

① 列出解决根本原因和防止问题重复出现所需的操作清单。

② 确定每项操作的所有者和时间线。

③ 确认完成的状态操作。

(6)第 6 步——执行行动计划

当然,制定行动计划和执行行动计划不是一回事。需要有人负责确保工作圆满完成。与精益和敏捷实践一致,价值流图团队可能会评审进展和结果,但需要有人跟踪和指导这项工作,如下表所述。

① 实施行动计划以解决根本原因。

② 维护和展示可见的进度图表。

③ 验证所有行动项的完成情况。

(7)第 7 步——评估结果

此步骤验证步骤 3(定义目标)所列目标的实现情况,并获取行动的经验教训。首先,在结束活动之前,我们需要确保已经实现了行动目标。但是如果我们在过去已经完成了类似的发现和分析工作。事实上,如果我们注意,并维护准确的历史纪录,我们可能已经有了解决当前问题的办法。以下列表包括评估我们的发现和结果的活动。

① 监控和收集数据。

② 是否实现了在第 3 步中设定的目标? 如果没有,请重复 8 步过程。

③ 有没有出现未预见到的结果?

④ 如果问题已经解决,请删除之前为遏制问题而添加的活动。

（8）第 8 步——持续改进

第 8 步最后一步有助于发现和解决任何遗留问题。例如,我们是否有足够的数据来处理和解决客户需求问题? 我们能做得更好吗? 如果是,我们如何做得更好? 步骤 8 涉及以下活动。

① 寻找实施更好解决方案的其他机会。

② 确保问题不会重现,并交流经验教训。

③ 如果需要,重复问题解决过程的 8 个步骤,以推动进一步的改进。

15. 绘制客户需求地图

至此,我们现在有足够的信息来制定一个未来状态图了,该图将阐述我们的改善想法,以提高我们满足客户需求的能力。需求阶段的未来状态图使用价值分析(VA)映射符号,但是映射过程是不同。以下列表描述了支持绘制未来状态需求阶段图所需的步骤。

（1）使用 VSM 故事板作为指南的同时,在白板、海报板或电子系统上开始绘制新的未来状态客户需求地图。

首先在白板的顶部画出客户和供应商(如果他们与客户不同)。

记录客户的要求和需求满足条件,包括节拍时间(Takt time)和批次生产时间(pitch)。

将最后一个活动(即最下游的活动)放在绘图区域的最右边。

在白板的左侧,画出开始客户请求或需求的上游流程。

（2）划出在客户和供应商之间的手工或电子通信链接。

（3）用相应的价值分析(VA)符号画出缓冲区和安全库存。

（4）画出价值流操作员需要实施 5S 系统进行改进的地方。使用改善行动(Kaizen Burst)图标,以代表改善活动。

（5）确定解决问题的项目需要在哪里实现。（请使用"改善行动"图标。）

图 9.4 展示了在客户需求阶段改进的未来状态图,它可能看起来像我们的未来状态 IT 价值流:

未来状态图上的数字表示前面列表中提到的映射步骤。在我们的例子中,VSM 团队已经决定他们必须聚焦的 3 个关键领域,以提高 IT 价值流响应客户需求的能力。第一个计划的改善行动(Kaizen Burst)是使用 5S 系统来发现可以改善流程和消除浪费的"低垂果实(low‑hanging fruit)"。第二个改进活动是帮助指导开发团队在软件开发和测试工具上的集成工作,以实现更有效的 CI/CD 工具链。最后一个改善行动(Kaizen Burst)是使用问题解决方法来帮助开发团队实施看板系统。这种策略能够对即将到来的请求进行更快速的响应。

本节我们完成了对未来状态客户需求映射的讨论。在进入未来状态客户流动阶段之前,让我们回顾一下在未来状态映射的需求阶段使用的工具。

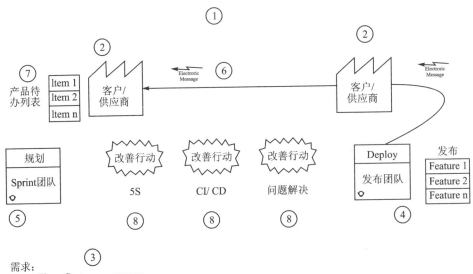

需求：
- Three Customer personas
- Sprint Goal=6 User Stonries
- Sprint Duration is 2 weeks
- Monthly product releases

Takt time: 7 hours (avg) per item
Pitch: 42 hours

图 9.4　IT 价值流未来状态图—需求阶段

16. 未来状态——客户需求工具

在未来状态这个阶段使用的工具帮助 VSM 团队改善价值流对客户需求变化的响应。我们首先计算客户和产品的节拍时间，并根据不同假期或其他季节性的需要进行调整。

VSM 团队创建了价值流的批次生产时间（pitch），即节拍时间乘以工作单位数量（单位包装数量）。单位制造时间的目标是确定在价值流中移动工作项的最合适批量大小。

接下来，学习如何协调成品和资源的缓冲库存和安全库存，以确保需求和流动的波动不会停止我们的价值流，从而导致无法进行增值工作。还会学习如何利用成品超市来实施基于拉动方式的生产控制策略，以贯穿价值流甚至超越价值交付链。

改善价值流对客户需求变化的响应的另一个重要工具是 5S 系统。价值流操作员使用 5S 系统清除杂乱，组织工作区域，以提高工作流程和效率，并普遍提高操作员的健康和安全。此外，5S 系统有助于价值流团队评估和消除浪费的来源。

在这一阶段，VSM 团队开始评估阻碍价值流响应客户需求变化的问题，并分析每个问题的原因和影响。

在本节中，学习了如何使用 8 步问题解决过程来解决与需求相关的问题。最后，开始制定未来状态图，以直观地展示价值流的预期变化，并更新节拍时间和单位制造时间。VSM 团队在一个大白板或海报板上，或电子工具上绘制未来状态图。理想情况下，VSM 团队应该使用价值流故事板格式将所有关键信息保存在一个地方。

　　本小节我们总结了关于绘制未来状态图进行改善来满足客户需求的问题。接下来，我们将学习如何开发未来状态，以便我们可以分析和展示改进情况，从而实现，并维持价值流的连续流动。

9.3　第二阶段——连续流动

　　既然 VSM 团队已经解决了客户需求的问题，就可以开始考虑如何通过改善生产的流动来满足客户需求。在本节中，我们将继续讨论未来状态映射活动，并解决相关的问题，以建立和保持精益连续流动。

　　连续流动（Continuous flow）是一种精益策略，用于实现在价值流活动的每个步骤中移动单个工作项的理想目标（也称为 Make One，Move One；One-Piece Flows；Single-Piece Flows），而不是将很多工作项分组，并成批移动。单件流的目标是将一系列尽可能连续的价值流活动，一次生产和移动一个工作项，或者至少是最小切实可行数量的工作项作为拉动式生产控制策略的一部分，每个活动只生产满足下一个活动需求所必需的东西。

　　建立精益连续流动是价值流的一种方法，用于确保内部或外部客户可以在正确的时间获得正确质量和数量的工作单元。这并不罕见，我们往往会忽视价值流系统的其他活动，而将精力专注在单一工作活动上。不可避免的是，这种局部的专注会导致整体工作的流动问题。相反，我们需要从系统思考的角度来看待我们的价值流。

　　在本节中，将介绍改善价值流连续流动的各种方法。

1. 将价值流作为复杂系统进行评估

　　组织专注于单个活动的改进，是因为将改善的工作交给了具有专业技能的领域专家或工程师。在某种程度上，这些技能是改善活动所必需的。但是通过计算特定活动的吞吐量并推断出对整体系统的影响。

　　我们需要从系统的角度看待我们的价值流，而不是只关注单个活动，并理解和控制妨碍价值流中工作、物料和信息流动的机制。客户订单、周期时间、生产批次或批量大小、安装时间和零件更换时间的变化都会影响整体价值流的连续流动。

　　为了解决这些问题，VSM 团队必须将价值流视为一个由各个部分密切协调组合而成的复杂系统。他们的工作是确定如何以最有效的方式管理价值流的工作流动。他们必须评估工作流动的均衡机制，以确保在客户增加或减少需求时系统不会陷入困境。

　　他们还需要与价值流操作员合作，以实现标准化的工作流程。这有助于消除阻碍流动、降低生产率和质量一致性的变异。在许多情况下，VSM 团队需要设计更高效的设施和工作站布局，并获得高级管理者的赞助和批准，以进行所需的更改。

2. 应用连续流动理念

　　在理念层面上，连续流动的理想状态是，每当客户从我们的成品库存中拉走一个工作项,我们就补充一个工作项。如图 9.5 所示,此理念有时被称为"生产一个、移动一个(Make One,Move One)":

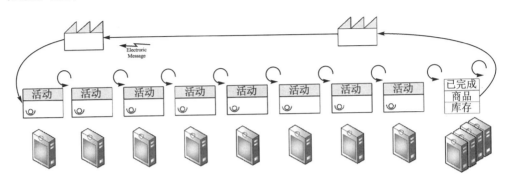

图 9.5　连续流动—"生产一个,移动一个"

价值流在多个活动之间同步用户需求,以连续进行补充活动,如图 9.5 所示。补充过程必须以协调一致的方式在所有的上游活动中进行。

图 9.5 使用弯曲形状的拉动(pull)箭头,而不是直线的推动(push)箭头,以表示该价值流使用的是拉动式生产控制系统。基于拉动方式的生产调度方法管理,并协调上游活动,以实现同步和连续的流动。

连续流动的速度是另外一回事。只要所有东西同步一起流动,流速是每 5 min 一次还是每 5 h 一次都没关系。无论是一个零件在每个活动中流动,还是 10 个零件作为一个批次一起流动,也都没有关系。如果零件和物料的流动是同步的,并且它们能以相同的速度一起移动,我们就拥有了一个连续的流动。

在连续流动的未来状态中,我们最关心的是通过增加吞吐量和减少瓶颈(即消除不匹配的生产速率、工作项排队和等待)改善价值流的整体效率。因此,流动的改善总是来自于各种形式浪费的消除。

3. 评估流动障碍

VSM 团队不能指望一下子就进行翻天覆地的变化。颠覆性改善是业务流程再造(BPR)的最初目标,但是很少有组织能够承担得起一次性彻底变革带来的投资和颠覆。相反,大多数公司通过对已识别的改善机会进行成本效益评估,对优先事项进行渐进式改进,从而获得更好的结果。

通过未来状态价值流改进举措,一次性实施彻底的变革是有可能的,但不推荐这么做,原因与业务流程再造(BPR)相同。除非组织正面临在一个"燃烧的平台(burning platform)"上维持业务,否则更好的选择是采用渐进式的改进。

"燃烧的平台(Burning Platform)"这个词来自于 1988 年 7 月 6 日发生在北海 Piper Alpha 石油钻井平台上的一个真实故事。石油平台爆炸并引发大火,夺走了 167 条生命。然而,最初把自己锁在远离火场的房间里的三名男子最终走出了火场,他们面临的选择是跳入冰冷的水中,还是葬身火海。其中两人跳了下去,虽然受了重伤,但还是设法活了下来。不幸的是,留在火堆上的第三个人没能活下来。

在紧急情况下,VSM 团队评估消除浪费和实现成本的最有效的机会,并相应地对变更计划进行优先级排序。遵循帕累托原则,对那些低成本、高投资回报且具有最显著改进的变革举措应该始终具有最高的实施优先级。

VSM 团队可通过回答一系列问题来评估价值流的流动,如下所述:

（1）需要将哪些价值流活动、设备和系统连接起来,以获得同步和连续的流动?

（2）现有的价值流活动是否可以支持单件流?

（3）如果不是,在我们能更好地优化流动之前,最佳的批量大小是多少?

（4）哪些工作单元或活动成为瓶颈,为什么?（如冗长的周期时间、安装时间和转换时间、批量处理、过度移动或走动时间。）

（5）解决已知瓶颈的优先顺序是什么?

（6）在产生瓶颈的工作单元或活动中,我们能做些什么?

（7）为了减少造成瓶颈的延迟,我们能做些什么?

（8）为了改善工作流程,我们可以如何改善我们的设施布局?

（9）为了改善信息的流动,我们可以如何改善我们的信息系统?

（10）为了改善内部的物料流动,我们可以采取什么行动?

（11）为了使进来的物料和零件能够更好地满足客户的需求,我们必须与供应链合作伙伴进行哪些流程和合同的更改?

（12）我们如何管理上游的工作,使其与下游的需求相匹配和同步?

（13）我们可以使用看板系统吗? 以及支持看板系统需要做哪些转变?

（14）价值流应该使用先进先出(FIFO,first-in, first-out)的生产控制策略吗?

（15）我们是否需要设置在制品超市、缓冲库存和安全库存,以应对客户需求的变化或冗长的供应商交付周期?

（16）还有哪些问题会影响我们支持连续流动的能力?

上面的一系列问题带领 VSM 团队、价值流操作员和其他利益相关者要通过一个探索过程,发现价值流连续流动的障碍。每一个障碍都会带来一个改善的机会,在未来的状态图上被标记为"改善行动(Kaizen Burst)"。这与产品待办列表细化需求相关的过程很类似,VSM 团队细化改善活动列表,以定义对流动进行改善所必需的工作任务,并对其进行优先级排序。

前面的问题列表提到 3 种生产控制策略(即看板、先进先出和超市),它们可以帮助我们维持价值流的连续流动。

4. 实施生产控制策略

（1）工作流策略

我们价值流的工作流控制策略必须支持连续流动。在本书前面内容中,我们介绍了 3 种工作流控制方法,VSM 团队可能会选择在同一个价值流中实施所有 3 种策略。这些工作流策略如下。

① 超市(Supermarket):这是一个拉动方式的工作流策略,通过允许下游客户从有

限的缓冲区中拉取工作项来帮助实施准时制(JIT,Just in Time)规则。当库存低于定义的下限时,上游活动会重新补充这些库存。

看板或其他控制机制防止操作员将工作推动(push)到软件开发场景中的下游活动。相反,精益—敏捷团队从冲刺或产品待办事项列表中拉动(pull)工作到他们的工作站中,但只有当他们完成了先前的工作,并有能力承担新的工作项时才会这么做。

在 CI/CD 和 DevOps 流水线中,集成和自动化工具链将活动联系起来,以提高流动速率和实施拉动方式的生产控制流程,并最大限度减少在制品。

② 先进先出(FIFO):强制执行一个规则,即队列中的第一个工作项在工作顺序中始终具有最高的工作优先级。当延迟导致工作项质量下降或独有的客户订单无法得到满足时,先进先出的工作流策略非常有用。

③ 看板(Kanban):实施基于拉动方式的工作流,看板系统使用信号来指示价值流活动的工作需求。这些信号以指令的形式展示在卡片、便利贴、电子信号或文件夹上。这些工作项可以独立或成批地流动,并且它们通常从随批移动的存储箱中存储和提取。

(2)看板信息

看板信号告诉每个下游活动要生产什么以及生产多少。在生产制造价值流中,看板卡片可能包括以下部分或全部信息:

① 零件/工作项编号和零件/工作项描述。

② 用于拉取额外订单、车间流程信息和图纸的条形码。

③ 所需工作项或零件的数量。

④ 看板箱和容量。

⑤ 起点(下游)和后续(上游)活动名称或位置—用于没有连续流动的作业车间。

⑥ 物料或零件供应商。

⑦ 安全库存的位置和数量。

⑧ 补货的触发器和数量。

⑨ 前置时间(即工作项从开始到完成的时间)。

⑩ 负责人。

⑪ 订单和到期日期。

⑫ 其他重要信息。

在面向 IT 的价值流中,看板卡片通常会列出用户故事及其验收标准。如果看板卡片是来自于运维团队,那么看板卡还应该包括一个问题单号、问题描述(缺陷或 bug)、问题提交日期和提交人。

最后,看板卡片还应该包括在开发或测试过程中发现的任何阻碍工作进行的问题或缺陷(也称为"阻塞器(blockers)")的信息。

加权最短作业优先(WSJF):这种优先级排序模型已经在精益—敏捷社区中获得认可,尤其是在规模化敏捷框架(SAFe)实践者中。这个方法最早是由 Don Reinertsen 在其著作 Principles of Product Development Flow (Reinertsen,2009)中定义的。

WSJF 优先级模型用于对工作(例如,特性、功能和史诗)进行排序,以产生最大的经济效益。在规模化敏捷框架 SAFe 中，加权最短作业优先是通过延迟成本（CoD）除以作业时间来计算的。

例如，让我们假设在我们的产品待办列表中有 3 个工作项，产品所有者需要一种方法来评估它们在即将到来的开发迭代中的优先级。图 9.6 表明了以周为单位的预计前置时间、延迟成本以及每个工作项调整后的权重。

工作项 （特性）	持续时间 （前置时间）	延误成本	权重 延迟成本/期间
A	12	$120,000	10,000
B	4	$400,000	100,000
C	8	$1,200,000	150,000

图 9.6　加权最短作业优先（WSJF）示例

图 9.6 显示，特性 A 每延迟发布一周，组织的成本为 10 000 美元/周，而特性 B 的成本为 100 000 美元/周，特性 C 的成本为 150 000 美元/周。假设我们对延迟成本和前置时间的估计相对准确，那么特性 C 应该具有最高优先级，其次是 B，最后是 A。

除了管理工作项如何在价值流系统中流动，我们还需要均衡流动以保持连续流动。这个主题将在下一小节中讨论。

5.平衡价值流流动

如果在上游的价值流活动中没有工作项可以拉动，那么实现基于拉动方式的生产控制系统就没有什么价值。我们需要引入生产线平衡（line balancing）技术来防止上游活动的枯竭。为了实现这一目标，我们必须优化价值流中在制品的分布，使其与我们的节拍时间相匹配。

在完全自动化的系统中，生产线平衡是系统设计的一个功能。例如，通过装配线的汽车被绑在传送带上，以便所有东西都以相同的速度同时移动。然而，在很多面向开发和运维的价值流中，工作站既没有集成，也没有自动化。此外，操作员可以在工作站和设备之间移动，以支持价值流中的多种工作活动。

生产线平衡是一种策略，用于优化价值流中人员的利用率。目标是确保我们的操作者不会负荷过重或利用率不足。VSM 团队使用以下公式来确定在价值流中操作任何给定活动所需的工人数量：

所需工人数量＝总流程周期时间/节拍时间

IT 价值流的节拍时间是每个工作项 7 h，VSM 团队在 IT 价值流中识别每项活动的总周期时间，如图 9.7 所示。因此，我们有了确定支持我们的 IT 价值流的开发团队成员数量所需要的数据。

图 9.7 使用的是前面确定的生产线平衡公式来计算支持整个 IT 价值流所需员工数量的。

度量指标	IT 价值流
总增值时间	328
批量大小	6
节拍时间	42
成员数量	7.8

图 9.7   确定所需操作员数量的生产线平衡方程

我们的总增值时间是对整个 IT 价值流活动的所有周期时间的度量。但是增值时间(周期时间)是对一次处理一个工作项的度量。因为开发团队是一个基于 Scrum 的敏捷团队,我们必须将节拍时间调整为 6 的倍数,以考虑生产 6 个工作项所需的总时间,也就是这个价值流的批次生产时间(pitch)——42 h。

因此,通过这些度量,VSM 团队得出结论,他们需要 7.8 名开发团队成员来支持 IT 价值流。但是事情从来没有这么简单。首先,开发团队成员在分析、计划和发布过程中同时处理这 6 个工作项,但是在编码、构建、测试、合并和准备过程中却是独立处理的。

图 9.8 显示了为调整工作时间而进行的批量大小调整,使其与工作项的吞吐量相匹配,然后计算每个 IT 价值流活动所需的人员数量。

Metrics	Refine	Plan	Code	Build	Test	Merge	Provision	Release
VA(Hrs)	24	4	2	0.5	8	0.5	2	16
Lot Size Adj	1	1	6	6	6	6	6	1
Adjusted Hours	24	4	12	3	24	1.5	6	16
Takt Time	7	7	7	7	7	7	7	7
No. Workers	3.4	0.6	17	0.4	3.4	0.2	0.9	2.3

图 9.8   调整每个工作项的周期时间,以计算所需人员的数量

图 9.9 根据调整后的总增值时间 90.5 h 重新评估了人员数量。将调整后的总增值时间(90.5 h)除以我们 7 h 的原始生产节拍时间,表明 IT 价值流需要 12.9 名人员来支持:

调整后的总增值时间	90.5
节拍时间	7
成员数量	12.9

图 9.9   总增值时间和劳动力调整

然而,让我们回过头来看,很明显,各个价值流活动中的劳动力水平差异很大,从少至 0.4 个工人到多至 3.4 个工人。如果我们试图用单件流来运行这个价值流,我们会遇到资源分配问题。

为了继续评估,让我们将开发相关的活动从分析和发布相关的活动中分离出来。组织中的其他人正常执行与发布相关的活动,而开发团队的一个子集在每次冲刺迭代之前作为一个组进行分析活动。

　　VSM 团队创建了一个当前状态劳动力平衡图（worker balance chart）来评估开发流，如图 9.10 所示。这个图告诉我们，如果我们将资源投入到每项活动中，并以节拍时间的速度工作，那么除了那些致力于测试的工作人员之外，所有等待参与此工作的人员都会浪费大量的时间。这是因为在每个工作项 7 h 的节拍时间内，测试人员没有足够的时间完成测试：

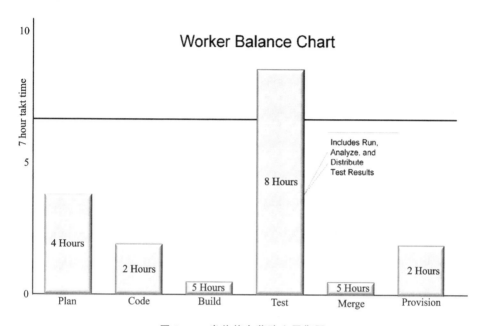

图 9.10　当前状态劳动力平衡图

　　很明显，不需要为每项活动指派一名工作人员。敏捷的全部意义是建立跨职能和自给自足的团队，在这里所有的开发团队成员都可以执行软件交付价值流中的大部分（如果不是全部）任务，如图 9.11 所示。

　　正如我们所看到的，这里按照三个逻辑域来划分和组合任务。在团队中，一个或多个人可以参与计划、编码、构建和合并活动。与此同时，其他人可以进行服务器安装、运行、分析和分发测试结果。

　　请注意，软件测试可以以无人值守的自动化方式运行。一旦测试被建立和启动，测试将以自动化的方式运行，无须人工参与，这也是为什么测试自动化如此重要的原因之一。

6. 标准化工作实践

　　这个小节涉及一个主题——创建标准实践，一些 IT 专业人员可能会觉得有问题。从表面看，实现工作实践标准化的想法似乎是有限制性的，尤其是对于那些将软件开发看作既是一门科学又是一门艺术的人来说。然而，正如我们将在本书后面看到的，一个成熟的 DevOps 流水线——集成，并自动化软件开发生命周期（SDLC）实践只有当我们

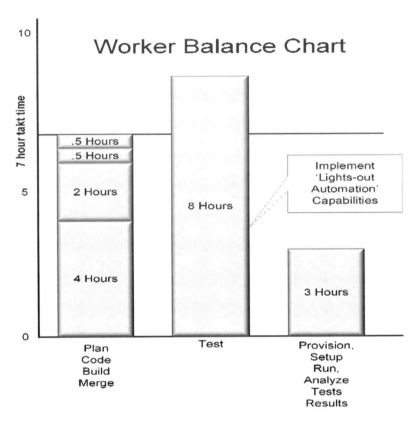

图 9.11　未来状态劳动力平衡图

有标准化的流程时才能发挥作用。

　　标准化工作(Standardized work)是一组商定的工作程序,它建立了当前完成每个明确价值流过程的最佳方法和活动顺序,即标准实践实现了在价值流中执行工作的最合理、最简单、最安全和最快捷的方式。

　　精益中标准化工作的理念似乎偏离了敏捷中的理念,在敏捷中,团队通常可以自由地试验新的工作方式。精益的重点是消除浪费和改善连续流动,而敏捷的重点是保持适应性,并支持创造性方面的工作,在每次新产品发布之前将需求转化为可执行的架构和设计。这实际上是创新和生产之间的界限问题。因为创新往往是一个创造性的过程,也称为模糊前端(fuzzy front end),难以确定范围边界。相比之下,生产开发过程为实现最佳价值交付而进行标准化时,工作效果是最好的。

　　这是解释一下模糊前端(FFE)。术语模糊前端(fuzzy front end)描述了每个新产品或功能开发生命周期的"创新阶段"。具体而言,模糊前端包括创建新产品或新功能的初始阶段,在此阶段,识别机会,开发架构和设计,并在进入产品开发阶段之前要制定构建和交付策略。基于精益和敏捷的开发场景中都存在模糊前端现象。

　　一旦软件开发进入到生产阶段,将集成过程自动化是没有意义的,在这个过程中,各个活动具有巨大的可变性,以至于不可能管理工作流程或消除缺陷和错误。实施

CI/CD 或 DevOps 流水线的核心是改善工作和信息的流动，从而改善价值交付。没有标准化的过程和活动，我们就无法改善流动。

最重要的是，VSM 团队需要与工程师、领域专家和操作员协作一起解决这些问题。之后，我们可以利用技术来帮助集成和自动化底层活动。

VSM 团队可能会发现使用图 9.12 所示的标准工作组合时间表（Standard Work Combination Timesheet）是非常有用的，并通过在现场走动（Gemba Walk）过程中获取这些信息。该工作表提供"行"来记录价值流中关联工作流的步骤。在开始另一个工作项或"一批"工作项的工作之前，操作员需要完成所有的步骤。VSM 团队记录完成每项任务所需的时间，并明确工作是手动还是自动任务，或者是否与移动或运输有关。

在我们的示例中，VSM 团队确定了以下 9 个高级别步骤（活动），它们为软件开发团队定义了 CI/CD 流水线。团队按照活动执行的顺序列出活动。

（1）需求分析（Requirements analysis：）：此活动定义用户故事及其验收标准。

（2）功能设计（Feature design）：此活动确定软件功能实现和开发测试要求。

（3）编写测试脚本（Write test scripts）：此活动作为测试驱动开发实践的一部分，以开发必要的测试脚本来验证代码符合要求。

（4）编写代码（Develop code）：此活动根据验收标准，创建实现所需功能的源代码。

（5）单元测试（Unit testing）：此活动在进行集成测试之前，对每个代码片段进行测试，以确保满足用户故事和验收标准中定义的要求。

（6）合并代码（Merge code）：此活动将通过单元测试后的源代码与源代码控制仓库中的主干代码集成在一起。确保集成没有报错。

（7）准备预生产服务器（Provision the pre-production server）：此活动执行基础设施即代码（IaC）配置指令，以自动安装预生产服务器测试环境。

（8）执行预生产测试（Initiate pre-production tests）：此活动按照产品测试计划中的定义，在预生产测试环境中执行自动化测试。

标准工作组合时间表还提供了空间，用于展示一段时间内工作的流动。图 9.12 中一条垂直的线展示了与工作流相关联的总时间的上下文中工作项的节拍时间。当整体工作流时间超过节拍时间时，价值流片段无法满足客户订单需求，正如目前所设计的那样。

此处显示的标准工作组合时间表示例记录了工作流中与 IT 价值流相关的开发工作项的整个任务集。时间表告诉我们，不可能在所有的开发过程中移动一个工作项，并在与客户需求相关的节拍时间内完成测试任务。我们可以通过实施 CI/CD 工具链和 DevOps 流水线来集成和自动化 软件开发生命周期过程，从而评估解决这些问题的方法。此方法从根本上说，就是现代 CI/CD 和 DevOps 工具链和流水线的意义所在——消除系统开发和运维活动之间的差异。在敏捷和精益实践中，团队利用员工的创造力，通过产品交付技能和改善或回顾来不断改进其标准化流程。改善的目标是使风险最小化，而不是增加风险。

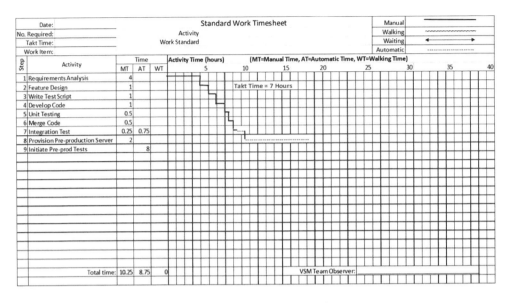

图 9.12　标准工作组合时间表

简而言之,标准化工作包括以下几个方面:

(1) 让工作程序变化最小;

(2) 建立维持质量的最佳实践;

(3) 改进培训和员工交叉培训;

(4) 改进安全,帮助工作人员满足他们的客户需求;

(5) 从不接受无法按照节拍时间完成价值流交付的境况,否则业务将拱手让给竞争对手。

VSM 团队可以通过标准工作组合时间表的信息开启评估之路,去消除浪费和改善流动。一种常见的浪费形式是移动;也就是说,将活动和工作站放置在远处的位置,以至于我们增加了不增值的时间和资源,哪怕只是在工作区域之间移动人员和物料。在下一节中,将介绍如何改善工作区域,以消除过度移动造成的浪费.

7. 改变工作布局

无论您的 VSM 团队是使用价值流来构建物理产品还是软件产品,还是支持管理操作,设施布局对于改善流动都至关重要。关键问题是消除过度运输和移动形式的浪费。这些问题是由低效的设施布局或跨不同地点或地理位置的部门、业务职能或操作造成的。

VSM 团队需要与高层管理者合作以获得资金和批准,共同定位价值流活动,并改变其布局以实施精益生产流。在第 3 章《复杂系统的交互分析》中,我们学习了通过图表方式展示工作的线性顺序流动(linear sequential flow)的最佳精益流程。然而,在实际的物理工作环境中,线性顺序流动可能不是最好的。

相反,更好的做法是让工作流程绕回来,以减少与操作员在价值流中过度运输材料和

运动相关的浪费。因此,设施的最佳流动可能具有 U 形、C 形或 L 形工作区,如图 9.13 所示:

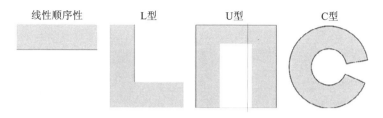

线性顺序性　　　　L型　　　　　U型　　　　C型

图 9.13　设施布局设计

当 VSM 团队评估可选布局时,他们需要覆盖工作的流动。这是下一小节的主题。

8. 展示标准化工作

当 VSM 团队致力于改善标准工作方法和流程时,在价值流中工作的每个人都必须了解如何跨多个活动执行工作。这一策略为移动人员保持在所有活动中的流动提供了最大的灵活性。

组织可以使用详细的文档或公司流程来描述开发和运维价值流中的工作。在很多情况下,操作员需要的只是一个标准化工作任务的一个简单视觉提示。标准化工作表就是其中的一个例子,如图 9.14 所示。

此时,VSM 团队已经完成了对改善客户流动工作要素的分析。现在,让我们继续研究的连续流动的价值流未来状态图。

9. 绘制连续流动阶段图

(1) 回顾分析的工作

在 VSM 团队开始绘制改善连续流动的未来状态图之前,他们应该先回顾分析工作。

① 首先,团队必须回顾当前状态图和需求阶段图。

② 其次,VSM 团队成员必须解决流动问题,以及他们在现场走动(Gemba Walks)中获得回答这些问题的信息。

③ 再次,如果他们还没有这样做,VSM 团队成员必须绘制当前和未来的状态的工人平衡图。

④ 最后,他们必须再次回顾我们识别的价值流符号。

(2) 使用优先活动生成连续流动

与前面的图一样,用一组优先的活动序列有助于生成未来的状态连续流动图,如图 9.15 所示。

① 使用需求阶段图(demand phase map)作为起点。

② 使用标准工作时间表和标准化工作图表作为指导,按照地图的正确顺序绘制工作地点。

③ 在 VSM 故事板中,要在图上标注工作区域的建议周期时间内的工人数量。

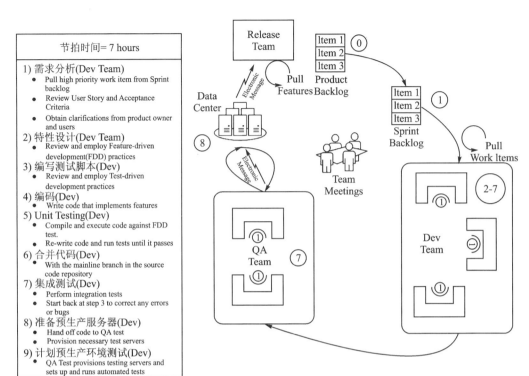

图 9.14　标准化工作图表

④ 在相应的工作区域位置中标注所有已识别的属性。

⑤ 确定支持连续流动的任务。

⑥ 在图上标明从哪里开始实施拉动式生产控制策略。

⑦ 如果需要,标注超市库存的位置。

⑧ 标注先进先出(FIFO)工作流发生的位置。

⑨ 确定哪里需要看板信号。

⑩ 识别改善流动所需的其他改进活动(例如,改善行动图标)。

⑪ 在图上标注所有必要的沟通路径。

(3) 绘制未来状态连续流动注意事项

当 VSM 团队开始绘制未来状态连续流动图时,他们需要记住以下几点:

① 实现连续流动意味着已经消除了排队和等待。

② 评估工作区域设计,并提出改变建议。

③ 团队需要高管的批准和资金来进行重大变革。

④ 精益生产控制拉动上游工作,使其与客户需求保持同步。

⑤ 传达所有变更建议的前因后果和好处。

图 9.15 显示了 VSM 团队在 IT 价值流中提出的改善连续流动的未来状态图。

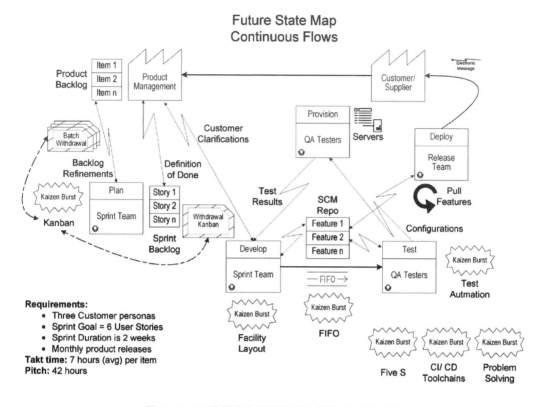

图 9.15　IT 价值流中连续流动改善的未来状态图

（4）交互路径

在查看未来状态图时，请注意图 9.15 当前是如何展示众多交互路径的。

① 待办列表的细化。

② 为每个用户故事创建"完成的定义"。

③ 开发团队在开发期间获得需求的澄清。

④ 传达来自自动化测试的测试结果。

⑤ 将代码移入和移出源代码控制管理库。

⑥ 传递用于设置的服务器配置。

（5）VSM 4 项新举措

VSM 团队还识别了 4 项新的改进举措，通过改善行动图标来识别（Kaizen Burst），用于两个位置的看板信号，作为与产品和冲刺待办列表相关的看板的提取。

① 开发团队设施布局的新设计。

② 看板信号和可视化生产控制系统。

③ 开发与测试之间的先进先出生产控制策略。

④ 实现测试自动化能力，使测试能够在"无人值守"的情况下运行。

最后,请注意,我们已经用两个活动领域取代了单独的开发步骤——一个用于开发,另一个用于测试。从技术上讲,还有第三个与资源调配相关的领域,即数据中心。但是,与数据中心的所有交互都是通过电子通信来完成的,以便可以通过代码来实现基础架构的变更。这也被称为基础设施即代码(IaC)。

发布过程也从开发中分离出来,因为那些活动不属于 IT 开发流领域。这并不是说开发团队成员不参与发布活动。VSM 团队已经选择稍后的日期里在一个单独的映射实践中检查这些活动。

这本节中,我们完成了未来状态—连续流动改善映射的讨论。在结束本节之前,让我们快速回顾一下我们在本节中使用的工具。

10. 未来状态——连续流动工具

在本节中,我们学会了通过提问来帮助 VSM 团队评估价值流中连续流动的状态。然后,学习了使用基于拉动方式的生产控制策略来管理连续流动的重要性。三种面向拉动的生产控制策略包括使用超市库存、先进先出工作流和基于看板的信号。

我们了解,将建立标准化工作作为实现价值流活动集成和自动化的序曲极其重要。用于评估工作活动的两个主要工具包括标准化工作组合时间表和标准化工作图表。

改善工作和物料流的另一个重要考虑因素是设施的设计和布局。精益流程可以实现线性顺序流,最大限度地减少与移动和走动相关的浪费。然而,在许多情况下,重新定向线性顺序流是有意义的,以便它们绕回到前面,例如通过"U"或"C"形单元,或者通过"L"形工作单元绕到一边。

在许多价值流中,操作员最高效地利用时间允许他们在工作单元或设备之间移动。为了以这种方式利用我们的人力资源,他们必须在若干(如果不是全部)价值流活动中接受交叉培训。此外,U 形和 C 形单元减少了工作地点之间的移动。

在本节中,我们还学习了如何使用工人平衡图来平衡价值流活动中操作员的利用率。

最后,学习了如何更新 VSM 故事板,以展示管理连续流动改善的未来状态变化。在本次实践中,还介绍了几个流动阶段符号(图标)。

本节我们完成了关于开发未来状态图的讨论,以评估在价值流中改善连续流动。下面,我们将继续学习如何使用未来状态图来改善均衡化工作。这使我们能够高效利用价值流资源,同时满足客户需求。

9.4 第三阶段——均衡化

此时,VSM 团队已经进行了一系列的现场巡视管理,以收集他们用于价值流图实践的信息,已经建立了当前状态图和未来状态图,以指导在满足客户需求和实施连续流动方面的改善,并将构建的最后一个未来状态图有助于指导生产均衡化的改进。

均衡化是一种策略,用于分配支持客户需求所需的工作。我们的目标是以节拍时间的速度不断为我们的价值流提供新的客户订单,这样我们就不会在等待新订单到来时浪费生产时间,也不会在其他时候价值流包含比其所能承担的更多的工作。

在理想状态下,生产均衡化旨在以节拍时间的速度一致地生产相同数量的工作项。可是客户订单通常不是连续的。它们可能会成批出现,并且客户订单的工作项数量会因每次订单请求而不同。因此,我们必须实施策略来平衡需求曲线,使之与价值流的生产速率相匹配。

时间增量取决于与我们产品相关的总增值和总交付周期。在某些情况下,我们可以在数小时、数天或数周内均衡化工作。然而,如果我们正在建造大型建筑、飞机或船舰,我们可能需要在几个月甚至几年的时间周期里均衡化工作。

1．用类比法均衡化流动

打个比方,我们可以想象试着让水通过软管流动。让我们假设我们有一个在任何时候都能装一定量水的花园软管。如果我们试图一次放一定量的水,由于软管的尺寸会限制流量,软管一次只能装少于我们欲加量的水。

除非我们有一个非常柔软的软管,允许水通过管道膨胀,否则欲加的水只能以软管可承受而不破裂的速率增量地流过软管。

此外,如果我们将软管分成 8 个相等的部分,每个部分在任何特定的时间内都装包含 1/8 加仑的水。为了完成我们的类比,水必须先从软管的最后一段流出,然后上游段的水才能流入相连的下游段。精益价值流正是以这种方式运作的,作为连续,且相等的流动。

我们使用术语"流水线(pipeline)"来指代价值流中的流动。例如,图 9.16 将 DevOps 过程表现为跨越 8 个主要活动的线性顺序工作流。

图 9.16　DevOps 流水线表现为线性顺序流程

当然,在现实生活中,监视活动获取反馈给开发团队的信息,将作为未来规划活动的输入。因此,DevOps 流水线通常显示为无限循环,如图 9.17 所示。

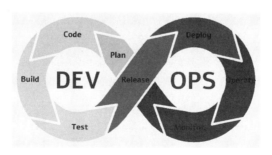

图 9.17　DevOps 流水线表现为无限循环

通常,不存在理想的图形化模型,因为新的需求来自多个源头。我们将在均衡化生产流动小节中讨论这个问题。在开始这个话题之前,让我们看看 VSM 团队在 VSM 举措阶段提出了哪些问题。

2. 评估均衡化需求

与之前的未来状态映射实践一样,VSM 团队可以通过提问来评估生产均衡化的需求。让我们看一下这些问题:

(1) 客户订单是以恒定,且可预测的速度到达的吗?

(2) 价值流的操作者是否会因为客户需求的变化而经历活动的高低起伏?

(3) 我们可以通过将收到的订单分组来均衡化需求负载吗?

(4) 我们能否充分预测未来订单的数量和类型,从而在需求提出之前进行构建?如果是这样,我们可以提前多长时间,并以最小的风险进行构建?

(5) 我们可以通过将订单分批来改善流动吗?

(6) 当物料或零件必须流入我们价值流的各个阶段时,我们将如何分发看板卡片,以准确地流动物料,使它们与工作项同步?

(7) 我们应该在价值流的哪个地方安排生产/工作需求?

(8) 我们可以使用有节奏的提取(paced withdrawal)或生产均衡柜(Heijunka box)来管理批次的流动吗?

(9) 我们需要使用"搬运工(runners)"来保持物料的流动和均衡吗?

(10) 我们还可以采用哪些方法和工具来改进生产均衡化?

下面,让我们在使用 IT 价值流模型作为参考的同时,介绍生产均衡化背后的理念。

3. 均衡化理念

在绘制未来状态图的这个阶段,我们需要专注于绘制有助于均衡化生产的价值流元素。这个阶段要解决的问题是,很多客户不能预测给我们的订单信息的问题。当我们一下子接到太多订单时,我们可能没有足够的生产能力来快速完成它们,而在其他时候,订单可能会以较低的速度到来,与我们的生产量相差较多,这意味着我们的价值流工作匮乏。

生产均衡化的目标是在特定时间内分配我们的工作,以合理满足我们的客户需求。在大批量生产环境中,我们可能需要一次轮班或更频繁地进行均衡流动。另一方面,零售制造商在节日期间可能会有更高的销量,这需要我们提前生产。

VSM 团队要等到这一后期阶段才开始管理均衡化问题,因为他们需要了解节拍时间和最佳单位制造时间,以使其价值流匹配客户需求。此外,VSM 团队需要时间来完成价值流活动,以尽最大可能优化流动。也就是说,要通过解决满足客户需求和改善流动的问题,在生产力方面会有明显的收获。生产均衡化更像是一种微调的实践,而不是一个重大的变革举措。

在之前的 IT 价值流示例中,我们提到产品所有者平均每 4 周向产品待办事项列表中引入 20 个新需求。产品所有者从多个来源接收这些请求，包括 IT 部门的运维人员、直接客户、行业来源以及产品和市场管理团队。

如果产品所有者(PO)每天确切地收到一个新的需求，这是值得怀疑的。相反，它们是随机出现的，通常是断断续续的——尤其是在产品营销团队进行了客户访谈和专题小组会议之后。当新需求成批达成时，它们被添加到产品待办事项列表中，在开发团队着手处理它们之前，一直处于待办列表中。

在基于 Scrum 的敏捷实践中，开发团队会评估产品待办事项列表中他们认为可以承担并在冲刺周期内完成的工作量。在我们的例子中，团队从产品待办列表中拉取一批用户故事(6 个工作项作为一批)来完成冲刺。团队选择了工作项后，就在团队成员之间分配工作，团队成员从头到尾处理每个用户需求。

在理想世界中，所有开发团队成员都拥有完成工作项在整个软件开发生命周期过程所需的所有技能。但事实并非总是如此。此外，根据工作项的复杂程度，团队可能会指派一个以上的成员来实现单个用户故事中的功能。

这里的 Scrum 团队例子是一种冲刺周期内的生产均衡化方法。这些工作项被作为一个批次接收，并通过软件开发生命周期过程独立处理。但是有一个问题，因为团队在 10 d 内处理 6 个工作项。在同样的 10 d 内，产品待办列表可能会收到 10 个新的工作项。在每两周的冲刺中，IT 价值流忽略了 4 个新的客户需求。这不仅意味着失去了生意，也为竞争对手打开了填补空白的大门。

单靠生产均衡化是解决不了这个问题的。VSM 团队需要与系统工程师合作，并实施 CI/CD 和 DevOps 工具链和流水线，以加快工作流动。从长远来看，VSM 团队应该与 IT 部门合作，实现与每天完成一个工作项的生产节拍相匹配的能力。更快的流动速度提供了激增的能力，并且能够在 IT 系统停机时弥补损失的时间。

对于一个成熟的 DevOps 流水线，每天有一个工作项离开流水线，其他工作项以相同的速度在流水线中流动。这意味着每天可以有一个新的工作项进入 DevOps 流水线。但是，由于客户需求是随机出现的，并且经常是成批出现的，开发团队仍然需要一个缓冲区，即以产品待办列表的形式来存储和管理新的需求，直到它们被进行分析和优先级排序后，拉动进入 IT 价值流。

当 IT 部门正在实施新的 CI/CD 工具链时，VSM 团队开始为新的开发和测试环境制定生产均衡化策略。让我们看看他们用来均衡化生产容量的方法。

4. 均衡化方法

这里有多种生产均衡的策略可供 VSM 团队研究。在本节中，我们将了解 5S 的均衡方法，包括看板(Kanban Boards)、有节奏的提取(paced withdrawals)、生产均衡柜(Heijunka boxes)、可视化控制(visual controls)和看板文件夹(Kanban folders)。

这些策略并非都适用于每一个价值流。此外，精益—敏捷生产有足够的独特性来推动看板的一种相对较新的变体的发展，这种变体使用便笺纸和白板来均衡化冲刺阶段的流动。众所周知的看板，我们将首先介绍这种调度和均衡化的方法。

5．看板（Kanban Boards）

在 IT 环境中，产品责任人通常会向开发团队提出新的工作项。每个需求的新工作项说明通常被记录在一张便笺纸上，并放在白板的产品待办事项列表栏中。便签就是看板信号，白板就是看板。

但是，业务和用户需求的初始需求可能定义过于宽泛，无法将其开发为功能和非功能的简洁集合最初的需求。开发团队成员与产品责任人一起工作，将需求细化为不同的、更小的用户故事，代表实现可定义功能的最小工作单元。

用户故事通常是从客户视角来描述需求的。基于这个点，用户故事的典型格式如下所述：

作为一个（用户类型），我想（描述所需的能力），以便（原因）。

用户故事还应该定义验收标准，明确用户故事的完成定义。下面的格式有助于定义用户故事的验收标准。请注意，一个用户故事可能需要多个验收标准语句来定义所有潜在的场景：

给定（一个场景），当（某事发生时），然后（描述预期结果）。

然后，产品责任人与开发团队合作，识别，并确定用户故事的优先级。但开发团队应对每个用户故事所涉及的工作量以及他们能够保持的速度作最终决定。

这种需求分析和细化工作发生在每个冲刺的计划阶段，并且在计划阶段确定冲刺目标以及支持该冲刺目标实现的用户故事。开发团队将看板卡片（一个用户故事一个看板卡片）移动到看板上的冲刺待办事项列表中。

在开发团队成员开始开发和测试与用户故事相关的功能之前，用户故事可能需要进一步澄清。一旦用户故事就绪等待开发，看板卡片被移到看板"待开始（ToDo）"列表中。当开发团队成员准备开发和测试与看板卡片的用户故事相关的功能时，他们从"待开始（ToDo）"列中拉动看板卡，并将它们放在"进行中（In Process）"列中。

一旦开发人员完成了他们的工作，他们就将看板卡片移动到"待验证（To Verify）"列中。验证过程由另一人来检查工作，以确保新代码实现了期望的功能，并满足其验收标准中设置的标准。一旦他们验证了新代码的功能，看板卡就被移动到"完成（Done）"列，以表明这项工作达到用户故事的验收标准。

有些团队可能会选择在他们的看板上增加额外的列，以便在更细微方面跟踪他们执行的工作。这没关系。关键问题是不要深入到过小的细节层面，以免跟踪工作变得过于繁重。

6．有节奏的提取（Paced withdrawals）

前面我们描述过的看板，对于经常在同一个房间内工作的团队来说，是对工作均衡化的最佳支持。因此，看板在软件交付或其他管理或运维的价值流类型中是有用的。相比之下，生产均衡化有节奏的提取方法适用于开发实物产品的环境，在这种环境中，工作站和设备可以分布在广泛的区域内。

有节奏的提取使用"人力处理者（human handler）"［也称为"搬运工（Runners）"］沿

着价值流的活动移动信息和工作项,并遵循价值流的流动序列。当价值流从一个操作移动到另一个操作,将零件和信息从一个工作地点移动到另一个工作地点时,处理者(handler)为价值流设定速度。

图 9.18 显示了生产均衡化的有节奏的提取方法:

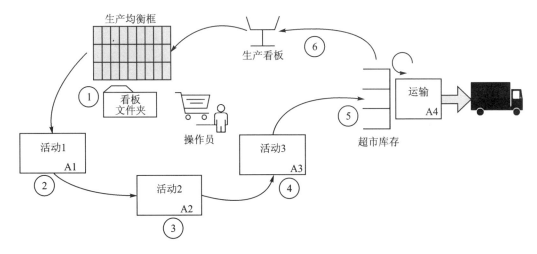

图 9.18   有节奏的提取均衡化方法

我们使用图 9.18 来进一步理解生产流动均衡化的工作原理:

(1)搬运工(处理者)从一个生产均衡柜中取出生产看板,开始一个周期。生产看板只是需要在特定时间内完成的所有工作项的详细列表。生产均衡柜中配有对应一天中特定时间增量的槽,每个插槽可以容纳一个文件夹,其中包含为该时间段安排的客户订单。

(2)搬运工将生产看板带到最上游的工作区,传递新订单。

(3)随后,Runner 在活动 2 的位置提取 WIP 货物,并将它们移动到下一个工作区,进行活动 3。

(4)当活动 3 的工作完成时,Runner 将该零件移动到活动 4 的工作站。

(5)搬运工到达最下游,将成品移动并保存到超市库存,直到产品被客户取走或运送到客户处。

(6)此时,处理者获得新的客户订单(即以生产看板信息的形式),并将这些文件移动到价值流的生产均衡柜中。

这就完成了起初一个循环,之后处理者再次开始下一个循环。处理者的周期时间与单位制造时间的速率相匹配很重要。要将生产数量限制作为在制品,同时匹配流程以满足客户需求。

大家可能想知道为什么要学习构建实物产品价值流的均衡化策略。简而言之,满足在数字经济时代,IT 团队通常支持生产制造和其他类型的开发价值流的改进,因此 IT 专家必须了解精益流程是如何在其他组织的价值流中进行的。

例如,IT 部门可能会对组织的企业资源规划(ERP)或制造需求规划(MRP II)系统进行更改,以满足不断变化的客户需求和业务机会。这种现代业务应用程序有助于集成和自动化库存管理、仓库管理、会计和财务管理、订单管理、调度、采购、运输、客户关系管理(CRM)和电子商务等业务流程的实施。在组织内作为价值流运行中,这些功能通过价值流精益改进对企业业务系统产生影响。

7. 生产均衡柜(Heijunka boxes)

如前所述,生产均衡柜本质上是一个用于存放生产看板文件夹的开槽橱柜。图 9.19 展示了生产均衡柜的两个示例:

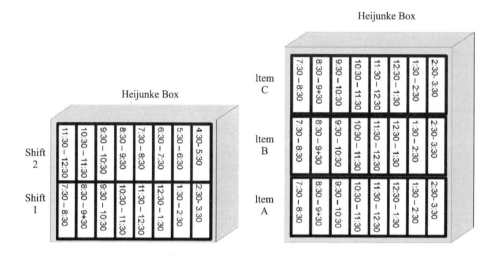

图 9.19　生产均衡柜

可以看出,每个文件夹保存该批次中价值流工作项的生产看板指令。生产均衡柜中的槽位标注了生产时间,以表示该工作项必须在这个时间内进行生产。

左侧的生产均衡柜用于支持两班制,每一个批次的间隔时间为 1 h。换句话说,每个槽位包含一个看板文件夹,其中包含生产看板指令,以便在 1 h 的间距内构建所需的工作项目批次。

右侧的生产均衡柜可支持一个班次的三种产品类型。在多种产品类型的价值流中决定生产能力的是调度员。这决定了在每个时间段内每种类型可以生产多少产品。

虽然生产均衡柜可作为有节奏提取均衡化方法的一部分,但其实生产均衡柜可以单独作为一个均衡化工具。在这种情况下,生产均衡柜是一种可视化的工作流控制方法。员工可以直接从箱子中取"工作",而不是在同处一地的空间(如行政办公室)使用 runner。

8. 可视化控制

VSM 团队可能会选择实施一个单位制造时间可视化板(Visual Pitch Board)来指导一天的生产流动,而不是使用一个生产均衡柜。通常,单位制造时间板是一个表格,展示每个操作员在其班次的单位制造时间内的工作分配数量。对于运维价值流来说,这是一个有用的机制,可以用于均衡管理区域内的工作流动。

例如,假设一个价值流平均每小时接收 20 个新的工作项请求,同时分配 4 个操作员来处理这些任务。这种可视化适用于开发和运维工作流,使得每个人都可以很容易地看到单位制造时间的可视化展示。换句话说,不需要搬运工,操作员就可以直接从生产控制系统中获取他们的生产看板卡片。

图 9.20 是一个管理部门的单位制造时间可视化板的示例。

Visible Pitch Board - Order Management Department (Order Entry)									
Time =>	7:30 AM	8:30 AM	9:30 AM	10:30 AM	11:30 AM	12:30 PM	1:30 PM	2:30 PM	3:30 PM	Average
OE Clerk A	5	4	5	5	5	5	4	5	5	4.8
OE Clerk B	5	5	4	5	5	5	5	4	5	4.8
OE Clerk C	4	5	4	5	5	5	5	4	5	4.7
OE Clerk D	4	5	5	5	5	4	5	5	4	4.7
Pitch	18	19	18	18	20	19	19	18	19	19

图 9.20　单位制造时间可视化板—订单输入价值流示例

在本例中,平均的单位制造时间是每小时 19 个客户订单,但最低为 18 个,最高为 20 个。调度程序已经分配了工作,因此不会出现一个订单输入员每小时需要处理太多的订单。

如果每个操作员每小时最大订单输入率为 5 个订单,则每个订单输入活动的周期时间为 12 min。但是,在每一个 1 h 的时间段里,其中 1~2 个订单输入员只需要处理 4 个客户订单,这意味着他们有 12 min 的开放时间。然而,除此之外,这些人还可以从事其他增值任务,比如接听客户电话或回复电子邮件。

分配给单个员工的工作项数量可以根据他们的技能和他们可能执行的其他任务而有所不同。此外,单位制造时间可视化板(Pitch Board)只按数量分配工作,而不包括所需工作的说明和指令。在这种情况下,员工会收到包含此类指令的彩色看板文件夹。

9. 看板文件夹(Kanban folders)

看板文件夹中有生产看板信息,包括按一定规律提取的系统,或单独的生产均衡柜,或分发给团队成员。团队成员通过单位制时间可视化板获得工作分配的通知。通常,生产看板包含有关标准化工作绩效和客户订单需求的信息。此外,看板文件夹可以用颜色区分工作分配给了哪位操作员,或者哪种正在执行的标准化工作的类型。

在按规律提取的系统中,看板文件夹会随着工作一起流动,并由 Runner 移动。在单独的生产均衡柜中,操作员从与他们执行的工作类型和当天时间相关的槽中拉取工作。通常,如果使用单位制时间可视化板,本地管理者会以标准时间间隔将看板文件夹直接分发给操作员。时间间隔大小决定了进度快慢,文件夹有助于分解工作及操作员分配工作。

本节我们讨论,并总结了均衡化方法。在评估,并选择了相应的均衡化方法后,VSM 团队就可以绘制未来状态价值流均衡化图了。

10. 绘制均衡化阶段图

至此,VSM 团队现在已经拥有了为均衡化阶段绘制未来状态价值流图所需的信息。与其他阶段一样,团队通过回答一系列相关问题来评估均衡化机会,如下所示:

(1)最佳流动的最小工作项大小是多少?

(2)什么类型的看板信号方法适用于价值流管理的工作环境?(看板,看板卡片,看板箱,还是批次生产时间可视化板?)

(3)看板卡片或看板文件夹如何分发工作?(由经理,生产均衡柜,还是搬运工/处理者?)

(4)如果合适,需要什么类型的生产均衡柜或可视化辅助工具?(也就是说,如何展示分配给价值流操作员或部分类型的工作?)

(5)如果需要搬运工,什么样的流程和速度最适合均衡化流动?

在绘制均衡化阶段图之前,VSM 团队应该确定他们计划使用什么图标来描述先进先出(FIFO)、搬运工(Runners)、生产均衡柜(Heijunka boxes)、看板卡片(Kanban Cards)、看板文件夹(Kanban folders)和单位制时间可视化板(Visual Pitch Boards)的生产均衡要求。

VSM 团队在之前评估的"未来状态-连续流动图"的基础上,应添加均衡化流动所需的元素。VSM 团队应在之前的连续流动实践中评估对看板系统的需求,以便建立更好的产品流程,然后完善他们的想法,并确定实施一个理想的看板方法。

图 9.21 展示了基于看板和便笺纸实现均衡化相关的改善行动(Kaizen Burst)。

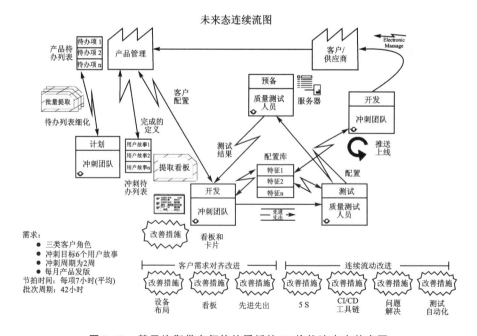

图 9.21 基于均衡带有便笺的看板的 IT 价值流未来状态图

看板可控制 IT 价值流管理流动的规律，同时在特定时间均衡在线产品。但开发人员仍然要通过进行冲刺计划会议来分析产品待办列表中的用户故事，并且与产品负责人一起对工作项进行优先级排序。

大部分的工作项是用来支持开发客户请求的增强功能。但有一些用户故事是为了解决技术债务、安全性以及架构和设计改进的问题。VSM 团队会在开发阶段添加看板图标，并在他们的未来状态图上标注变更请求。VSM 团队还会使用相关的改善行动图标来表示持续的改善活动。

在本章中，我们讨论了如何将精益理念作为软件开发实践的来实现的方法。如果软件开发团队已经实现了敏捷实践，我们可能先要取消一些由冲刺待办列表实现的面向批处理的实践，因为批量处理会造成等待和在线产浪。

如果一个软件开发组织已经围绕 Scrum 实现了敏捷实践，他们可能想要在他们未来的状态映射实践中解决实现看板生产调度理念的问题。让我们花一点时间来讨论如何改进基于敏捷的实践，学习以消除冲刺中批量处理工作项的负面影响的问题。

11. 消除基于敏捷的批处理

冲刺待办列表本质上是批量生产的过程。敏捷团队从产品待办列表中拉取工作项，然后将它们放在队列中，等待开发团队成员有时间处理它们。工作项的排队可能会导致队列中出现过多的等待和在线产品，以及任务切换，这 3 种做法都会造成浪费。

一些组织通过实施看板来可视化和管理在冲刺中的产品帮助开发团队在每个冲刺周期内均衡化生产流程。

基于看板的敏捷团队实现并不是支持最佳的连续流动策略。团队仍然在以大于一个的批量大小的冲刺内移动工作项。然而，随着 CI/CD 和 DevOps 流水线的实现，工作项可以作为单件流流动。此外，只要工作项已经被完全细化并确定了优先级开发团队还可以使用他们的看板，直接在产品待办列表上均衡客户需求。

是的，精益可以作为 Scrum 和其他敏捷实践的一部分。重要的是要理解使用冲刺作为一种机制来管理需求流动会变成一个批量处理的过程，这与实现单件流的精益思想是不一致的。

这是否意味着冲刺和其他形式的开发节奏——比如在 SAFe 相同？总之，不可以。冲刺和其他形式的开发节奏迫使价值流团队花时间来规划他们即将进行的活动。这些团队要向客户和其他利益相关者提供产品和解决方案演示，还要检查和调整他们的工作，并进行基于改善或回顾性的反思，支持他们持续改进的目标。

本节我们完成了对未来状态（第 3 阶段）映射的讨论，以帮助企业改善客户需求均衡化流动问题。在本节结束之前，让我们再来回顾一下支持均衡化的工具。

12. 未来状态-均衡化工具

在本节中，我们了解了谁以及何时使用看板来管理价值流的在线产品，以及看板在面向 IT 的价值流和其他面向管理或运营的价值流中可以良好运营。

价值流经理可能会安排物料处理者或"搬运工"来搬运必须手工搬运的物料和零

件。在将产品组件和生产看板卡或文件夹从一个工作位置移动到另一个工作位置时，Runner 可以设定价值流的速度，使搬运工按照价值流的流动，设定每个周期的节奏。

生产均衡柜提供了一种将生产看板卡片和文件夹存放在盒子插槽中的方法。生产均衡柜作为一种可视化辅助工具，可指示特定时间段内一天的工作安排，即生产均衡柜可以指示哪些人负责执行工作，或者要生产的产品类型。

另一种可视化辅助工具是单位制时间可视化板，它与生产均衡柜功能一样，会根据价值流的单位制时间显示规划中的加班时间。注意，价值流经理不是将生产看板文件夹放在盒子的槽中，而是手动将卡片和文件夹分发给操作员。

顺便提一下，IT 部门可能会处理实现看板、生产均衡柜和批次生产时间可视化板的电子系统，我们将在本书的后面部分介绍提供这些 VSM 工具。

最后，需要用未来状态图更新 VSM 故事板——在均衡化阶段的改善。VSM 团队决策他们计划用什么图标来表示看板、有节奏提取、生产均衡柜、看板文件夹或卡片，以及单位制时间可视化板。

本章中，我们介绍了未来状态的映射，这也是我们 VSM 方法的第 6 步。下一章，我们将学习如何通过改善计划来指导和持续改进活动。

9.5　小　结

在本章中，我们学习了未来状态价值流图的三个阶段。这些阶段包括评估价值流管理客户需求、实现价值连续流动以及为优化生产力而均衡化客户订单。此外，我们还学习了通过这 3 个阶段开发以及演进未来状态图的知识。

本章接续前面内容，向大家展示了 VSM 团队如何从工作和信息流的持续状态评估过渡到分析最优的未来状态。在完成实践时，大家会发现基于敏捷和 Scrum 的冲刺实践本质上是一种批量处理过程，在精益管理中这是一种浪费。但是，大家通过转向基于看板的生产调度方法，以及通过实现集成和自动化的 CI/CD 和 DevOps 流水线，可以消除批处理。

阅读完本章关于评估和实施价值流精益改进的知识，就可以解决根据客户需求调整生产、改善连续流动和均衡化生产，以及客户需求变化相关的问题。有了这些信息，就能依据离散的改善行动（Kaizen bursts）改进策略转换了。

在下一章中，我们将学习如何创建和实施改善计划，以执行您的未来状态改善策略。

9.6　问　题

请花点时间回答以下问题，以确保您已经扎实掌握了"未来状态图"：

（1）未来状态价值流图的 3 个阶段是什么？

（2）客户需求阶段的目标是什么？

（3）连续流动阶段的目标是什么？

（4）均衡化阶段的目标是什么？

（5）节拍时间是如何计算的，其目的是什么？

（6）单位制时间是如何计算的，其目的是什么？

（7）当您在价值流中管理客户需求时，什么是关键问题？

（8）第 2 阶段——价值连续流动的主要目标是什么？

（9）在理想状态下，生产均衡化的目标是什么？

（10）为什么迭代式敏捷和基于 Scrum 的冲刺本质上是一种批量处理的过程，如何改善这些策略？

9.7　延伸阅读

- Tapping，D.，Luyster，T.，Shuker，T.（2002）Value Stream Management. Eight Steps to Planning，Mapping，and Sustaining Lean Improvements. Productivity Press. New York，NY.

- Tapping，D.，Luyster，T.，Shuker，T.（2003）Value Stream Management for the Lean Office. Eight Steps to Planning，Mapping，and Sustaining Lean Improvements. Productivity Press. New York，NY.

- Tapping，D.，Kozlowski，S.，Archbold，L.，Sperl，T.（2009）Value Stream Management for Lean Healthcare. Four Steps to Planning，Mapping，Implementing，and Controlling Improvements in All Types of Healthcare Environments. MCS Media，Inc. Chelsea，MI.

第 10 章　改善精益—敏捷价值交付周期（VSM 第 7~8 步）

在前面的内容中,我们学习了如何实施 VSM 举措,映射当前状态和绘制期望未来状态的 3 个阶段。此时,VSM 团队已经准备好开始改善活动了。VSM 贯彻精益改善（Kaizen）理念,以实现持续改进。在此节点,VSM 团队也已经知道了如何应用 VSM 工具来对他们的 IT 价值流和其他组织价值流进行精益改进。

在工作范围、时间周期、成本和权限方面,精益改进与敏捷的改进是截然不同。在本章中,您将学习到精益改进更倾向于解决战略层面的问题,这些问题需要投资组合的投资和高管级别的决策,至少在最初是这样。相比之下,基于敏捷的改进则更适合在战术层面和敏捷团队的范围内运作,并且在较短的时间内以个人冲刺来衡量。

精益和敏捷实践都是必要的,并且其应该应用和贯穿到组织内部。但由于这本书主要讲价值流管理,即我们的重点是进行精益导向的价值流改进,特别是面向 IT 的价值流。

在通用的 VSM 方法学中,其中有 3 个步骤是与改善相关的:①识别改善行动（Kaizen bursts）;②将其作为改善机会;③制定和实施改善计划。在前面的章节中,我们学习了如何识别改善机会。本章将介绍如何制定和实施改善计划。

精益改进从根本上来说指的是业务的转型。VSM 举措帮助管理重新设计业务流程,以精益生产流动的方式创造价值流。生产流动（Production Flow）并不单指产品只是为外部客户开发的。例如,一些针对软件开发的价值流,是指通过开发,并交付软件产品来支持其他内部业务操作或面向运营的价值流。

我们将在本章探讨上面提到的问题。具体来说,在本章结束时,作为您精益业务转型的内容,您将能够制定和实施价值流改善计划。

在本章中,我们将讨论的问题有:

- 精益和敏捷实践结合。
- 精益—敏捷持续改进。
- 制定改善（Kaize）计划——VSM 第 7 步。
- 实施改善计划——VSM 第 8 步。
- 回顾 VSM 方法。

10.1 精益和敏捷实践结合

当前,敏捷方法论者更趋向于将敏捷背后的软件开发理念与精益生产过程相关的理念结合起来。Mary 和 Tom Poppendieck 在其著作 *Lean Software Development*:*An Agile Toolkit* (Poppendieck,2003)中将精益作为敏捷实践的组成部分进行推广之后,精益和敏捷实践的融合才成为主流。他们的书籍影响深远,现有大多数敏捷方法都声称是以精益思想为基础的,如 Scrum、大规模 Scrum (LeSS)、规范敏捷(DA)和规模化敏捷框架(SAFe)。

尽管如此,精益—敏捷实践的理念作为 IT 学科主张还是相对较新。大多数所谓的精益—敏捷方法论既没有促进也没有传授精益生产改进的综合方法。相反,大多数精益—敏捷方法论者认为精益或精益思想原则已经内置于他们的方法论中。

换句话说,提出这种主张的方法论者相信仅仅遵循他们的实践就能使组织变得精益。但是,不管事实是否如此,目前,精益实践已经是成熟的理论,精益的概念已嵌入到其他方法论中,并应用于价值流管理,这其实会偏离其已被证明的生产和价值交付改进方法的严谨性。

虽然敏捷和精益实践者都提倡持续改进的思想,但是在改进过程、时间周期和所涉及的工作范围上有着根本的区别。我们将在下节中讨论这些差异。

10.2 精益—敏捷持续改进

到目前,您必须很清楚组织的价值流管理活动不是一次性的事件。相反,其在产品线的生命周期中,影响是持续和周期循环的。在本章中,您会发现许多之前的精益改进举措往往比敏捷团队的持续改进作用更大。这并不是说精益改进不能在小范围内进行。从根本上说,精益组织中的每个人都被鼓励去发现妨碍他们工作技能的问题,找到解决方案并实施。尽管如此,敏捷团队和个人通常不能对设备和工具进行大规模的变更,也不能在没有得到他们高管正式批准的情况下,采购新的设备和工具来改进价值流的连续流动。实施大规模改进和业务转型是精益和 VSM 学科的亮点。

在 IT 组织想要实施持续集成/持续交付(CI/CD)或 DevOps 流水线时,大规模的IT 价值流改进问题就会显现出来。这些问题需要花费的投资通常超过一个敏捷软件开发团队的权限范围,甚至是超过软件产品团队的审批权限。因此,在精益改进过程中,变更范围、时间范围和投资往往要比在敏捷管理方法中更大,至少在早期阶段是如此。

精益—敏捷管理方法的目标是结合两者的优点。精益和敏捷两种思想有很多的共同点。例如,敏捷和精益思想都主张专注于交付以客户为中心的价值,都寻求更高的生产效率、改善质量和快速交付。而且,这两种思想都支持持续改进。

敏捷、Scrum 和精益都有一个共同的理念,即持续改进我们的运营。然而不同的是,精益实践者使用价值流管理实践来指导改进,而敏捷实践者则倾向于使用回顾方法进行改进。

与敏捷的回顾方法相比,VSM 持续改进过程更加严格,称为改善(Kaizen)。精益方法的改进倾向于从头到尾端到端整体地进行值流管理,进而改进产品和信息流动。因此,基于改进可能会超出了敏捷团队级别的时间周期和投资权限范围。

换句话说,有时候,我们需要将复杂的东西进行分解,然后才知道如何把它们重新组装成一个更好的可操作系统。正因为投资是如此重要,所以我们需要根据它们在尽可能短的时间内实现最大价值的贡献,来对每个提议的变更进行优先级排序。

随着我们完成 IT 价值流的连续流动和未来状态映射实践,我们已经识别了许多改善机会。具体来说,改善行动(Kaizen Burst)图标突出了我们在未来状态图中识别的改善机会。敏捷和 Scrum 实践基于对需要立即关注的实时问题的评估来寻求增量改进。相比之下,价值流管理是从更长远的角度来评估组织、工作和信息流动的结构性变化。

VSM 团队是将价值流操作员和利益相关者组合,逐步实施产品生产过程的改进。尽管如此,改进的周期仍然比敏捷和 Scrum 中推荐的要长得多,至少在最初的 VSM 团队参与过程中是这样。此外,VSM 改进是战略性的,投资决策是在投资组合情况下做出的。

事实上,敏捷和精益这两种类型的持续改进都是必不可少的。但是正如第 5 章中所说,我们需要大量投资来实现开发和运维部门的精益 IT 价值流。如此"昂贵"的改进当然需要得到高管的认可和批准,同时 IT 部门也需要时间和精力来实现成熟的 DevOps 能力。

现在大家已经理解了精益和敏捷的持续改进的区别,我们接着学习,并了解如何制定一个 VSM 改善(Kaizen)计划。

10.3　制定改善(Kaizen)计划——VSM 第 7 步

在事先没有充足准备的情况下逐步实现 CI/CD 或 DevOps 工具链和流水线,确实存在失败的风险。首先,高管可能不完全了解所用到的时间和成本,当他们看到计划外的资本支出请求提交给他们审批时,他们可能会抵制。如果开发和运维团队的工具链和平台请求没有得到批准,他们将会感到沮丧。在开发 DevOps 流水线时,相应人员必须解决一些工具以及流程集成和安全问题,而内部客户和利益相关者对改进需要多长时间可能有错误的预期。

DevOps 是一项业务转型活动。它更像是对业务流程的改造计划,而不是一个直接可以增量的业务流程改进活动,因此使用 DevOps 举措也需要合理。换句话说,DevOps 是一项战略投资,必须在投资组合情况进行规划和执行。这意味着 VSM 团队必须进行严格的规划,提供详细的预算和时间表,并制定路线图,以支持组织的相关精益价值流活动。

在本节中,将介绍如何为您的 VSM 举措制定改善计划。下面让我们开始吧。

1. 连接业务战略

随着未来状态映射实践 3 个阶段工作的完成,VSM 团队对所需要进行的改进情况有了大致的了解。接下来 VSM 团队需要学习如何实现改进。

通常,没有必要在一开始就试图把计划做到十全十美。最好从我们已知的开始,然后找出我们所未知的,随着团队的发展对计划做出有相应的改进。这与改进软件的敏捷观点是一致的。首先,我们必须实现我们认为客户需要和想要的东西。然后,我们必须向他们展示我们所做的成果,听取他们的反馈,逐步改进。同样这种思路策略也适用于改善计划和实施。

在 VSM 举措实施的每一个阶段,团队都以一系列问题开始。同样改善计划也是这样的。但 VSM 团队的重点是在战略目标背景下调整改进活动。换句话说,要看批准 VSM 举措的组织高管提出的目标是什么? 如以下所述。

(1) 谁是价值流的客户,他们将如何从 VSM 改进中受益?

(2) VSM 举措如何支持组织的战略目标?

(3) 如何证明 VSM 举措的费用是一项高优先级的投资组合的决策成本? 也就是说,高管期望的投资合理化是什么?

(4) VSM 举措支持哪些内部或外部产品?

(5) VSM 举措会影响哪些内部和外部组织?

(6) 该举措预期的质量改进是什么?

(7) 精益 IT 价值流如何支持组织的其他精益价值流?

(8) 价值流中的哪些改进会对系统整体生产力产生更大影响?

① 换句话说,价值流中是否存在对整体价值流的流量和吞吐量产生负面影响的环节?

② 是否存在跨价值流的链接活动的片段,可以组合成更简单、更有效的活动?

(9) 对于未来状态映射实践中识别的流程改进活动,我们应该如何进行优先级排序?

(10) 每个改善计划的实施需要哪些类型的投资?

(11) 为了支持确认的改进建议,我们需要什么样的培训或技能?

(12) 推出已识别的改善改进的最佳时间是什么?

VSM 团队必须清楚地定义所有上述问题的定性和定量指标。最终,这些指标将定义每个改进措施的有效性。

2. 规划跨阶段的精益改进

（1）改善计划 3 个阶段

正如 VSM 团队确定的 3 个阶段的未来状态改进一样，改善计划的推出也应该遵循同样的 3 个阶段，如下所述。

① 满足客户需求的子计划。

② 改善过程流动的子计划。

③ 均衡化工作的子计划。

（2）未来状态映射 3 阶段

这三个子计划直接对应于在前一章中确定的未来状态改善计划。我们快速回顾一下，未来状态映射通过指导改进的三个阶段：

① 客户需求阶段（Customer demand phase）：评估客户对产品、工作项和服务的需求，包括客户驱动的质量、特性或功能的变化，以及交付周期。

② 连续流动阶段（Continuous flow phase）：寻求并改进生产流动，以满足客户需求。

③ 均衡化阶段（Leveling phase）：实施按数量和种类分配工作的策略，以减少瓶颈和等待，并最大限度减少批量大小。回想一下，最理想的批量大小是什么。

不要忘记，VSM 团队为每个阶段识别了多个改善机会。因此，改善计划应解决每个阶段中推荐的所有改善举措。

3. 制定改善计划

同样，与在每个冲刺中识别和实施改进的敏捷理念不同，精益改进可能需要几个月的时间来展开。我们需要辨别用于改进工具、设备和更改布局所需的投资，获得高管的批准，并分配在投资组合预算周期内。

提议的变更同样需要花费时间对必要的工具、平台和设备进行设计、采购、部署和测试。VSM 团队不要忘记要让组织的人员跟上变革步伐。改善计划应该包括用于指导、辅导和培训的时间和资源。在本节中，将介绍如何使用三种主要工具来制定改善计划；即月度改善进度计划表（Monthly Kaizen Schedule Plan）、VSM 目标和度量表（the Chart of VSM Objectives and Measurables）以及月度改善进度计划明细表（Detailed Monthly Kaizen Schedule Plan）。

如果 VSM 团队愿意，他们可以使用项目管理进度工具来制定改善进度的甘特图，如微软 Project。但是简单的工作表或一块大白板就足以创建一个每月改善进度的计划表。

图 10.1 以 Excel 工作表的形式展示了每月改善进度计划表的示例。此工作表直观地显示了未来状态改善三个阶段中每个改善行动（Kaizen Burst）的计划改善措施。此外，VSM 团队更新了每月改善计划工作表，其中包含随着时间的推移而识别的新提议的改善计划。

每月改善计划工作表仅仅提供了计划中精益改善举措的概要；它们没有提供与每

图 10.1　每月改善进度计划表

个精益改善计划相关任务的详细信息。随着计划的进行，更多的细节将被暴露出来，VSM 团队使用不同的可视化展示方式来跟踪这些细节，并将进展通知给其他人。详细计划可能被称为改善里程碑表（Kaizen Milestone Chart）或月度改善进度表（Monthly Kaizen Schedule）。

随着改善活动的进行，VSM 团队使用月度改善进度计划表（图 10.1）底部描绘的符号来更新日历中每个改善活动的状态。

另一个重要的可视化展示是精益度量表，包括基线和目标价值、目标、目的、变更请求的状态以及已识别的风险和问题。它被称为 VSM 目标和度量表，该图表目的是为 VSM 举措的改进目标、目的和度量提供高阶的可视化展现。它还识别了与每个建议的改善目标相关的风险和问题。

图 10.2 展示了 VSM 目标和度量表的示例。

请注意，风险和问题是分开列出的。原因是，根据定义，风险是可能发生的事件，而问题是客观存在的，并且已经影响我们项目的。这种差异是至关重要的，因为 VSM 团队应该在潜在风险发生之前识别它们，并决定需要采取哪些步骤来规避或减轻风险的负面影响。此外，VSM 团队应该为最糟糕的潜在风险定义应急计划，以便让他们有计划来应对，在风险发生时受到的影响最小。

例如，假设 VSM 团队推荐采用新的源代码管理（SCM）仓库和持续集成工具。如果安装出现问题，我们希望建立应急计划，提供备份和恢复能力，可返回至我们的原始环境和数据，直到我们找出导致新系统变更失败的原因。

日期：						
VSM团队领导：						
价值流经理：						
变革目的	度量目标	基线指标	目标指标	变革状态	风险	问题
☑ - 已完成		□ - 打开中		☒ - 未成功		

图 10.2　VSM 目标和可衡量指标图表

　　详细月度改善进度计划与月度改善进度计划表有着相同的要素,如阶段、计划任务和月份。但是详细月度改善计划应该包括附加信息,例如所有权分配、预计完成时间以及任务是否过期。它还提供了以周为单位的更精细的时间粒度,而不是以月为单位。用 VSM 目标和度量表底部的符号更新变更状态字段(图 10.2)。

　　图 10.3 提供了月度改善进度计划明细表的示例。顾名思义,本计划旨在让大家了解提议的 VSM 改善活动。具体来说,该计划为识别所有改善举措提供了空间,具体到了任务级别:

详细月度进度计划表

△ = 开始日期
➡ = 正在进行的工作
▲ = 已完成
⋮ = 逾期
--------- 超期一个月

图 10.3　月度改善进度计划明细表

月度改善进度计划明细表包括每个建议改善目标的任务编号，再次细化到任务级别。描述性任务名称（Descriptive TaskNames）突出了所涉及的工作，计划应该确定谁负责完成工作以及目标是否已经达成。时间线提供了开始日期、正在进行的工作和完成日期的直观显示。VSM 团队还应该对计划任务何时过期进行标注。

里程碑使用月度改善进度计划明细表（图 10.3）底部标识的符号来标记主要事件的开始或完成。因此，对于每个改善活动，VSM 团队都会确定重要的事件，以衡量其变更计划的开始、进展和完成情况。所有的里程碑都必须在变更目标方面是可量化的，并且活动完成既定目标的程度是可度量的。

重要的是大家要理解 VSM 举措是基于项目的工作，而不是基于敏捷的开发策略。这并不是说 VSM 举措与精益实践不能共存。但提醒一下，敏捷的回顾方式往往在时间和小型敏捷团队的授权范围上会受限制，会限制在一个冲刺的时间周期内实施。相比之下，精益举措倾向于采取更长期的规划，涉及更大的投资，需要管理层的支持和赞助，并且往往与支持的企业战略更加一致。

VSM 举措会建立任务，这些任务是完整价值流识别实施和改善精益实践所需的关键变更。其中，工作和投资的范围由管理层批准，并直接影响组织实现其战略目标的能力。这种情况下，VSM 举措具有项目的特点。换句话说，需要工作团队有明确的工作范围、明确的可交付任务集、明确的预算和明确的计划进度。然而，从长远来看，持续改善工作将转移到敏捷团队，作为他们正常冲刺回顾的一部分。随着早期精益转型举措的完成，并应用于敏捷框架上，面向 IT 的价值流要作为精益-敏捷实践进行改革。

现在，VSM 团队已经创建了他们的改善计划，他们需要获得批准才能继续。关于获得批准的内容我们将在下一小节进行讨论。

4. 获得批准，继续前进

如前所述，精益改进举措通常涉及大笔投资，也有可能破坏价值流的日常活动。因此，VSM 团队必须在开始新的变更举措之前寻求并得到恰当的批准。请注意，这种级别的批准通常不适用于敏捷的持续改进活动，因为敏捷更倾向于关注局部层面的过程变更。但因为 VSM 举措会关联到时间、资源和投资，所以管理层的批准是必要的。

（1）VSM 应回答的问题

VSM 团队可以使用其 VSM 故事板（VSM storyboard）和改善计划来总结其精益转型问题。在高管审查期间，VSM 团队应准备好回答以下问题：

① 这个项目与组织的战略目标有什么关系？

② 为什么 VSM 团队选择该价值流、关联价值流或价值流片段用于精益改善举措？

③ 精益方法会对我们的内部和外部客户产生什么影响？

④ 预计吞吐量会有什么变化？

⑤ 预计产品质量有哪些改善？

⑥ 预计在多长时间内节省多少成本？

但愿如此，管理团队参与了早期的规划会议，已经在正式支持 VSM 团队，并明确了章程规范，用于给团队时间和资源做授权。当然，提醒高管明白 VSM 举措的目标及目的,以及团队的工作如何映射到支持组织的战略目标和使命,总是好的。

（2）VSM 准备演讲稿应牢记的问题

乍一听,VSM 团队的建议可能过于慷慨激昂,并且代价不菲。团队必须准备好,用合理的逻辑、准确的数据和规避风险的改善策略来支持他们的提议。在 VSM 团队准备作声明时,他们必须牢记以下几点:

① 设定真实的目标和预计完成日期。

② 在进行正式演示之前,与组织的高管、价值流经理们、操作人员和其他关键关系人进行公开对话,以获得他们的认可。

③ 向与价值流相关的每个人展示 VSM 演示举措文稿和图表的草稿,并获取他们的反馈。

④ 演示文稿要简洁,用项目符号列出关键点,同时也要有详细的幻灯片来介绍必要的细节。

⑤ 使用图形和大字体演示幻灯片,以及大尺寸的 VSM 故事板,使演示画面更赏心悦目。

⑥ 让卓越的工作得到相关人员的认可,包括 VSM 团队成员、VA 操作人员和其他重要干系人员。

⑦ 在获得批准后花点时间进行庆祝,然后在每一次精益改善举措成功后都要庆祝一下。

上述是需要了解的有关改善计划的全部内容。如果您已经熟悉敏捷思想,就会知道在 IT 工作中过于详细的项目和进度计划价值并不大的。因为在我们开始与价值流客户合作之前,我们无法预知什么样的解决方案是优的。此外,需求和优先级会不同步,甚至在我们开始工作之前,详细的计划就已经过时了。更好的方法是将基本 VSM 计划都放在一起,循序渐进,然后随着时间进行迭代改进或增量改进,以达到改进价值流的目标。

本节我们完成了对改善计划的介绍。在下一节中,我们将学习如何实施改善计划。

10.4　实施改善计划——VSM 第 8 步

在本节中,将介绍如何实施改善计划。这是 VSM 8 步法中的最后一步,也是最短的一步,但可以说这一步是最关键的步骤和持续时间最长的活动——它持续存在于价值流的整个生命周期中。与敏捷一样,在精益实践中,同样停止改进的初衷。

实施 VSM 这个步骤也最艰难的。究其原因,人的天性就会抗拒作出改变。VSM 团队的精益改善建议的成功依赖于让整个组织的人都为他们的能力买单,所以大家必须从解决变革问题开始这一步。

1. 解决变革问题

获得组织支持实施 VSM 团队的提议不会自然发生。最佳方法是与自荐性的一个价值流团队工作,在组织级精益企业举措计划中,他们愿意作为创新的先锋,在早期就开始实施。

　　与业务流程再造的最初目标不同,VSM 团队不要一次性实施所有的倡议。这样做的唯一合理解释是,组织正处于"燃烧平台(burning platform)",在这种火烧眉毛的状况下,延期会导致组织的破产或倒闭。相反,VSM 团队需要通过已识别的改善行动(Kaizen Burst)来推进工作,以迭代和增量的方式实施变革,这并不意味着该过程应该随着时间的推移而过度地向前扩展。我们的目标是快速成功,并尽早使用,然后使用快速跟进的成功来传递整个 VSM 举措的价值。

　　遵循最初由 Joe Bohlen 和 George Beal 在其题为"扩散过程(Diffusion Process)"的文章中介绍的技术采用生命周期原则,组织的其余成员一旦确信变革的好处,就会愿意遵循新的实践。图 10.4 是典型技术或产品采用曲线的图形化描述。

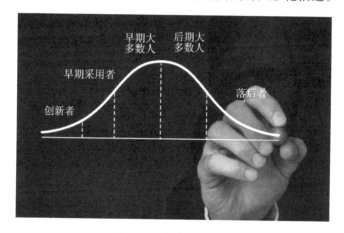

图 10.4　技术采用曲线

(1) 技术信息曲线含义

　　技术采用生命周期是一个社会学模型,描述了新产品或新事物的采用或接受情况。我们观察图 10.4 所示的钟形曲线(Bell Curve)时,会发现到曲线上有标注信息:创新者(Innovators)、早期采用者(Early Adopters)、早期大多数人(Early Majority)、后期大多数(Late Majority)和落后者(Laggards)。下面我们花点时间来理解这些信息的含义。

　　① 创新者(Innovators):他们是行业或组织中第一批实施新的方法、工具和运营模式的人。他们往往喜欢变化,敢于冒险。他们可能处于危机模式(即燃烧平台),在这种情况下除了改变行事风格,他们别无选择。

　　② 早期采用者(Early Adopters):他们最先看到创新者带来的好处,并迅速采用新的工作方式。他们也愿意接受改变,并承担一些风险,但他们不是第一批行动的人。

　　③ 早期大多数人(Early Majority):在技术或业务转型生命周期变化的这个阶段,事物的发展开始突飞猛进。已出现足够多的人用实践证明新的技术或工作方法带来了好处,更多的人们对采用新方法的风险感到放心。

　　④ 后期大多数人(Late Majority):这些人都是最不愿意冒险和较保守的人,直到

变革呈现燎原之势时,新的方法才会被他们接受。

⑤ 落后者(Laggards):这些人从根本上墨守成规,可能不了解情况,或者可能只是缺乏做出改变的资源。因此,他们是最后一批做出改变的人。

虽然创新者和早期采用者很早就在引领变革,但早期大多数人、后期大多数人和落后者都会在看到收益大于风险,才会接受新的工作方式,那么这时变革也就会在组织内持续进行。

(2)变革支持行动清单

所以,到目前为止,大家可能想知道如何启动一个新的精益变革举措。答案是,与其说它是个过程,还不如说它是潜在的一个变革支持行动清单,如下所述。

① 沟通每一步的原因和意图。

② 要明白那些最接近工作的人通常有好的想法,他们知道哪里需要修正,以及为什么和如何修正。

③ 快速并及时解决任何人事问题或不当行为。

④ 奖励和认可支持 VSM 举措的人。

⑤ 解决障碍和问题——不要让它们阻止你。

⑥ 为了发现合适改善的运营模型,不要害怕试验。

⑦ 高管支持者和 VSM 团队都要平易近人、灵活多变,并对来自价值流操作员和利益相关者的意见戴目倾耳,同时也要坚定精益改善的目标。

⑧ 当开展渐进式变革时,积极的影响将积沙成塔。

⑨ 请记住,一定要持之以恒。

有了应对变革中人员方面的策略,下面我们来细化实施策略。

2. 指导精益业务转型

正如前面介绍的,精益是指进行大规模的业务转型,进而提高价值交付,然后在组织的完整生命周期中持续改善整体的价值流。从技术上讲,进行精益业务转型,可以分为 3 个阶段的工作:准备、实施和跟进。

我们在上一节改善计划中讨论了相关准备的问题。实施就是把理论计划和实际相结合。接下来,VSM 团队需要跟进,以确保持续变革。此外,VSM 团队还需要确保价值流实现了精益改善投资的目标和指标。

请记住,精益持续改善工作不同于敏捷的持续改进活动。精益专注于长期的规划和投资,使组织在激烈的市场竞争中处于永不失败状态。另一方面,基于敏捷的回顾性修复往往是局部的,相对较小,通常不涉及投资,并且会在很短的迭代中实施。

以精益改善为导向,VSM 的目标是消除一切形式的浪费。我们的目标是帮助 VSM 团队从客户的角度构建效率高、响应快、增值多的价值流。然而,根据帕累托原则,我们知道,每一项改善都是以问题为导向。每项新的精益改善都会推动价值流朝着为客户提供卓越服务的方向进发。

VSM 举措是大局面的改善活动,并以增量和持续的方式进行实施,过程中 VSM 团队使用他们的故事板来指导他们的活动,并向其他干系人解释结构化的价值流管理过程以及如何提升价值交付。

3. 分解精益改进工作

VSM 团队通过需求、连续流动和均衡化改善这三个阶段,专注于开展改善行动(Kaizen Burst)中识别的改进。每个改善行动(Kaizen Burst)可以是相对较小,也可以是非常大的举措,甚至可以包含多项任务,或涉及大量投资。

将每个改进活动中涉及的工作分解为事件,目的是充分突出或发现必要的工作,并让所有干系人参与判定。VSM 团队可能会选择采用用户故事的方式,如在均衡化阶段用看板来表达每个改善事件的目标和目的。这些改善事件可以比作产品待办列表中的工作项。

事实上,在 IT 价值流管理中,改善事件可以包含在产品待办列表中,因为改善工作可能涉及价值流操作人员共同努力。还可以利用看板来管理和展示较大的 VSM 举措中改善行动(Kaizen Burst)以及改善事件的工作流动。

无论选择哪种方法来管理改善事件,VSM 团队都必须收集和传递其他的信息。为此,请执行以下步骤:

(1)识别改善事件的目标,并进行沟通。

(2)识别支持改善事件的人员角色和职责。

(3)定义团队工作的范围;也就是说,可以是故事(Story)或史诗(Epic)的形式。

(4)识别支持改善事件的培训或信息需求。

(5)将改善事件的预计开始和完成日期作为里程碑,并在月度改善进度计划明细表中展示。

(6)识别潜在的风险和问题,并根据情况制定缓解措施和应急计划。

(7)计划和协调完成改善事件所需的工作。

(8)如果需要比最初规划中更多的投资或资源,请寻求管理层的支持和批准。

(9)如果需要任何新的团队成员来支持这项工作,请更新 VSM 团队章程。

同样,一些改善事件本身比其他事件更易于计划和执行。所以,做好足够的准备和计划工作,让事情朝着正确的方向发展。但也要知道,通过反复试验,大家对需要做的事情的理解也会跟进。

从长远来看,VSM 团队需时刻准备好要重新审视,并相应地更新他们的价值流。时事观察永不能停。价值流改善永无止境。每个改善事件都需要整改 VSM 团队和管理层自始至终坚持。否则,工作就会停滞不前,甚至可能无法完成。

本节完成了有关实施改善计划以在完整价值流中实施精益改善的讨论。在我们接着学习下面内容之前,可以思考一下 VSM 举措为什么需要作为投资组合级别的投资和获得高管的批准?

4. 将 VSM 举措作为投资组合级别的投资进行管理

VSM 团队及其支持的高管需要对他们的努力保持耐心。VSM 举措涉及大规模的业务转型,以实现精益产品和信息流动。精益业务转型可能需要数月甚至数年才能完成,这会给予 VSM 团队足够的时间和资源,以便在未来状态改进活动的三个阶段(即需求、连续流动和均衡化)中至少进行一次 VSM 迭代。

一旦 VSM 未来状态价值交付改善周期完成,VSM 团队可能会继续支持另一个价值流中的精益改善工作。组织的高管必须持续评估整个企业精益改善机会的工作,并分配投资优先级,作为其投资组合规划活动的一部分。在特定的时间内,大型组织可能存在多个 VSM 举措同时进行。

所有的 VSM 举措都需要投入时间和资源,并且需要投资。所以,如果没有充分的前端分析,组织的高管就无法了解如何最佳配置他们的宝贵的资源,获得最大化收益,这也是为什么现代精益—敏捷实践,例如规范敏捷(DA)和规模化敏捷框架(SAFe),在他们的工具箱和方法中采用严格的投资组合分析技术的原因。

由于本身缺乏精益—敏捷的框架,VSM 团队必须将他们的活动与组织的投资组合管理优先级保持一致,并通过投资组合管理过程寻求投资。由于缺乏正式的投资组合管理过程,VSM 团队必须与他们的高管合作,并建立正式的机制来评审团队的精益投资策略和优先事项。如果没有得到批准,就没有切实可行的方法实施已识别的精益改善。

与 VSM 方法中的其他步骤一样,我们将通过一个小节的内容——支持改善实施活动的工具来结束对改进举措的介绍。

5. 利用改善工具

如果您的 VSM 团队坚持使用的是手动系统,那么改善实施工具与改善计划和理论价值流流程图使用的工具是相同。不同之处在于,您的这些工具可以作为实现变革过程的辅助工具。您所学到的价值流方法和工具都可以用于开发和运维价值流的改善精益实践。

进行改善计划和实施活动的工具包括:

(1)VSM 故事板。

(2)当前和未来状态价值流图。

(3)月度改善进度计划表。

(4)VSM 目标和度量表。

(5)月度改善进度计划明细表。

目前,您已经掌握了启动和实施 VSM 举措的实践知识,以实现价值流精益改善。在本书第二部分的剩余内容——实施价值流管理(VSM)方法和工具,我们将介绍理解现代 VSM 工具如何支持 CI/CD 和 DevOps 流水线开发和改善活动的内容。学习之前,让我们快速回顾一下 VSM 方法。

10.5　回顾 VSM 方法

在第 4 章和第 6 章中,通过应用一个共同定义,且经过证明的 VSM 方法的 8 个过程来介绍价值流管理。这 8 步 VSM 方法已被证明适用于生产制造、办公室管理、供应链以及医疗保健等行业。

这 8 个步骤如下：

（1）决定并定下精益方案。

（2）选择价值流。

（3）了解精益。

（4）映射当前状态图。

（5）识别精益指标。

（6）绘制未来状态图。

（7）制定改善计划。

（8）实施改善计划。

当然，这 8 步 VSM 方法同样适用于面向 IT 的价值流管理，如本书中提供的 CI/CD 流水线用例。面向 IT 的 VSM 用例有意地限制了其复杂性，以便大家专注于学习 VSM 方法论。但是选用面向 IT 的用例并非偶然，因为现代价值流管理工具支持 IT 价值流的实施精益实践。

但在一个组织中当一个方法可以用得很好时，同时采用多种 VSM 方法是没有意义的。每个 VSM 团队都应有修改基准 VSM/精益改善策略的权利，以便提高其在独特环境中的有效性。此外，在经济方面，企业中的每个 VSM 举措都可能需要组织的 IT 部门以某种方式提供支持。

在前面章节中，我们提到了 DevOps 能力是现代数字经济中竞争所必要的"筹码"。因此，大多数现代 VSM 工具都支持 DevOps 能力的实施、集成和改进。这些类似的工具供应商应注意到，带有 DevOps 的 VSM 也支持组织的精益改善目标，因此，DevOps 是为组织生产的产品和服务增加价值的关键推动力。

10.6　小　　结

本章我们讨论了持续改善价值流工作和信息流动能力的重要性。大家知道 VSM 和敏捷共同拥有"持续改进"的原则，但它们运行的时间周期和工作范围是不同的。例如，通常，敏捷团队会使用回顾的方式评估他们在下一次冲刺中可以做出的相对小规模的改进。

相反，VSM 团队将他们的努力聚焦在更重要和精益导向的计划改善方面，因为这些计划跨越更长的时间周期，并需要更大的投资。此外，敏捷团队的持续改进通常不需要管理层的批准；而 VSM 团队的改善提议总是需要批准。

通过我们的 8 步 VSM 方法，我们学会了如何制定改善计划（VSM 步骤 7）和实施改善计划（VSM 步骤 8）。我们还学习了如何开发和使用多种工具来规划和实施我们的改善计划，例如月度改善进度计划表、VSM 目标度量表以及月度改善明细进度计划表等工具。

在下一章中,我们介绍 VSM 工具是如何通过提供对关键 IT 价值流数据、基于仪表板的可视化和指标的实时访问来支持整个 DevOps 流水线中正在进行精益改善的问题。VSM 工具会帮助 DevOps 团队成员和其他利益相关者监视和改善专注于客户的 IT 价值流中工作和信息流。。

10.7 问 题

(1) 日语术语 Kaizen 在英语中翻译成什么?

(2) 是什么使实施 DevOps 能力成为管理层发起和授权的 VSM 举措的理想项目?

(3) 月度改善进度计划表的目的是什么?

(4) VSM 目标和度量表的目的是什么?

(5) 月度改善进度计划明细表的目的是什么?

(6) 未来状态改进计划和活动包括哪三个阶段?

(7) 当 VSM 举措中项目导向的工作转移到敏捷团队时会发生什么?

(8) 鉴于 VSM 举措所涉及的变更范围,哪种生命周期模型最能代表组织将如何发展以采用新的精益原则?

(9) 为什么 VSM 举措被视为投资组合级别的投资决策?

(10) 哪两种进度和可视化方法适用于管理与改善行动(Kaizen Burst)相关的工作?

10.8 延伸阅读

- Poppendieck,M,Poppendieck,T.(May 2003)Lean Software Development:An Agile Toolkit. Addison-Wesley. Boston,MA.

- Tapping,D.,Luyster,T.,Shuker,T.(2002)Value Stream Management. Eight Steps to Planning,Mapping,and Sustaining Lean Improvements. Productivity Press. New York,NY.

- Tapping,D.,Luyster,T.,Shuker,T.(2003)Value Stream Management for the Lean Office. Eight Steps to Planning,Mapping,and Sustaining Lean Improvements. Productivity Press. New York,NY.

第三部分　VSM 工具供应商和框架

这部分将介绍 VSM 工具的能力、供应商以及领先的 VSM 方法论者或思想领袖。首先,第 11 章现代主流 VSM 工具的能力。具体如由 Gartner 定义的三大类 VSM 工具:DevOps 价值流管理平台(VSMPs)、价值流交付平台(VSDPs)和持续合规自动化(CCA)工具。

其次,在第 12 章介绍 3 个类别共 15 家 VSM 工具供应商的产品。让大家了解如何在 VSM 工具行业中定位自己的产品,以及他们认为自己的竞争优势是什么。本章中确定了 15 家 VSM 工具供应商,书中展示了他们相关的能力。

然后,在第 13 章中,将介绍 VSM 联盟(VSM Consortium)相关知识,项目管理协会(PMI)的规范敏捷 (DA) 和大规模敏捷(Scaled Agile)公司的大规模敏捷框架(Scaled Agile Framework)可应用于现代 IT 实践,以改进 CI/CD 和 DevOps 流水线的。与 VSM 工具供应商采用的方法类似,以上组织展示了他们与价值流管理相关的方法论和活动。

最后,第 14 章介绍了价值流背后早期的思想领导者——精益企业协会(LEI)和 LeanFITT。这两个组织与精益企业学院一起,已经成为现代精益和 VSM 实践背后领先的研究机构和思想先驱。

例如,1994 年,在《哈佛商业评论(HBR)》中的一篇题为《从精益生产到精益企业》的文章中,精益企业协会的创始人 James Womack 和他的合作者 Daniel T. Jones(精益企业学院的创始人和主席)创造了"价值流"这一术语。此外,Don Tapping、Todd Sperl 和他们在 LeanFITT 的合作者共同撰写了 50 多本关于精益实践的书籍,其中包括一些 VSM 背后原则的原创作品,这些书籍都成为实施精益生产改进的通用推荐方法。

本部分包括以下内容:

第 11 章,识别 VSM 工具类型和能力。

第 12 章,领先的 VSM 工具供应商介绍。

第 13 章,VSM‐DevOps 实践领导者介绍。

第 14 章,企业精益——VSM 实践领导者介绍。

第 11 章　识别 VSM 工具类型和能力

2020 年 10 月 5 日，Gartner 发布了 *Value Streams Will Define the Future of DevOps Report*，并指出"到 2023 年，70% 的组织将使用价值流管理来改善 DevOps 流水线的流动，从而更快地交付客户价值。"很显然，Gartner 认为，作为一种 IT 改善策略，VSM 正在迅速成为主流管理方法。

正如从前面 Gartner 发布的报告中所提到的，VSM 工具正在 IT 行业中迅速得到关注。但是，在理解 VSM 目标以及如何在整个价值流中实施 VSM 活动之前就开始实施这些工具是错误的方式。这里的问题是，除非我们已经理解精益价值流改善的目标和原则，否则使用 VSM 工具提供的数据和指标几乎毫无用处。这就是为什么需要花费时间在前面 4 个章节，并学习如何应用一个通用的 VSM 方法的原因。

至此既然我们已经理解了与价值流管理相关的目标、指标和活动，现在我们就来学习 VSM 活动的相关工具。本章节将提供有关如何使用现代市场主流 VSM 工具的说明。同样，我们会介绍现代 VSM 工具中可用的不同能力。

在本章中，我们将讨论以下主题：

- 利用 VSM 工具和平台。
- VSMP/VSM 工具的核心能力。
- VSM 工具解决的关键问题。
- VSM 工具实施的问题。
- 赋能业务转型。
- VSM 工具的优势。

11.1　利用 VSM 工具和平台

本节将介绍主流 VSM 工具的类型和功能。大家还会发现，VSM 工具可提升行业，以及组织实施 IT 价值流精益改善的能力。另外，VSM 工具提供的信息和数字触点（digital touchpoints），还可以支持所有组织价值流的精益改善活动。

VSM 工具通过提供关键 IT 价值流数据、仪表盘可视化和指标的实时访问，帮助在 DevOps 流水线中实施和改善精益实践。这些信息可以帮助 DevOps 团队成员和其他利益相关者监控和改善 IT 价值流的信息和工作流动。此外，VSM 工具提供的信息和分析有助于 IT 价值流专注于为客户增加价值。

在本章中,我们将学习 VSM 工具提供的相关能力。我们先从支持 IT 价值流客户交付能力的 DevOps 工具和流程开始介绍。

正如在本章介绍提及的,Gartner 概括了支持 DevOps 的 3 种工具,这些工具可以转变 IT 价值流的能力,从而快速且可靠地交付客户价值。这些工具和流程包括:

(1) DevOps 价值流管理平台(VSMPs):提供开箱即用的连接器来集成不同的 DevOps 工具链,并实现跨规划、发布、构建和监控阶段的 IT 活动编排。VSMPs 通过提供对 IT 价值流的可见性和分析,来帮助改善交付速度、质量和客户价值。如当您在现代背景中寻找价值流管理(VSM)工具时,通常发现的是这类工具。

(2) 价值流交付平台(VSDPs):提供集成的工具链作为开箱即用的解决方案,通常作为基于云的 CI/CD 或 DevOps 平台提供。VSDPs 还包括支持软件交付价值流活动的可见性、可追溯性、可审计性和可观察性的工具。这些能力远远超出了传统 DevOps 平台的功能。从这个意义上说,价值流交付平台结合了 DevOps 平台和 VSM 工具的能力。您会发现 DevOps 平台供应商和 VSM 工具供应商正在融入这个"共享空间"。

(3) 持续合规自动化(CCA)工具:这些工具有助于自动化,加速与合规性和安全性相关的任务,替代手动检查单、策略和工作表。此外,这些工具可以在软件开发生命周期的早期使潜在问题可见,以便更容易修正且成本更低。持续合规自动化工具不应该偏离组织的 CI/CD、DevOps 和 VSM 平台和工具之外而独立运行。最好是将它们作为自动化测试功能的一部分,即与 VSM 工具集成在一起,因为这有助于支持实时监控、合规性检查和安全性测试。

Gartner 提出了有助于优化 IT 价值流的两种关键流程:混沌工程(Chaos engineering)和 IT 弹性角色(IT resiliency roles),在后面内容中,我们将讨论事件管理和服务恢复的重要性,这些都是事后问题的解决策略。灾难恢复(DR,Disaster Recovery)也是一种事后解决问题的措施,它可以使故障系统重新上线。IT 弹性角色(IT resiliency roles)是一种将灾难恢复团队和产品团队联系起来的方法,作为一种预防措施,其可使整个 DevOps 价值流具有较好的弹性。

1. 充分发挥 VSM 工具作用

对产品所有者来说,好的策略是先评估客户的要求和与之相关的能力。换句话说,就是客户期望我们的产品可以为他们提供什么样的能力,解决什么问题? 在这种情况下,产品交付的价值是通过提供的能力解决客户的需求和问题。

根据定义,"能力(capability)"这个词意味着做某事的能力或权限。在软件开发中,需求分析定义了我们的客户不能做到或不能实现期望的范围。我们的目标就是创建提供具有这些能力的软件产品。

如果认为"能力"这个词不仅仅指交付一些特性或功能,实际上,客户是通过购买诸如软件之类的东西来满足基本的人类需求,例如改善以下方面:

(1) 性能或效率。

(2) 健康和幸福。

(3) 经济或者财务。

（4）个人形象。

同理，VSM 工具也是这样，VSM 工具也要为用户增值，以作为组织的 IT 价值流改善的举措。的确如此，生产力和绩效的提升是精益生产改进的核心，同时这些改进也改善了组织和潜在客户的健康和幸福。成功的 VSM 举措可以提高组织的经济效益。

大家不要忽视形象作用。对 VSM 和 DevOps 工具或平台的大量采购和投资会对高管和相关人员的决策和支持产生巨大的情感影响。当高管对组织结构和工作活动进行大规模变革时，员工也会跟着担忧。最终，进行投资和结构化变革的最强动力可能有助于提升公司领导者在员工心目中的形象。

言归正传，我们继续学习现代 VSM 工具的作用，以及这些作用的重要性。

通过本书关于"应用通用 VSM 方法"的学习，我们已经了解到 VSM 工具应该支持价值流过程，包括映射、度量和分析，再加上集成、自动化和编排能力，我们进一步理解了现代 VSM 工具的扩展价值。

识别 VSM 工具能力中，我们会介绍许多领先的 VSM 供应商。其中有家供应商 ConnectAll 提出一种观点，即与工具无关（tool‐agnostic）的 VSM 解决方案必须实现 6 个关键特性：

① 对齐 IT 和业务。

② 可操作的相关数据。

③ 数据驱动、注重成效的分析。

④ 动态的价值流可视化。

⑤ 工作流编排。

⑥ IT 治理。

上述这些介绍是一个很好的开始，我们来花几分钟时间了解这些特性提供了什么能力。换句话说，理解上述每一项特性时，可以将单词"features（特性）"替换为"capabilities（能力）"，可能对大家会有所帮助。

2. 对齐 IT 和业务

在现代数字经济中，IT 支持业务的方方面面。例如，组织可以将 IT 解决方案作为独立产品提供，或者与实体产品集成以提供增强的特性和功能，IT 解决方案还会提升开发和运维价值流的生产力。基于这些原因，VSM 必须服务于一个更大的目标，而不仅仅是改进 CI/CD 和 DevOps 流水线。这些改进还必须支持整个企业的战略、目标和使命。这意味着您的价值流不能局限于软件开发，软件开发价值流需要延伸到企业的业务中，并支持所有的组织级价值流。

在这种情况下，VSM 解决方案必须通过提供以下作用来帮助组织将其 IT 职能部门与业务保持一致，如下如述：

应用实时指标支持精益价值流改善。

通过开发和运维价值流实施和可视化关键绩效指标（KPI），以改善交付速度和质量。

提供跨所有投资组合的关键指标和结果的端到端可视化。

访问实时数据是 VSM 的"游戏规则改变者"。但是，如果它不具有可操作性，并且与提高交付价值的能力无关，那么它就没有什么价值。

3. 可操作的相关数据

从精益的角度看，VSM 是持续改善我们价值交付流的活动。VSM 工具应该根据期望的成效提供价值流活动绩效度量指标。

CI/CD 和 DevOps 流水线涉及复杂工具链的集成、自动化和编排工作项的流动。不同工具之间的实时数据流也非常重要，这些工具支持系统开发和生命周期支持过程的编排工作。

正如在第 6 章和第 10 章中定义的 VSM 流程一样，VSM 工具可帮助组织识别浪费，包括低效和不匹配的流动引起的瓶颈和等待。但是，就产品需求而言，软件开发阶段比典型的大规模生产线有更多的变数。因此，还需要借助数据帮助我们识别由孤立（或废弃）软件、不准确的配置、不明确的需求和没有增值的测试所引起的延误。

此外，作为未来状态建模的一部分，能够将当前状态指标替换为假设（What if）测试所需的变量是非常重要的。实际上，我们可以使用 VSM 工具来模拟未来的状态操作，并使用当前的状态图、指标和流动作为试验基线。

4. 数据驱动、注重成效的分析

VSM 团队对价值流绩效的评估与驱动它的指标一样重要。在第 8 章中，我们学习了哪些指标有助于支持以精益为导向的生产改进以及获得这些指标的好方法是通过现场走动（Gemba Walks）并与价值流操作人员面谈。

当能访问直接映射到 VSM 团队定义的价值流指标实时数据，而这些指标对于监控以及改善价值交付和生产性能至关重要会怎样呢？

当然，我们首先需要做的是定义当前的状态流动、浪费和指标，这是 VSM 工具无法省略的人为活动。

回想我们对价值流图的学习中，我们总是从交付给客户的下游开始评估；然后，我们逆流而上，评估我们应如何交付价值。换句话说，我们从描述客户需求期望的价值交付结果开始，然后通过价值流活动反向进行分析，这有助于从客户的角度看我们是否在创造价值。

因此，在利用 VSM 工具提供的数据之前，我们需要可视化价值流的工作和信息流，以及浪费的环节。作为对第 7 章节的快速回顾，让我们小结一下当前状态映射过程，因为该工作将成为我们未来状态改进分析的基线：

（1）识别客户（无论是内部还是外部客户，或是任何合作伙伴）。

（2）绘制价值流的起点和终点。

（3）绘制起点和终点之间的所有流程，从最下游的活动开始，一直向上，直到最初的订单/待办列表的开头。

（4）识别和定义所有活动属性（信息、物料和与每个活动相关的约束）。

（5）绘制活动之间的队列以及等待时间指标。

（6）将所有通信链接绘制为价值流中的信息流。

（7）绘制每个价值流活动中的生产控制策略——主要记录推动（push）与拉动（pull）导向的工作和信息流。

（8）使用任何其他数据完成映射，这些数据有助于我们更好地理解标准流程的工作和例外情况。

很明显，整个价值流程图需要人工操作来完成第 8 步之前的映射。但是，最重要的不是绘图，而是实作，跳出去观察工作如何运作，驱动大家真正洞悉改进举措。现代 VSM 工具的集成和分析能力使我们能够按需访问实时数据，以确保我们的发现和分析准确无误。

CI/CD 和 DevOps 工具链的集成和自动化隐藏了许多活动细节和指标。VSM 工具有助于使这些活动和指标可见，并按需取用。此外，监视器和触发器可以立即指出需要解决的异常情况（超出预期性能指标的度量）。

这并不是说传统 VSM 的现场走动（Gemba walks）没有帮助。在基于敏捷的现代软件企业中，团队成员频繁地开会，并评估改善的机会。更重要的是，所有的软件需求和生产数据对经理、高管和其他相关人员随时可见。现代 VSM 工具使产品生产和交付的数据更加准确，更易获取且随时可用。

随着组织数字化转型的开展，价值流演变成了由数据来驱动，VSM 工具则是解锁这些数据的钥匙。例如，一旦连接，VSM 工具就能提供关键绩效指标的准确数据，如流程时间、周期时间、前置周期、流动时间、等待时间、增值时间、平均修复时间（MTTR）、缺陷逃逸率、在制品（WIP）、阻塞数据、队列、吞吐量和生产影响等。

VSM 工具可以提供数据和分析工具来帮助团队评估产品的问题和风险，包括错过发布日期、不合格的净推荐值（NPS）、未利用的资源和不充分的测试覆盖率。这些分析帮助决策者评估降低成本、竞争定位和产品市场适应性的替代方案。

简而言之，VSM 捕获数据，从而分析工具帮助组织评估价值流绩效，并作出更好的决策以实现预期的结果。这些结果必须映射回业务目标，以及组织的客户期望的成果。毕竟，收入和盈利能力取决于我们为客户提供价值的能力。

VSM 提供按需访问实时数据的能力，加上分析工具，有助于使数据和分析可视化。

5. 动态的价值流可视化

使用强大的分析工具访问实时数据是当前 VSM 工具提供的一项重要作用。但是，与敏捷实践一致，我们还需要确保数据对需要它的人来说是高度可视化、可评估和可消费。VSM 工具通过安全网络或基于互联网的连接，提供可分布式访问的仪表盘，以支持可视化需求。

VSM 工具和平台提供了所有相关产品价值流的可视化，并通过指标和可视化工具展示价值流之间的集成、关联和编排。在有多个团队的大型产品开发环境中，VSM 工具提供了每个工作项的端到端可视化能力，以及它们如何在价值流中进行流动。VSM 工具提供了独立特性团队或更大的需求领域的关注信息，以帮助企业解决依赖性、集成和同步问题。

VSM 工具不仅提供了可动态访问的实时数据,同时也提供了对价值流中历史数据的访问。这很重要,历史数据允许我们诊断问题,以确定它们在何时,如何以及为什么演变。当然,假设(What if)有能力,要允许我们在投入时间、资源和金钱等投资之前探索替代的解决方案。

许多 VSM 工具始于工具链集成和自动化平台。换句话说,CI/CD 和 DevOps 流水线演进为集成工具链,并将传统的软件开发生命周期(SDLC)过程中的活动自动化。但是没过多久,软件行业就明白了工具链的集成和自动化只是精益 IT 价值流改善活动的一部分,即我们还需要编排能力。

6. 工作流编排

CI/CD 和 DevOps 流水线通过集成工具链、自动化软件开发生命周期(SDLC)和潜在的 ITSM 流程,使用以及编排工作和信息流来实现最高效的运营。涉及多个产品团队工作的大型软件产品会创建一个更复杂的环境。团队必须处理集成、协调和同步问题,以确保组件工作项在更广泛的集成系统中正确运行。

许多 VSM 平台支持多个开发团队的协作,这些团队必须编排和协调他们的工作。VSM 能力的扩展源于其作为集成平台的历史基础以及支持 CI/CD 需求。编排能力的例子包括触发自动化构建、自动化测试和部署。

自动化触发器假设开发团队已经使用了配置即代码的实践。基于代码的配置有两种普遍认可的类型:配置即代码(CaC)和基础设施即代码(IaC)。

配置即代码(CaC)涉及开发配置文件,并在源代码库管理,用于指定如何配置软件应用程序,以便在不同的平台或计算环境中工作。配置及代码(CaC)支持应用配置的版本化,可跟踪跨各种环境部署的每个软件配置版本,以及具有能力支持无须重新部署应用程序就可以部署新的软件配置。

基础设施及代码(IaC)支持通过机器可读的定义文件在计算机数据中心自动准备资源,从而消除重新配置计算设备的人工过程和干预。每次软件部署之前,数据中心操作人员必须在传统环境中手动配置服务器、网络、安全系统和备份系统。这种方法既烦琐又费钱,是劳动密集型的过程,并且涉及多种不同的技能。配置还必须严谨如一,确保对性能适当监控和可视。因此,传统手工的许多事情可能会出错,并且使部署延迟,并增加成本。基础设施及代码(IaC)有助于避免所有这些问题。

作为编排平台,VSM 工具可以集中进行构建、CI/CD 测试和发布/部署。DevOps 及其支持的 VSM 平台跨职能的本质改善了开发、测试和运维团队之间的协作。最后,VSM 仪表盘提供了数据和分析工具,会让您能够深入洞察配置和流程变化对未来发布的影响。

IT 中的另一个关键问题是实现对 IT 的治理策略和合规性需求的有效控制,我们将在下一节中讨论。

7. IT 治理

通常,首席信息官和其他 IT 高管受托负责管理和保护组织 IT 资产和投资,还必须遵守财务、监管和法律要求,以帮助我们规避法律和财务风险,因为 IT 组织需要对开发和支持组织的计算系统、网络、安全系统和软件应用程序进行某些控制。

为了支持合规性要求,IT 组织通常要实施诸如 ITIL、CMMI、COBIT、HIPAA、INFOSEC 和 ISO 27001 等 IT 框架。当然还有很多其他可用的 IT 框架,大多数框架都提供了大量方针和过程,但却缺乏执行能力和细节。

一般,通过编写文档来详细说明标准、政策和过程要求很容易,但是通过监督来确保每个人都遵循指南更具挑战。幸运的是,IT 治理是指 VSM 供应商为治理组织的 IT 政策、合规性需求和标准提供自动化支持。

现代 VSM 工具可以通过支持上述 IT 框架来编排与治理 IT 能力相关的流程。通过这些能力,VSM 工具提供了对产品整个价值流中工作流动的集中治理。VSM 平台提供的数据和指标支持实现整个 IT 价值流的可视化,以及产品质量目标和合规性需求。这些可用的信息还可支持工具投资决策、人员需求和生产力目标。

在本节中,我们介绍了通用 VSM 工具能力的知识。在下一节中,我们将学习常见的 VSM 工具类型,以及它们如何支持 IT 价值流生产和交付能力改进的知识。

11.2　VSMP/VSM 工具的核心能力

1. VSMP/VSM 工具支持的功能

本节将介绍现代 VSMP/VSM 工具的核心能力。这是一类专注于在 DevOps 环境中支持 VSM 活动的工具,更准确地说,VSMP/VSM 工具收集面向 DevOps 的价值流信息,并提供可视化的 VSM 仪表盘,它们可以支持面向精益实践的数字化转型。

在 DevOps 环境中,VSMP/VSM 工具通常包含以下 VSM 支持功能:

(1) DevOps 价值流图:当前和未来 IT 价值流工作和信息流动的端到端映射。

(2) DevOps 工作流指标:有助于度量价值交付速率,包括部署频率(deployment frequency)、平均变更前置时间(mean lead time for changes)、平均恢复时间(mean time to restore)和变更失败率(change failure rates)这四个关键的 DevOps 指标。

(3) DevOps 分析:包括用于评估 DevOps 工具链的当前状态的工具以及根据未来状态建议的处理能力,其中包括记录和分析涉及整个 DevOps 价值流活动的前置时间和周期时间指标,例如:

① 问题解决的时间。

② 从规划新特性到第一次代码提交的时间。

③ 从创建特征分支到合并请求的时间。

④ 执行自动化测试的时间。

⑤ 执行代码评审的时间。

⑥ 配置、准备和编排开发、测试和试运行环境的时间。

⑦ 部署到生产的时间。

⑧ 应用程序和功能回滚以及服务恢复的时间。

(4) DevOps 编排：通过协调和同步 DevOps 工具链中的工作项和数据流动，从而消除 DevOps 价值流中的浪费。

(5) DevOps 工作流优化：通过集成、自动化的 DevOps 工具链和流水线，以支持均衡化工作流动。

(6) DevOps 信息流动可视化：以报表和仪表盘可视化的形式，提供接近实时的数据和信息展现。

(7) DevOps 流动指标：有助于团队分析 DevOps 流水线在周期时间、交付时间和等待时间方面的表现。

分析工具有助于 IT 组织评估从概念到完成(DONE)特性或功能的速度、新特性和功能的吞吐量(即速率(Velocity))、改善业务价值的各工作项类别所花费的时间(即特性、缺陷、风险和技术债)、在制品数量(WIP)以及增值工作时间与等待时间。

(8) DevOps 数据清理：为发现和纠正或删除 DevOps 工具链中损坏、不正确或不完整的数据记录、表或数据库提供了工具。

许多 VSM 工具提供了价值流数据模型和数据存储，用于标准化跨活动的数据以及来自不同但集成的 CI/CD 和 DevOps 工具链的数据输入。标准化是消除组织数据库中的冗余数据、不一致的关系和依赖关系的过程。标准化的单一 VSM 数据源支持跨价值流及每个产品生命周期的端到端数据分析。

(9) 假设(What if)分析：可以从分析工具中获得，可以帮助 DevOps 或 VSM 团队评估改变 DevOps 价值流过程和指标的影响，而不会直接影响价值流过程、工作和信息流动。实际上，VSM 工具捕获的当前状态指标和活动流形成了一个基线，可用于对未来状态改进进行假设(What if)分析。

(10) DevOps 工具集成：包括应用程序编程接口(api)、适配器和集成 DevOps 工具链与 VSM 工具所需的连接器，从而集成 CI/CD 和 DevOps 工具链、自动化活动、编排工作和信息流动。

下面让我们快速了解下目前已经确定的这三类工具供应商的产品。

2. VSMP/VSM 工具供应商分类

DevOps VSMPs 提供数据和工具来监控和评估战略指标，如发布速度和 DevOps 操作效率。Gartner 将这些工具称为价值流管理平台(VSMPs)，而福雷斯特(Forester)将其称为价值流管理(VSM)工具。

VSMP 和 VSM 作为第三方 DevOps 工具的集成、自动化和编排平台，可供选择的工具有很多。例如，Digital.ai 在其 2020 年 DevOps 工具周期表中提供了全面的 DevOps 工具列表，其中包含 17 个类别共 400 种产品的子集。

目前，符合 VSMP/VSM 类别的工具包括 ConnectAll、Digital.ai、Plutora、Cloud-Bees Value Stream Management 和 Tasktop Viz。

3. VSDP 工具供应商分类

与之前的 VSMP 和 VSM 工具相比，VSDPs 的关键区别在于它们是否在其 VSDP

平台中直接提供 DevOps 工具。在某些情况下,VSDP 供应商可能会提供许多 DevOps 工具作为开箱即用的解决方案,以简化流水线集成任务。在其他情况下,集成的 De-vOps 工具可能来自第三方供应商,只是集成和自动化工作已经提前完成。

DevOps 价值流交付平台(VSDPs)有助于协调 DevOps 工具链,以集成和自动化与构建、交付和部署软件相关的 SDLC 流程。由于 VSDP 平台统一控制这些工具,因此它们可以创建一个包含标准化数据的中央数据存储库,从而提供端到端的跨流水线活动的可视化和分析能力。

我们将在下一章中更详细地讨论现代 VSDP 工具的能力。现在,我们来简单说明 VSDPs 支持的各种 SDLC 和 ITSM 流程:

(1) 产品规划:持续部署。

(2) 构建自动化:应用程序特性回滚。

(3) 持续集成:发布编排。

(4) 测试自动化:安全合规自动化。

(5) 持续交付:价值流度量。

当前符合 VSDP 类别的 VSM 产品包括 ServiceNow,GitLab,HCL Accelerate,IBM UrbanCode Velocity,Jira Align,and ZenHub。

VSMP、VSM 和 VSDP 具有类似的目的和功能。关键的区别在于供应商提供完整的 DevOps/VSM 解决方案的程度,或者提供集成选择的 DevOps 工具的平台的程度。下面我们快速了解一下 CCA 工具,它们在改善业务绩效方面有差异但同样重要。

4. CCA 工具供应商分类

CCA 工具也称为治理、风险和合规(GRC)平台。这类工具实现了管理组织的整体治理策略、企业风险管理评估与法律法规的遵从能力。GRC 的目标是使 IT 与组织的业务目标保持一致,同时管理风险并满足合规性要求。

CCA 工具/GRC 平台有助于改进决策,使有关 IT 与业务战略和产品线目标保持一致。它们通过确保对公司合规性、风险管理和合规性问题给予高度的重视,帮助改善 IT 投资的优先顺序。CCA 工具/GRC 平台还帮助 IT 部门从企业的角度支持公司政策、管理风险和合规性。

最后,CCA 工具/GRC 平台的一个关键作用是确保 IT 系统和数据的安全。它们不会取代用于保护应用程序和网络服务的安全软件。相反,它们有助于确保公司策略、合规性和风险管理评估的持续执行,这些都是确保 IT 系统和数据安全所必需的。

GRC 平台和工具通常是以特定的行业框架作为实现流程和策略的底层基础,而不是重新重新发明好的实践。因此,CCA 工具/GRC 平台可以实施特定的合规框架(如 COBIT)、风险管理框架(如 COSO)或 ITSM 框架(如 ITIL)。

TrustRadius 是一个值得信赖的商业技术评论网站,它列举了当前 GRC 平台的例子,如图 11.1 所示。

到目前为止,我们已经评估了 VSM 工具/平台的类型和能力。介绍了支持将 IT 价值流转化为精益 DevOps 流水线环境的三种类型工具/平台。然后,我们深入探讨了

• BusinessObjects GRC	• SAS Governance and Compliance Manager (Enterprise GRC)
• HighBond by Galvanize	• SAP Risk Management
• Invantive Control for Excel	• SAP Process Control
• Mitratech PolicyHub	• ServiceNow Governance, Risk, and Compliance
• RSA Archer	• Wdesk

图 11.1　GRC 平台示例

现代 VSM 工具提供的能力,这些工具通过 DevOps 导向的 IT 价值流支持数字化转型。关于 VSDPs 和 CCA 工具能力的评估我们将在下面内容中讨论,并将着眼于介绍通过 DevOps 流水线驱动业务价值。下面让我们看看通过实施 VSM 工具和平台解决的一些关键问题。

11.3　VSM 工具解决的关键问题

在数字经济中,软件产品实现价值交付的方式通常可分为 3 种形式。第一,该软件作为独立产品出售。第二,该软件支持其他组织价值流,正如在第 4 章中所讨论的内容。第三,该软件(如 VSMs)帮助改善从概念、交付到支持全过程的 CI/CD 和 DevOps 流水线,从而提升软件交付速度。

学习本书,大家已经了解到软件交付的推动因素包括协作、集成、自动化和编排能力。同时,也了解到,软件交付的速度必须支持其他组织价值流的流动和交付。因此,软件开发的速度必须与依赖它的其他组织价值流的需求保持同频。

的确,软件交付价值流本身是很复杂的。当考虑软件交付对其他组织价值流的关键影响时,它们就更加扑朔迷离。简而言之,新兴的数字经济推动了通过软件、IT 网络和基础设施交付价值的需求,以支持跨所有组织价值流的价值交付。

生活中有价值的东西很少是免费或容易获得的,甚至没有的。因此,让我们通过识别 VSM 团队或举措可能面临的问题来设定我们正确的期望。

11.4　VSM 工具实施的问题

与任何一套软件交付工具一样,在承诺采购 VSM 平台之前,组织必须先解决有关实施的问题。在本节中讨论的问题适用于在企业范围内应用 DevOps 和 VSM 能力。我们将在第 15 章《制定合适的 DevOps 平台策略》中详细地讨论 DevOps 平台和工具的实施问题。目前我们将把讨论聚焦在 VSM 工具的实施问题上,包括以下内容。

• 打破组织竖井。

- 开发知识、技能和资源。
- 获得高管的支持。
- 知道如何开始。
- 缺乏过程成熟度。
- 克服预算限制。
- 维持治理和合规性。

让我们深入讨论以上列表的具体细节，以理解问题是什么，以及我们可以采取什么方法来正面解决它们。

1. 打破组织竖井

"领地保护（Turf protection）"不是一个新问题，但它是每个组织都面临的最为关键的问题之一。成功的组织可以通过发展和建立规模经济，使其高效运营，有利可图。带来的问题是，组织规模的扩大通常会导致人员膨胀、冗杂处理和低效的管理层，以职能为导向的部门做决策时离产品线越来越远。最终导致更低的效率、灵活性和敏捷性。

现代规模化 Scrum 和精益—敏捷实践均提供了打破组织竖井的方法。其中打破孤岛的一个例子是 DevOps，即通过开发和运维团队的协作以确保信息在整个 IT 组织中双向流动。

开发人员需要与运维团队合作，以确保他们开发的产品在投入生产时得到充分的测试和支持。同样地，运维团队需要向开发团队提供反馈，包括他们在支持、操作和维护业务应用软件时所面临的问题。

精益流程基于拉动的方式实现连续流动。实际上，流水线活动之间的沟通既受精益拉动式产品控制系统的支持，也受其约束。

尽管如此，组织可能会保留他们的一些功能定位，以建立价值流的领域专业技能和能力。在这种情况下，组织中的每个人都必须明白，决策和权限都必须尽可能地下放给价值流。此外，对于超出本地机构解决能力的问题，高管必须建立开放的沟通渠道，并通过图表和仪表盘访问近实时的信息数据和度量指标。

价值流管理中，高管、经理和 VSM 团队成员必须践行现场走动（Gemba）。他们必须到实际的工作现场去看看正在发生什么，并直接通过价值流操作人员了解有关的障碍和问题。通过与操作人员的协作，高管、经理和价值流团队成员即可通过解决问题，获得他们作出有效决策和计划所需的信息。

2. 开发知识、技能和资源

对于 IT 部门来说，培养在 CI/CD 或 DevOps 流水线环境中进行软件开发的相应技能不是简单的问题。但是，在小型企业中，团队往往会随着时间的推移开发这些技能。然而，在企业范围内通过开发知识、技能和资源实现 DevOps 流水线是一个相当大的挑战，不容小觑。

在后面的小节中，我们将讨论平台和工具链投资成本的问题。但是还有另一个问题，许多软件开发团队很可能正忙于遗留的应用和企业级货架产品（COTS，commercial off-the-shelf）软件应用的工作。他们在这些应用程序上工作的时间越长，他们的技能可能就越落后于现代方法和工具。

虽然这些并不是不能克服的问题，但希望转变到以 DevOps 为中心的软件交付方法的高管必须对他们的人员进行投资管理。我们对人员的培养成本与组织在平台、基础设施和工具方面的投资类似，都是业务转型费用和 ROI 的一部分。

3．获得高管支持

生活中很少有东西是免费的。例如，组织高管希望降低一家供应商的应用生命周期管理平台的成本，并使用 DevOps 转型来证明这一举措的合理性。但决策者没有充分认识到在人员和工具这两方面进行转变的投资成本。

虽然高管可以授权 DevOps 转型，但是在人员和工具上的投资可能比他们想象的要多得多。通过增加 VSM 来改善流水线的流动是明智之举，但是这项工作也增加了开发技能、平台和工具的投资成本。

这个问题在第 6 章《启动 VSM 举措（VSM 第 1～3 步）》中讨论过，让他们去做对建立和交付客户价值没有直接贡献的工作，这很难获得管理层的关注和支持。然而，精益改善对于确保组织作为一个整体，并以最佳方式交付价值至关重要。这需要对人员、流程和工具进行投资，以改善价值流流水线的流动。

通过 DevOps 和 VSM 平台/工具投资来开发 IT 价值流流水线也存在同样的问题。组织中有授权的人将不得不构建业务案例，以在人员、流程和工具中实现这些变革。理想情况下，领导这项工作的人是 CTO、CIO 或 CEO，或者至少是业务线的高管。否则，组织中就需要有人不畏艰险，构建业务案例。

在下一节中，我们将学习如何利用投资回报率（ROI）对应用程序进行评估，以证明对 DevOps 及 VSM 能力的投资是合理的。

4．克服预算限制

让我们直面现实：组织的预算总是不堪重负。要投资的项目总比公司能负担得起的要多，这是肯定的。DevOps 和 VSM 相关的投资是投资组合级别的决策，它们会影响到企业的使命和战略，因此需要对它们进行评估。

例如，规模化敏捷框架（SAFe©）以两种形式处理投资组合级别的投资。一个是与产品相关的，而另一个是他们所说的架构跑道（Architectural Runway）。产品相关的投资很容易理解，因为它们直接关系到组织交付的价值。

架构跑道（Architectural Runway）这个术语可能看起来有点奇怪，不，我们不是在谈论设计和建造机场。相反，架构跑道指的是为发展业务举措和实现新特性和功能，以及对构造未来状态技术基础的投资。DevOps 和 VSM 是组织在其架构跑道上进行的主要投资，以提高组织在数字经济中的价值交付能力。

5．知道如何开始

我希望这个话题是大家购买本书的原因。在第 6 章《启动 VSM 举措（VSM 第 1～3 步）》和第 10 章《改善精益—敏捷价值交付周期（VSM 第 7～8 步）》中，学习了如何应用通用的 8 步 VSM 方法论。了解了如何在不同类型的价值流中实施 VSM 举措。希望随着时间的推移,本书传授的方法,可以成为您自己的方法。

但我想指出要点,现代 VSM 工具虽然有助于协调流动,并为大家提供了指标和可见性,以在 IT 价值流中实施精益改善。但这些工具不应该取代从协作人的视角来理解和改进您的流水线流动。打个比方,不要害怕团队合作,一定要对 VSM 的数据和分析亲自动手。

6. 缺乏过程成熟度

本小节的标题并不意味着正式实施流程成熟度计划。然而,俗话说,熟能生巧。好的,我同意,但这不是敏捷或精益的理念。在我们的精益—敏捷导向中,我们不断寻求流程和活动的改进。但是除非我们也有成熟的标准实践,否则精益是行不通的。

在第 4 章《价值流管理的定义》中,我们讨论了制定标准的问题和标准化工作的必要性,特别是在 5S 系统部分。回想一下 5S 系统中的第四项是标准化(Seiketsu)——将 5S 纳入标准操作程序。创建指导方针,使其保持有组织、有秩序和干净,并使标准显而易见。

制定标准化流程事出有因,因为除非我们已经做了减少浪费的工作,并确保浪费不会再次出现,否则我们不可能优化流动。是的,我们可以,并且应该继续寻求价值流流动的改进,但是我们应该始终以经过验证的标准化流程为基础进行构建。

7. 维持治理和合规性

VSM 工具实施问题列表中的最后一项是治理。回想一下本章中第一节《利用 VSM 工具和平台》中的内容,Gartner 将持续合规自动化(CCA)工具作为一个不可或缺的 DevOps 工具类别,帮助改善 IT 价值流能力,以快速可靠地交付客户价值。

在 IT 治理小节中,了解到首席信息官和其他 IT 高管负有管理和保护组织 IT 资产和投资的责任。在该小节中,我们主要讨论了 IT 治理作为确保财务责任和最小化法律责任的关键要素。但是,还有其他与健康相关的治理问题(如与健康相关的隐私和安全中的 HIPAA)、安全(如遵守 OSHA)和用户可访问性问题(受 508 法规的约束)。还有更多的合规要求,其中许多是由政府机构监管的。

以上是本节关于 VSM 工具实施问题的讨论。在本节中,学习了获得预算和高管的支持是关键问题。如果没有高管的认同,我们将无法获得预算来实施 DevOps 和 VSM 平台。同样,高管需要看到支持企业使命和战略的价值,以证明他们的投资是合理的。带着这一目标,我们接下来将探讨 VSM 和 DevOps 如何支持业务转型,以帮助组织在数字经济中有效地竞争。

11.5　赋能业务转型

在本书中,我们已经了解 VSM 是一种精益改善的方法。此外,也学习了精益改善通常需要高于小型敏捷团队级别的审批和授权,需要更大的投入。当然精益转型的结果和好处也要大得多。

VSM 是在整个组织中交付商业价值的变革过程。正是在这种情况,组织需要评估他们在 VSM 举措和工具的投资。本节将探讨一些应用,以帮助高管有理由相信 VSM 工具和流程值得战略投资。

1. 提供业务价值指标

我们知道,获取相关指标改善价值交付的重要性,现代 VSM 工具使得获取实时数据快照变得更容易。

此外,在现代 CI/CD 流水线中,活动流是以微秒为单位来度量的。个人无法通过时钟或秒表在这些时间框架内获得有意义的指标。但是 VSM 工具可以做到。这让我们有时间对这些数据进行分析。这些指标告诉我们哪里有低效的流动、等待和瓶颈。他们甚至能告诉我们这些浪费发生在流水线的什么地方。但是,这仍然需要人为参与进来,并找出解决每个已知问题的方法。

2. 理解组织价值流的成本

识别成本的能力与度量指标密切相关。在精益中,所有形式的浪费都会阻碍我们交付价值的能力,因此所有形式的浪费都会产生非增值成本。

詹姆斯·马丁(James Martin)列举了 17 个常见的组织价值流,如表 11.1 所列。我们相互关联的价值流越多,非增值成本产生的速度就越快:

表 11.1　詹姆斯·马丁(James Martin)的 17 个传统商业价值流列表

类　别	内　容		
1	客户参与	采购服务	营　销	法律部门
2	订单履行	产品设计工程	市场信息捕获	IT 应用开发
3	客户服务	研究	产品维护	IT 基础架构
4	人力资源	租赁、资本资产管理	财务管理	企业工程
5	制造			

在本书中,我们已经讨论了软件开发价值流是如何支持其他运营价值流的,比如上表 11.1 中列出的那些价值流。例如,软件开发团队可以通过应用软件产品(无论是货架还是定制产品),以改善订单执行或客户服务交付。这两个运营价值流的软件交付延迟可能会使组织损失客户订单或未来业务。

同样的原则也适用于市场营销和市场信息获取。在这里,我们实现了适应性生产过程。在现代敏捷环境中,我们让产品所有者根据营销和产品管理价值流创建的市场情报作出开发决策。然而,以市场为导向的情报的速度、准确性和可操作性都受人工过程的严重阻碍。

此外,该软件可以推动与在现代制造设施中构建实体产品相关的许多过程改进。例如,制造设备通常具有监控过程和物料、信息和工作流动的控制系统。

此外,劳动力比率较高的国家发现有必要实施现代工厂自动化和机器人能力,以改善质量和生产力,同时降低劳动力成本。但工厂自动化和机器人系统必须是程序化的。

通过这些例子,IT 价值流与组织的其他价值流的联系应该是显而易见的。而且,正如我们使用 VSM 和 DevOps 平台来集成、自动化和编排 IT 价值流一样,我们必须在所有关联的价值流中应用相同的能力,以确保整个价值交付链上的流动得到优化。

3. 理解价值流前置时间和周期时间

缩短我们的上市交付时间几乎是所有业务转型活动的基本要求。改进价值交付的关键是改善价值流的前置时间和周期时间。我们在前面的章节中已经详细讨论了这个主题,这里不再重复阐述。

这里要指出的关键点是,VSM 平台提供了一种方法,通过端到端的 DevOps 流水线,可以准确地查看整个价值流的前置时间和周期时间。此外,作为 VSM 工具解决方案的一部分,拥有"假设(What if)"分析能力允许组织尝试替代的改善方法。

重要的是要记住,在活动级别进行局部优化可能对提高整体生产力和吞吐量有实际作用,也可能没有任何影响。周期时间的改进不一定会带来前置时间的改进。这是因为我们需要优先解决对流动阻碍最大的活动,并且我们需要知道哪个活动具有最长的周期时间,阻碍了我们流水线的流动。

另外,要考虑的事情是,客户不会看到也不会重视在活动级别周期时间的改进。他们关心的是交货时间,也就是前置时间。

4. 管理价值流风险

VSM 和 DevOps 工具/平台通过显著降低突发意外事件的可能性,改善了整个 IT 价值流中的风险。现代 VSM 工具集成了各种工具,以实现信息和工作的连续流动。DevOps 平台的 CI/CD 能力有助于自动化流水线内的 SDLC 活动,从而最大限度地减少人为错误和延迟的可能性。这些 VSM 工具提供了编排能力,以促进连续和最佳流动。

此外,当我们的流水线发生变化时,无论是客户需求的变化还是流程的变化,VSM 工具的度量和分析能力都能为您提供评估备选方案所需的信息,以便在风险成为问题之前作出决策。

5. 分析模式和趋势

在传统的精益产品流程中,产品开发团队使用六西格玛技术来监控性能参数,这些参数表明了我们生产流程和质量目标的上下限界的趋势。

当前和未来的状态映射活动有助于我们建立上下限界,以优化我们流水线的工件、信息和工作流。正如可能猜测的那样,现代 VSM 工具提供了监控和可视化能力,以查看我们的价值流活动如何朝着目标和限界的方向发展。

VSM 工具还提供了对产品待办事项列表的可见性,这有助于我们监控工作如何在流水线前端排队,以及它如何在流水线中前进。我们可以看到,一旦工作被引入到开发流水线中,需求的细化和范围界定的现实符合情况,我们还可以使用 VSM 工具的数据监控和可视化能力来查看 DevOps 流水线中是否出现了问题,包括生产环境。例如,对了解我们的应用程序、数据存储、网络、服务器或安全组件何时以及是否出现故障是很有帮助的。在传统的 IT 企业中,这些职能之间是孤立的。在现代 VSM 工具出现之前,将所有数据整合到一个监控和可视化平台是一项挑战。

6. 利用人工智能加速改进

(1) 认知计算与人工智能

在 VSM 工具中使用人工智能(AI)是现代 VSM 平台中出现的另一种能力。从定义上讲,基于人工智能的工具和平台模仿人类的思考能力,称为认知功能,包括学习、感知、解决问题和推理等类似人类的活动。然而,认知人工智能只是更大的人工智能领域的一个子集。所以,在进入人工智能的细节之前,让我们先看看这两者之间的区别。

① 认知计算(Cognitive computing):认知计算是人工智能的一个很小的子集,试图创建理解和模拟人类推理和行为的系统。

② 人工智能(AI):这些系统将模式识别能力应用于大型数据集,以增强人类解决复杂问题的思维。

③ 机器学习(Machine learning):机器学习使人工智能又向前迈进了一步,它实现了无须显式编程方法就能从经验中学习和改进的能力。人工智能的这一分支创建的应用程序可以在大量数据中发现模式和趋势,然后使用这些数据通过试错来发现实现编程目标的最佳方法。

也就是说,具有机器学习能力的人工智能系统根据目标评估数据,然后应用不同的策略来实现这些目标,而无需程序员告诉他们如何做。

实际上,机器学习系统使用了敏捷程序员采用的类似迭代和增量开发过程实现目标——除了计算机能够处理更多的信息之外,运算也比人类快得多。然而,AI 系统快速的模式识别和策略并没有减少对人类的需要,而需要人类分析结果、作出决策和执行必要工作以解决负面趋势。

(2) 人工智能能力层次

人工智能研究员将人工智能学科分为 4 种类型和 7 种模式。这 4 种人工智能形成了越来越高的能力层次,包括以下内容:

① 反应式机器(Reactive machines):这是最古老和最简单的人工智能形式。在这种情况下,人工智能的应用程序被编程为单一的目的,并根据它们的指令对输入作出反应,而不保存任何发现。这些人工智能系统只对当前输入作出反应,在为遇到的每种情况选择最佳结果之前,可能会应用数百万次计算。这类人工智能系统的一个例子是在玩游戏时与人类竞争的应用程序,例如国际象棋。

② 有限记忆(Limited memory):这是超越反应式机器的一步,人工智能系统将有限内存用于维护从先前学习的信息、存储的数据或观察到的事件中获得的知识。这种系统的目标是建立即刻有用,但在时间和目的方面转瞬即逝的经验知识。

例如,自动驾驶汽车可以通过监测周围环境来识别威胁和障碍,预测轨迹,并做出相应的反应,然后继续对周围环境进行重新评估,进而继续作出相应的反应。这种系统需要保留足够的关于直接环境的信息,但随后会忘记,并快速地继续评估输入的数据,并对下一组环境条件做出适当的响应。

③ 心智理论(Theory of mind;):是指这类人工智能系统试图用影响人类行为的相同上下文思想和情感来模仿人类的决策和交流。这种类型的人工智能系统必须快速学习,并对与之互动的人类的面部表情、肢体语言和情绪做出反应。

心智理论人工智能系统的应用包括与人类建立类似人类的、有反应的、有同理心的交流。随着这些能力的成熟,基于心智理论的人工智能系统的应用改善了呼叫中心和客户服务环境中类似人类的通信。

④ 自我意识(Self-aware):是指人工智能系统试图达到人类的意识水平。在这里,我们可以想象机器人和计算系统,它们理解自己的存在,独立思考,有欲望,有情感和体验。

自我意识的人工智能系统当前是不存在的。这种潜在的应用可以帮助人类完成各种生活或工作任务,其中同理心和自我意识有助于确保与人类互动时的安全条件。如在老杰特森动画片(old Jetson cartoon)中,您可以想象清洁机器人罗塞(Rosey)是一个潜在的未来应用。

(3) 人工智能 7 种模式

好了,我们表达了这种负面的担忧,并不是为了贬低它。让我们继续讨论基于人工智能技术的当前现实、局限性和能力。领先的人工智能采纳状况市场研究公司 Cognilytica 总结了人工智能的 7 种模式,具体如下:

① 自主系统(Autonomous systems):自主系统是专注于特定任务以实现特定目标的 AI 系统,或与周围环境进行交互,几乎不需要人工参与。自主系统有两种类型。第一种是面向物理和硬件的产品,如自动驾驶汽车。第二种包括软件系统或虚拟的自主系统,如软件机器人。

② 对话和人际互动(Conversation and human interaction):对话和人际互动通过自然对话直接与人类交互,交互包括语音、文本、图像和其他书面格式。其目标是实现计算机与人之间用直白的语言进行交流,甚至在语言差异或缺陷干扰的情况下实现人与人之间的交流。这种系统还可以生成文本、图像、视频、音频和其他供人们消费的媒体格式的信息。

另一个目标是通过实施心智能力理论(Theory of Mind capabilities),以改善参与者之间的理解。此类应用提供了精确的双向信息,传递对于支持商业或社会互动至关重要的情况。

③ 目标驱动系统(Goal-driven systems):目标驱动系统应用机器学习和其他认知方法,并通过反复试验来寻找最佳解决方案的学习。有些人认为,从理论上讲,运用试错法来学习任何东西都是可能的。

当我们知道我们想要的成果,却不知道如何实现时,目标驱动的人工智能系统是最有价值的,并且有许多可供选择的方法来解决我们的问题。回想一下我们在第 3 章《分析复杂系统的交互》中讨论的关于大型复杂系统中节点之间的指数级扩展的相互关系的问题,分析复杂的系统相互作用。目标驱动的系统通过评估所有潜在的情况,应用模式匹配方法来发现最佳结果。

④ 超个性化(Hyper-personalization):超个性化是一种机器学习的应用,用于开发独特的个人档案,随着时间的推移不断学习和适应,以支持各种目的。例如,AI 系统可以基于个人偏好,展示相关内容,推荐相关产品,并提供个性化的推荐和指导。超个性化系统将每个人都视为独特的个体来评估。

超个性化的应用包括提供个性化的医疗保健、金融服务、定向见解、产品信息、一般性建议和反馈。

⑤ 模式和异常(Patterns and anomalies):模式和异常可以通过应用机器学习和其他认知方法来检测。目标是识别数据中的模式,并发现信息之间的高阶联系。更准确地说,目标是深入了解更广泛的数据集中的每个给定数据是否符合现有模式。如果是这样,数据符合并强化了模式;如果不是,那就是异常值。这种模式的主要目标是找出两者之间的相似之处和不同之处。

这种 AI 策略应用于 VSM 工具和平台,以发现模式和趋势。

⑥ 预测分析和决策(Predictive analytics and decisions):该策略采用机器学习和其他认知方法来理解学习模式,并通过分析系统行为、交互和数据获得的洞察力来帮助预测未来的结果。

预测分析是现代 VSM 工具和平台中的另一个人工智能应用,因为预测的结果可以帮助引导人类作出决策。这种模式最重要的方面是,人类仍然在作决策,但工具正在帮助人类作出更好、更明智的决策。

⑦ 识别(Recognition):基于识别的人工智能系统可以使用机器学习和其他认知方法,来识别和确定对象或其他需要在某种形式的非结构化内容中识别的东西。

结构化数据经过高度组织和格式化,以便在关系数据库中存储、管理和搜索。相比之下,非结构化数据没有预定义的格式或结构,这使得收集、处理和分析变得更加困难。

非结构化内容的例子包括图像、视频、音频或文本文件格式等。基于人工智能的识别系统的目标是识别、辨别、分割或以其他方式分离内容的某些部分,以便可以对其进行标记和标注以供将来使用。通过标记和标注非结构化数据,可以在关系数据库和其他结构化数据中管理文件和元数据。

使用识别系统的价值在于,它们比人类执行完全相同的识别和编目任务要快得多,可能也更准确。这些应用包括图像和对象识别、面部识别、声音和音频识别、物品检测、笔迹和文本识别、手势检测以及识别内容中的模式。

到现在为止,大家应该知道了,人工智能系统并不完全是雾里看花的黑匣子,也不是所有的人工智能模式都适用于 VSM 工具和平台。

人工智能和机器学习系统在 VSMs 中做着繁重的工作,搜索大量数据,以找到人类需要花费九牛二虎之力才能找到的关系和模式。人工智能系统不是魔术表演;相反,它们遵循人类指导的一套规则和任务。

计算系统可以忠实地遵循它们的编码规则和算法,无数次精确地应用数学和逻辑表达式,同时在大量数据中搜索,而且没有任何错误。相比之下,人类不太擅长做这些事情。此外,假设有人想在 DevOps 环境中完成这样的任务,工作节奏是以微秒为单位计算的,没有人能够跟上。

最后,就像人类一样,一些人工智能系统从他们的经验中学习,并重新应用他们所学的知识,以获得新的见解,并评估复杂问题的潜在解决方案。

人类一直在创造工具,让自己的生活更轻松、更舒适。当这些工具是基于 AI 的 VSM 工具时,这种情况也是一样。它们使我们的工作变得更容易,我们的工作更有成效。但是,与任何工具一样,人类必须出于提高生产力和符合人性的目的来控制 AI 工具。

7. 治理软件交付过程

我们讨论了 IT 治理的话题,这里的情境是维护 IT 必须支持的治理策略和标准,使用 VSM 和 DevOps 工具来改进整个软件交付过程的治理。

在 DevOps 流水线中,系统的开发生命周期遵循与相同的传统和敏捷模式,但速度不可同日而语。也就是说,我们仍然遵循一个过程,包括识别业务或用户问题,收集需求,然后进行架构设计、功能设计、构建、测试和部署解决方案,从而交付以客户为中心的价值。但是 DevOps 流水线中的速度是如此之快,以至于我们需要确保对执行过程进行正确的治理。

作为软件交付过程的一部分,实施治理必定涉及业务、行业和法规方面的合规性,并且那些合规要求也在加速运行。

这里的关键能力是,VSM 工具与集成和自动化的 DevOps 流水线以相同的速度运行。现代 VSM 工具是在没有人工干预的情况下实施和执行治理策略,从而在软件开发和交付的加速步伐中,将错过关键过程和合规性需求的风险降至最低。

8. 将价值流作为连续流动进行管理

传统瀑布软件开发模型的关键问题是,它没有实施面向精益的生产过程。整个系统开发生命周期被分割,超出合理性的延长。传统的瀑布模型与组织在其他价值流中实施的精益生产流程完全脱节。

敏捷实践通过实现迭代和增量开发模式对连续流动有所帮助。但是早期的敏捷方法,比如 Scrum,仍然以冲刺(Sprint)的形式执行批处理。看板有助于改善冲刺中的流动,但是没有改善整体系统开发流水线的流动。

CI/CD 和 DevOps 流水线实现了集成的工具链和自动化策略,以改善端到端的工作和信息流动,包括扩展到面向运营的支持活动。但是,仍然遗留了确保适当和有效流水线流动的编排问题,以及在整个软件交付过程中管理治理和合规性需求。

现代 VSM 工具在软件开发和运维价值流中实现端到端的流程编排能力。借助 DevOps VSM 工具,组织可以实现连续和最佳的软件交付,以支持流动。

9. 可视化价值流

在现代 DevOps 流水线中,大多数活动以自动化和编排好的方式执行,无须人工干预。如果没有可视化能力,我们将不得不相信流水线正在按预期的方式运行。这意味着如果有问题,我们往往无法发现,直到事后,我们由于错过交货或错过要求而需要处理更重大的问题时才能发现。

现代 VSM 工具提供了对关键指标和流水线流动的可视化能力。这些工具还提供了图形可视化展示工作项的排队和等待。简而言之,现代 VSM 工具有助于识别需要改善的浪费环节,并提供可视化能力来查看浪费在哪里。

10. 改善跨职能和跨团队的协作

这是 DevOps 的初衷:促进开发和运维团队之间的协作。但是沟通和协作必须发生在整个价值交付链和所有价值流中,而不仅仅是开发和运维团队。

在现代数字世界中,我们所协作的团队分散在不同的工作场所、地理位置甚至不同国家都是司空见惯的。团队用于沟通、协作和编排的工具包括项目管理软件、视频会议、办公聊天或即时消息系统、文件共享、在线实时协作和文档修订工具、文档管理和同步工具、在线白板和版本控制工具等。

这些能力的价值在于,如果没有持续、恰当的沟通和协作,几乎不可能维持连续流动和工作协调。组织及其客户和供应链合作伙伴的地理位置越分散,这些工具就越有必要。

11. 改善价值流效率和移交

这整本书都是关于改善价值流流动的讨论,尤其是 IT 价值流。IT 行业已经发生过一次范式转变,从传统基于项目的过程转变到基于敏捷的批处理工作流,再转变到现代 CI/CD 和 DevOps 流水线的流动。那些有效实施 DevOps 能力的组织比那些没有实施的组织具有明显的竞争优势。

虽然 DevOps 背后的一些理念可以在没有集成工具链和自动化流程的情况下实现,但这些组织将无法与其他全部投资于 DevOps 和 VSM 工具的组织竞争。很简单,DevOps 和 VSM 平台提供了比传统和基于敏捷的实践更快交付更高质量软件的能力。

这并不意味着 DevOps 或 VSM 与敏捷有所不同。打个比方,乌龟和兔子都是动物,但是兔子比乌龟快得多。IT 也是如此。在交付软件价值方面,DevOps 流水线比传统的或基于敏捷的工作流要快得多。他们也更有效率,并且往往能提供更高质量的产品。

12. 改善质量

在上一小节提到,已经实施 DevOps 和 VSM 平台的 IT 组织往往能够交付更高质量的产品。让我们花点时间来研究一下原因。

相对于传统瀑布模型,敏捷实践则要好得多,因为开发团队迭代式地构建更小的代码增量,并在此过程中测试每个新的功能增量。因此,即使软件延迟了几个冲刺(Sprint)以作为正式发布,软件代码通常比传统瀑布模型得到了更好的测试。

然而,CI/CD 和 DevOps 流水线将事物带到了一个完全不同的层次,即自动化测试和按需配置测试环境。例如,我曾在一家公司工作,在那里每天晚上都要对当天的代码进行一系列测试,通常是数万次的测试。因此,很少能看到缺陷进入到生产环境。

这种能力可以应用于敏捷团队中。但下一步是交付功能的微小增量(通常称为微服务),通常是每天多次甚至一小时内多次,并根据需求动态启动类似生产的测试环境,以测试软件的每个新的微版本。这就是持续交付的意义所在。

但是一些组织甚至进一步发展了持续交付(CD)理念,允许通过所有功能、非功能和性能测试的每个新代码版本直接进入生产环境。开发团队可以通过选择用户组或角色,以便在生产环境中发布新的特性和功能。这有助于在向所有用户进行全面发布之前,让一小部分用户验证特性或功能的功能,从而将风险降至最低。

13. 执行假设(What if)分析

我们在本书中已经多次谈到了这个话题。组织投资、DevOps 技能和工具链投入很多,而且不能在大规模的组织中快速实现变革。这样的组织需要增量地进行改变以负担这些投资,并在开发团队加快速度的同时将潜在的破坏降至最低。

我们已了解到 VSM 可以随着时间的推移逐步实现期望的未来状态,基本的思想是通过评估价值流中的所有活动,并按照"以最低成本消除最大浪费的原则"对其进行优先排序。这一战略将逐步改善价值流的快速流动,从而实现成本效益。最重要的是,精益—敏捷过程改善活动从未停止。我们总是可以做得更好。

接下来的问题是,我们如何知道哪种替代方法是最好的,可以将我们从当前的状态带到更好的未来状态? 这就是 VSM 工具和平台的假设(What if)能力发挥作用的地方。实际上,在进行投资之前,我们可以模拟对产品、设备、流程和活动的变革,以查看对价值流整体生产力的影响。

14. 复用模板以获得更好的标准工作项

DevOps VSMP、VSDPs 和 CCA 工具可能包括帮助简化烦琐,但相对常见工作的工具。例如,VSMP 工具可能包括表单适配器和模板,以输入参数来连接数据库和应用程序。VSMP 和 VSDPs 可能包括价值流图工具和模板,以加快当前和未来状态图的开发。另一方面,CCA 工具还可能包括模板,系统填充这些模板,并作为审计跟踪,以证明符合合规性要求。

15. 统一数据和工件

当职能部门和价值流都使用不同的数据源和工件来监视、治理和记录他们的活动时,拥有多条产品线的大型企业必须评估价值流的生产力。当组织依赖手工来获取和重新格式化信息以供管理层、客户和利益相关者使用时,情况会变得更糟。

精益和 VSM 实践为我们提供了如何改善价值交付的常见方法。这解决了一半问题。另一半是如何消除收集、转换和传递信息的手工操作。尽管这些信息可能对决策有价值,但可能为时已晚,而且从我们客户的角度来看,这些工作是非增值的。现代 VSM 平台通过实时自动采集数据来解决这些问题,并允许数据消费者随时使用多种工具和格式来可视化和分析价值流数据。

16. 集成、自动化和编排价值流活动

精益产品改善包括增值活动的集成、自动化和编排,而无关什么类型的价值流。目标是通过消除浪费,以更快的速度和更高的质量交付以客户为中心的价值。现代 DevOps 和 VSM 平台通过消除浪费,从而改善在软件开发、交付、运营和支持过程的生产力。

然而,软件可能涉及组织的所有价值流。因此,我们必须使用 DevOps 和 VSM 方法和工具,通过软件解决方案来集成、自动化和编排所有价值流活动。

17. 提供通用数据结构

许多 IT 组织允许他们的开发团队为他们的集成 CI/CD 和 DevOps 工具链选择不同的工具。这种灵活性是 DevOps VSMPs 运行的基础。虽然 VSMP 策略提供了很大的灵活性和一流工具的使用,但缺点是每个工具都可能有不同的数据存储和数据模型,这使得跨工具链的检索、规范化和使用数据变得更加困难。

VSDP 供应商通过最大限度地减少工具选项,并将它们集成到单个数据存储中,并在所有价值流活动中使用标准化数据来解决这一问题。使用 VSMP 工具,每个数据源必须映射到一个中央存储库。在任何一种情况下,拥有包含标准化数据的单一数据存储的价值在于,可以对价值流及其活动管理的所有数据项进行端到端的查询操作。简而言之,具有数据标准化的单一来源数据存储使生成报告、执行分析和创建流水线流动的图形可视化变得更加容易。

18. 开发和推广关键绩效指标

从定义上来说,关键绩效指标(KPI)是组织为实现预期成果而定义的关键进度指标。组织可以定义 KPI 来支持战略和战术目标。KPI 是基于指标的,因为结果必须是可衡量的,以确定我们目标的进展。

现代 VSM 工具提供了最新、最准确的指标,这些指标映射到组织的 KPI,使高管对决策过程更有信心。例如,作为投资组合管理的一部分,关键高管和产品经理根据客户需求、有竞争力的价格点以及历史和计划成本因素作出投资决策。此外,随着产品开发的进行,通过访问实时指标来评估实际与计划绩效的差异至关重要,因为这有助于实现及时的过程修正。

我们已经到了"赋能业务转型"小节的末尾。在下一节中(也是最后一个小节),我们将探讨投资 VSM 技能、工具和平台带来的好处。

11.6　VSM 工具的优势

在上一节中,学习了现代 VSM 工具和平台提供的能力。接下来我们将讨论实施 VSM 工具带来的一些主要好处,这些好处在前面的章节中已经讨论过了。因此,我们在这里进行简单总结。

（1）改善发布质量（Improved quality of releases）：VSM 工具和平台监视 DevOps 性能参数,执行标准生产流程和合规性要求,并确保价值流活动保持在上限和下限范围内,以实现最佳工作流并满足质量目标。

（2）更快的发布时间（Quicker time to release）：VSM 工具和平台有助于集成、自动化和编排 DevOps 流水线的流动。它们还有助于体现消除浪费的精益理念,以实现最快和最有效的软件价值交付系统。

（3）可衡量的商业价值成效（Measurable outcomes of business value）：VSM 工具提供了组织需要的度量指标,以衡量当前状态的绩效,并预测未来状态的生产和交付能力,从而确保转变符合预期。

（4）减少风险和浪费（Reduced risks and waste）：VSM 工具和平台准确无误地执行标准流程和合规要求,最大限度地降低风险和消除非增值浪费。

（5）节省成本（Cost reductions）：使用 VSM 工具指导 DevOps 的生产,组织可以确保以最小的浪费实现最佳操作。实时指标和分析工具有助于组织发现和消除次优活动,并评估改善生产力和价值交付的替代方法。

（6）更好地编排工具链（Better orchestration of toolchains）：VSM 工具的编排能力有助于识别 DevOps 流水线中的瓶颈,实施标准化流程,集成,并实施安全和合规性要求,以及同步和协调开发和发布应用所需的步骤,包括手动活动。

（7）改善合规性和审计性（Improved compliance and auditability）：CCA 工具有助于自动化并加快合规性和安全性相关的任务,取代手工检查清单、策略和工作表。最重要的是,CCA 工具有助于消除与合规性失败相关的风险和法律责任。

至此,我们完成了本节关于"利用 VSM 工具和平台能力"的讨论,以及本章关于"改善精益—敏捷价值交付周期"的学习。让我们总结一下这一章,然后看一组问题,这些问题将有助于你记住本章所学的内容。

11.7　小　结

在本章中,我们学习了 VSM 工具如何通过提供对关键 IT 价值流数据、基于仪表盘的可视化和指标的实时访问来支持整个 DevOps 流水线的精益改善。VSM 工具帮助 DevOps 团队成员和其他利益相关者监控,并改善 IT 价值流中的信息和工作流动,从而专注于客户。

你还学习了三种主要类型的 VSM 工具——VSMP/VSM、VSDP 和 CCA,以及它们应该提供的能力。随后,我们讨论了在组织中推广这些工具时可能遇到的各种实施问题。最后,还了解了 VSM 工具和平台的众多潜在应用,以及证明投资合理性的优势。

下一章我们将介绍当前业界领先的工具,我们将探讨每种工具的优势,并讨论现实生活中的用例,同时强调它们在特定场景中的优势。

11.8　问　题

(1) 为什么在讨论 VSM 工具的话题之前,本书提出了一个经过验证的 8 步 VSM 方法?

(2) 哪 3 种 DevOps 工具可以帮助你改变 IT 价值流的能力,从而快速可靠地为客户提供价值?

(3) DevOps 价值流管理平台(VSMPs)的主要能力是什么?

(4) DevOps VSMPs/VSM 工具的主要优势是什么?

(5) GRC 工具和平台的目的是什么?

(6) 价值流交付平台(VSDPs)的主要能力是什么?

(7) VSDPs 的主要优势是什么?

(8) DevOps 工作流指标的目的是什么?

(9) DevOps 编排的目的是什么?

(10) 假设(What if)分析工具的主要优势是什么?

11.9　延伸阅读

- Betts, D., Saunderson, C., Blair, R., Bhat, M., Scheibmeir, J. Ennaciri, H. (Oct 2021), Gartner Research Predicts 2021: Value Streams Will Define the Future of DevOps Report (published October 5, 2020), ID: G00734377. https://www.gartner.com/en/documents/3991376/predicts-2021-value-streams-will-define-the-future-of-de. Accessed March 1, 2021.

- Condo, C., Mines, C., Giudice, D. L., Dobak, A., Hartig, K. (July 2020) The Forrester Wave: Value Stream Management Solutions, Q3 2020 Report. https://www.forrester.com/report/The + Forrester + Wave + Value + Stream + Management + Solutions + Q3 + 2020/-/E-RES159825. Accessed March 1, 2021.

- Corporate, April 4, 2019. AI FUNDAMENTALS, The Seven Patterns of AI. https://www.cognilytica.com/2019/04/04/the-seven-patterns-of-ai/#:～:text = The％20Seven％20Patterns％20of％20AI％201％20The％20Seven, 9％20Combining％20multiple％20patterns％20in％20a％20project.％20. Accessed April 30, 2021.

第 12 章　领先的 VSM 工具供应商介绍

在上一章中,我们介绍了现代 VSM 工具的部分基本功能,以及如何区分 VSM 工具的三种分类。

我们还深入探讨了 VSM 工具的常见实施问题,以及 VSM 工具在支持数字化业务转型过程中扮演的角色,及其所带来的关键收益。接下来,我们将介绍一些领先的软件工具供应商,他们提供了业界公认的 VSM 能力。

我们不刻板地重复其他行业分析师所写的内容,而是联系了这些领先的 VSM 工具、方法论和服务供应商,并通过采访他们来了解客户选择其产品的原因。本章列举了接受本书采访的供应商名单,在采访中,我向他们指定的代表提问:他们坚信自己有什么独特优势,以及为什么。他们也向我们展示了一两个客户案例,他们认为这些案例有助于展示其 VSM 工具和服务的优势。

在本章中,我们将讨论以下主题:

- 正确看待现代的 VSM 工具。
- 改善价值的交付。
- 超越 CI/CD 和 DevOps 应用 VSM。
- 领先的 VSM 工具提供商列表。

我们将秉持谨慎的态度,开启对领先的 VSM 方法和工具的探索之旅。

12.1　正确看待现代的 VSM 工具

通过前面的章节可以了解到,VSM 背后的概念并不新颖,这些概念已经被广泛应用到许多行业和无数价值流中。并且,VSM 是从精益生产改进中涌现出来的。传统的过程改进以层级和职能为中心,精益改进与之不同,它基于精心编排的流程来组织相关活动,以最佳方式向内部和外部客户交付价值。

因此,从根本上来说,VSM 是一种帮助组织整编资源,以进行精益改进的策略。我们在本书中花了一些时间来学习精益,通过研习我们认识到,精益是一个用于规划和实施持续过程改进的系统。精益聚焦于从客户的角度出发,通过消除各种形式的浪费,来提高生产效率并加速信息流动。常见的浪费类型包括:缺陷(defects)、库存(inventory)、搬运(motion)、过度加工(overprocessing)、生产过剩(overproduction)、运输(transportation)和等待(waiting)。

12.2　改善价值的交付

我们已经学习了 James Martin 阐述的 17 种常见的价值流。他在其著作 *The Great Transitions* 中,阐述了定义和改进价值流,是任何业务流程重新设计工作的一部分,并强调了其重要性。

Martin 的概念,建立在 Thomas Davenport 的论文 *Process Innovation：Reengineering Work through Information Technology* 的基础上。在论文中,Davenport 将组织级的价值增加流程分为 3 类:

(1) 产品设计、开发和制造流程。

(2) 面向客户的流程:包括市场营销和销售管理、订单管理和客户服务。

(3) 管理和行政的流程。

重要的是,Martin 和 Davenport 都从基于价值或价值交付改进的角度,评估了流程再造和流程改进的举措,并将 IT 作为业务流程创新的关键赋能角色。此外,他们在文章里解释了,在维持现状的情况下,为什么难以看到真正的业务流程改进,这些现状包括基于组织层级、官僚主义和职能领域来构建流程和系统。也就是说,Martin 和 Davenport 从增加价值的角度出发,主张通过 IT 重新规划业务流程。

根据在本书中所学到的,我们知道,VSM 作为一门学科,与软件工具的关系无关痛痒,甚至与组织的 CI/CD 和 DevOps 流水线所带来的改进也关联不大。我们这里所说的 VSM 范围宽泛得多,也更加重要。

12.3　超越 CI/CD 和 DevOps 应用 VSM

商业公司、政府机构和非营利组织可以提供产品、服务或其他形式的预期结果和成果的价值。在现代数字化经济中,Martin 和 Davenport 的见解比以往任何时候都更关键。改进 CI/CD 和 DevOps 流水线,可以在所有的组织级价值流中,提高交付价值的能力。

但是,如果 IT 组织没有同步支持组织的其他价值流,CI/CD、DevOps 和 VSM 工具链投资不会有太多价值。因此我们必须理解,组织可能会花费大量的时间、金钱和精力来采购 CI/CD、DevOps 和 VSM 工具,但仍然无法提高组织内的交付价值能力。

投资于 CI/CD、DevOps 和 VSM 工具链,是潜在的改善行动(Kaizen Burst)的活动范例,以用于推动其他关键的价值流改进。因此,这种投资并不低廉,它是投资组合级别的投资决策,以支持组织核心业务的使命和战略。然而,CI/CD、DevOps 和 VSM 工具链投资仅是基础,以用于支持其他的 VSM 举措,因此必须据此进行评估。

这就是为什么本书中用大量篇幅阐述,实施 VSM 举措需要超越 IT 的职能。然而,改进 IT 的主要驱动力,来自于由 IT 所支持的其他面向开发和运营的价值流,即面向 IT 的改善行动(Kaizen Burst)将由其他价值流改进需求来驱动。在此基础上,下面介绍目前常见的 VSM 工具和思想先锋。

12.4　领先的 VSM 工具提供商列表

在本章中,介绍了由 Forrester Research、Gartner Inc、GIGAOM、SD Times 等各种行业分析机构所确定的领先 VSM 供应商。然而,在具体的产品上,我们会有意避免重复这些行业报告的观点。

相反,本书中目标是先识别出那些 VSM 提供商的领者,然后让每个 VSM 提供商自愿讲述他们自己的故事,具体的故事将在接下来的章节中详述。但是,在我们进入这些部分之前,首先需要了解哪些公司是被认可的行业先锋。因此,图 12.1 列出了目前市场上的 VSM 工具和方法供应商,按字母顺序排列如下:

- Atlassian
- Blueprint
- CloudBees
- ConnectALL
- Digital.ai
- Disciplined Agile (DA)
- Gitlab
- HCL Software

- IBM
- JAMA Software
- Kovair
- Micro Focus
- Panaya
- Plandek
- Planview
- Plutora

- Quali
- Scaled-Agile Framework® (SAFe®)
- ServiceNow
- TaskTop
- Targetprocess
- Tasktop
- Zenhub
- VSM Consortium

图 12.1　领先的 VSM 方法和工具供应商列表

这里增加了 3 个 VSM 方法论的公司:规范敏捷(Disciplined Agile,DA)、大规模敏捷框架(SAFe),以及价值流管理联盟(Value Stream Management Consortium,VSMC),对于如何在规模化精益敏捷实践中应用 VSM,这三家公司都提供了相应的指导。在后面我们将详细介绍他们的具体产品或服务。

提醒一下,当大家阅读列出的每个 VSM 供应商的信息时,请记住他们各自如何从精益的角度,支持 CI/CD 和 DevOps 流水线的改进。

VSM 是一种经过科学验证、行之有效、训练有素、按部就班的方法论,用于理解,并应用精益思想的原则和实践。VSM 作为已经实践了数十年的一门学科,能够适用于所有的组织级价值流,其来源于丰田生产系统(Toyota Production System,简称 TPS)中采用的精益生产理念。

本章剩余部分,会介绍目前业内领先的 VSM 工具供应商,并对其能力进行了归纳。值得注意的是,这些工具并非都以 VSM 支持为重点。例如,像 Atlassian 这样的 DevOps 和 CI/CD 工具供应商在软件项目管理和产品管理方面要有较强优势,但是我们需要思考和探索如何基于他们的产品实施 VSM 举措。

1. Atlassian

Atlassian 是一家澳大利亚的队协作软件工具公司。尽管 Forrester Research 在其发布的报告 *Forrester Wave*™:*Value Stream Management Solutions Scorecard*(Q3 2020)中包含了 Atlassian,但 Atlassian 并没有明确的价值流管理战略。尽管如此,Forrester 对该公司的产品愿景、绩效表现、合作伙伴生态系统,以及市场占有率给予了很高的评价。

当我向 Atlassian 询问他们对价值流管理的看法时,他们告诉我:

"虽然我们不专门销售 VSM 解决方案,但是客户从开发和运营价值流的管理上,均毫不犹豫地采用了我们的产品,跨越了概念到客户(完整的学习环)。我们坚持开放的做法,并几乎无所不包进行集成,相信我们的产品可以随意配置,这样我们的客户就可以设计出他们最理想的工作方式。"

在这些信息的基础上,让我们一起看一下 Atlassian 是如何融入 VSM 蓝图中的。

我的两个大学校友 Mike Cannon-Brookes 和 Scott Farquhar,在 2002 年开发出了目前业界公认的最佳项目管理软件:Jira。最初 Jira 只是为软件开发人员提供一个问题跟踪平台,而现在 Jira 能够用于实施敏捷软件开发,以及支持团队进行计划、跟踪和发布他们的软件。

Jira 中的计划、跟踪和支持项目管理的能力,不仅被用于软件开发和 IT 运营活动,组织还会使用 Jira 来支持跨其他价值流的协作,如产品管理、市场营销和销售管理等。其目标是支持跨所有组织级价值流的不同团队之间的协作,以协调产品战略、演进、开发、支持和维持活动等。

Atlassian 在将近 20 年的发展历程中,规模和产品不断扩大。目前提供的 13 种产品,涵盖以下 4 个解决方案领域:

(1)计划、跟踪和支持。

(2)协作。

(3)编码、构建和发布产品。

(4)安全性和身份验证。

Atlassian 的工具集共同提供了实时可视的企业级解决方案,可以帮助企业聚合团队级数据,使整个组织的所有工作都实时可见。

该公司在一篇名为 *What is value stream mapping*? 的文章中,提到了价值流图作为优化持续交付流水线的分析技术的用途和好处。但是 Atlassian 并没有提供集成的价值流图工具作为开箱即用的解决方案。

组织通常将集成 Jira 作为一个协同解决方案,用以支持 CI/CD、DevOps 工具链和

VSM 平台。例如,普遍推广的解决方案,是将 Jira 与 ServiceNow 进行集成,以支持跨 CI/CD、DevOps 流水线、ITSM 流程的事件管理和项目管理的双向协作。

2. CloudBees

CloudBees 是另一家 VSM 解决方案提供商,该公司起源于连接 DevOps 工具链, 可实现自动化,并改进软件交付流程。Forrester Research 将 CloudBees 评为行业的佼佼者(Strong Performer),而 GigaOm 在其发布的 *GigaOm Radar for VSM* 中,将 CloudBees 评为进入核心圈层(inner circle)的快速崛起公司(Fast-Mover)。

CloudBees 通过其提供的核心能力,将软件交付和 VSM 整合到一个平台,这些能力包括持续集成(CI)、持续交付(CD)、发布编排、数据分析和特性标记。通过这些做法,组织可以在整个开发生命周期中显著地提高可见性、一致性和协作性,而这正是 VSM 的精髓所在。通过这些核心工具的应用,使得对团队和流程的度量及管理都变得更加容易,从而快速完成审计准备就绪,也根除了用于执行和控制工作的产品需要。

图 12.2 提供了 CloudBees 平台提供的核心能力的概览列表。

CloudBees平台
连通的, 自动化的, 端到端的软件交付
持续集成 大规模构建与测试
持续交付 简化脚本和自动化部署流水线
发布编排 适应性模型驱动的发布编排
分析 单元真相来源的实时可视化
特征标记 大规模管理特征标记

图 12.2　CloudBees 平台功能

CloudBees 的平台支持该公司所描述的软件交付自动化和管理的 5 大支柱:

(1)联通的流程:通过有效地编排软件交付和关联功能,将创意推向市场,并实现价值和采用率的最大化。

(2)合规即代码:在所有流水线中集中执行策略、访问和标准,并确保只使用经过批准的、不可变的组件、自动化和环境。

(3)通用数据模型:保持数据的端到端可用,并捕获和存储在标准化的数据模型中,以促进协作、连接流程和共用洞察。

(4)通用的洞察:能够理解整个组织所有职能部门的数据,并从中不断学习。

(5)持续协作和改进:允许围绕软件交付组织的跨功能和团队的协作,以放大他们的价值创造和交付成果。

CloudBees 的客户群扎根于开源的 Jenkins 开发者社区中。Jenkins 用于在 CI 和

CD 环境中构建、测试和部署软件。因此,他们的工具强调提高开发和部署过程的效率。

CloudBees 平台,通过对从代码提交到生产上线的软件交付流水线进行建模来绘制价值流。其流水线模型包括生产路径、被批准的组件、关口和阈值、测试编排、部署自动化,以及图形界面中的工具链集成(和数据)。内置分析包括 DORA 指标的可配置仪表盘,以及每个阶段的等待时间、执行时间和持续时间。基于开发者、代码库和 CI 影响的人工智能/机器学习组件,为每个发布的风险进行评分。

在他们的报告中,行业分析师表示,他们希望看到 CloudBees 发展其 VSM 能力,以支持更好地将业务指标和仪表盘联系起来,从而改善业务成效。CloudBees 对正在开发的其他指标作出了回应,包括一系列流动指标和业务指标,如价值、成本、质量和幸福度指数。

总之,除了在 CI/CD、发布编排和特性标志能力方面的优势之外,CloudBees 平台还提供了端到端(从构思到生产)价值流映射、管理和治理能力,并为集成第三方工具提供了卓越的支持能力。

3.ConnectALL

ConnectALL 起源于为应用生命周期管理工具开发适配器和连接器,这些工具包括如 Sarena(Micro Focus ALM),以及其他用于开发、配置管理和项目管理的软件工具,分别包括 Perforce、ClearCase 和 Jira。此外,该公司持续开发连接器,以支持与 IBM Rational、HEAT Software、Git 和 Rally 的集成。

ConnectALL LLC 于 2018 年正式成立,最初是 Orasi 和 Go2Group 的合资企业。从 2016 年 12 月开始,Lance Knight 和 Brett Taylor(董事会成员)开始讨论,需要引入一种新的价值流管理方法。Lance Knight 于 2017 年加入该公司,担任总裁兼首席运营官,随后他和 Brett 开始为 ConnectALL 进行战略定位。此外,Tom Stiling(现在是 ConnectALL 的董事会主席)也加入了这项工作。因此,这三个合作伙伴在 2018 年开始将 ConnectALL 作为专注于 VSM 的一个独立实体。

Andrew Fuqua 于 2018 年加入公司,担任产品高级副总裁,帮助推动公司的产品战略。此外,Eric Robertson 最近也受聘加入该公司,担任战略顾问高级副总裁,指导公司作为 VSM 行业领导者的未来发展方向。该团队的协作方式和交付的产品,得到了 Forrester Research、Gartner 和 SD Times 的一致好评。

ConnectALL 的战略目标,是展现软件"交付中'人性的一面'"。因此,尽管 ConnectALL 的集成工具首屈一指,但他们认为 VSM 并不仅集成工具和流程编排能力。相反,他们从自己的 VSM 工具中看到了更大的价值,这些工具来自人为驱动的评估。这些评估,有助于 ConnectALL 的客户挖掘敏捷性、可追溯性、可预测性和速度相关的改进空间,即 VSM 评估实际上实施了"以人为本"的精益改进举措。

ConnectALL 的 VSM 评估,在客户进行 VSM 工具采购投资之前就开始了,并在工具采购之后持续进行。最重要的是,ConnectALL 的 VSM 愿景是将其工具扩展到 CI/CD 和 DevOps 流水线的改进之外,以达到整个组织的数字化举措,从而改善业务成效,并提高向客户交付软件的速度。

ConnectALL 在 VSM 领域聚焦于帮助组织可视化、度量和自动化他们的价值流,通过连接各种工具就可以实现这一点。虽然集成无疑是 ConnectALL 的 VSM 解决方案能力的重要组成部分,但他们更大的愿景,是将工具连接作为他们的主要价值主张。工具的连接允许公司收集度量指标,绘制价值流图,分析备选方案,并编排首选的价值流动。

Connect ALL 产品的一个关键差异化,在于其正在申请专利的通用适配器。通用适配器使他们的平台能够通过 REST API 与任何其他工具连接,从而使跨 CI/CD 和 DevOps 流水线快速集成其他工具成为可能。在价值流评估研讨会中,ConnectALL 使用价值流可视化工具提供帮助。

ConnectALL 的 VSM 平台,提供了 4 个关键功能:集成、流动度量、工作流编排和治理。他们的 VSM 平台通过提供内置的供应商适配器,来连接软件交付价值流中的工具,以便在整个价值流中双向或单向同步工作和信息流动。该平台还提供现成的工作流编排和治理功能。

ConnectALL 的 Insights Analytics 产品使用 ConnectALL 的适配器将原始数据从支持价值流的不同工具中提取到标准化数据模型中。此外,Insights 的可视化功能使流动、精益、DevOps 以及 IT 绩效等指标的数据可视化、保持透明,并且可用。

4. Digital. ai

Digital. ai 有一个独特的 VSM 平台,解决了绝大多数大型企业面临的一个共同难题:通过"允许团队选择",并继续使用他们喜欢的工具,以便让开发人员愉快和高效地工作。为此,需要为数百种不同的 DevOps 解决方案提供预置的智能集成。

Digital. ai 发布了 DevOps 工具的年度清单,包括从业者评级的 DevOps 应用程序,以表明他们对不同工具链的观点。目前其 2020 版周期表有 400 多种产品,涵盖 17 个独特的分类。

其实,无论选择什么工具和供应商,Digital. ai 的 VSM 平台都可以连接完整的软件交付生命周期。与 Digital. ai 提供的面向开发者友好的平台相比,如果从单一供应商选择提供一套新技术方案从头开始使用,将要付出更大的代价。

最初,这种方法有许多显而易见的优点,包括可以获得尖端技术、对问题独树一帜的思维和解决办法,这就是为什么它经常成为引人瞩目的首选产品。但是,一旦理论与现实发生冲突,大多数企业会发现工具的淘汰和更换不仅会增加风险和复杂性,还会增加停机时间和成本,而且通常需要学习新的工具和流程。

更糟糕的是,围绕这些现有工具构建的数百个支持流程,和已经实现的自动化可能需要更改。应用这种激进的方法会让团队殚精竭虑,并会导致在数字化转型的目标上顾此失彼。相反,组织必须实现数字化,以提高运营效率,并实现数字化业务快速创新。

Digital. ai 的统一 VSM 平台可将您的业务和开发价值流连接起来,提供对 DevOps 流水线、其他支持工具和组织(包括投资组合规划、客户支持、运营和销售等)的端到端监督和治理,有助于改善业务成效。

虽然大多数价值流工具只是帮助提高软件开发和 DevOps 效率,但 Digital. ai 的解决方案,将敏捷规划和投资组合管理、持续测试、应用程序保护、软件开发生命周期管理、发布和部署编排,以及端到端的人工智能支持连接起来。其平台使大型复杂企业能够优化持续交付流水线,以实现高质量交付和价值的最大化,而非遵循一成不变的交付计划。

Digital. ai 认为,VSM 平台必须为 DevOps 流水线提供端到端的监督和治理。它通过在整个软件生命周期工具链中集成数据,应用业务分析和人工智能的机器学习技术,使业务和开发的价值流指标、KPI 实时可见,并提供可行性分析报告。

Digital. ai 是为数不多的(即使不是唯一的)VSM 平台解决方案提供商,其对人工智能的机器学习技术有深刻的理解和应用,并将业务和开发流的指标和 KPI 连接起来,通过提供统一的数据模型、预置指标和仪表盘来帮助实现这一目标,这些指标和仪表盘对评估客户价值流不可或缺。

作为这些能力的一个示例,Digital. ai 使用人工智能/机器学习技术来查看组织内部和跨组织的筒仓来聚合数据,形成信息的整体视图,然后为销售、营销、财务、开发、运营和技术团队提供可行性分析报告。

(1) Digital. ai 提供的支持价值流智能化和变更风险管理的解决方案

① 通过数据透视,针对生命周期中的某个阶段进行分析,例如:规划和创建、集成和测试、发布和部署、操作和监控等,以及针对生命周期进行整体分析,建立业务和技术数据相结合的全景视图。

② 通过人工智能和机器学习技术来优化服务管理,预测变更风险、加速价值流动以及质量改进。

(2) Digital. ai 的价值流编排解决方案

① 敏捷规划和投资组合管理的敏捷性(之前称为 Collabnet｜VersionOne)。

② 发布和部署 DevOps 解决方案,用于发布和部署编排(之前称为 XebiaLabs)。

③ 持续测试(之前称为 Experitest)。

④ 应用程序保护(之前称为 Arxan)。

(3) Digital. ai 价值流平台的基本要素

① 应用智能:Digital. ai 平台自动地、智能地指导软件交付流程的编排,以加速价值流动,预测变更失败和进度风险。

② 公共数据模型:Digital. ai 的公共数据模型,通过应用人工智能和机器学习来聚合和协调数据。Digital. ai 强大的人工智能平台功能可以分析所有价值流中的数据,建立 360°数字化视图,展示业务成效和技术产出。

③ 标准化视图:公共数据模型所支持的智能层,提供了客户数字化世界的整体视图,适合技术高管和业务领导使用。

④ 360°全景数字化视图:360°视图支持从概念到现金的价值交付改进,使技术改进与组织更广泛的业务目标保持一致。

（4）Digital.ai 价值流平台的主要亮点

① 多租户、专有云托管、提供私有化部署。

② 共享服务（例如用户管理、单点登录、授权许可）支持用户、工具、方法和团队的无缝协作和对齐。

③ 公共数据模型和平台整合了各种工具和业务系统的数据。

④ 分析平台提供了 360°全景视图，使得业务和技术团队能够评估技术投资对业务成效的影响。

⑤ 智能软件生命周期编排应用人工智能和机器学习，将形成解决方案所需的所有工作可视化，并识别等待、瓶颈、移交和过多的在制品。

⑥ 通过内置人工智能和机器学习，来识别潜在的变更失败，缩短相关事件的平均解决时间。此外，还可以回顾和调查技术变更问题在系统层面的根因，包括人员、流程、技术等维度。

⑦ 应用人工智能和机器学习模型，来发现、预测和解决价值流中的问题，支持数据驱动的决策。

⑧ 将开发产出与业务成效建立关联，以了解开发新特性或产品的技术投资的影响。

Digital.ai 价值流平台提供了团队、工具和流程的可视化。因此，组织可以有效地度量价值和质量，如用户满意度、用户留存率、应用使用状况、应用安全性、执行效率、收益状况、用户增长等。

除了支持所有主流的敏捷实践（Scrum，Kanban）和规模化框架（SAFe，DA，LeSS）之外，Digital.ai 还推广了一种 VSM 方法，通过对人员、流程、技术的全面优化，来持续改善从创意构思到客户交付的业务价值的流动。

在 Digital.ai 看来，度量产出指标（如特性的数量、周期时间、速率和部署次数）只是 VSM 能力的一部分。

"我们还必须捕捉和度量数据，以支持更好的业务成效和用户体验。因此，我们必须了解客户在整个旅程中哪里存在阻碍，不断消除浪费和等待，并提升客户的满意度。尤其重要的是，基于客户的旅程将所有系统连接起来，以了解客户对品牌的体验，以及客户与系统的交互。这样，整个组织就能够实现快速调整，并将业务成效和用户体验提升到新的高度（包括成本、收益、客户终身价值、终端用户满意度等）。"

Digital.ai 提供了一整套的 DevOps 产品，帮助组织大幅改善其 IT 组织的精益产出，并将它们与客户体验和业务成效相关联。这种方法创建了精彩绝伦的一个潜在改进视图，精准地指导组织实现更卓越的业务成效。

Digital.ai 为本书提供了两个案例。第一个案例来自一家美国的大型保险公司，该公司使用 Digital.ai 的软件工具来支持其数字化转型，如图 12.3 所示。

以下案例阐述了一家全球零售商使用 Digital.ai 软件产品的体验，该产品将端到端的流程可视化，覆盖 DevOps 流水线中使用的不同工具，并评估其价值流的有效性，如图 12.4 所示。

美国某大型保险公司

业务应用：从团队到首席执行官的数字化转型，应用SAFe的价值流管理

业务问题/目标：
- 缺乏对战略计划、产品路线图、部门及团队进展的可见性
- 发布火车工程师没有时间度量和改进价值流动
- Scrum Master没有时间持续改进他们的SAFe事件，消除交接、延迟和其它瓶颈
- 投资组合经理总是在救火，无法集中精力，因为他们无法从数据中获得可行的洞见
- 该公司为每个开发过程步骤采用不同供应商的多种工具，很难实现端到端的可见性

Digital.AI解决方案
- 将其业务流程与Digital.ai的企业级敏捷规划和发布编排产品集成

当前的成果
- DevOps工作及软件投资和战略实现了对齐，创建的端到端的流程编排，开发过程综合视图可视化
- 超过1万名IT专业人员全面了解他们从创意到客户价值交付的开发流动过程

图 12.3　第一个应用案例

全球服装零售商

业务应用
- 遭受数十亿美元的损失，主要归因于新冠肺炎导致的实体零售急剧下降

业务目标：
- 将他们的数字足迹增加50%，提高向消费者在线销售更多商品和服务的能力
- 他们的数字化转型计划包括三个主要领域：统一内外部数据、持续精益改进和"即时"可见性

Digital.AI解决方案
- 通过Digital.ai Agility和Release产品，集成敏捷规划、发布和部署数据

当前的成果
- 该公司现在拥有完整开发生命周期的端到端可见性，包括来自15个第三方工具的数据
- 采用敏捷、精益和DevOps实践，并使用现成的仪表盘和行业标准指标度量进度
- 他们随时生成价值流报告，以识别和消除瓶颈和发布的延迟，显著缩短上市时间和停机时间
- 迄今为止，他们的数字销售增长了50%，直接面向消费装的销售增长了40%

图 12.4　Digital.ai 使用案例

5．GitLab

GitLab 被 Forrester Research、GigaOM 等多家业界分析机构评为 VSM 领导者。从本质上来看，GitLab 是一个 DevOps 平台供应商。GitLab 的 DevOps 平台通过单一的应用程序集成了规划、开发、运营和安全等流程。GitLab 还提升了平台的能力，帮助"团队将软件交付速度从数周缩短到分钟级，并降低开发成本和安全风险。"

通过端到端的 DevOps 平台，GitLab 实现了整个软件交付生命周期的端到端可视化。由于 GitLab 将必要的工具提供在单个应用程序中，所以软件开发团队节约了额外的 DevOps 工具链费用。当团队必须开发和维护 DevOps 工具链集成和自动化功能

时,就会产生额外的费用。

也就是说,当开发团队需要同时开展两项软件交付活动时,就会造成额外的成本。一项活动用来支持客户的产品开发,从客户角度来说,这是增值的工作;另一项活动用来支持开发 DevOps 流水线环境,而这个工作不增值。

GitLab 的价值流分析有开箱即用的特点,可帮助团队可视化和管理整个 DevOps 的流动周期时间,即从创意构思到客户交付。GitLab 的价值流分析,提供了来自单一数据模型的报告,以展示通用工作流和指标。

GitLab 流动的各个阶段可以自定义,GitLab 的价值流分析也给出了默认值,如下所示。

(1)事件(跟踪器):事件登记的时间(通过里程碑,或通过事件登记板中的事件添加动作)。

(2)计划(告示板):首次提交的时间。

(3)代码(集成开发环境):创建合并请求的时间。

(4)测试(持续集成):GitLab 中 CI/CD 测试代码所需的时间。

(5)评审(合并请求):花在代码评审上的时间。

(6)类生产环境(持续部署):从代码合并到生产环境部署的时间。

GitLab 还为 8 类事件提供默认标签:缺陷类、已确认类、关键类、讨论类、文档类、增强类、建议类和支持类。此外,GitLab 产品允许团队在发现阻碍时立即疏通。GitLab 还提供了作用域标签和互斥标签(例如 workflow::edit 和 workflow::design),这些标签可用于对定制工作流进行建模,然后使用看板样式的告示板或洞察仪表盘对其进行可视化。

从软件交付团队的角度来看,如果要管理不同的工具,会产生工具链集成和自动化的问题,而 GitLab 提供了单一的工具,使这些问题得以解决。否则,开发团队需要维护一条成熟的 DevOps 流水线。最重要的是,GitLab 的 DevOps 及 VSM 平台策略,让开发人员能够专注于交付价值,这意味着他们不必花费额外的时间,来解决与管理 DevOps 环境相关的技术债务问题。

6. HCL Software

HCL Software 是 HCL Technologies 的一个部门,开发和提供了 50 多种软件产品,这些创新软件产品围绕 DevOps、数字化、物联网、云化、自动化、网络安全和基础设施管理而构建。经评估,HCL Software 是目前 VSM 领域最大的软件提供商之一,年收入超过 10 亿美元,在 50 多个国家拥有 4200 名员工,拥有 20000 多家企业客户。

HCL Software DevOps 是该产品组合的重要支柱,可提供完整的、智能的企业级软件价值流平台,服务范围从规划到生产,从大型主机到微服务。

HCL Software DevOps 在同类产品中表现出色,产品耦合度低,目前已经高度集成在投资组合和 DevOps 工具的生态中。此外,其开放式的插件框架允许企业客户将一个或多个解决方案快速接入到他们现有的环境中。如果客户需要寻求全面的 DevOps 解决方案,也可以使用该平台。图 12.7 展示了一组产品集,包括以下部分。

（1）HCL Accelerate：它是个智能的 VSM 平台，通过集成 DevOps 环境中的各种工具，可实现持续改进，它是可视化价值流的流动，提供可操作的建议，并自动化发布流程。

（2）HCL OneTest：它是一套集成的软件自动化测试工具，包括 UI 测试、性能测试和 API 测试，贯穿项目的整个生命周期。该工具无须编写脚本，向导式驱动，并提供测试编写环境，支持 100 多种技术和协议。

（3）HCL AppScan：它是一套负责安全测试和安全管理的应用程序综合套件，包括针对 Web、移动终端和桌面应用的 SAST、DAST、IAST 和 SCA，可直接集成到软件开发生命周期的工具和流程中。

（4）HCL Launch：它可持续部署引擎，可将应用程序部署、中间件配置和数据库变更自动化部署到本地，或部署到云化的开发环境、测试环境和生产环境中。

（5）HCL Compass：它是一个强大的低代码 DevOps 工作流引擎，使企业能够快速建立敏捷管理、质量管理、IT 服务管理等定制化流程。

（6）HCL VersionVault：它是一个安全的、企业级的解决方案，用于版本控制和配置管理。它提供了对软资产的受控访问，包括代码、需求、设计文档、模型、图表、测试计划和测试结果。

（7）HCL RTist：它是基于 Eclipse 的建模环境和开发环境，用于创建复杂的、基于事件驱动的实时应用程序。通过其丰富多样的工具，帮助软件工程师设计、分析、构建和部署嵌入式实时系统和物联网应用。

HCL Software DevOps 产品的设计可服务于最复杂的组织，通常是受监管的行业。这些组织需要先进的方法来将风险和管理成本降到最低，并提高收入。通过 DevOps 第一阶段解决方案可进行大幅改进，其主要关注持续部署流水线中的自动化。方案通常使用持续集成工具、持续部署工具、测试工具和安全工具，建立一个自动化的、受控的生产途径。使用过 HCL Software DevOps 解决方案的实施，都带来了很好的投资回报率，包括更高的质量、更快的面市时间、更低的成本和更振奋的员工士气。

DevOps 进入第二个 10 年，目标旨在 HCL 发现高瞻远瞩的那些客户，通常专注于解决 DevOps 第二阶段的挑战，其中包括以下方面。

- 将 IT 价值与业务价值联系起来。
- 变革组织文化，并协调一致。
- 在整个企业中推广最佳实践。
- 优化端到端价值流的流动。
- 对大量工具和已存在数十年的技术平台进行管理。
- 最大限度地降低安全和质量风险。
- 安全性、质量和治理的左移。
- 增加产品发布的频率。

借助 HCL Accelerate 统一价值流，企业能够应对 DevOps 第二阶段的挑战。软件交付是一种核心的企业能力，使 IT 活动与业务成效达成一致，以便在数字化时代取得成功。图 12.5 展示了组织使用 HCL Software DevOps 主动有效地创建业务敏捷性、安全产品和弹性运营的能力。

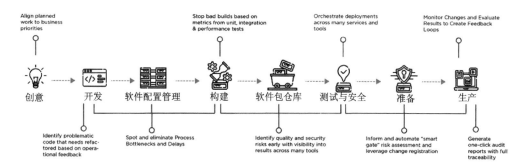

图 12.5　HCL Software DevOps 智能价值流

除了产品功能之外,HCL 还为大型企业级软件供应商提供 VIP 服务和支持体验,来帮助客户获得成功。这种方法源于 HCL 在 IT 服务业务中的实践,从首次参与到局部试点,再到规模化运营,这种方法都是切实可行的。在实施的早期,技术顾问将主持免费的价值流研讨会,以识别改进机会,并确定实现业务目标的途径。然后,利用 HCL SoFy(hclsofy.com)云原生环境,客户可以启动 HCL Software DevOps 产品的实例,进行实际演示和试用。最后,随着客户实施的推进,HCL 会为客户指派客户支持人员常态化协作,以确保实现最大的业务成效。该方法带来了行业中一些最高净值推荐者(NPS 60+)和巨大的客户成功。

7．Kovair

Kovair Software 是一家坐落在硅谷的软件产品公司,它提供支持全球产品开发和管理的集成软件工具。在历史上,Kovair 以其 Omnibus 集成平台而闻名,这是一个企业服务总线平台,可通过其现成的集成适配器和插件集成了 110 多个第三方(同类最佳)软件工具和其他应用程序。此外,Kovair 的集成平台支持 DevOps、应用生命周期管理和项目投资组合管理要求。

然而,Kovair 也提升了平台能力支持数字化转型,通过安装 VSM 解决方案,能够为整个组织的业务提供可视化。在这种背景下,Kovair 正在按照以下路线重塑公司产品:价值流管理平台、价值流交付平台、DevSecOps 的项目和投资组合管理、以及将 Omnibus 作为集成平台,是一种集成平台即服务(iPaaS)。

Kovair 基于价值流管理平台或价值流交付平台的解决方案,已经能够通过 DevSecOps 将组织数据、过程和应用,从遗留的应用生命周期管理工具中合并到云化的环境中。例如,Kovair 的项目投资组合管理,及其基于集成平台即服务的 Omnibus 平台,是一个价值流管理平台框架。Kovair 将其应用生命周期管理和 DevOps 平台作为价值流管理平台解决方案进行推广。

Kovair 通过工作流和策略引擎自动化工具链,构建了一个自动化治理系统,以及将所有业务沟通和最佳第三方解决方案可视化。第三方解决方案包括近年来的一些新型解决方案,比如智慧城市 5G 支持服务和数字化转型。最后,Kovair 还可以整合和管理业务成效,帮助 IT 部门从成本中心向价值中心转变。

虽然目前没有得到 Forrester Research 或 GigaOM 的认可,但 Kovair Software 在 *Gartner's 2020 Market Guide for DevOps Value Stream Management Platforms* 中得到认可,*SD Times* 也在其题为 *A guide to value stream management solutions*(*SD Times*,*January 6*,*2021*)的文章中报道了 Kovair 的 VSM 能力。

Kovair 的价值流管理平台解决方案,能通过销售流程中的客户关系管理捕获商机,并且提供与业务成效相关的 KPI 仪表盘,这让其产品独树一帜。Kovair 提供的指标,能够跟踪组织所有价值流和产品生命周期成本,而不仅仅是软件。他们将价值流指标与预估收入及实际收入挂钩,而不仅仅局限在成本节约方面。

Kovair 还宣称其价值流管理平台在以下领域提供独特的能力。

(1)针对性和系统性地减少浪费:Kovair 为高层管理人员提供统一的视图,以方便其了解中层管理、运营、行政、销售和后勤团队的整体情况。这种能力有助于及早发现瓶颈,并消除每个交付步骤的浪费。

(2)确保过程治理:Kovair 在宏观和微观层面提供了基于任务的工作流,以确保参与交付的每个团队之间和每个团队内部均得到良好的治理。

(3)改善跨职能协作:Kovair 支持混合基础架构环境中工具、流程和团队之间的协作。

(4)提高生产力:Kovair 对时间、资源和成本这三重约束提供了完全的可视化,通过有效使用资源提高生产力。

(5)提高流程效率:其 Omnibus 多云化 iPaaS 解决方案屡获殊荣,Kovair 通过该解决方案安全高效地无缝集成单项最佳应用程序。

(6)持续的产品生命周期管理:Kovair 提供完整的项目和投资组合管理能力。

(7)集成平台即服务(iPaaS)的无缝集成:Kovair 提供了与单项最佳品牌解决方案的第三方集成。

(8)开发多模态 IT:Kovair 兼容多种 IT 方法论,提供包括瀑布开发、迭代式开发、V 模型开发和敏捷开发(Scrum、Kanban)流程驱动的统一平台。

Kovair 的软件产品,提供了基于任务的工作流实现,以及提供关键软件开发活动和相关数据的可视化能力,帮助产品团队发现需要改进的地方,以优化价值的流动。

Kovair 不强制、不推广特定的 VSM 方法。相反,Kovair 允许现有的或新的项目管理过程和方法,通过 Kovair 的工作流引擎进行构思和部署,并实现过程自动化、治理、项目和投资组合管理。

8. Micro Focus

Micro Focus 是全球较大的企业级软件供应商。该公司的产品提供了值得信赖、且经过验证的执行关键任务的软件,让数字化世界保持高效运转。通过务实、规范化、以客户为中心的方法,让企业能够在当今快速演变的市场中高效运营和成功转型。Micro Focus 的投资组合,涵盖 IT 运营、网络安全、信息治理、大型机、大数据和应用程序交付等多种能力。

Micro Focus 需要通过 DevOps 实现公司转型，进而为其客户的数字化转型赋能，并助力业务增长。为了推动这种变革，Micro Focus 创建了一个软件工厂，将战略规划与一套集成的工具、服务、数据和流程协调一致，确保公司能规划、构建、测试、发布、运维和管理交付给客户的软件。

该公司的旅程始于对他们如何交付和实现端到端价值流的差距分析。他们将这些分为 4 类举措：计划（战略到投资组合）、构建（需求到部署的生命周期）、请求到实现（R2F）和缺陷到修复的生命周期（D2C）。当产品通过一条链路的系列活动时，它们在过程中的每一步都获得价值。价值链框架让 Micro Focus 能识别对推进战略和实现目标特别重要的活动。

Micro Focus 的应用交付解决方案是软件工厂的重要组成部分。它们允许团队自由和自主地快速移动，同时配置可视的中心点与业务目标一致的治理层。采用开放的框架，团队能整合庞大的工具生态系统来优化工作的价值流动，减少管理复杂工具链的开销，并为持续改进提供方法。

Micro Focus 的集成解决方案，允许价值流参与者将产品价值流活动可视化和情景化，并通过多个阶段跟踪流动和价值。在这些解决方案中，嵌入了抓取和智能分析多源数据的能力，以观察趋势、识别瓶颈、发现相关性和检测异常，从而促进持续改进。

该方案解决了企业组织面临的一系列常见挑战，例如对高价值客户需求没有优先级排序，无法跟踪产品价值流的流动，以及对过程阻碍和执行约束的肤浅理解。具体主要产品包括：

（1）以项目和投资组合管理为业务核心，来建立战略愿景和目标，并与史诗、特性、产品待办事项和用户故事保持一致。

（2）ALM Octane 就像中枢神经系统一样，实现从规划到发布的全流程管理，包括工作、风险和质量。

（3）PulseUno 提供了一个统一的、安全的、基于 Git 的开发者平台，用来跟踪跨代码、构建、评审和工件捕获的变更带来的价值。

（4）针对功能（UFT）、性能（LoadRunner）和应用安全（Fortify）的持续测试解决方案，将自动化测试扩展为软件交付流水线的一部分，贯穿于每一次代码提交、每一个步骤或关口，直至发布到生产环境。

（5）自动化部署可无缝地实现部署流水线的自动化，缩短周期时间，并在所有环境中提供有关部署和发布的快速反馈。

Micro Focus 采用软件工厂视图来实施 DevOps，包括规模化 DevOps：如何构建软件工厂；创建软件工厂，推进 DevOps 实施并加速转型。

9．Plandek

Plandek 提供了支持全面敏捷与交付指标的商业智能平台，提供了客户软件交付周期的端到端视图。虽然它不是个完整的 VSM 平台解决方案，但 Gartner 在其新发布的 *DevOps Value Stream Management Platforms Market Guide* 中将其评为全球十大供应商之一。

Plandek 的愿景是将数据科学应用于软件交付过程中,提供智能分析以更好地交付软件产品。通过使用 Plandek 的预测数据分析能力,可以暴露隐藏的风险,提高端到端交付的绩效,并解决他们最棘手的软件交付问题,例如:

① 我们是否实现了敏捷、DevOps 以及业务转型的目标?

② 我们如何帮助敏捷团队更快地交付价值,并提高价值交付的可预测性?

③ 我们如何客观地比较不同的软件交付团队的表现?

④ 我们如何缩短上市时间,并提高交付速率?

⑤ 与行业中的其他公司相比,我们的表现如何?

⑥ 我们如何给团队提供他们需要的度量指标,以帮助团队持续改进?

SD Times 杂志(译者注:该杂志是面向整个软件开发行业的领军性期刊)声称,Plandek 具有独一无二的集成和数据挖掘能力,能够集成多个价值流交付工具集(例如 Jira、Git、Jenkins、Azure 和 DevOps)来获得流水线指标。此外,Plandek 的数据挖掘功能,提供了对整个流水线端到端交付指标的访问,通过揭示其模式,帮助客户作出可靠的决策,以提高软件交付的效率、质量、速度和可预测性。

Plandek 还提供了定制化的仪表盘,通过可视化关键指标和 KPI,产品交付团队作用如下所述。

更快、更频繁地交付有价值的软件,并更具预测性。

降低交付和信息安全的风险,并大规模提升治理水平。

围绕价值流指标和分析,形成 VSM 举措。

Plandek 在以下领域获得高分:

无关指令和过程。

无须编排层参与的分析解决方案。

企业级的可扩展性和安全性。

提供软件交付流水线的端到端完整视图。

支持团队协作、持续改进、提供产品可见性以及报告功能。

Plandek 提供了两个研究案例,以展示其指标和分析平台作为 DevOps VSM 点解决方案的有效性。

图 12.6 总结了 Plandek 提供的第一个研究案例。

富时50 多国数据和出版业务

- 使用Plandek作为支持其价值流管理举措的关键要素,覆盖其全球软件交付团队,涉及2500多名工程师。
- 使用Plandek的软件减少周期时间是一个关键的改进机会。
- 到2020年,OKR将在六个月内将周期时间减少25%

- 迄今为止的结果:
- 使用plan deck平台中可用的交付和工程指标,这两个目标都实现了,并且交付速度提高了25%。

图 12.6　Plandek 客户使用案例＃1

图 12.7 总结了第二个 Plandek 客户使用案例的使用和结果。

在12个国家和欧洲美国运营的大型跨国集团
- 客户使用Plandek定制的跨交付组织的仪表板来提供指标、分析和报告。
- 他们的具体应用是支持他们的持续改进过程

迄今为止的结果:
- 将周期时间减少75%。
- 生产中的热修复减少了54%。
- 工程师加倍提交频率。
- 每天部署增加15%。

图 12.7　Plandek 客户使用案例 2

Plandek 提供了强大的商业智能(BI)能力,从端到端的 CI/CD 和 DevOps 流水线活动的工具链收集信息以支持决策。

10. Plutora

Plutora 提供了备受好评的 VSM 平台,是企业管理协会、Forrester Research 和 GigaOM 公认的行业领导者。Plutora 同时也是价值流管理联盟的创始成员。

Plutora 宣称他们的 VSM 平台可提供完整的软件交付管理解决方案,致力于加快实现价值的时间。在这种情境下,Plutora 平台为软件交付管理支持提供了以下功能。

① 价值流管理:在整个软件生命周期中,无缝整合产品负责人、发布和开发经理、风险和合规团队,以及工程和部署团队交付价值,并支持持续的端到端改进。

② 发布管理:定义和安排分层发布、跟踪依赖关系、管理审批和维护合规性,同时加快整个企业投资组合的变更。

③ 测试环境管理:集中预订、解决冲突和跟踪系统依赖。消除容易出错的手动配置管理和变更控制流程。

④ 部署管理:帮助简化跨团队的部署流程,以最大限度地降低风险,并加速切换事件。管理跨多个团队的生产切换活动的计划、审批、协调和执行,使用分析功能简化审计,并为实施后的审查提供信息。

⑤ 预测分析:集成端到端的数据,并标准化,然后展示在定制化的仪表盘上。用户就可以从单一可信数据源了解企业范围内,从创意到生产的全流程软件交付情况。

值得注意的是,Plutora 将其 VSM 平台定位为软件开发数据平台,提供集成、自动化和编排软件交付流水线所需的基础设施。最重要的是,其以数据为中心的 VSM 平台、稳健的分析引擎和通用数据模型,为决策提供可实时访问的关键数据。如他们所说,"所有这些都汇集在我们丰富的度量指标和仪表盘的分析和显示中,为组织提供了他们需要的洞见。他们通过相关的开发工作,就能向客户交付最大的价值。"

Plutora 了解到许多项目管理和工具,都嵌入了有用的 VSM 数据和分析能力。但通常决策者要面临切换多个价值流仪表盘的挑战后,再去理解端到端的流水线的流动。基于这些原因,Plutora 促成了从多个平台提取数据的专用分析平台需要。

（1）可视化软件交付的全流程

Plutora 的 VSM 平台提供了整套工具，可实现对软件交付人员、过程和工具的综合监控。不论采用哪种管理方法、自动化支持或使用的第三方工具，Plutora 的 VSM平台都能工作如常。它能帮助整个组织实施规模化敏捷和 DevOps 战略。

图 12.8 以图形方式描绘了 Plutora 的 VSM 平台中的三类工具，即决策和分析（Decision－Making ＆ Analytics）、管理和编排（Management ＆ Orchestration），以及集成和公共数据模型（Integration ＆ Common Data Model）。

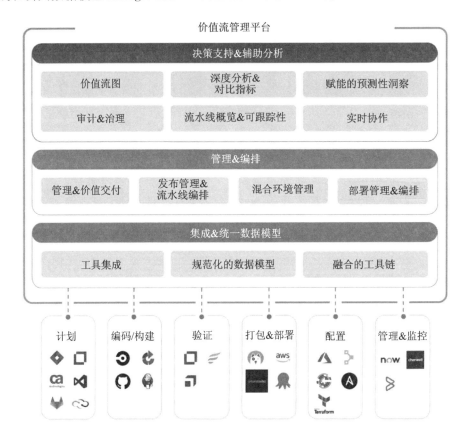

图 12.8　Plutora 的 VSM 平台

Plutora 平台最顶层是决策和分析层，用于捕获、管理和访问与 KPI 相关的软件生命周期数据。这一层还提供对流水线指标和预测分析功能的访问，以支持整个数字化业务的软件交付。

Plutora 的开箱即用指标和报告功能（包括监控 DORA4 个指标），其提供了流水线的流动相关的近实时的准确信息。此外，Plutora 的仪表盘显示的指标，包括发布计划流程的绩效度量，它们与业务结果和优先级别相关联。

Plutora 最近发布了一个扩展的以数据为中心的 VSM 平台，其提供了增强的VSM 流动指标。流程指标可帮助组织监控和管理价值流的流动，用以持续地测量效率,并更精确地识别软件交付流水线的瓶颈。凭借其以数据为中心的平台和通用数据模型,Plutora 的客户可以管理任何流水线、开发风格或工具的指标,通过增强的数据驱动型决策实现更大的业务成效。

Plutora 中间层是管理和编排层,有能力实现对 DevOps 流水线流动的控制、可视化和自动化。现在这一层有重大改进,通过与规划工具和跨不同工具的通用数据模型更深度的集成来实现规划管理和价值交付能力。实际上,Plutora 的公共数据模型一直都有的,但是新版本通过集成规划管理增强了该模型。此外,该公司已经对平台构建了额外的扩展,以反映其作为成熟数据平台的利用率变化。

Plutora 利用丰富的数据提供完整的时间序列,以及跨产品生命周期和跨软件交付流动的变更历史。产品领导者可以利用企业级的分析和报告工具,来实现整个产品组合的完全可视化,并通过基于时间的分析生成数据,识别软件开发过程中的趋势和模式。

Plutora 的 VSM 平台,提供了在不同的 CI/CD 和 DevOps 工具链之间工作的编排方法。通常,发布和部署管理可用于编排应用程序。但在混合环境中编排流水线的工作同样重要,例如,可能需要在本地集成应用程序,在云化环境中与其他应用程序共存。

集成和公共数据模型层将组织的多项工具连接在一起,包括 CI/CD 和 DevOps 工具、敏捷规划工具、项目投资组合管理工具、生产工具和后期制作工具,不需要集成代理商通过编码即可实现点对点工具链集成。相反,该平台的连接器集成了来自不同工具的数据,并通过一个经验证的标准化的规范数据模型,支持跨 IT 价值流的端到端分析。这种集成和分析,跨越了从构思到现金的整个价值流,包括敏捷和面向 DevOps 的人员、流程和工具。

作为价值流改进和投资组合管理工具,团队可以对他们的价值流进行建模,对指标数据进行存储和管理 ,并在流水线活动中单独引用指标,或者合并到投资组合视图中。产品团队可施加控制,比如建立自动化或人工的评审关口,治理构建、发布和部署活动。通过集成的分析工具提供的标准数据模型,能够将瓶颈区域、等待区域进行可视化,以支持决策,并为规划和资源配置活动提供输入。

(2)将软件开发与业务目标达成一致

Plutora 将他们的 VSM 平台作为一种工具来推广,实现业务目标和软件开发之间的一致性,从而缩短实现价值的时间。他们进一步将其归纳为 5 个步骤的活动:

① 管理远程软件工厂,通过智能化的仪表盘可视化所有的工作,通过自动化治理提高组织绩效。

② 通过将不同的数据源集成到一个公共的、标准化的数据模型中,创建单一的可信数据源。该模型提供了软件开发生命周期活动的端到端的实时视图。

③ 在测试、部署规划和发布管理活动中提供全面的控制、可视化和自动化,编排覆盖从构思到生产的多个流水线,提高生产效率,消除浪费,并管理风险。

④ 通过在整个软件交付过程中采用先进的 KPI、指标、预测性分析来实现智能数字化业务,增强数字化业务。此处基于的观念是,如果活动没有被持续度量和持续分

析,就不能被持续改进。此外,要利用标准关口和审计记录,通过自动化治理和合规性要求管理风险。

⑤ 通过识别瓶颈、消除浪费、提高效率来缩短价值实现时间,从而获得竞争优势。

(3)改进软件交付流程

Plutora 为 VSM 确定了许多潜在的应用来改进软件交付流程,如图 12.9 所示。

• 优化CI/CD流水线	• 支撑远程工作环境
• 为数字化转型应用分析	• 扩展自治团队
• 赋能企业发布管理	• 实施SAFe
• 测试管理自动化	• 明智的决策

图 12.9　VSM 的潜在应用

作为 VSM 解决方案,Plutora 提供了一个强大的集成、自动化和流程编排平台。目标是利用 Plutora 的 VSM 平台功能,通过识别瓶颈、消除浪费、提高效率和缩短价值实现时间来获得竞争优势。

11. Quali

Quali 是另一家软件公司,它没有明确提出全面的 VSM 平台要求,但在任何 CI/CD 或 DevOps 流水线中提供必要的组件。Quali 的 CloudShell Colony 是一个用于规模化基础设施自动化的软件即服务平台(SaaS)。更准确地说,CloudShell Colony 提供了自助式的自动化和治理能力,以简化应用程序开发、测试和发布到生产环境的流程。此外,它支持在云技术上部署和治理复杂的软件应用程序,包括 AWS、Azure 和 Kubernetes。

Quali 被列入本清单是因为它支持自动化治理策略,这是 Gartner 对 VSM 工具进行定义的三个类别之一:持续合规自动化(CCA)工具。但是,它必须作为附件购买,以支持企业内更广泛的 VSM 平台需求。

Quali 推动支持 VSM 举措的主要产品是 CloudShell Colony,该产品于 2021 年 6 月 22 日正式更名为 Torque。其主要优势在于持续聚焦如何将以应用为中心的环境作为初始组织构筑,使其变得实用,甚至简单。

Quali 的以应用为中心的环境将应用程序、基础设施和数据资源进行结合。综上所述,考虑其所有的系统作为一个整体逻辑单元,具有依赖性和复杂性,它提供了一种更好的方式来持续设计、交付、运营、优化和治理云基础架构资源,以满足开发和 DevOps 价值流的赋能所需。

从表面上看,它的这个功能似乎无关紧要,因为组织是可以逐个使用的,甚至组合使用任意多的工具和方法,实现单独资源的供应和配置自动化。但是,大多数工具和方法都为执行单一操作而设计,如果真的有更大范围的应用情境、系统逻辑和依赖关系,则需要手动定义,单独实现,且常常不一致。

Quali 的 Torque 反其道而行之,基于这样的预期,认为开发人员和 DevOps 产品团队需要开发和部署由多种资源类型和配置组成的完整系统。最终,由 IT 运营团队负责交付、运行和治理产品负责人优先考虑的价值。

前面的描述并不意味着 Torque 只能按需设计和交付整个环境。其定义单个资源类型不会限制将来自动按需组合的能力,而是将不同的资源类型组装起来,以便根据需要一起运作。而且,用户还可以在初始部署后更换云提供商,不会影响以应用为中心的环境。

Torque 另一个核心优势是来自 Quali 产品的另一个假设组合:

管理好云化成本和策略合规性,才能成为业务的好管家,Torque 提供了一种重要的数据来源用于识别低效环节,并推动优化工作。

获得准确、及时和有用的成本和策略合规性数据是很难做到的,如果同时还不让工作流降速,那就难上加难。

从生命周期的角度来部署环境和支持资源比较罕见,更不用说从生命周期的角度来管理它们了。产品本身以及它们所支持的产品和价值流都有使用寿命,此后,它们要么被重构,要么被淘汰。

Torque 通过成本、策略、角色信息、技术属性,自动为资源做标记,以满足成本管理需求和治理需求 。通过 Torque 的报告和仪表盘分析这些信息,也可用于其他工具进行分析。

Torque 同样是从产品生命周期的角度构建,其以应用为中心的环境缩短了预期的生命周期。根据定义,它被用于帮助组织推动产品改进(在本例中是环境改进),并通过自动停用未使用的资源减少云上资源浪费。

Torque 的另一个关键功能是对 DevOps 工具链的利用和集成,它使开发人员、DevOps 产品团队和 IT 运营团队更容易利用它的自动化和编排功能。在这种情况下,Torque 成为他们客户工作流的自然组成部分。例如,通过命令行、API 调用或 GUI,基于代码向环境中提交(触发 CI/CD 流水线运行)请求和交付。

Quali 相信,这些能力共同产生了积极的影响,并对前置时间、周期时间、吞吐量、在制品限制、流动效率和工作概况提供额外的洞察。

Quali 目前没有推广或采用特定的 VSM 方法。也就是说,他们注意到他们在客户服务中最常遇到的两个框架或价值流概念是 SAFe 和 Gartner 的 DevOps 价值流。

Quali 提供了一份来自 Resident 的相关客户案例研究(图 12.10),他们认为该案例说明了他们的产品在现代化数字化企业应用时具有积极的影响。

对于 IT/CI/CD 或 DevOps 之外的改进举措,Quali 的主要价值体现在通过蓝/绿部署的自动化,实现更快速、更具体的应用程序发布和升级试验。例如,市场部门希望尝试一组针对特定时期的新消息,而业务运营部门希望在进一步推出新版本之前提供新的支付处理业务设置。Quali 的产品 Torque 有助于简化和加快反馈循环。

12. ServiceNow

ServiceNow 提供了一个单独的平台,即 Now Platform,它可对软件交付流水线的流动进行集成、自动化和编排。ServiceNow 推广它的 Now Platform 的能力,提供跨企

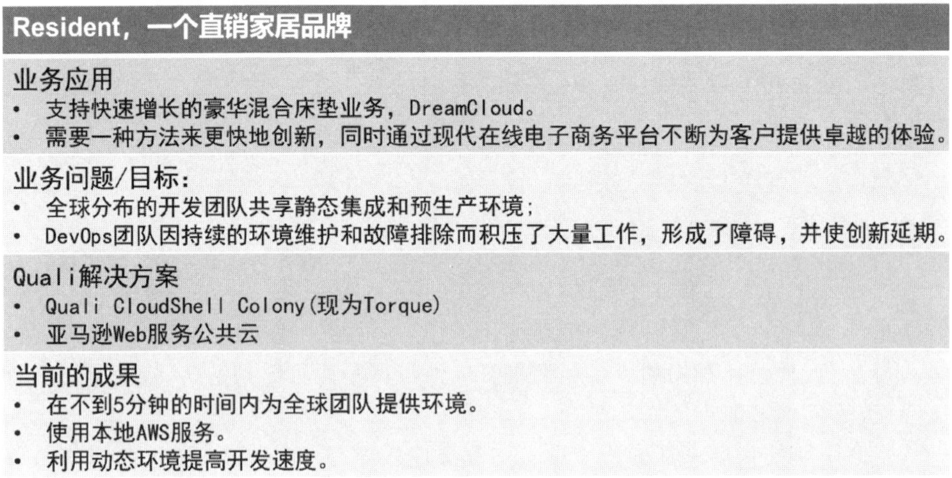

Resident，一个直销家居品牌

业务应用
- 支持快速增长的豪华混合床垫业务，DreamCloud。
- 需要一种方法来更快地创新，同时通过现代在线电子商务平台不断为客户提供卓越的体验。

业务问题/目标：
- 全球分布的开发团队共享静态集成和预生产环境；
- DevOps团队因持续的环境维护和故障排除而积压了大量工作，形成了障碍，并使创新延期。

Quali解决方案
- Quali CloudShell Colony(现为Torque)
- 亚马逊Web服务公共云

当前的成果
- 在不到5分钟的时间内为全球团队提供环境。
- 使用本地AWS服务。
- 利用动态环境提高开发速度。

图 12.10　Quali 客户案例

业的数字化工作流,将人员、功能和系统连接起来,以加速创新、提升敏捷性并提高生产力。

该平台包含了独特,且统一的数据架构,支持端到端流水线的可视化和分析功能。因此,ServiceNow 用户可以通过他们的数据模型跟踪从客户到开发人员的流水线活动流。

ServiceNow 认识到组织需要交付业务价值,而 VSM 提供了管理和改进跨企业的价值流动的最佳方法。正是在这种背景下,ServiceNow 使用了 VSM。

ServiceNow 的许多客户仍在进行从面向项目到面向产品的管理策略的过渡。因此,DevOps 平台必须在短期内支持这些过渡,作为混合软件开发和交付的环境。

ServiceNow 作为软件行业中扩展了最多工具的平台,其提供了 VSM 之外的泛在功能和全面的产品覆盖。从概念上讲,ServiceNow 推广其产品的数字化工作流支持能力,可以以优化所有业务的工作方式:

(1) IT 工作流:是指用以优化 IT 服务运营、根据优先级调整投资、风险管理、安全管理和成本管理。

(2) 员工工作流:是指使员工在需要时更容易获得所需信息,通过支持基于价值的交付流打破孤岛,并提高生产力。

(3) 客户工作流:是指通过定制的自助服务模式高效交付服务,创造无缝的客户体验,并提高客户保留率。

(4) 创建者工作流:是指通过低代码软件功能和互联的数字化工作流,帮助公民和专业开发人员快速,且安全地构建跨企业应用。

ServiceNow 提供了软件行业中最全面的产品线,其产品目录列出了 47 个产品。然而,所有产品如果没有实现工作流能力,那它们就只能作为单点的解决方案,与 VSM 一起使用时,会影响整个企业精益改进的路径。

（1）VSM 解决方案产品

ServiceNow 工作流策略的要点在于，无论组织结构看起来什么样，都能够使用信息技术来支持价值流交付流动的实施、可视化和改进。或者，从实施精益改进的角度来看，ServiceNow 工具有助于组织整合、自动化和编排其价值流的流动。如果组织筒仓对简化价值交付产生了阻碍，而这种方法是组织可以打破组织筒仓的唯一方式。

VSM 是客户可以利用 ServiceNow 平台采取的一种方法。在 Now Platform® 上运行的单个 ServiceNow 产品提供了客户愿意采纳的客户案例及方法学。

Now Platform 提供了基础能力，如集成技术、称为服务图的标准数据模型、高级分析和报告、操作工作流、人工智能和机器学习。

在一个软件产品价值流的例子中，Now Platform® 对"规划—构建—运营—服务"的生命周期提供连接和洞察，而软件产品价值流中的 ServiceNow 提供的重要产品包括 IT 业务管理、DevOps 和 IT 服务管理。

（2）关键差异和优势

ServiceNow 的主要优势在于支持工作流和连接的广度及范围。例如，在软件价值流中，该领域的许多供应商专注于代码提交和部署之间的交付领域。ServiceNow 的方法涵盖了从客户需求到产品使用的完整价值流。

Now Platform 还通过相同的单一数据模型连接到组织内的其他管理领域。例如他们的员工（HR）和客户服务工作流。

① 流水线集成平台。

抽象和关联的数据模型（跨多种类型的数据源）。

被称为集成 Hub 的用于连接的中心平台工具（称为集成中心）以及 API 和工具包，可为广泛的目标提供开箱即用的集成（包括且不限于开发运维工具和平台），并使合作伙伴和客户能够轻而易举地使用 ServiceNow 的工作流和数据模型加入集成。

② 指标和分析。

一个关联的数据模型，覆盖了从构思到生产的过程，特别是已经采用 ServiceNow IT 运营管理（可用性和性能）和 IT 服务管理（管理和治理）中管理生产时。例如，显示变更失败率（一个常用的加速指标）很容易，因为 ServiceNow 运行的系统知道变更何时发生以及何时失败。

开箱即用的洞察仪表盘，包含来自所有来源的规范化数据，可以让使用不同 DevOps 工具的团队之间生成报告更简单。

完整的商业智能平台，采用低代码/无代码方法创建指标，支持深度分析、实时指标、时间序列分析、易于定制和个性化。

③ 支持其他组织价值流改进的关联关系或策略。

可引入 ServiceNow 的任何数据，以及与跨组织的诸多其他业务系统和基础设施建立连接的任意数据皆可协同工作。

④ 开发和运营部门之间进行集成、协作和流程编排的支持工具。

通过为每个人或角色量身定制仪表盘支持协作的信息和管理层，提供流动指标和

Dora/Accelerate 推介的内置 DevOps 指标。

到目前为止,我们已经讨论了 Now Platform® 的许多工具和功能。但同样重要还有我们如何应用他们的工具来支持组织的 VSM 举措。

(3) VSM 方法论

客户可以通过 Now Platform® 平台和产品来实现最匹配其需求的方法和用例。此外,ServiceNow 希望专注于业务成效(包括捕获和管理财务数据、收集效率指标以及发现改进领域)。

许多 ServiceNow 客户正在进行从项目制到产品制的转变,通过在他们进行转变时保持混合方法来推动,这意味着项目和项目集管理职能可以在公司级或项目集级别上运行,同时与规模化敏捷和基于团队的方法无缝协同。

(4) 支持 IT 组织之外的精益改进

从构思到生产,ServiceNow 的客户都能全程使用该平台,并从最终用户那里获得反馈,捕捉产品创意和需求,通过 IT 业务管理向产品待办事项列表提供战略性的输入。他们还可以使用 ServiceNow DevOps 跟踪交付过程,并使用 IT 服务管理(IT Service Management)或客户服务管理(Customer Service Management)服务于最终用户。

ServiceNow 应用程序中的可视化不限于流水线流动的度量和其他精益改进指标的度量。例如,用户应用 DevOps Pipeline UI 视图来显示每个应用程序的流水线阶段进度和详细信息。

这种基于统一数据模型的单一平台的端到端工作流,为客户提供了卓越的流程可视化特性,并为优化技术团队之外的价值创造了良机。除了跟踪交付的价值,我们的平台还帮助捕获价值流的成本,以便客户能够作出明智的投资决策。

(5) 客户使用案例

ServiceNow 提供了以下客户使用案例,作为采用其平台来实施端到端 DevOps 流水线解决方案的示例,如图 12.11 所示。

DNB 注意到管理和利用其产品交付价值流的重要性,以提高绩效和效率,并鼓励某些期望的行为发生。因此,当下列条件存在时,他们通过提供全自动化的变更治理来鼓励开发人员的行为:

① 实现了一个批准的 CI/CD 流水线工具链,并且部署过程至少部分实现了自动化。

② 在流水线工具中,具有自动批准变更所需的最小强制数据集。

③ 有一组流水线,用于隔离生产环境、用户验收测试环境、系统测试环境和开发环境。

④ 总是在专用环境中运行不同的测试。

⑤ 所有的测试都成功运行。

⑥ 必须找到时间表,说明允许部署到生产环境的时间。

⑦ 服务中没有严重或重大事故。

DNB 的用户案例强调了贯穿本书的一个关键点,即需要实现"基础设施即代码",

DNB，一个挪威的银行

业务应用
- 通过缩短创新和相关产品的上市时间来保持主要竞争力。

业务问题/目标：
- IT组织需要实现端到端和基于价值的交付，这需要开发人员行为的改变。
- 敏捷开发人员和变更管理人员之间关系紧张，他们希望加快上市时间，同时必须遵守严格的流程。
- DNB的IT系统不稳定，希望提高开发速度。
- 作为一种平衡控制和开发人员面市需求的方法，可审计的DevOps变得很有必要。

ServiceNOW解决方案
- 由ServiceNow DevOps提供的DNB认可的价值流管理是实施DevOps变更自动化的成功因素。
- DNB已使用ServiceNow automation实施了DevOps方法。

当前的成果
- 采用ServiceNow自动处理所有变更单，消除所有手动步骤。
- 处理变更单的两个团队每周在变更单上节省20 h。
- 端到端价值流方法减少了开发人员的管理工作，消除了瓶颈，每个开发人员每天平均节省15 min。
- 可审计DevOps的实现提高了他们开发团队的工作满意度。

图 12.11　客户使用案例

以支持自动化测试和按需提供测试环境。我们将在第 15 章制定合适的 DevOps 平台策略以及第 16 章利用 VSM 和 DevOps 实现业务转型中再次讨论这个主题。

13. Tasktop

Tasktop 是另一家行业领先的 VSM 平台供应商，其获得了 Forrester Research 和 GigaOM 等行业分析机构的高评级。该公司传达的关键信息是，可使组织业务转型为高绩效的科技公司。

此外，其首席执行官兼创始人 Mik Kersten 博士编写了畅销书 *Project to Product* （译者注：中文书名《价值流动：数字化场景下软件研发效能与业务敏捷的关键》），该书有助于向软件行业解释我们必须从传统的基于项目的管理哲学转向基于产品的管理结构和战略的原因。Kersten 博士的书还介绍了流框架，即提供一个管理框架和基础设施模型，以帮助消除业务和技术之间的鸿沟。此外，它还提供了从关注项目到关注产品的过渡指南。

流框架通过可视化价值流以及度量价值流，帮助组织将技术投资与商业价值结合起来，这些价值流包含将软件或软件及服务推向市场的完整活动集合。它还提供了一种通用语言，以帮助指导业务和技术相关人员设置优先级和衡量成果。

Tasktop VSM 平台实现了流框架，旨在提供语言、指标和模型，以便在任何工具链和任何组织结构上实践 VSM。它有两个主要应用程序，即 Tasktop Viz 和 Tasktop Hub。

Tasktop VSM 平台为 VSM 实现了内部通常不具备的三项关键功能：
掌握实现大规模软件交付的蓝图。

强大的数据捕获和存储层。

基于原始事实数据,可扩展,且自适应的业务视角。

虽然该平台提供了广泛而复杂的双向集成功能,但这些连接也提供了数据和分析的可视化,它 60 多种面向敏捷和 DevOps 工具的连接器提供了流水线数据,服务于可视化、决策制定和基于用户自定义规则的触发事件。

流框架建立在集成模型之上,该模型把创意、创建、发布和运维等生命周期任务连接了起来。活动模型构建在集成模型之上,该模型为组织的价值流产生的工件提供了可追溯能力。最后,产品模型将价值流活动与以客户为中心的交付保持一致。

基于精益基础,流框架寻求改进业务成果中的服务流动。但是有别于传统精益改进实践的标准工作和信息流动,流框架评估软件交付中的 4 个流动项的流动(图 12.12),它们的相对分布如下所述。

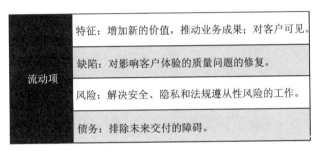

图 12.12　流动项

流动分布模型,代表了功能、缺陷、债务和风险流动中的潜在调整。这些调整视情况而定,并以最大化商业价值为目标,与产品的生命周期阶段相适应。

流动分布对于帮助企业(产品/业务线所有者)和技术人员在调整流动时评估因果关系起着重要的作用。例如,为了获得新的市场机会,为更高的特性流动速度做出优化,可能会以牺牲其他关键工作项为代价,比如修复缺陷和减少技术债务。这些缺陷会导致客户的负面评价,影响未来的交付和销售,而累积的技术债务使未来的特性交付越来越困难,成本越来越高。权衡利弊,对于产品的长期成功至关重要。

与任何精益举措一样,指标和业务成效在 Tasktop 的流动框架中至关重要,如图 12.13 所示。

流动指标	业务成果
· 流动速率	· 价值
· 流动效率	· 成本
· 流动时间	· 质量
· 流动负载	· 幸福度

图 12.13　流框架:流动指标和业务结果

Tasktop 认识到,许多大规模组织受到可视化和降本增效的紧迫需求驱动,围绕实现敏捷执行和 IT 服务管理的 2～3 个核心工作管理工具,整合成了 DevOps 工具链。

但这些工具都是以执行为中心,为支持采用 Scrum、看板或小队(来自 Spotify 框架)方法的小型敏捷团队而设计。当高级领导层管理千万级甚或数亿美元的庞大预算以及成千上万的技术人员时,面向团队的工具过于孤立,无法有效支持决策。

此外,这些工具的端到端流水线支持能力非常有限,不支持项目投资组合管理、用户体验设计、法律合规、信息安全、测试和软件价值交付链中涉及的其他 IT 从业人员。最终,显而易见会产生对专用工具和专用记录系统的需求,导致孤立的工具和流水线数据持续增长。

在此环境中,组织无法覆盖和抽象出端到端的价值流数据,因为它都是由孤立的工具域组成,所以,会导致组织高管基于信息片段作出误导性决策。

Tasktop 引用了 Forrester 研报中的数据,指出 65％的技术购买决策是由业务线高管做出的。因此,IT 必须更加关注创造业务价值和创造投资回报(Craig Galbraith,Forrester,2020)。

Tasktop 提升了精准交付以业务为中心的可视化能力,以支持数据驱动的 IT 投资,帮助技术和产品领导者实现适合软件时代的管理框架。

此外,Tasktop 的产品取代了使用纸和笔的价值流图手工操作,将 VSM 的实践应用到我们的数字化经济中。Tasktop 工具支持的端到端视图生成了一个实时的、共享的、可操作的视图,来说明如何在软件组合中加速价值创造。

Tasktop 为客户带来以下体验优势:

上市时间平均缩短 75％。

能够确定下一笔钱花在哪里。

能够看到实时价值流图,瓶颈处会被高亮显示。

能够从项目转向透明的、可度量的产品价值流。

Tasktop 的 VSM 平台提供了单个产品和投资组合的可视化。决策者可以使用这些信息来确定优先级,并解决导致延迟和瓶颈的问题。此外,假设分析提供了从拟定的流程改进中获得的收益和成本节约的可视化。Tasktop 在其网站上列出了许多客户参考资料,可在以下网址找到,Tasktop 的一些客户参考,如图 12.14 所示。

图 12.14　Tasktop 的客户

14. Apptio/Targetprocess

2021 年 2 月被 Apptio 收购的 Targetprocess,从根本上说是一个软件平台,其致力于采用和扩展各种形式的敏捷。具体来说,该平台提供了可视化,可帮助 IT 组织在整个企业中采用和扩展敏捷。此外,它也是一个全面的工具链集成平台。在此情境中,Targetprocess 支持规模化敏捷方法,如规范敏捷(Disciplined Agile,DA)、大规模Scrum(Large Scale Scrum,LeSS)、Nexus、规模化敏捷(Scaled-Agile Freamwork,SAFe)、Scrum、XP、定制敏捷框架或混合敏捷框架,以实现业务敏捷性,改善整个组织的价值流。此外,Targetprocess 支持在项目集、产品和团队层面实施敏捷实践。

Targetprocess 通过与 CI/CD 和 DevOps 流水线工具本地集成,支持软件持续交付,这些流水线工具包括 Jira、Azure DevOps、BitBucket、GitLab、GitHub、Jenkins 和Phabricator 等。Targetprocess 还通过与他们所使用的工具(如 MIRO、SalesForce、Zendesk 和 ServiceNow)集成,助力产品管理、ITSM、销售和营销功能的活动和目标达成。

Forrester Research 在其研报 *Forrester Wave*™:*ValueStream Management Solutions Report*(Q3 2020)中,将 Targetprocess 评定为行业的佼佼者,而在 Gartner 2021 以及在 *2020Magic Quadrant for Enterprise Agile Planning Tools* 中,Targetprocess 被评定为领导者。

Targetprocess 有助于将商业利益和目标与关键成果(objectives and key results,OKR)、财务控制、集成分析引擎协调管理。对 OKR 的支持有助于组织洞察业务目标与相关开发工作的脱节。连接业务功能与开发的能力是 Targetprocess 的优势。

Targetprocess 在其完整流水线活动的标准化数据模型中支持人力资源管理,使规划人员将资源成本、进度和分配考虑在内。Targetprocess 还提供了一个开箱即用的指标清单,并且可扩展、可定制,通过工具集成跨工具链也可使用。

15. ZenHub

ZenHub 是另一个非 VSM 平台的工具,但它提供项目管理和项目数据显示功能,很像 Atlassian 的软件产品 Jira。ZenHub 的团队协作和项目管理工具套件直接扩展了GitHub 基于云的版本控制功能。

ZenHub 的软件产品在 GitHub 源代码控制管理存储库之上提供了一个抽象层,支持项目管理、规划、工作流自动化和报告能力。此外,ZenHub 工具使用 GitHub 中可用的数据来提供跨软件开发活动流水线的可视化、报告和自动化能力。

ZenHub 方法的好处是,软件开发人员和其他相关人员不需要在外部系统中维护记录。ZenHub 的产品会根据其提交记录,自动从 GitHub 中直接提取信息。因此,当其他项目管理软件供应商将 GitHub 集成到他们的产品中时,ZenHub 的方法直接扩展了 GitHub。

ZenHub 的方法简化了跨多个不同工具时手动重新输入数据的操作,场景包括管理源代码、工件、计划以及管理软件开发活动。ZenHub 用户不再跨多个第三方应用程序工作,而是在 GitHub UI 中的选项卡之间切换,处理已共享的和可用的项目数据。

ZenHub 通过连接、汇总和分发工作项信息来持冲刺的规划和评估,工作项信息包括史诗、故事、特性、变更请求、缺陷列表、技术债务工作需求。此外,ZenHub 支持 VSM 需求,提供可视化功能和报告能力,显示工作进度和流水线效率,并通过累积流程图来帮助识别瓶颈。

在撰写本文时,ZenHub 共提供 7 种工具,如图 12.15 所示。

ZenHub软件产品	
面板	一个可视化工具,它聚集和显示来自多个GitHub存储库的信息,以跟踪和管理工作
报告	根据保留在GitHub中的数据实时生成产品开发报告,跟踪和预测进度,并识别瓶颈
路线图	提供项目进度的可视化时间线显示,以便高级管理人员、团队成员和其他相关人员可以看到他们的工作如何有助于项目的成功
ZenHub浏览器扩展插件	由于GitHub是一个基于云的工具,ZenHub浏览器扩展插件通过网络浏览器访问简化了安装应用软件和工具的需要
冲刺规划	通过设置团队冲刺时间表,自动填充问题,并将未完成的工作转移到即将到来的冲刺中,自动化您的冲刺计划流程
策划扑克	一个简化和加速基于感官的游戏化技术的工具,用于评估工作和生成故事点

图 12.15　ZenHub 软件产品

ZenHub 的产品非常适合已致力于使用 GitHub 进行分布式版本控制和源代码管理的组织。

到本节为止,我们结束了对领先的 VSM 供应商的介绍。随着继续深入探索该主题,大家会发现本书没有列出有可信资质的其他 VSM 供应商。主要是因为部分供应商没有回应我咨询的问题,或者表示他们不想参加访谈。

12.5　小　结

本章简要介绍了 19 家行业领先的 VSM 工具供应商以及他们的软件产品。我们选择了对这些供应商进行介绍,是因为一个或多个 IT 行业研究机构(如 Forrester Research、Gartner、GigaOM 和 SD Times)对这些供应商进行了评论,并认可他们在软件工具的"VSM 工具和平台"类别中有相关产品。本书关注的重点是每个供应商的应用程序和优势。另外,本章还用几个案例介绍了如何使用某些产品来改进 CI/CD 或 DevOps 流水线的流动。

在接下来的章节中,将介绍 4 种领先的 VSM 方法论提供商,包括规范敏捷(Disciplined Agile,DA)、规模化敏捷(Scaled – Agile Freamwork,SAFe)、精益企业研究所 (Lean Enterprise Institute ,简称 LEI)和 LeanFITT,每个供应商都提供了实现 VSM 实践的方法。

12.6　问　题

（1）判断题:VSM 完全是一种基于工具的方法,用于在 CI/CD 和 DevOps 流水线中实施改进。

（2）判断题:VSM 是一种面向精益的价值流改进方法。

（3）快速提醒一下,精益生产中常见的浪费类型有哪些?

（4）在软件开发中应用精益概念和价值流,该构思背后最初的两个贡献者是谁?

（5）Davenport 和 Martin 从哪个方面或角度,看待 IT 在价值流改进中的作用?

（6）人工智能和机器学习在 VSM 中有哪些潜在的应用?

（7）CI/CD、DevOps 流水线中的三项基本功能是什么?

（8）从本质上说,VSM 是什么?

（9）VSM 起源于什么?

（10）陷阱题:4 个 DORA 指标是 VSM 中唯一有用的指标吗?

12.7　延伸阅读

- Martin，James. (1995) The Great Transition. Using the Seven Disciplines of Enterprise Engineering to Align People，Technology，And Strategy. Amacon. New York，New York.

- Davenport，Thomas. （1992）. Process Innovation：Reengineering Work Through Information Technology. Ernst & Young-Center for Information Technology and Strategy. Harvard Business School Press,Boston，Massachusetts.

- Kersten，Mik. （July 15，2020） The Rise of Value Stream Management (VSM). Founder & CEO of Tasktop. Originally published on the Tasktop blog on July 15，2020. Also posted on LinkedIn. https://www. linkedin. com/pulse/rise-value-stream-management-vsm-mik-kersten/.

第 13 章　VSM – DevOps 实践领导者介绍

在本章中,我们介绍目前领先的 VSM 实践引领者。我们将从介绍 VSM 联盟开始,它是由供应商和企业相关会员资助的非营利性行业协会,向所有人开放,通过研究、学习、连接和开源项目,支持价值流管理市场的蓬勃发展。

再了解项目管理协会(PMI)通过其 DA FLEX 产品实施 VSM 战略和方法的途径。PMI 收购了规范敏捷(Disciplined Agile,DA)和企业转型的(价值)流动(FLow for Enterprise Transformation,FLEX)两家公司,建立了他们的精益敏捷实践、培训和认证体系,这两家公司在各自的领域都是公认的引领者。DA 提供了 PMI 在软件开发中的敏捷实践。相比之下,作为补充,还将介绍 FLEX,它是基于系统思考的框架,其在投资组合、敏捷产品管理、执行管理,以及项目集和团队模式方面,提供了完整的解决方案,可帮助企业基于精益—敏捷原则和实践获得成功。

接下来,我们将继续学习规模化敏捷框架(Scaled Agile Framework ,SAFe)的价值流管理方法,价值流管理是 SAFe DevOps 课程的一部分。

在本章中,我们将讨论以下主题:

- VSM 联盟。
- PMI 的 DA – FLEX。
- 规模化敏捷框架(Scaled Agile Framework,SAFe)。

在本章结束时,大家将了解三位领先的数字化 VSM 实践领导者提供的方法基础知识,以用于您的组织实施有效的价值流管理实践。

13.1　VSM 联盟

价值流管理联盟(VSM Consortium,VSMC)是一家于 2021 年 3 月 3 日成立的新组织,旨在通过接纳和推广价值流管理工具和实践,帮助全球组织交付客户价值。VSM 联盟的目标是通过领导力和社区,帮助推动建立价值流管理的标准和促进创新,从而服务于整个 VSM 社区。

1. VSM 联盟的宗旨、愿景和目标

VSM 联盟旨在推动技术团队实现以价值流为中心的工作方式,以打造高绩效的组织。VSM 联盟是一个非营利性的行业协会,它的使命是培育数字化价值流管理的新兴市场,并帮助社区学习、设计实践和建立标准,在实践中共同成长。

VSM 联盟向所有希望通过应用价值流管理促进业务转型,以及对客户价值交付改

进策略感兴趣的个人和组织开放。VSM 联盟的资金主要通过会员费筹集,但也包括分销 VSM 联盟相关的教学产品的计划。

在结构上,VSM 联盟基于精益实践和价值流构建其运营模式,将资金用于支持 VSM 联盟的研究、教学,以及围绕价值流扩展出的服务。

虽然 VSM 联盟是由几个领先的 VSM 工具提供商发起,但其目标是让其成员推动持续引领 VSM 方法和工具的未来增强方向。另外,VSM 联盟成员还将在构建 VSM 实践知识库方面发挥关键作用。

2. 通过协作构筑 VSM 产业

VSM 联盟由 5 个科技先锋创立,分别是 Digital. ai、HCL Software、Plutora、ServiceNow 和 Tasktop。以上 VSM 联盟创始公司制定了联盟章程,致力于推广价值流管理,帮助全球组织提高绩效,改善客户价值的交付。

尽管在开放市场上互为竞争对手,但这些创始公司认识到,VSM 行业的可持续发展需要全球和全行业一起合作研究,在早期推广阶段指导 VSM 工具、平台和服务的落地实施。没有任何一家公司能独自承担如此宏伟的事业。此外,该研究必须公正,且与供应商无关。

这些创始公司从一开始就认识到,将他们的合作扩展到全世界的组织和个人从业者的重要性。因此,他们创立了 VSM 联盟,个人和组织均可作为会员参与其中。VSM 联盟通过价值流管理实践和平台来实现其目标。

VSM 联盟的主席 Helen Beal 致力于将 VSM 联盟打造成技术专家和从业者的专业社区,为此他提出了以下价值主张:

"通过创建这个社区,我们将扩展和加速使用 VSM,同时不断开发和逐步培育最佳实践和标准。最终,就像 VSM 自身的实践一样,我们将向行业从业者提供最大的价值。"

3. 通过软件交付客户价值

VSM 联盟还处于萌芽状态,但其目标是成为最杰出的专业组织,推动 VSM 的实践、创新和采用。VSM 联盟致力于帮助软件行业交付 VSM 产品和服务,推动组织实现业务转型,在数字化经济中创造价值。

VSM 通过全面的软件生命周期编排流程来实现这一目标,该流程为价值流经理、发布经理、DevOps 经理、产品经理和领导层提供改善软件交付流水线所需的数据、可视化和分析工具。

4. 开创 VSM 行业

VSM 联盟将成为有关价值流管理实践和采用的信息和教育中心枢纽,其正在开展的研究将有助于组织了解如何度量价值,取得更高的绩效,实现预期成效。此外,培训和认证体系将支持全球范围内的成员协作,并有助于使 VSM 成为行业标准工作方式。

VSM 联盟与领先的行业分析机构合作,将科学合理的原则应用于其信息收集和分析活动。主旨是为行业提供洞察和见解,切实指导采用价值流管理原则的团队和组织,以提高他们的价值交付绩效。

5. 相关产品的进展

该联盟初步的研究成果是 *The State of Value Stream Management Report*，该报告量化分析了价值流管理原则、实践和指标如何影响团队的价值流管理成效。VSM 联盟理事会启动了首次调研，于 2021 年 6 月公布了初步调查结果。

2021 年末，VSM 联盟将研究价值流图的原则和实践，应用于成员社区，解决他们的具体需求和优先事项。VSM 联盟的第一门在线学习课程是价值流管理基础课程，于 2021 年 8 月发布。

虽然 VSM 联盟还处于早期阶段，但 *The State of Value Stream Management Report* 将成为强大的工具，能够帮助世界各地的组织了解其他组织如何从 VSM 方法、工具和服务中受益，以及基于情境指导最佳方法的应用。价值流管理基础课程将帮助从业者打造必要的技能，帮助他们的组织有效地利用 VSM。随着实践的不断演进，VSM 联盟将进一步开发新的指南，并共享给会员。

6. 首个 VSM 联盟报告的结论

截至到目前，第一份 VSM 联盟报告尚未发布。不过我看过初稿，总结后得到很有意思的感悟。VSM 联盟的主席 Helen Beal 非常友好地允许我在本书中分享这些感悟摘要。

虽然围绕 VSM 的应用仍然存在重大挑战，但以下 3 个关键实践，目前正在逐渐被广泛采用：

（1）越来越多的组织正在识别价值流，并围绕价值流进行组织。由于组织需要持续创新，因此了解关键价值流，并将其可视化，围绕关键价值流进行组织以改进价值交付是至关重要的。

（2）面向产品的团队比面向项目的团队更受欢迎。基于生产者—消费者关系，围绕产品聚焦，使得团队更加紧密地团结在一起。产品价值是由产品消费者的使用率决定的，而不是由项目或项目集抽象的定义。

（3）人们有专门的角色关注以价值流为中心的工作方式。通过价值流定义组织角色，让每个人都清楚各自的职责范围。对于以价值流为中心的工作方式，需要定义明确的角色来负责导入，并不断思考和改变价值管理的方式，这一步对采用这个概念至关重要。

2021 年 4 月，VSM 联盟理事会选举我担任顾问，在以下 3 个方面帮助他们：

为价值流角色和教学路线提供指导。

将 VSM 与其他数字化交付框架连接起来。

建立企业和咨询社区网络。

这些初步发现令人振奋，我期待着帮助 VSM 联盟实现其教学目标，并参与探索之旅。

13.2　PMI 的 DA FLEX

项目管理协会(PMI)以围绕传统项目管理实践的培训和认证而闻名。然而,PMI 在 2019 年收购了两家公司,规范敏捷(Disciplined Agile,DA) 和 Net Objectives,为希望学习和应用精益—敏捷实践的成员构建了专业培训和认证路线。规范敏捷专注于在软件开发中实施精益和敏捷实践。与此同时,Net Objectives 开发了企业转型的(价值)流动(FLow for Enterprise Transformation,FLEX)框架,该框架基于系统思考,提供投资组合、敏捷产品管理、执行管理,以及产品和团队模式方面的全面解决方案,帮助企业采用精益—敏捷原则和实践获得成功。

PMI 没有从零开始构建这些方法论,而是明智地选择收购成熟的公司和方法学,加速他们的精益—敏捷认证体系和产品开发。PMI 之前的工作如将两个实践集成为一个完整的产品。PMI 将精益—敏捷相结合的方法称为 DA,其企业产品是基于 FLEX 的 DA 价值流咨询顾问。

PMI 为其收购的 DA FLEX 提供了 5 个培训和认证项目,具体如下:

1. 规范敏捷 Scrum Master 认证(Disciplined Agile Scrum Master,DASM)。

2. MI 敏捷实践者认证(PMI Agile Certified Practitioner,PMI - ACP)。

3. 规范敏捷高级 Scrum Master 认证(Disciplined Agile Senior Scrum Master, DASSM)。

4. 规范敏捷价值流咨询顾问认证(Disciplined Agile Value Stream Consultant, DAVSC)。

5. 规范敏捷教练认证(Disciplined Agile Coach,DAC)。

规范敏捷 Scrum Master 服务于单个独立的小团队,而规范敏捷高级 Scrum Master 能够指导多个团队的协作。此外,PMI 将很快发布多团队教练认证。最后,规范敏捷价值流咨询顾问是 DA FLEX 的企业级实施顾问。

许多 DA FLEX 认证虽然对学习基于敏捷的角色和实践有用,但与 DevOps 和 VSM 的主题无关。因此,本节涵盖的大部分信息围绕规范敏捷价值流咨询顾问培训和认证体系来展开。规范敏捷价值流咨询顾问将精益、流动、约束理论、组织发展理论与实践作了结合,这是 PMI 价值流管理方法背后的基础知识。

规范敏捷价值流咨询顾问和 FLEX 之间的关系如下:

规范敏捷价值流咨询顾问,基于个人的工作任务进行分析,从而提高组织创造价值的能力。支持这一点的系统被称为 FLEX。

通过规范敏捷价值流咨询顾问工作坊,讲授这些职责及其如何实现。

至此,我们已经了解了 DA FLEX 中精益敏捷产品的范围,那么开始深入到 DA 工具包(DA toolkit)中,看看该框架如何融为一体,以及如何支持精益—敏捷实践。让我们从介绍规范敏捷的核心哲学开始学习。

1. 基于精益—敏捷实践打造你的工作方式

PMI 并没有将 DA FLEX 作为一个框架来推广。相反,该组织将 DA FLEX 作为一个包含协同工作实践的工具包来推广。框架和工具包之间的区别是细微的,所以让我们花几分钟来理解它们的差异。

从定义上来说,框架提供了支撑系统的基本结构,比如软件开发和交付。在概念层面上,软件开发框架提供了一种应用精益和敏捷实践的结构化方法。例如,SAFe 和基于 Scrum 的规模化框架,提供了一套组织结构、事件和流程来实现精益—敏捷实践。两者都有明确的小团队角色、结构、事件和基于时间的开发周期,在实施精益和敏捷实践的方法上形成了规范。Scrum 和 SAFe 实践者在他们的框架中应用各种流程、技术和方法。然而,基本结构和事件保持不变。

相比之下,DA FLEX 不同意实施精益—敏捷实践的同一个方法对所有组织都同样有效这样的观点。相反,他们提倡这样一种观点:即组织必须对备选的策略和工具进行评估,以便确定哪种更符合他们的需求和文化。因此,PMI 将 DA FLEX 作为一个工具包进行推广。基本思想是价值流团队为正确的工作选择正确的工具。此外,作为一个工具包,PMI 将其 DA FLEX 工具包作为一个独立的精益—敏捷方法来实现,以改进价值流,并将其扩展到其他框架。

从哲学上讲,DA FLEX 融合了基于价值流的连续流动、精益改进、约束理论、组织发展和人类行为学背后的概念。值得关注的问题是,基于业务功能的层级组织结构与支持价值交付的精益流动是互不相容的。

在我们讨论 DA FLEX 如何支持价值流管理之前,我们需要花一些时间分别回顾一下规范敏捷(DA)和 FLEX,了解它们对现代精益—敏捷实践的贡献。

2. 选择与 DA 合作的方式

DA 由 Scott Ambler 和 Mark Lines 于 2012 年共同创建,是一个流程决策工具包,旨在帮助个人、团队和企业基于特定的环境优化他们的工作方式。在软件开发行业他们已深入人心,因为没有银弹,单一的软件开发策略无法在不同客户场景中全部运转良好。因此,DA 工具包的客户可以在 6 种不同的软件开发生命周期方法之间进行选择,也可以在数百种方法和工具之间进行选择,这些方法和工具能够基于不同的场景,对潜在的应用进行指导。

DA 工具包融合了流程刀片的概念,可以帮助团队和组织根据他们独特的软件开发需求,指导他们选择。反过来,流程刀片还可指导用户如何应用选定的技术来增强关键的组织级能力。

每个流程刀片都提供了富有哲理基础或心智模式的信息,明确了技术应用的人员角色和职责,描述简化业务流程的流动,以提升业务敏捷性,以及满足情境需求的使用选项。总的来说,心智模式、人员、流动和选项,代表了 DA 工具包的 4 个视图。

除了它的 4 个视图之外,DA 工具包还提供了 4 个层级的流程刀片,包括基础、规范 DevOps、价值流及其 DA 企业。如图 13.1 所示,DA 工具包目前在 24 个定义明确的流程刀片上提供基于特定上下文的相关指导。

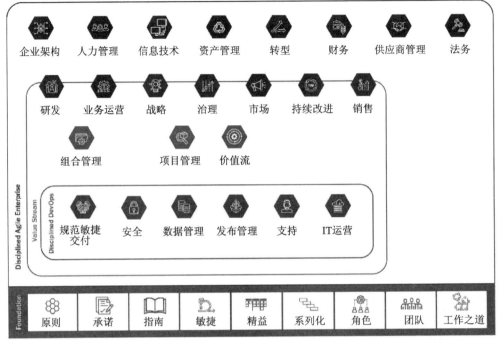

图 13.1　DA 工具包

正如我们在图 13.1 中看到的,DA 工具包包括 4 个层级:基础层、规范 DevOps 层、价值流层和规范敏捷企业层。我们将在下一小节中更详细地研究这 4 个层级。

3. 企业级精益敏捷实践的实施

DA 工具包的基础层可指导形成 DA 思维模式的基本原则和概念。该层还介绍了敏捷、精益和系列(传统)软件开发方法、角色和团队结构之间的基本概念和差异,以及选择工作方式背后的概念。

规范 DevOps 层为简化软件开发和 IT 运营活动提供了指导和技术。重要的区别是规范敏捷的系统思考方法,可用于可视化和理解 DevOps 工作流背后的复杂性,如图 13.2 所示。

面向系统的图表,如图 13.2 所示,比价值流图或工作流图要复杂一些。但是您可以使用在第 3 章"复杂系统的交互分析"中学到的知识来完成它。

价值流层,结合了从 FLEX 获得的精益敏捷原则,我们将在下一节中了解这些原则。现在,请理解 FLEX 是一种以精益为导向的方法来增加价值实现。这一层中的流程刀片提供了一个可视化地图和指南,以便在组织的相互关联的价值流中基于价值进行改进。

规范敏捷企业层提供业务管理指南,以支持精益—敏捷企业的构建和维持,其流程

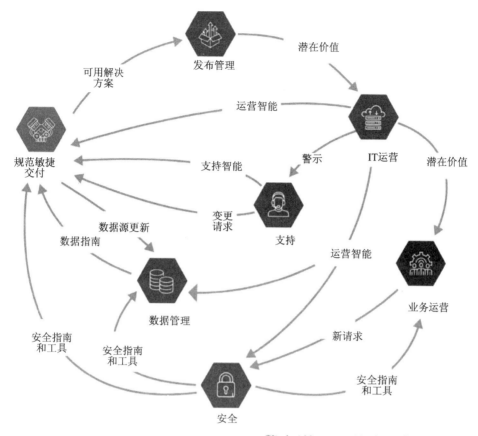

图 13.2　规范 DevOps 的工作流

刀片有助于组织增强感知能力和快速响应市场变化的能力。

想要了解更多关于规范敏捷的读者可以阅读我的前一本书 *Scaling Scrum across Modern Enterprises*。

现在，我们已经对规范敏捷有了基本的了解，让我们看看 FLEX 如何在 DA 工具包中引入生命周期方法来实现面向精益的价值交付改进。

在我们讨论 FLEX 作为价值流管理工具的应用之前，我们首先需要访问 DA 工具包的 DevOps 层。

4. 使用 DA FLEX 实施 DevOps

DA 工具包为将整个流程刀片层专用于 DevOps，DevOps 流程刀片包括内容如下所述。

规范敏捷交付：以人为本、面向学习的混合敏捷的一个 IT 解决方案交付方法。

安全性：即描述保护您的组织免受信息、网络、虚拟和物理威胁的方法。

数据管理：即提倡一种实用、简化的方法来管理数据，数据是必须支持组织其余流程的关键资产。

发布管理：发布管理包括对部署到生产环境中的 IT 解决方案进行规划、协调和验证。

支持：指采用以成效为导向的方法，使用"帮助台"或"终端用户支持"，以帮助客户使用您的交付团队所提供的解决方案。

IT 运营：指采用以成效为导向的方法，用来管理和治理 IT 生态系统。

Scott Ambler 和 Mark Lines 恰如其分地总结道，目前 DevOps 是组织在数字化经济中有效竞争的最小筹码。基于组织 CI/CD 和 DevOps 流水线简化价值流动的竞争优势，很难通过传统的软件交付方式实现，即使是基于敏捷的方法也困难重重。

PMI 对 DevOps 的贡献不在于工具链集成、自动化或编排能力。相反，其 DA 工具包提供了关于实施和维护端到端 DevOps 基础设施和流水线流动的全面指导。

由于本书的这部分主要关注价值流管理，因此让我们继续来看看 DA FLEX 如何通过 DA 工具包中的价值流层来帮助组织进行精益导向的业务转型和改进。

5. 通过 FLEX 实现业务敏捷性

FLEX 为 PMI 提供了一个行业领先的方法，用于实现基于精益思维和系统思考模式的业务敏捷性。开发 FLEX 的 Al Shalloway 将组织业务敏捷性定义为可预测、可持续和高质量地快速实现价值。

借助 FLEX，组织可以利用精益原则来发现系统层面上的问题及其原因。但同样值得注意的是，FLEX 是 PMI 实施价值流动的新方法，旨在使用价值流管理技术改善价值交付。

企业转型是 FLEX 的一个重要目标，它构成了首字母缩写词 FLEX（FLow for Enterprise Transformation）的基础。FLEX 通过有效实施价值流动来实现企业转型。

DA FLEX 将组织的策略与价值交付层面的活动执行联系起来。DA FLEX 方法有助于组织简化其复杂的业务系统，来展示更有效的价值流动，使您能够在完整业务系统的情境下作出决策改进组织的每一个组成部分。

虽然企业需要创新来提高竞争力，但它们也需要改善价值的传递。在这种情况下，DA 工具包的价值流层中的流程刀片，确定了支持组织产品和服务的端到端的价值实现活动。

正如我在早期职业生涯中讲述的一样，Al Shalloway 深受 Eliyahu M. Goldratt 的书 *The Goal*，*A Process of Ongoing Improvement* 的影响，该书向我们介绍了约束理论（Goldratt，1984，2014）。像 VSM 这样的精益改进举措，强调将瓶颈识别为导致延迟的堵点，而 Goldratt 的工作帮助我们进一步评估导致生产延迟的约束因素。

假设我们有一个缓慢的流程，或者多个工作项流经我们的流水线。我们会有太多的系统设计工作，或者缺乏可视化导致在问题出现时无法看到。还有一种可能，我们有过重的官僚主义和审批流程，从而限制了价值的流动。

FLEX 方法有助于价值流团队识别瓶颈和导致瓶颈的浪费，评估消除或减少这些浪费的方法，从而改进工作流。FLEX 方法是 VSM 方法的一种形式，其步骤如下：

（1）基于价值定义工作流和组织架构。

（2）确定实现预期的流动和架构的阻碍。

（3）找出潜在的解决方案来消除阻碍。

（4）应用系统思考和精益思维来定义组织文化中的优先改进工作。

（5）按照优先级顺序实施建议的解决方案，并根据预定义的目标和指标评估其有效性。

（6）持续分析、重新规划和重复 FLEX 流程。

请务必注意，FLEX 是专为支持面向知识的工作而设计的。此外，Al Shalloway 目前对价值流管理角色的思考，蕴含基于他多年精益—敏捷咨询经验的完整视点。下一节将详细介绍这些见解。

6. 在 DA FLEX 中定义价值流

DA FLEX 定义价值流的方式与其他精益原则一致。

价值流，指的是从最初的客户需求到实现客户价值，为增加客户价值而采取的一系列行动。价值流从最初的概念开始，经过不同的开发阶段，并通过交付和支持来实现。

DA FLEX 指出价值流始终始于客户，终于客户。他们还区分了价值流中的工作和从事这项工作的人。他们担心的是，将这两项工作合并在一起不利于组织，因为价值流具有单一的关注点，而人们可能支持多个价值流中的工作。

另一个关键点是，组织必须从关注人员利用率转移到价值吞吐量。虽然职能型组织架构能够开发关键技能和胜任力提升局部效率，但从执行精益价值流的角度来看，它们同时会造成等待、瓶颈和其他形式的浪费。

图 13.3 以图形方式，展示了工作在价值流中的流动（绿色箭头）贯穿传统的层级管理（红色箭头）。

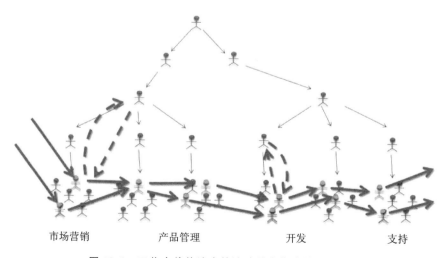

市场营销　　　　　　产品管理　　　　　　开发　　　　　　支持

图 13.3　工作在价值流中的流动贯穿传统的层级管理

因此，在传统的管理架构中，我们的工作是横向流动的，即横向的跨职能流动，而决策和审批则在职能层级中纵向流动。因此,DA FLEX 首先提出的问题是,谁在管理价值交付的端到端流动?

这是个很好的问题,因为在传统模式中,没有人负责管理产品的价值流动。相反,在传统模式中是通过委员会来进行管理的,并且议程和目标会相互冲突。因此,最重要的是,我们必须解决组织架构调整的问题。我们需要确保已经定义了高效和精简的流动,使浪费最小。

最终,提高组织价值流动的目标是提高业务敏捷性。因为 FLEX 在 DA 工具包中实现了价值流层,所以让我们回顾一下 FLEX 如何帮助组织优化他们的价值流以提高业务敏捷性。

7. 通过 DA FLEX 提高业务敏捷性

DA FLEX 将业务敏捷性定义为能够在最短的时间内、持续地、高质量地实现最大的业务价值。通过在所有价值流中交付增量价值,组织可以随时按需调整,以最低的成本灵活转向。

对于那些在组织的价值流中负责交付价值的人来说,这种程度的灵活性降低了他们的风险和压力。在这种情况下,DA FLEX 指出,改善价值流的主要目标是建立业务敏捷性。

8. 在 DA FLEX 中应用系统思考

DA FLEX 使用了与第 3 章"复杂系统的交互分析"中相同的系统思考的概念采用了全局的视角来改进组织。回想下上一章,系统思考通过参与系统的所有元素之间的相互作用来评估复杂性。随着元素的增多,系统的复杂性也随之增加,因为潜在关系和相应影响的数量呈指数级增长。

具有 DA 工具包价值流的 FLEX 方法,应用了相同的系统思考原则,我们需要优化整个业务系统。如果我们没有提前做好工作,确保更改和解决影响系统整体性能的浪费区域,大部分的局部优化都无法达到预期效果。

Al Shalloway 在讨论中指出,我们不能应用还原论的思维方式来解决系统中的复杂问题。例如,如果我们试图用所有可用的最佳零件来建造一辆汽车,并试图组装它们,我们将无法造出一辆能开的汽车。甚至不会有一辆汽车,因为零件问题根本无法一起工作。

Al Shalloway 使用的场景来自于 Russ Lincoln Ackoff 教授在 1994 年由 Clare Crawford - Mason 和 Lloyd Dobyns 主持的一次活动中的演讲,该活动旨在分享 W. Edwards Deming 博士的知识遗产。当时,Dr. Ackoff 是宾夕法尼亚大学沃顿商学院安海斯—布什管理学荣誉退休教授。

Ackoff 博士的讨论中有太多东西需要解释。例如,他谈到了连续性改进和非连续性改进之间的区别。他的观点是,连续性改进是为追随者准备的,而那些追随者永远不可能成为领导者。相反,领先者通过非连续性的改进来超越竞争对手,即领导者地位来自于创新。

Ackoff 博士提出的另一个批判性意见是,虽然他赞同日本对整个汽车行业整体质量改善发挥了积极影响,但他指出,日本人自认为在做正确的事情,但实际上他们在做错误的事情。他在 1991 年发表了这一声明,并对我们城市的污染和拥挤程度提出了质疑。

Ackoff 博士指出,效率和效果不同,质量需要从后者的角度来考虑。他把效率比作知识,而把效果比作智慧。因此,从系统的角度来看,质量必须兼顾交付价值的效率和效果。也就是说,我们需要在运用知识的同时运用智慧。

简而言之,如果更高质量的汽车正在破坏我们的环境和我们整体的生活质量,那么驾驶这些汽车又有什么好处呢? 因此,我们需要全面地看待质量及其贡献,从客户的角度提供最有价值的产品。

9. 将人融入我们的框架

在精益和敏捷实践中,框架提供了完成工作的系统或模式。然而,DA FLEX 并不赞同框架背后的概念,因为它们没有考虑到使用者。例如,看起来限制过多或违背组织文化和操作系统的框架不可避免地会导致对立和抵制。

DA FLEX 方法实现了"工作之道"(Way of Working,WoW)的概念,正是为了解决这样一个问题,即过于规范的框架不能从系统思考的角度,解决框架中操作人员之间复杂的相互关系。也就是说,不管采用精益还是敏捷方法,我们都需要系统地处理人、流程和事件之间的交互问题。因此,DA FLEX 方法将他们的工具包实现为有组织的流程刀片,每个流程刀片都包括相关的方法和工具集,组织可以根据实际情况使用流程刀片来满足他们在所运营的价值交付系统中的需求。

10. 编排价值流的流动

精益思想通过围绕价值交付目标编排信息流动、人员流动和物料流动,提供了一种管理系统复杂性的方法。换句话说,在最大程度上,不让我们的系统组件参与不支持价值交付目标的交互过程。

DA FLEX 在 DA 工具包中实现其价值流层,帮助识别整个组织的多个流中的价值流动。所有这些价值流都支持产品交付,并且必须以高效和有组织的方式进行。

这意味着我们不能孤立地简单地看待构成我们组织的各个组件。价值流是系统化的,我们需要管理参与组件之间的关系。从积极的一面来看,价值流使我们的价值交付流动更加清晰可见。它们还简化了价值交付的过程。

关于后一个问题,Al Shalloway 进行了以下观察:

"尽管抵制改变有多种原因,但它们都倾向于表现为局部优化。许多组织都存在恐惧,这并不奇怪,而且只有很少的方法真正关注价值流。"

换句话说,组织围绕他们开展业务的方式发展文化,受到了他们传统的等级和职能组织架构的高度影响。因此,业务流程倾向于支持功能领域内人员的局部目标和目的。虽然流程可能针对部门领域的需求进行了优化,但在支持基于价值的横向业务流动方面却没有优化。

但是,我们也要理解,最远端的上游的活动对下游的活动有最大的影响。这意味着,如果不能快速发现价值流开始时的问题,可能会破坏整个价值流交付系统,而且,要找到问题的根本原因极具挑战。

组织通常有多个价值流来支持他们的整体产品开发和交付能力,并且这些价值流相互关联。例如,通过产品待办事项列表来进行产品管理,就是个面向开发的价值流。

虽然在价值流中添加、修改或删除活动等非常简单,但由于跨价值流的潜在影响非常大,所以添加新的价值流对组织的破坏性相对要大得多。此外,相互关联的价值流创造了一个更巨大、更复杂的相互关联的活动系统。因此,我们希望在 VSM 举措启动时就开始考虑端到端的价值流动。

11. 吸引高管和经理的关注

回想一下我们对 FLEX 的介绍,从根本上来说,它是通过精益—敏捷组织架构和实践来提高价值交付的一种业务转型活动。显而易见,DA FLEX 是在战略层面上运营的,因此需要高管的支持和赞助。

关于这个问题,Al Shalloway 进行了以下观察:

"高管们经常会弄错价值流中的挑战在哪里,他们通常认为挑战在开发领域。适当的价值流管理,特别是对典型工作和延迟的可视化,能让高管们看到系统的真正约束,否则他们只会看到他们正在做的事情的结果,而不会看到原因,这通常是他们决策造成的后果。"

规范敏捷价值流咨询顾问认证的受训学员,将会学习如何为高管和管理者举办研讨会,在会上将研讨如何从客户角度出发支持组织的战略业务转型目标。在理想情况下,最好将所有人集中在一个大型的会议室里面,并且使用至少一块大型的白板,有些情况下参会人员将会达到 30~40 人。

组建团队后,大家将白板分成两部分:一边是面向业务的价值流,另一边是面向实施和支持的价值流。在两者之间有一个接收队列,它包含了组织需要关注的业务改进工作项的列表,以实现期望的业务转型。

Al Shalloway 将接收队列称为"最小业务增量"(MBIs)。最小业务增量代表产品、服务或结果形式的可交付价值的最小增量。该团队从业务角度评估每个最小业务增量,其中每个可交付成果均满足目标客户的需求,并符合已批准的业务战略。

如图 13.4 所示,业务部分进一步划分为投资组合管理和产品管理。同时,该白板的实现和支持部分显示了关于需求接收、开发、集成、部署和支持活动的信息。

投资组合管理的价值流可用来指导投资以支持组织的使命和战略。目标和指标描述了高管期望通过战略和量化指标来完成什么,而这些量化指标说明了目标的实现情况。每一项投资都产生一个贯穿其生命周期的、与其定义的目标和指标相关的举措,这些举措在业务代办列表中进行管理。

产品管理价值流,包括用于评估价值流交付需求的发现工作流,以满足组织的战略、目标和指标。这些已发现的业务需求以更细微定义了必要的可交付项,以实现业务转型。在将这些业务改进工作项引入任务队列进行管理之前,会对它们进行评估,并确

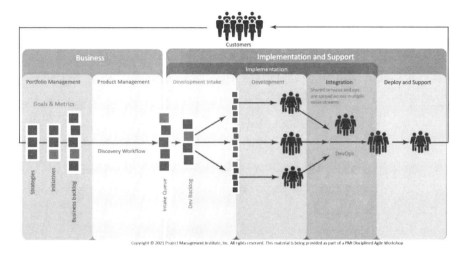

图 13.4　按阶段划分的规范敏捷过程目标

定优先级。

　　接收队列形成了业务、实施和支持功能之间的分界线。从这里开始，工作项遵循基于精益—敏捷的开发和交付流水线的流动。

　　在我们的数字化经济中，几乎每个价值流都依赖于软件、硬件、安全性和其他基础设施组件来提升业务敏捷性。因此，当数字化增强可以促进价值流的流动时，DevOps是首选的开发和交付流水线策略，因为它是最有效的 IT 价值交付系统。

　　尽管如此，不管 IT 组织的参与程度如何，价值流的实施和改进活动都遵循精益—敏捷流程，该流程涉及贯穿需求接收、开发、集成、部署和支持等价值流流水线的流动。

12. 聚焦解决方案团队

　　实现最小业务增量的灵活方法，是围绕"聚焦解决方案团队"结构来组织人员。解决方案团队以产品为中心，以敏捷的方式进行运营。也就是说，聚焦解决方案团队仅限于定义满足最小业务增量需求所需的解决方案。

　　通常，一个最小业务增量太大，以至于一个小型敏捷团队无法完成全部开发工作。在这种情况下，FLEX 将解决方案团队进一步划分为特性团队和核心团队。特性团队是跨功能的，拥有开发已确定的产品特性所需的所有技术技能和资源。相比之下，核心团队往往包含有助于提升特性团队能力所需的专家。例如，核心团队可能从事平台配置、集成和工具链的自动化工作，并在必要时提升特性团队的能力。

　　在某些情况下，可能需要借用临时外包资源。在这种情况下，借用的成员根据分配留在解决方案团队的特性团队或核心团队中，并且他们会参加发起借用的团队的每日站会。然而，与核心团队不同的是，借用的成员可以继续支持他们之前分配的职责，并参加他们主团队的日常站会。

　　特性团队和核心团队，都使用基于看板的生产控制系统从产品代办列表中拉取工作项，他们还合作交付产品的最小业务增量。

在解决方案团队中工作的人 100％致力于解决方案团队的工作。回想一下,任务切换、多任务处理是阻碍生产力的浪费形式,因为当人们从一个任务切换到另一个任务时,他们必须花费时间从他们停止的地方恢复速度,而这些浪费的时间并不增加价值。

至此我们已经了解了规范敏捷和 FLEX 在 DA 工具包中是如何操作的,让我们继续了解 DA 如何支持多个产品团队的协作。

13. 将多团队协作与精益—敏捷思维结合起来

本节解释了 DA FLEX 如何支持精益思想的三个关键原则:系统思考、为团队创造合适的工作环境,以及消除软件开发中的等待。当大家阅读本节时,请记住精益价值流是组织从概念到消费的增值工作流。另外,让我们快速了解一下 DA FLEX 中精益背后的三个原则:

(1)系统思考:将企业视为一个复杂的、高度集成的系统,需要参与的元素以协调的方式来实现其目的。

(2)管理监督:管理必须创建,并沟通上下文,指导团队以自组织的工作方式支持业务战略和目标的实现。

(3)消除等待:消除等待造成的浪费。在软件开发中,这意味着我们不创建需求,直到我们已准备好要开始处理它们。我们也不编写代码,直到我们定义了需求、建立了验收准则,并且有了适当的基础设施,采用主干代码库进行快速集成和测试。我们还必须消除因测试和修复错误所导致的等待。

规范敏捷将其原则作为指南来实施,而不是命令。事实上,规范敏捷从根本上说,是在支持个人和组织的特定情况下,给予他们更多的选择。我们将在接下来的小节中探讨规范敏捷是如何鼓励选择的。

14. 建立一种新的规范

有必要了解的是,术语"规范敏捷"并不意味着想要强硬地采用一种方法来提升敏捷性。相反,DA FLEX 承认过多的管理、过度的计划、过度的设计和过大的项目是无效的,注定了软件项目的失败。然而,Al Shalloway 也注意到,以敏捷为借口来逃避工作的无规范团队也是无效的。当然,他们也称不上是真正的敏捷。

关于敏捷的起源,可以追溯到所谓的轻量级软件开发方法,并发展到协调小团队的工作以提高软件交付能力。但是,我们还需要在企业级范围内提高敏捷性的方法,以提高我们端到端的价值交付能力,这通常涉及多个价值流。

跨团队的依赖需要更强的纪律来解决企业级的集成、自动化和跨价值流的编排问题。但用于规模化敏捷的"团队的团队"的模型是存在问题的,因为它形成了一个新的职能模型。结果,每个团队都无法理解他们对价值流的贡献。也就是说,团队倾向于孤立地解决跨团队的问题,而不是将他们作为一个整体来看待他们在价值交付系统中的互相参与。

沿着这些思路,我们可以简单地推断敏捷中的小团队概念,并使其在大型或多团队环境中工作,这可能是有意义的。但是,这种观点忽略了一个事实,即团队成员之间的动态交互与团队之间的动态交互是有很大区别的。

因此,我们需要扩展敏捷的小团队模型,以解决本地层面的开发问题和面向运营的问题,实现面向精益的流动,以协调和提高跨组织的所有价值流的交付速度。这个策略是精益敏捷规范的精髓。

精益敏捷方法改善了组织的工作流,消除了在接收反馈、检测错误、使用信息以及最终交付价值方面的等待。在这种情况下,软件开发工作必须对更广泛的业务系统及其价值流的需求,提供集成、自动化和编排支持。

15．关注价值的流动

DA FLEX 是企业级敏捷的一种规模化方法,它应用精益—敏捷思维来改进跨多个团队的价值交付。DA FLEX 在团队间实施精益—敏捷的价值流动。多产品、多团队的敏捷性可以通过关注工作流动和信息流动来实现,以确保每个人都认同在价值流的特定位置作出特定决策。

我们仍然可以对人员进行纵向管理,但是我们需要对价值交付的流动进行横向管理。价值的流动总是横向的。在职能部门内甚至在不同的团队中,垂直地度量资源的利用率,会造成与价值流动的脱节,导致优化的局限性,难以提高组织的整体生产力。因此,我们最重要的度量方法是评估将产品推向市场的时间,以识别导致等待和增加价值流成本的限制因素。

16．了解 DA FLEX 背后的规范

在前两节中,我们了解到 DA FLEX 建立了一种新的规范,使多个团队能够有效地协作以改进价值的流动。我们当时并没有阐述这些规范是什么,不过现在可以探讨了。DA FLEX 提出了 3 个能提高多团队绩效的规范,如果大家仔细阅读过本书,应该对它们非常熟悉:

(1)规范♯1,利益相关方发起的项目数量不能超过开发方能够承接的项目数量。确保这一点的最佳方法是采用拉动式生产控制系统,比如看板。

(2)规范♯2,需要交付同一个价值的团队必须齐心协力。多团队的大型软件组织,可能会按产品、组件、特性或大型需求来分散工作,而分散的团队总是有依赖性问题。

如果每个团队都维护其各自的产品代办列表,并使用只对自身有效的方式工作,那么这些依赖关系将变得更加难以处理,因为这本质上是一种局部优化的形式。而我们需要的是一份统一的产品待办事项列表,并让所有团队基于统一的产品待办事项列表按照优先级开展工作。

此外,每个团队的工作必须集成到一个共享的源代码控制库中,并定期对代码进行单元测试。通常来说这样的单元测试一天会进行多次,以确保新代码不会引入缺陷。因为随着代码的增长,这些缺陷的发现和修复将变得越来越难。

最后,我们需要频繁地发布增量,供客户评审和测试。如果我们不这样一直频繁地发布增量,一旦客户不喜欢我们已经做完的成果,那时再更改将变得更加困难。

一种精益思维的方式实现了可行的最短周期时间(从概念到消费),并在价值流流水线中使浪费最小。在理想情况下,我们希望在整个价值流系统中,内建反馈闭环,以快速地收集客户的反馈与产品测试的反馈。

(3) 规范♯3,团队必须让能看到更大蓝图的人来决定他们应该做什么。这句话听起来可能有点让人不悦,但是这确实比许多人想象的更容易出错。高管必须在整个价值交付链上,明确传达企业的战略、优先级别和目标。他们必须去现场来亲眼看看在战术层面上究竟发生了什么。他们必须听听那些执行工作的人提出的意见。

与此同时,价值流的运营人员并不能决定要聚焦哪些工作,也不能决定产品待办列表上的优先级。只有产品负责人有这个权力,他们会在决策出产品待办事项优先级之前,明智地向团队成员寻求建议。具体来说,他们必须向价值流团队寻求建议,以获得实时信息,了解已识别的缺陷和其他技术债务,这些缺陷和技术债务可能导致未来出现问题,或导致下游出现问题。

17. 允许选择是一件好事

在本节中,我们将讨论另一个关于使用多团队方法来提高敏捷性的问题。事实证明,在构建和维护精益敏捷业务系统的规范方法中,允许选择是不可或缺的一部分。

赋予选择权,表面看可能会误认为是完全的自由,事实并非如此。规范是持续地实现组织目标所必需的要素,这样团队才能一起工作。但是如何去执行这些预定义的过程和任务,是留给那些真正去执行工作的人来做的。然而,传统的基于瀑布的项目管理实践方法已经规定了"是什么"以及"如何做"。

很多时候,规划者几乎采用了他们公司软件开发生命周期中定义的所有实践,也许他们认为越多越好,但事实从来都不是这样的。组织的软件开发生命周期的流程和分类以及推荐的活动依赖关系,通常会使项目进度计划变得臃肿,包含不必要的、无附加值的任务。

DA FLEX 提供了数百种技术,但是无论针对哪种特定的软件迭代,能够同时适用的技术达到两种以上的情况是很少的。因此,团队只应选择那些最能支持他们当前需求的模式和技术。只有评估技术的团队才知道哪些技术是有帮助的,并适用于特定需求。但是,一个预定义的、具有上下文价值的实践仓库也是有帮助的,因为这些实践可以被复用,并可根据情况进行改进以适应每个新的应用程序。

这一部分,介绍了关于用 DA FLEX 方法将多个团队整合到精益思想中的内容。下面让我们继续来看一种在企业范围内成功应用 DA FLEX 的成熟方法。

18. 应用 DA FLEX 模型

(1) 成功地应用 DA FLEX 往往围绕几个核心概念

① 从一开始就聚焦于对价值流的定义和创建。

② 必须放弃基于项目或其他以推动为导向的生产控制方法。

③ 取而代之的是聚焦于产品,使用以拉动为导向的生产流动,并在组织范围内提高价值交付。假设我们要寻求更高效的物料流动和信息流动,消除浪费,以稳定的节奏

精简工作流,只有在下游产能可用时才按需拉动产品生产。

(2) 根据组织的文化和采用模型的原因,评估应用模型的合适节奏

例如,将 DA FLEX 作为潜在的竞争优势是一种动机,这与那些已经身处危机的人完全不同。前者是主观上喜欢这样做,而后者是客观上必须这样做。

(3) 为您应用 DA FLEX 而创建量身定制的方法

① 请记住,DA FLEX 不是一个框架,而是一个工具包,它根据具体情况提供使用信息指南。

② 使用能提高应用 DA FLEX 的成功率的工具。

③ 从最小业务增量举措启动时开始,贯穿价值流的整个生命周期,始终坚持实施持续改进。

(4) 聚焦于工作流本身,而不是 DA FLEX

同样,DA 工具包为不同的应用场景需求提供了工具,以应对特定的情况。

既然你已经了解了应用 DA FLEX 背后的基本要素,我们就来看看指导应用的行动手册。

19. 实施 DA FLEX 行动手册

从概念的角度来看,DA FLEX 倡导的观点是,来自不同公司甚至不同行业的价值流惊人地相似。这与 James Martin 在其著作 *The Great Transition*(Martin,1995 年)中所支持的观点相似。但是,另一方面,正是这些不同才带来了价值和竞争优势。因此,如要知道您的组织需要什么,就要同时认识到没有通用的解决方案。

各个公司都有需要开发、改进或改变的产品或服务,因此他们承担工作,并期望价值回报。如果组织有额外的约束,比如需要遵守特定的硬件管理规则,那么组织在具有理想化的、相似的价值流的时候,也要把额外的因素考虑进来。基于这些观念,DA FLEX 开始描述适合的目的和持续改进的方法。这样做的目的是既不要过于简单化,也不要过于复杂化。因此,它的启动分析方法为组织的持续改进提供了基础。

DA FLEX 行动手册包含以下步骤。

(1) 理解理想化的价值流:指从当前状态转移到期望的未来状态,理解理想化的价值流是什么样的。

(2) 看清挑战:指了解哪些是必须克服的挑战,如预算、执行审批、流程和设备的新改进、新技能和其他潜在的变更项,对面临的挑战进行评估和了解。

(3) 确定行动:指根据能为客户提供最大价值的事项的优先级来解决问题,这些事项包括致力于产生变化的财务资源、时间和可用的人员。

(4) 改进待办事项列表:指跟踪已确定的高优先改进对象。牢记您的组织文化,安排负责领导变革的责任人,并识别变革的机会。

(5) 延迟或避免优先考虑。对于不在优先考虑范围内的、利益相关方不支持的变更项,以及超过认知能力的工作项,要进行延迟或避免优先考虑。

(6) 持续改进:不断地将改进项添加到改进代办列表中,细化工作项,并重新确定优先级,以符合客户需求和市场机会。

当您的组织经历上述的迭代和增量改进过程时,不断地想象您的理想化的价值流是什么样子。现在,让我们来看看如何规划 DA FLEX 的举措。

20. 规划 DA FLEX 举措

至此,组织已经决定采用 DA FLEX。他们有预期的管理层支持和预期的赞助。DA FLEX 导入团队和其他相关利益方了解了 DA FLEX 行动手册。所以此时是开始规划这些举措的好时机。

正如基于敏捷的学科有产品待办列表一样,DA FLEX 导入团队创建了改进待办事项列表,对活动进行指导,为客户改进价值实现。但是,DA FLEX 认为规定性方法是无效的,而要认识到定制化是十分必要的。我们通过图 13.5 所示的 DA FLEX 举措预规划流程来实现定制化。

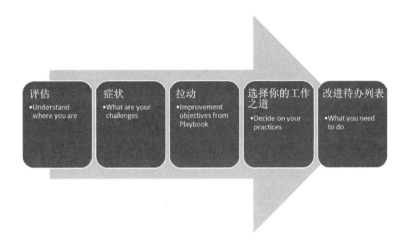

图 13.5　DA FLEX 启动预规划

图 13.5 所示的 DA FLEX 举措预规划流程非常简单。首先,团队执行评估以确定产品价值流的当前状态。接下来,他们评估所面临的挑战症状,以从当前状态过渡到预期的未来状态,在这个预期的未来状态中有更少的浪费和更快的价值流动。

因为 DA FLEX 本质上是一个面向精益的改进工具包。启动预规划流程还使用面向拉动的控制策略,按照优先级顺序实现行动手册中的预期目标。始终要确立优先级,以确保执行团队始终专注于改进那些对端到端的价值流动具有最显著积极影响的价值流活动。然后,当团队开始应用 DA FLEX 时,他们从 DA 工具包的可用选项中选择工作的方式。

团队通过选择 DA FLEX 行动手册中的目标,并从 DA 工具包中选择所期望的工作方式的选项,识别出从当前状态转移到未来状态的工作任务。接下来,这些工作项会依据优先级,在改进代办事项列表中进行管理。而优先级所产生最大影响在于对端到端价值流动的改进。

21．通过阶段来管理变革

DA FLEX 实施了一种三阶段方法来促进变革,包括整个企业的业务转型。三个规范敏捷阶段如下:

(1)创始阶段:指一个项目的初始阶段,启动阶段,或者迭代、冲刺的零点位置。

(2)构建阶段:此阶段构建或配置具有足够功能的、可消费的解决方案,以满足利益相关方的当前需求。

(3)转换阶段:此阶段执行计划以转换到期望的未来状态。

上述每个阶段都包括规范敏捷的过程目标,这些目标有助于指导用户作出与过程相关的决策,这些决策是裁剪和规模化敏捷策略所必需的。此外,过程指南还提供了选项,以支持每个组织的特定操作环境、情况和期望的成效。

我们不再深入讨论 DA 工具包中可用的过程目标、结果和技术,本书提出的很多了,想要了解更多信息的读者可以在 PMI 网站上找到更多详细信息。

22．穿透所有价值流

FLEX 起源于其在精益、看板、投资组合管理和敏捷设计在信息技术中的应用。然而,作为一种通用的精益敏捷的业务转型方法,FLEX 也帮助公司在企业范围内转变到精益敏捷方法上来。

在我们的数字化经济中,我们需要使用信息技术来为业务赋能,精益导向的价值流贯穿所有的职能层级,包括 IT 部门。FLEX 采用的所有方法都基于底层的抽象,包括流动、精益和约束理论的 IT 基础。因此,FLEX 的实践可以应用于所有的价值流。

我们已经讨论了 DA FLEX 在价值流中的应用,我们来快速了解 DA FLEX 如何对其价值流进行分类。

23．价值流分类

许多精益实践者都谈到了两种基本类型的价值流:面向开发和面向运营。例如,规模化敏捷和精益企业研究所都识别出了这两种类型。但是回想一下,James Martin 的描述要细致得多,他确定了 17 种常见的价值流类型。所以,区别在于细节不同。最终,所有的组织都有两种以上的价值流,大多数组织的价值流都在 17 种上下。

DA FLEX 围绕 4 种类型的广义价值流介绍了其精益理念,具体包括开发价值流、运营价值流、赋能价值流和支持价值流。他们将这 4 种价值流类型定义如下。

(1)开发价值流:创造一种为客户提供价值的产品或服务。

(2)运营价值流:客户如何增加价值。

(3)赋能价值流:该价值流能够让运营价值流使用开发价值流的产出。例如,内部IT 部门构建软件应用程序或基于 web 的系统来实现产品目录和产品订单。

(4)支持价值流:该价值流用来支持运营价值流。这里,我们可以用一个经销商或合作伙伴增强了组织销售和交付能力的项目。

DA FLEX 是一种实现精益—敏捷实践的方法,以实现提高业务敏捷性的业务转型。在这种情况下,DA FLEX 将软件交付价值流作为关键推动因素。但也要明白,

DA FLEX 能提高所有组织价值流的业务敏捷性,这看起来远远超越了 IT 功能。现在,我们从这个角度来看一下 DA FLEX。

24. 从整体视角看待 VSM

本书的一个中心前提是,VSM 并不是简单地应用现代 VSM 工具来改善 CI/CD 和 DevOps 流水线的流动和软件价值的交付。在我们的现代数字化经济中,我们使用计算系统、高速网络和软件来改善一切,包括人们的生活方式、业务流程、信息访问与信息分析、产品功能、控制系统。因此,我们的现代 VSM 工具必须帮助 IT 组织改进所有这些类型使用案例的价值交付。

当 Al Shalloway 与他的客户一起工作时,他意识到组织必须在整个企业中采用精益敏捷实践,而不仅仅是在软件交付中。简而言之,Al Shalloway 意识到必须将组织视为一个复杂的相互作用的系统,以成功实施精益敏捷实践,并在我们的数字化经济中创造价值。

以下 7 个小节,记录了他对在数字化经济中应用精益敏捷实践支持业务敏捷性的见解。此外,经过了 Al Shalloway 的允许和审阅,我冒昧地对他的初始观察进行了扩展阐述。

在开始之前,让我们了解一下本节内容的意图。用 Al Shalloway 的话说,下面列出的活动和策略代表了大多数公司需要学习的 80% 的做法。

25. 投资组合管理

这一小节重点说明了在投资组合管理中,对支持精益敏捷企业影响最大的活动和目标。

(1) 实施敏捷预算和精益资金:精益敏捷预算要支持战略创新,且至少每季度要进行一次评审。产品资金是连续的,跨越产品线的整个生命周期,并能够及时分配。

基于精益的改进需要为持续的价值流活动提供资金,这与资金如何分配给时间和范围受限的项目相反。主要问题是,基于项目的会计方法会因为缺少计划范围、时间表和交付约束等风险而阻碍创新。尽管如此,项目计划总是赶不上变化。

相比之下,价值流的存在是为了开发和交付产品。产品和价值流活动都会随着时间的推移通过不断的创新而改进。因此,精益敏捷预算是需要频繁评估、调整和微调的长期投资。

(2) 为所有的努力提供资金:公司往往只关注价值主张,而不考虑价值主张所需的补充因素或辅助因素,以满足其目标客户的需求。

(3) 协调折旧资产和运营费用支出:同时制定折旧资产和运营费用支出的资金计划,以避免出现财务上不可行的情况。折旧资产还有助于协调开发和运营,这往往是经常需要的。

(4) 基于度量来定义战略:指标,使计划的投资领域以及如何进行量化方面变得清晰。实际上,指标是确保业务价值主张得以达成的验收准则,用以验证投资的合理性。

(5) 实施投资组合管理以驱动业务战略:投资组合管理是一个学科,它跨越产品和服务,在支持业务的使命和战略中,清晰地识别出哪些投资提供最大的价值。

投资组合管理活动决定了实现公司使命、战略和目标所必需的投资和优先级,其中许多投资与产品直接相关。在下面的小节中,将学习如何管理产品开发和交付活动。

26．产品管理

本小节重点说明了产品管理中,对支持精益敏捷企业影响最大的活动和目标。

(1) 实施发现引入工作流:实施一个策略,将高级别的产品需求从计划变成待办事项列表,再到最小可行产品和最小业务增量是非常重要的。

(2) 提高客户体验的质量:客户体验的质量与对客户运营价值流的关注程度以及客户运营价值流能提供的价值成正比。同样,用户故事和验收准则从客户角度或客户角色来定义质量。顾客角色,或者买家角色,是一个虚构的原型,代表了我们大部分顾客的关键特征。

(3) 使用最小业务增量和最小可行产品:最小可行产品是对新产品的投资,但不能保证回报。相比之下,最小业务增量是对预期有回报的现有产品的投资。所有服务的开发和扩展,都应该使用最小业务增量或最小可行产品的方式来完成。

也就是说,在每一次迭代中构建满足客户使用的特性,然后通过他们的反馈来驱动未来增强产品开发的需求。

最小可行产品和最小业务增量之间的区别至关重要。最小可行产品在营销基础设施可能不到位的情况下指导新产品的创建。相比之下,最小业务增量指导现有客户群的产品增强,并且可能需要跨越多个开发团队和其他价值流。在产品的整个生命周期中,需要为这两种努力提供资金。

(4) 为服务分类定义"就绪的标准":使用看板方法中的服务分类,并为每个服务分类制定就绪的标准。例如,定义验收准则或完成的标准。

看板方法使用服务分类的概念,来帮助团队优化待办事项列表的执行。实际上,服务分类为开发接收的规则管理提供策略,并始终考虑客户的收益。

(5) 为最小业务增量和最小可行产品排序:最小业务增量或最小可行产品基于接收队列中的优先级进行排序。从客户的角度来看,面向特性的最高优先级工作项会交付客户的最高价值,这总是会涉及开发和交付的成本,而它们反映了产品交付的整体盈利能力或可负担能力。

至此,我们知道了管理产品开发和交付活动涉及什么,我们需要了解如何将新订单注入到我们的开发和交付系统中。

27．开发接收

本小节重点说明了在开发接收时,对支持精益敏捷企业影响最大的活动和目标。

(1) 定义开发接收流程:开发接收流程是一个定义明确的共识,它说明了如何启动那些要加入到计划中的工作。开发接收流程遵循正式的治理策略,这些策略可以通过机器可读的格式实现自动化。如果没有定义良好的接收工作流,组织就看不到实际发生了什么工作。那么,他们就需要做非常多的事情。

（2）计划价值的流动：就工作项的顺序以及如何管理已识别的依赖项达成一致。在面向精益的工作流中，VSM 举措寻求最小化依赖性，整合和自动化价值流活动，以及协调互相依赖的工作流动和信息流动。

（3）实施项目集级别的代办事项列表：项目集级别的代办事项列表包括最小业务增量、最小可行产品、特性、缺陷修复和技术债务，用于后续的价值交付的流动或投资组合规划地平线的开发发布。

引入系统中的新产品遵循特定的产品开发流程。因此，我们需要构建流水线的流动来支持这些产品，这将在下一小节中讨论。

28. 产品开发

本小节重点说明了在产品开发中，对支持精益敏捷企业影响最大的活动和目标。

（1）定义最小业务增量与最小可行产品的验收准则，我们构建的任何东西都必须有可量化的度量，表明产品客户所期望的能力和性能水平。通过 VSM 举措，组织必须评估每种类型的可交付工件的验收准则的有效性。

（2）实施小团队以改进工作：小团队的实施会支持协作的工作环境，使价值流参与者之间的工作交接最小化。

在团队中工作的人有着共同的目标和使命。通过基于精益的流动和生产控制策略，如看板，他们在最小业务增量、特性和故事层面实现了更高的吞吐量。

规范敏捷提供了许多精益敏捷模型来部署和管理小团队。此外，我的前一本书 *Scaling Scrum across Modern Enterprises* 是关于在多个产品团队和企业范围内规模化 Scrum 和精益敏捷实践的。

（3）自身具备的领域技能：最好的团队成员拥有互为备份和多领域的技能，以确保他们拥有构建高质量和可维护的产品和服务所需的所有资源和技能。

（4）围绕价值创造来组织：组织开发团队来创造有效的价值流。跨越多个活动、分布式工作站或地理位置以及多个知识领域的大规模价值流，必须采用团队间的集成、依赖和同步策略。

（5）创建跨职能团队：拥有所有的技能、能力和资源的跨职能团队完成分配给他们的工作。同样重要的是，建立一个拥有不同工作经验和文化背景的团队，能为解决问题提供更广泛的经验和知识。虽然小团队是理想的，但是对于提供更大更复杂的产品交付能力而言，他们通常是不太可行的，甚至根本做不到。FLEX 引入了额外的团队结构来应对这些现实情况。

（6）持续质量验证的左移：开发团队必须在每一步之后验证质量，并尽可能地将该过程自动化。在传统的瀑布模型中，测试是一个后期活动，它会产生各种各样的缺陷识别、错误识别和解决方案，这通常会导致产品发布的延迟。现代的迭代和增量开发实践允许更早更容易地发现和解决缺陷和错误，使其对计划产品的发布影响做到最小化。

（7）产品可维护性、弹性和健壮性设计：产品或服务的架构和设计必须支持低成本的维护和增强。在精益敏捷开发环境中，利用架构和设计的关键是在面对不确定性时保留选项。有两个术语经常被用来描述基于敏捷架构和设计的策略。一个是演进式架构,另一个是涌现式设计:演进式架构的概念寻求在产品架构中融入可变性,以便以后更容易进行更改,从而支持以前未确定的功能性需求和非功能性需求。Nel Ford、Rebecca Parsons 和 Patrick Kua 在他们的著作 *Building Evolutionary Architecture*: *Support Constant Change*(Ford 等人,2017 年)中概述了演进式架构的概念。涌现式设计是一个概念,它倡导一种策略,允许开发团队根据需求构建功能,并让设计作为一种成效出现。涌现式设计策略需要对软件不断重构,以合并其冗余能力,这些冗余能力拥有简化的、更简单、更高性能的代码库。涌现式设计应该以模式思维为指导。

PMI 的 Scott Bain 整合了设计模式、模式思维和质量设计所需的规范,正如他在 *Emergent Design*: *The Evolutionary Nature of Professional Software Development* (Bain,2008)一书中所描述的一样。

变更向量跟踪,是一种支持涌现式设计的迭代和反思的软件工程实践。首先,根据哪些功能需求被定义为可修改的需求,开发人员评估不同的设计选项。然后,随着业务需求的变化,它们会被一个潜在的向量跟踪,这个向量可能需要软件重构。

当基于精益生产的价值流动,将组织的人员、技能、流程和活动进行整合,实现各项组织资源的高效利用和流线型的流动,产品开发的各项活动将开展得最好。

29. 整合

本小节重点说明了通过整合影响精益敏捷企业的人员、技能、流程和活动来支持的活动和目标:

(1)利用 DevOps:这里的关键概念,是让 IT 开发团队和支持团队一起工作,这也是最重要的,DevOps 是一个协作策略,用于协调两个 IT 职能部门的工作。进行这种协作的好处是,通过让 IT 的双方一起工作,并在发布之前识别潜在的问题和改进的机会,将发布失败的可能性降至最低。

当然,如今的 DevOps 的形式,也是一种基于软件工具的集成、自动化的编排策略,它可以有效地将精益生产实践引入软件开发和交付流水线中。

值得注意的是,尽管 DevOps 得到了应有的关注,但它最终只是将基于精益的价值流管理原则应用于面向 IT 的价值流。同样的概念也适用于持续集成、持续交付流水线。两者都是应用于一系列 IT 活动的精益生产流动的例子。

(2)实现持续集成能力:在软件工程中,持续集成是每天多次将所有开发人员的代码工作副本合并到一个共享主线存储库中的实践,比如 Git 或 GitHub。

然而,持续集成概念在普遍实施精益实践时同样有效。在这种情况下,多个团队经常将他们的工作整合到整个产品或服务中。例如,团队的工作可能包括将工作项集成到一个价值流中,或者将工作项编排到多个相互关联的价值流中。

(3)共享服务池:大多数基于敏捷的方法都提倡创建自治的、完全独立的团队来创建产品或交付服务。所谓自给自足,是指他们拥有开发产品或服务所需的所有技能和资源。

尽管如此,有时新的需求所需的技能可能超出了团队现有的能力。在这种情况下,组织必须有资源来按需提供专门的服务,以增强团队的技能。此外,如果新的需求是一个长期的需要,团队应该有一个或多个成员学习新的技能。

（4）提供系统演示:在敏捷的迭代和增量开发策略以及精益的持续流动中,共同的目标是交付客户价值。然而,需求和验收准则的定义并不是一个可靠的过程。很多时候,客户在手头有一个工作原型之前,并不能想象出他们真正需要什么。

与所有敏捷实践一样,DA FLEX 经常实施端到端产品功能的演示,通常伴随着每次开发迭代和增量价值的发布。即使在一个完全自动化的 DevOps 环境中,业务服务经常直接发布到生产环境中,将每个新增加的功能发布给一部分用户仍然是一个好的实践,这些用户可以根据他们的验收准则来评估其功能。如果出现问题,那些已发布的服务将产生有限的影响,并且在允许全面发布之前,它们可以被撤回和修复。

（5）协调开发与客户支持:这个概念是 DevOps 背后的前提。开发关注它们对客户支持的影响,以提供对正在进行的事情进行可视化。发布后,开发人员还会按需与客户支持人员一起工作。

目标是,对于潜在问题,要在进入生产之前解决掉。如果是已进入生产的问题,就要快速地解决掉。联合小组应总结经验教训,防止今后出现问题。这两个团队讨论,并解决软件缺陷、可维护性、可持续性、性能、故障转移、安全性以及由支持人员确定的潜在增强。

（6）协调开发和市场营销:在一些精益敏捷实践中,例如 Scrum、SAFe 和规范敏捷,产品负责人管理产品待办事项列表活动,以识别需求、细化工作项,并设置开发优先级。虽然产品负责人最终对所有产品交付负责,但是他们必须直接与开发团队、客户和其他利益相关方合作,以作出明智的决策。

尽管如此,在几乎所有精益敏捷方法中,对产品负责人职能的描述都高度简化了。他们的角色与产品管理和营销组织等更广泛的职责直接相关。

（7）底线:开发团队必须告知市场营销管理部门和产品管理部门将要发布的产品,并确保他们有足够的知识来构建客户想要的产品、功能和特性,并且价格合理。

请注意使用最小业务增量是如何促进价值流不同部分之间协作的。最小业务增量包括了一些必要角色,他们参与创建最小业务增量,并确定其可以随时被消费。最后,那些采用精益敏捷实践的组织和那些不采用精益敏捷实践的组织相比,会有明显的竞争优势。现在,让我们来看看我们如何管理价值流中的活动和目标。

30. 跨价值流

本小节重点说明了在价值流中对精益—敏捷企业影响最大的活动和目标。

（1）确保所有工作流中工作的可视化:围绕价值流进行组织的全部要点,是围绕价值交付协调工作改善流动,通过消除工作流中的等待及获得快速反馈消除浪费。如果我们看不到工作或者工作的执行过程,那就很难奏效。我们需要始于价值流图、流程指南和度量指标。但是,借助现代 VSM 工具,我们还可以实时访问和可视化工作流动,以及评估我们在实现交付目标方面的表现如何。

（2）创造安全的工作环境:在敏捷和精益实践中,人的因素对于建立可持续的工作环境至关重要。人们必须感到安全,才能公开交流他们与工作相关的问题和顾虑;展示他们所做的一切；不会因为他们无法控制的工作结果或成果而受到惩罚。

敏捷和精益实践者明白，我们生活在一个混沌的世界里，充满了我们自己无法控制的变数，这些变数确实而且将会影响我们的工作。因此，精益和敏捷实践通过有效方法来识别我们计划的变数，评估新的机会，并探索改进我们工作成果的方法。

当缺乏安全感时，人们倾向于关注自身任务做局部优化。这样做只会增加壁垒，而价值流管理试图要打破的恰恰是壁垒。通过关注价值流中的端到端关系，我们可以避免关注这种无效的局部优化。

（3）人力资源和培训部门必须不断发展以支持业务敏捷：人力资源和培训政策需要增强敏捷性，而不是与之背道而驰。这些部门必须鼓励学习型企业的发展，并确保人们有时间学习，并列入计划表。我们的员工还需要获得资源，以便支持他们在企业内工作的领域持续学习。

组织人们围绕价值交付进行团队工作，不要将他们归入职能部门。类似地，管理架构需要与价值交付保持一致。最后，我们还必须创建推动持续改进的协作工作环境。

我们需要员工在强调他们的顾虑或发现改进机会时有安全感。所以，即使我们要求团队内部和团队之间都要做到卓越，我们也要建立尊重和多样性（种族、性别、技能、经验）包容的文化。

薪酬计划需要支持相关技能和经验的增长，而不仅仅是服务年限。与服务年限相关的补偿更好地解决了由于通货膨胀带来的不利影响。与此同时，最好将升职加薪与支持企业业务需求的技能和认证的成长相关。

最后，组织还需要利用他们的奖励计划来推动团队绩效，而不是个人绩效。在现代数字化经济中提供竞争优势的是精益敏捷团队，而不是个人。

如同任何敏捷方法论或精益—敏捷方法论一样，角色必须被清楚地定义以理解责任。因此，我们将在下面的小节中讨论 DA FLEX 中涉及的角色。

31．角色

本小节重点说明了支持精益敏捷企业所需的必要角色和职责。

（1）精益—敏捷领导和管理者：精益敏捷领导和管理者专注于改善人们的工作环境，提供足够的指导，同时避免微观管理。

执行工作的人通常最了解阻碍他们工作的问题。管理者们自己在现场实践（GEMBA）看到了问题，他们可以与长年累月处理这些问题的人商量，并合作制定可行的解决方案。此外，管理者和领导者位高权重，能够更好地对所需的投资作出明智的决策。

（2）价值流经理：每个价值流中必须有一个人负责客户价值的端到端交付。专门的价值流经理帮助精益—敏捷组织摆脱职能层面或地方层面的局部优化，实施有效和高效的端到端生产流动，交付客户价值。

（3）业务架构师：组织必须有一个既有能力又有影响力的业务架构师。业务架构师关注于定义业务架构，使实施战术与业务战略保持一致。业务架构的核心关注点是业务流程再造。

对象管理组织将业务架构定义如下：业务架构是企业的蓝图，它提供了对组织的共同理解，并用于调整战略目标和战术需求。业务架构师在业务治理、流程和信息领域监管组织的架构。此外，他们评估组织目前的战略实施能力，确定首选的未来状态，并定义实施未来运营模式的路线图。

（4）企业架构师：业务架构师关注的是以流程为中心的业务与战略的一致性，而企业架构师与之相反，他们关心的是以信息为中心的企业视图。

企业架构（Enterprise Architecture，EA）是由 John Zachman 在 1987 年写的一篇名为 *Framework for Information Systems Architecture* 的论文发展而来的。现在的企业架构包括开放组织架构框架（The Open Group Architectural Framework，TOGAF）、联邦企业架构框架（Federal Enterprise Architecture Framework，FEAF）和 Gartner 的企业架构框架。

在题为 *Business Architects versus Enterprise Architects：The Battle Must End* 的文章中，John Maynen 作了如下陈述：

简单地说，业务架构是关于业务做什么，而企业架构是关于业务掌握什么。这两个学科都关心'为什么？'，以便企业做它需要做的事情，知道它需要知道的事情。

（5）产品经理：对于每一种产品或服务，都有一个人来扮演产品经理的角色。他们的角色不同于价值流经理，因为产品经理全权负责探索、阐明和实现产品的客户价值。

产品经理建立产品愿景，并建立开发路线图。他们捕捉、分析并记录客户需要、产品能力要求和利基市场机会（译者注：利基市场，是指在较大的细分市场中具有相似兴趣或需求的一小群顾客所占有的市场空间）。至关重要的是，他们必须有能力看到新的或紧急的产品需要，之前甚至客户自己还没意识到有这些需要。

产品经理分析并考虑行业内和产品线内的竞争。他们的评估有助于构建商业案例，决定投资于新的产品线还是增强现有产品功能。最后，他们向组织的高管和投资组合管理团队展示他们的商业案例和投资回报率。

最后，他们充当整个公司的产品推广角色，向客户、媒体和行业分析师进行产品推广。

（6）项目集经理：项目集经理负责整合每个产品或服务系列信息，通常对战略投资组合级别的投资进行活动指导。

产品交付很少只涉及一个价值流，许多价值流都有交互点。正如我们需要在价值流中集成、自动化和编排工作一样，项目集管理将精确的策略应用到跨价值流的运营中。

（7）产品负责人：产品经理必须确保有足够的产品负责人来有效地实施他们的产品策略。在基于敏捷的原则下，产品负责人对开发结果和优先级事项全权负责。

这并不是说他们没有从开发团队、客户和其他利益相关方那里获得输入。毫无疑问，他们必须清楚地了解客户想要什么，他们需要深入理解开发工作的均衡，这些工作与功能性需求和非功能性需求及修复缺陷相关，也需要减少技术债务，同时还必须评估产品代办事项列表中各工作项的成本效益关系。但是，最终只有一个人可以成为开发优先级的最终决策人,这个人就是产品负责人。

现在,我们已经了解了在 DA FLEX 中支持精益敏捷实践所涉及的所有角色。DA FLEX 不是一次性的活动。与任何精益或敏捷方法一样,DA FLEX 实施持续改进策略。我们将在下一节探讨它是如何工作的。

32. 实施生命周期变革战略

在标题为"选择您的 DA 工作之道"的部分中,我们看到了 DA 工具包如何将 FLEX 定位为支持价值流实施的级别。价值流级别在图 13.1 中以图形方式描述为一组流程刀片,指导由紫色六边形标识的 10 个价值流。

图 13.6 提供了其中的 8 个价值流的不同视图,它们与来自 DA FLEX DevOps 层的 6 个关注领域协同工作。本节展示 DA FLEX 如何将精益价值流与 DevOps 整合为价值流管理改进周期的最重要部分。

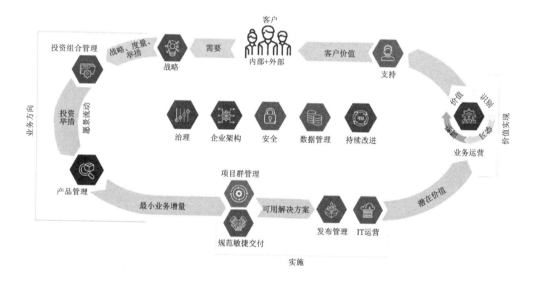

图 13.6　DA FLEX 生命周期

如图 13.6 所示,DA FLEX 生命周期是一个持续改进的过程,也是作为一个流动在运营。在精益中,我们始终以客户为中心,这同样适用于 DA FLEX 方法。

从客户开始,我们按照以下思路逆时针工作:

(1) 战略:指制定一个商业战略,支持我们的目标客户的需要,同时也支持企业的使命。

(2) 投资组合管理:指评估投资策略以支持战略。

(3) 产品管理:指对维持业务所必需的最小业务增量进行定义。

(4) 项目集管理和规范敏捷:指定义一组可行的产品,通过提供满足需求的解决方案来交付价值。

(5) 发布管理和 IT 运营:指适当地维护我们开发的产品。

（6）业务运营：指实现价值、学习经验、作出调整，以改进我们的工作方式。

（7）支持：指确保我们的客户在我们产品的整个生命周期中获得最大价值。

33．用 6 个为什么进行根因分析

DA FLEX 引用了一个使用案例，在这个案例中，使用了精益的 6 个为什么找到了问题的根本原因。这个问题的原因看似与 IT 相关，而导致问题的真正根源却是一个流程的失败，来自于一个完全不同的其他价值流。让我们看看使用 6 个为什么技术如何帮助团队找到问题的根本原因。

当大家通读这个使用案例时，请记住 6 个为什么策略，包括询问为什么会发生某事，然后继续询问为什么，以便反复探索特定问题背后的因果关系，直到我们找到问题的根本原因。

6Why使用案例	
问题1：	为什么我们必须返工系统？
回答：	因为这些程序在我们客户的服务器上不能正常运行。
问题2：	为什么这些程序在我们客户的服务器上无法正常运行？
回答：	因为代码是以一种方式设计的，而服务器是以另一种方式配置的。
问题3：	为什么我们客户的服务器配置与预期不同？
回答：	因为我们的客户没有遵循我们的服务器配置指南。
问题4：	为什么我们的客户不遵循我们的服务器配置指南？
回答：	因为他们不知道这些准则。
问题5：	为什么这些客户没有意识到这些问题？
回答：	因为销售人员没有告诉他们，而他们本应确保他们了解这一配置要求。
问题6：	为什么我们的销售人员不告诉我们的客户他们需要这样做？
回答：	因为当顾客准备购买时，销售人员往往会闭嘴，直接签合同。达成交易似乎是销售中最重要的事情。

图 13.7　6 个为什么使用案例

该过程执行起来比解释起来要花更多的时间。但是，大家是否看到这些问题是如何开始解决影响 IT 部门的问题的，以及他们为什么需要将一个软件产品返工呢？当所有这些都说过和做过之后，真正的问题被证明是销售中的价值流的流程失败，在没有适当地移交服务器配置需求的情况下过早地终结了他们的责任。

这一部分介绍了 PMI 对 DA FLEX 的收购，以及 DA FLEX 实施 DevOps 和价值流管理的能力应用。DA FLEX 是本书中介绍的两种现代精益敏捷方法之一，另一个是 SAFe，将在下一节中讨论。

13.3　规模化敏捷框架 (Scaled Agile Framework, SAFe)

　　SAFe 是在企业级别实施规模化敏捷的领先框架，提供了在大型企业中实施精益—敏捷实践的 4 种不同配置，因为仅凭传统敏捷方法中的小团队架构，并不能有效管理大规模经济中的工作。迄今为止，全球已有 20 000 多家企业实施了 SAFe，超过800 000 人参加过其认证培训，SAFe 是全球领先的企业级规模化敏捷框架。

　　与本书的主题相关，价值流是 SAFe 投资组合的核心结构，是该框架的重要内容，价值流为组织内的所有人员和级别提供指导。在本节中，您将了解 SAFe 如何运用精益—敏捷理念，包括围绕价值的横向流动来整合组织的人力资源和业务资源。您还将了解 SAFe 如何实施价值流管理，将其作为 SAFe DevOps 战略的一部分。让我们从介绍价值流的实施这一部分开始。

1. 围绕价值流进行组织

　　SAFe 在 2013 年将价值流引入了该框架，价值流是理解、组织和交付价值的主要结构。SAFe 介绍了运营价值流和开发价值流，以及对其企业用户社区的价值流图。理解，并不断优化价值流是有效实施 SAFe 的关键。

　　开发价值流，是用于创造价值的一系列长期步骤：从概念到为客户交付可感知的成果，这也是 SAFe 价值流管理的重点。开发价值流确定了按时间顺序排列的活动流程，如图 13.8 所示：

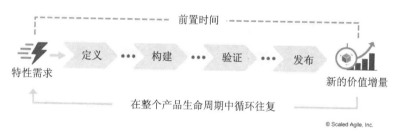

图 13.8　开发价值流

　　图 13.8 显示了最初的请求，随后是支持增量价值交付的流水线，以及与满足交付预期相关的前置时间。交付价值的流动作为一个流程在产品的生命周期中不断被重复。图 13.1 中定义的关键元素在下面的列表中定义：

　　（1）触发点：指一个重要的事件启动了价值流，比如一个功能请求或新的解决方案创意。当某种价值单位：产品、服务或文档完成交付时，它就结束了。

　　（2）步骤：指中间的 V 形是定义、构建、验证和发布价值单元所需的跨职能活动。

　　（3）价值：指当所有步骤都已完成，并且交付的解决方案符合客户的预期时，客户就获得了价值。组织可以实现增加收入、节约成本、客户满意度或这些的某种组合。

　　（4）人员和系统：指开发价值流还包括从事工作的人员、他们操作的系统或设备，以及从一个步骤到另一个步骤之间的流动的信息和物料。

（5）前置时间：指从触发到交付价值的时间就是前置时间，缩短前置时间加快了上市时间。缩短前置时间的最简单方法是识别，并减少（或消除）非增值活动和浪费性的等待，这是精益思想的主要观点。

精益中的价值流在职能部门间横向流动。正如我们在本书中所了解到的，真正的客户价值来自于将活动整合为从概念到交付的高效和精简的价值流动，这意味着我们需要打破产生浪费、造成等待、延误交付和增加成本的职能筒仓。SAFe 通过敏捷发布火车（Agile Release Train，ART）支持精益生产流程的横向价值流动。

这个概念在图 13.9 中显示为长期存在的敏捷发布火车。请注意，敏捷发布火车下方较大的箭头描绘了价值的横向流动，通常跨越软件开发、产品管理、信息安全、合规管理和运营等职能部门。然而，还要注意，较小的返回箭头表示该过程被迭代地应用，以连续地提供增量价值交付。

图 13.9　跨职能的敏捷发布火车

图 13.9 显示了敏捷发布火车实施产品交付的流程。在此例子中，包括定义、构建、确认和发布活动。敏捷发布火车支持价值流交付，围绕增加价值的活动进行组织。我们将在下一小节中更详细地研究基于价值交付的敏捷发布火车。

2. 围绕价值组织敏捷发布火车

SAFe 通过以下基本的团队模式（由 Skelton，Pais，在 2019 年提出并定义），来设计团队和敏捷发布火车，定义如下所述。

（1）产品导向团队—围绕工作流动进行组织的团队，能够为客户或最终用户直接交付价值。

（2）复杂子系统团队（译者注：专项团队）—围绕特定子系统进行组织的团队，该子系统需要深厚的专业技能和专业知识。

（3）平台团队—围绕平台开发和支持进行组织的团队，这类平台负责为其他团队提供服务。

（4）赋能团队—组织的这类团队可利用其专业能力协助其他团队，帮助其他团队熟练掌握新技术。

敏捷发布火车，通常由 50～125 人组成，用于指导价值流动。通过对敏捷发布火车的人数规模进行限制，有助于将大型组织中不断扩充的人际网络所带来的复杂性降至最低。图 13.10 显示了敏捷发布火车设计的 3 种可能场景。

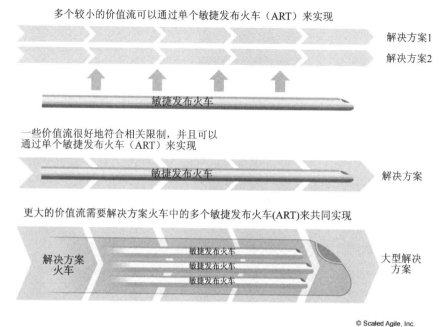

图 13.10   敏捷发布火车设计的三种可能场景

图 13.10 以图形方式,显示了 SAFe 支持的 3 种价值流交付场景,如下所述。

(1) 支持多种价值流的单个敏捷发布火车。

(2) 支持一个价值流的单个敏捷发布火车。

(3) 共同参与大型解决方案开发和交付的多个敏捷发布火车。

敏捷发布火车以整体解决方案,产品或服务集合的形式支持价值流的交付。敏捷发布火车由多个小型的敏捷团队组成,是一个长期保留的跨职能大型团队,同时持续地交付价值。SAFe 的目标之一,是将敏捷发布火车之间的依赖降到最低,以便最大程度地减少系统的交互、集成和交付问题。因此,任何一个敏捷发布火车,都可以独立于其他敏捷发布火车发布其解决方案,从而为客户提供持续的价值流动。

在某些情况下,解决方案需要多个敏捷发布火车无缝同步工作。例如,交付一个新的卫星系统、复杂的医疗设备或飞机,可能涉及许多企业和供应商不同职能部门的数千人。如图 13.10 底部所示,SAFe 提供了解决方案火车和大型解决方案配置,以管理这种级别的复杂度。

SAFe 还实施了精益—敏捷模型来提高整个企业的业务敏捷性,从而全面提升企业在数字化经济中竞争力,我们将在下一小节中更深入地探讨这一点。

3. 通过 SAFe 打造在数字化经济中的竞争力

Scaled Agile(译者注:这里指 Scaled Agile Inc,简称 SAI,是 SAFe 的提供商)宣称,其优势是在数字化时代为企业和合作伙伴提供实现成功所需的价值流指导、工具和资源,其中包括价值流的识别和映射活动,以及对价值流的管理和优化。SAFe 整合了精益、敏捷和 DevOps 实践,这些都为价值流赋能。Scaled Agile 与全球 450 多名合作伙伴和 12 000 多名 SAFe 实施咨询顾问(SAFe Program Consultant,SPC)一起,开发了丰富的专业知识,可应用上述概念来支持数字化转型的举措。

然而,与 James Martin 的 17 种常见价值流不同,SAFe 仅将价值流归纳为两种类型,即运营价值流和开发价值流,并提供了每种价值流的示例,如下所述。

(1)运营价值流:向客户交付产品或服务所需的一系列活动。示例包括制造产品、履行电子商务订单、接纳和治疗患者、提供贷款以及提供专业服务。

(2)开发价值流:将业务假设转化为客户价值交付的技术解决方案所需的一系列活动。示例包括设计和开发医疗设备、开发和部署 CRM 系统以及电子商务网站。

SAFe 是认识到 DevOps 能力是我们在数字时代竞争的关键的另一个组织。因此,他们很快将 DevOps 纳入了他们的框架。

4. 利用 DevOps 支持数字化企业

2018 年,Scaled Agile 发布了其 SAFe DevOps 课程,旨在为整个组织提供 DevOps 培训和价值流思想,而不仅仅为技术从业者提供 CI/CD 指导。SAFe DevOps 课程的学员包括技术以及非技术从业者和领导者,课程内容涉及价值流图、瓶颈分析和价值流优化等领域。与软件行业当前的 VSM 工具概念一致,SAFe 将价值流管理作为核心 DevOps 实践,定义如下。

价值流管理。VSM 是一种商业实践,专注于增加从客户请求到客户交付的商业价值流(Kirsten,2020)。VSM 为持续交付流水线提供轻量级的端到端治理,并对其进行优化以实现最大价值交付,而不是最大限度地遵守固定交付计划。

VSM 包括具体的实践,如绘制价值流图,分析端到端交付流水线的流动效率,以及设定交付速率、质量和价值的目标。VSM 还涉及专门的软件平台,可与整个流水线中的其他工具集成,以收集和揭示有关价值流健康状况的实时数据。

在绘制和管理价值流的背景下,SAFe 采用了特定的 VSM 方法。SAFe VSM 方法涵盖整个价值流:从客户请求到交付有价值的数字化技术解决方案,已经超越了 CI/CD 或 DevOps 流水线应用的范畴。SAFe VSM 方法支持所有组织团队和职能部门的精益改进,而不仅仅是开发和运营部门。

在这个更广泛的企业背景下,Scaled Agile 对 VSM 的定义如下:价值流管理(VSM)是一门领导力和技术学科,致力于在端到端的解决方案交付生命周期中,实现业务价值流最大化。从客户请求到解决方案交付,VSM 在价值流的持续运营、度量和优化中,实施精益、敏捷和 DevOps 的价值观、原则和实践。

正如大家阅读本书时所知,价值流管理从根本上说是一种在整个组织中进行精益改进的机制。所以,让我们来看看 Scaled Agile 是如何在他们的框架内采用精益实践的,同时也保留了在众多小型敏捷团队之间分工的益处。

5. 利用 SAFe 进行精益敏捷改进

回想一下敏捷,正如敏捷软件开发宣言中所表达的,从根本上来说,敏捷指的是一套指导小团队追求以客户为中心的价值观和原则。敏捷宣言背后的价值观重视个体和互动、工作软件、客户协作和对变化的响应。敏捷宣言的 12 条原则客观地描述了敏捷组织是如何运作的。

尽管如此,敏捷宣言的作者正在解决与传统瀑布模型相关的问题,这种模型不能满足客户需求或有效地构建软件。因此,作者的关注点主要局限在相对较小的软件开发团队的授权范围。因此,SAFe 适时地在小团队层面实现了敏捷实践。

然而,组织还必须在所有组织价值流中交付价值,作为跨部门和业务职能横向高效运作的交叉流程。这是精益生产理念的核心,SAFe 也在实施这一理念。

为了实现业务敏捷性,SAFe 的价值流需要使用交付产品和解决方案所需的所有技能。这必然包括其他业务职能,如财务、合同、质量、人力资源、安全、产品管理和市场营销等。对于 SAFe 的网络物理系统制造商客户,这延伸到硬件团队、零部件供应商和物流合作伙伴。

价值流管理支持整个组织的精益改进,而不仅仅是 IT。但是信息技术,尤其是 DevOps 是价值流改进的关键促成因素。其中的诀窍是协调整合 DevOps 团队的工作,以协同一致、效益优先的方式支持整个企业的价值流改进。

Scaled Agile 正在跳出 IT 扩展该领域的指南,目前提供了包括针对硬件、营销、人力资源和合规性(质量、安全等)的工作坊和文章,每一篇都解释了当以精益—敏捷、以价值流为中心时他们的所作所为。

SAFe 的 VSM 方法经过了深思熟虑,平衡了敏捷和 DevOps 实践、支持工具和指标的应用,同时还支持 Womack 和 Jones 在整个企业中的精益思想的 5 个原则。本书在下一章介绍了 5 个精益原则,在精益企业研究院一节中,介绍了企业精益 VSM 实践引领者。

鉴于 SAFe 对实施精益实践的关注,价值流识别是实施 SAFe 中不可或缺的一部分,也是 SAFe 实施路线图的先期活动。此外,Scaled Agile 采用了 Karen Martin 和 Mike Osterling 的价值流图方法。

到目前为止,在关于 SAFe 的这一节中,我们已经了解到 Scaled Agile 如何推动精益敏捷概念,帮助企业在现代数字化经济中有效竞争。我们了解到,SAFe 指导企业围绕开发和运营价值流进行组织。我们还了解到,SAFe 在整个框架中嵌入了价值流管理的概念,无论是在其 DevOps 指南中还是在其他方面。SAFe 的功能远不止这些,但在我们深入了解之前,我们需要了解 SAFe 的四种配置。

6. 选择正确的 SAFe 配置

精益企业的 SAFe 概览图似乎相当复杂,但是我们可以通过将它分解为 SAFe 的 4 个组成配置来简化该图中包含的信息。

(1)基本配置:在基本配置中,由多个敏捷团队(Scrum、XP 和看板)构成一个敏捷发布火车,形成长期的团队,通过实施迭代节奏实现增量发布。

(2)大型解决方案配置:多个敏捷发布火车协同工作,为同一个解决方案火车进行大型产品开发。

（3）投资组合配置：建立了精益投资组合管理规范，以在多个规划层次调整产品和基础设施投资，并与精益核算实践保持一致。

（4）完整配置：实施 4 种配置，在企业范围内实现业务敏捷性。

看到 SAFe 实现了比其他敏捷框架中常见的更多角色。但是也有一些与 Scrum 中角色的保持一致，敏捷团队、敏捷发布火车和解决方案火车都有 3 个关键角色：

Scrum Master/RTE/STE：分别是敏捷团队、敏捷发布火车、解决方案火车的服务型引领者。

Product Owners / Product Managers / Solution Management：分别对敏捷团队、敏捷发布火车和解决方案火车的产品待办事项的优先级负责。

Development Teams / System Architect/Engineer / Solution Architect/Engineer：分别负责敏捷团队级的开发工作，敏捷发布火车级和大型解决方案级的产品与解决方案的设计或工程实践。

SAFe 还能确保业务负责人持续参与指导产品开发和交付活动。业务负责人通常对价值流的投资回报率负责。

在投资组合配置中，SAFe 明确了 Epic 负责人和企业架构师的角色，以指导产品和基础设施的战略投资，并消除企业层面的技术债务。其他的角色在相对较短的产品增量上协作，一个产品增量周期通常为 8～12 周，而投资组合级别的高管计划包含 1～3 年，甚至超过年的规划层次。

关于 SAFe 还有很多东西需要学习。想要了解更多关于 SAFe 的读者可以阅读我的前一本书 *Scaling Scrum Across Modern Enterprises*（Rupp，2020）。下面让我们回到通过 SAFe 的 DevOps 概念提高价值的主题上来。

7．实现持续的价值交付

我们来更深入地探讨 SAFe 支持组织持续交付流水线的 DevOps 方法。如图 13.11 所示，Scaled Agile 将流水线的价值流动分为 4 个部分：持续探索（Continuous Exploration，CE）、持续集成（Continuous Integration，CI）、持续部署（Continuous Deployment，CD）和按需发布（Release on Demand，RoD）。

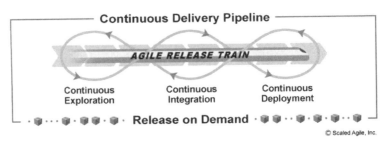

图 13.11　持续交付流水线（Continuous Delivery Pipeline，CDP）

该图中有很多内容，因此在下面的列表中对其进行分解：

（1）持续探索（CE）：关注"需要创作什么"的目标。这里的重点是了解市场机会和客户需求,目标是确定最小可行产品(Minimum Viable Product ,MVP)和最小可市场化特性(Minimum Marketable Features,MMF)的相关需求。这项工作还包括针对架构和现有产品修改的评估,从而更好地理解满足客户和市场需求所需的功能和特性,然后在投资组合级、产品级和团队级的代办事项列表中对其进行优先排序和管理。

(2) 持续集成(CI):是指聚焦于从产品级代办事项列表中拉取特性,并实现它们,重点是产品设计(例如设计一个用户故事地图),可能包括开发获取用户反馈的原型。当特定的特性被清楚地梳理和理解后,敏捷团队会根据典型的敏捷方法来实现它们,比如 XP,Scrum 或看板。所有产品和相关工件必须通过版本控制进行维护,构建,并集成到一个完整的系统或解决方案中,在进行用户和性能验证之前,需要在类生产试运行环境中进行端到端的测试。

(3) 持续部署(CD):是指从类生产环境中获取更新,并将其部署到生产环境中。即使产品做过持续测试,生产部署也必须经过监控和验证,以符合所有的验收准则。这一步将新功能迁移到生产环境中,但是由业务人员决定向客户发布新功能的适当时间。针对发布的控制,还需要考虑万一发布后出现生产问题,组织能够及时响应,并在必要时进行回滚或向前修复。与特定版本相关的所有工件都必须在配置管理控制下进行维护,以确保产品和解决方案的可维护性。

(4) 按需发布(RoD):按需发布是一种基于市场和业务需求一次性或以交错方式向客户交付价值的能力。该策略允许企业在市场时机最佳时发布新产品,并将每次发布的相关风险降至最低。例如,对企业软件应用程序的更改通常会影响业务流程,我们需要确保就即将到来的更改与受影响的员工和其他利益相关者进行了沟通和培训。按需发布还包含关键的流水线活动,在解决方案发布后很长一段时间内保持其稳定性和持续价值,例如 IT 服务管理(ITSM)和 IT 运营管理(ITOPs)流程。另外,按需发布还包含了关键的度量和学习活动,这些活动让"假设驱动开发"形成闭环,并促进了持续的学习和试验。

(5) 持续交付流水线(CDP):代表了将一项新的能力或功能从构思到向最终用户按需发布价值所需的工作流、相关活动和自动化。持续交付流水线的目标是优化流水线的价值流动。接下来,让我们深入探讨持续交付流水线的具体流程如何工作。

8. 在 SAFe 中改进流水线的流动

应用通用的 VSM 方法来改进 CI/CD 流水线的价值流动,在 SAFe 中的改进步骤包括如下内容。

(1) 映射目前价值的流动。

获取相关指标:处理时间、前置周期、等待时间以及完成并准确率(%C&A)。

(2) 将当前工作流与持续交付流水线统一。

① 与探索的相关活动。

② 与集成相关的活动。

③ 与部署相关的活动。

④ 与发布及发布后相关的活动。

⑤ 识别,并确定改进的机会。

(3)通过投资组合级、解决方案级和产品级看板建立持续交付能力。流经这三种不同级别看板的工作项类型分别是:Epic、Capability 和 Feature。(Epic 是一个重要解决方案开发活动的集合,它能捕获在投资组合中发生的实质性的投资。Capability 是高阶解决方案,通常跨越多个敏捷发布火车才能完成。Feature 是指满足利益相关者需求的服务)。

请注意,SAFe 在投资组合级别、解决方案级别和产品级别方面均采用了相同的通用流水线流动改进和持续交付策略。

此外,SAFe 实施了架构跑道(Architectural Runway)的概念,以明确和管理提高交付能力的技术投资,例如,投资 DevOps 工具链。

通过持续的度量、反思和学习来实现改进。

在网上公开发布的 SAFe 关于价值流图的指南中,没有明确说明关于价值流未来状态映射的内容。然而,Scaled Agile 将价值流的未来状态映射作为一项关键练习进行推广,并将其纳入 SAFe DevOps 课程的价值流图实作中。Scaled Agile 还开发了一个获得客户广泛认可的(不仅是面向 DevOps 客户)价值流图工作坊,其中包括关于价值流未来状态映射的详细指南。

Scaled Agile 非常清楚,有几个原因让我们不能忽视绘制期望的价值流未来状态。因此,让我们来看看当我们在识别改进机会时,假如没有绘制未来状态时会出现的一些问题。

9. 映射价值流的当前和未来状态

虽然我们通常会从高级别价值流的当前和未来状态图开始我们的活动,但最终,我们必须深入到细节中去,并确定涉及的工作和信息流动、工具和工具配置、决策制定和人工干预等低级别活动。

有了关于价值流的详细而准确的当前状态图,我们可以识别不必要的活动,这些活动可以通过新的工具和配置进行汇总和改进。我们能识别到可以通过自动化改进的活动,并且可以探索更好的方法和工具来编排工作和信息流。简而言之,未来的状态图看起来可能与当前的状态图差异非常大,在 VSM 团队评估他们的选项时,未来的状态图可能不止一个。

未来状态图提供了理想化状态的可见性,以便所有价值流成员、高管和其他利益相关者对他们的目标形成共同的愿景。有些变化只需很少的成本和努力就能实现,但其他变更可能需要跨越多个规划层次。我们不想失去该憧憬,尽管当前的状态图不会显示未来的愿景。

最后,这些表示我们存在浪费的区域和导致排队、等待和额外成本的不平衡流动的指标,并没有告诉我们如何解决我们的问题。我们必须完成一系列的工作,评估可选方案,并创建未来状态图,展示我们的改进项,包括实施每个建议替代方案的时间、资源和成本估算。在这种情况下,未来状态图是改进识别和评估过程的一部分。

至此,大家应该对 SAFe 如何在所有 SAFe 配置中,实现持续交付流水线有了大致的了解。下面让我们继续了解 SAFe DevOps 如何改善持续交付流水线。

10. 通过 DevOps 实现持续交付流水线

这是 SAFe 区别于传统 VSM 概念的地方,SAFe 将 DevOps 定位为成功的关键促成因素,并将 DevOps 的应用扩展到整个价值流。当然,我们知道 DevOps 是在数字化经济中竞争的关键促成因素,这也是 Scaled Agile 的立场。在这种情况下,SAFe DevOps 遵循我们在第 11 章中关于 VSM 举措的内容:识别 VSM 工具类型和能力。

在这一小节中,我们详细介绍 SAFe DevOps 如何支持持续交付的改进。基于在 SAFe 中的应用,也将再次回到价值流管理的讨论中。大家会发现,SAFe DevOps 包含许多概念,下面简要介绍这些概念。

对于这一部分内容,请参考图 13.12。

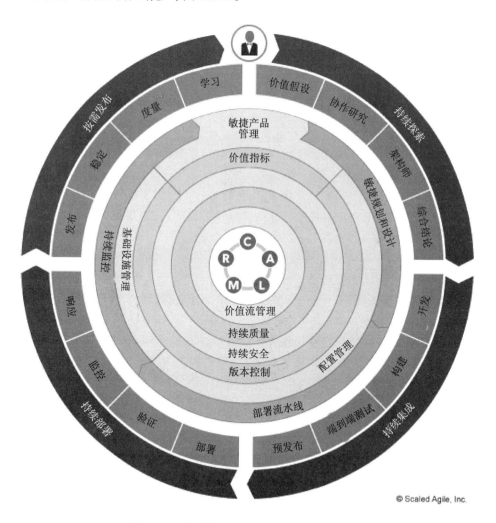

图 13.12　通过 DevOps 实现持续交付流水线

323

在图 13.12 中,首先应该注意到,描述先前确定的持续交付流水线的 4 个组成部分的外环包括持续探索、持续集成、持续部署和按需发布,但我们看到,SAFe DevOps 包含了每个持续交付流水线阶段的流水线活动。

SAFe DevOps 元模型的核心是 SAFe 对 DevOps 的 CALMR 方法,这是一种持续的交付思维,它指导整个持续交付流水线的所有决策和行动。CALMR 首字母缩写代表文化(Culture)、自动化(Automation)、精益流动(Lean flow)、度量(Measurement)和恢复(Recovery)。让我们更详细地看看 CALMR 的每个元素:

- 责任共担的文化。
- 实现持续交付流水线自动化。
- 精益流动加快交付速度。
- 度量工作流、质量 和价值。
- 降低风险和保留价值。

SAFe DevOps 及其 CALMR 方法的重点是将敏捷发布火车集中在实现卓越的业务成效上。这些成效并不是简单的自动化流程中的任务产生的。真正的收益来自于通过应用自动化、精益、度量和恢复技术,建立追求卓越的持续交付文化。

SAFe DevOps 雷达图的内环突出了建立成熟的 DevOps 环境所需的组件功能。从中心向外包括以下内容。

(1)价值流管理:价值流管理是指用于在价值流中进行精益改进的方法。在 SAFe DevOps 中,目标是增加从客户请求到解决方案交付的业务价值的流动。

(2)持续的质量:持续的质量是指确保我们交付的产品和服务符合要求和定义的验收准则。在 SAFe 中,质量是在流水线的早期构建的,并在解决方案的整个生命周期中持续管理。质量实践包括特定的实践,例如假设驱动开发、行为驱动开发(BDD)、测试驱动开发(TDD)、A/B 测试和探索性测试。

(3)持续安全:持续的安全是指确保我们自己的组织以及合作伙伴、利益相关者和客户、信息、产品和服务安全。安全实践包括设计安全、威胁建模、代码安全以及漏洞扫描、渗透测试和入侵检测自动化。

(4)版本控制:版本控制是指确保适当的流程到位,以严格识别我们价值流中创建的所有工件。工件包括应用程序代码、服务器、网络和防火墙配置、数据库脚本、需求和测试脚本。所有版本都需要存储在一个公共存储库中,以确保可以按需构建、部署、修复和停用解决方案和环境。

(5)配置管理:配置管理是指确保过程到位,以严格识别与每个产品发布相关的所有工件。版本控制强调如何管理工件的不同版本,而配置管理强调为每个产品版本管理什么。在现代 DevOps 环境中,配置倾向于作为代码管理,也就是基础设施即代码(infrastructure-as-code)、安全即代码(security-as-code)和合规即代码(compliance-as-code)。

(6)基础设施管理:基础设施管理是指确保我们有一套强大的、可持续的、安全的和可支持的基础设施,用于开发和交付我们的产品和服务。基础设施管理的目标是确保部署的解决方案稳定性和弹性,以便实现最大的价值。配置管理内置了一组设计时实践(design-time practices),而基础设施管理内置一组运行时实践(runtime practices)。

(7)敏捷产品管理:敏捷产品管理是指关注持续学习,但也包括强调以客户为中心、假设驱动开发、设计思维、精益创业和市场研究的实践。该领域的目标是确保持续交付流水线始终能够交付具体的、可度量的业务成果。

图 13.12 中的内部同心圆中外环表示关键实践领域解决方案通过系统的路径,其中三个实践领域路径包括:① 敏捷规划和设计。为开发提供输入,包括期望的业务成效、解决方案范围、架构和设计,以改进持续交付。② 部署流水线。这是软件流水线交付模型的 CI/CD 部分。③ 持续监控。包括全栈自动测量、可观察性、主动问题检测、可视化、AIOps 和分析,高精度量和维护业务价值。

11. SAFe 的客户使用案例

Scaled Agile 指出,如果没有价值流你就不是真正在实施 SAFe ,他们认为许多案例研究直接说明了这一点,如图 13.13 所示。

Scaled Agile 展示了以下客户案例,描述了"电讯盈科全球/香港电信"如何实施敏捷发布火车来支持几个新实施的价值流的启动。

电讯盈科环球/香港电讯

业务应用
- 自2018年以来,电讯盈科在全球一直不断推出价值流和ARTs。
- 打破孤岛,采用敏捷的工作方式来解决业务和IT职能之间的脱节。

业务问题/目标:
- 在安全的业务转型过程中,他们得出结论,公司需要彻底改变其价值流。
- 具体来说,他们要成为一家在平台经济模式下运营的技术公司,在这种模式下,他们既可以是供应商,也可以是消费者,让基础设施和应用程序融合在一起。

解决方案
- 他们重新定义了自己的价值流,以新的方式传递价值,以支持新的经济模式。
- 不得不重新规划他们的系统,创造新的ART来支持新的价值流。

当前的成果
- 最初是托管服务全球运营商,后来发展成为应用程序和基础架构的集散地。

图 13.13　电讯盈科环球/香港电信客户案例

这一节结束了我们对规模化敏捷框架和整个章节的讨论。在本节中,我们解了SAFe 如何通过其敏捷和面向解决方案的发布火车支持价值流的实现。SAFe 直接指导如何利用大型企业的资源以及其规模经济优势,同时通过精益—敏捷改进来支持其数字化转型。像规范敏捷一样,SAFe 将 DevOps 作为一个关键的赋能手段提高软件价值交付,支持组织的数字化改进目标。

我们现在开始总结,同时通过提问结束这一章。

13.4　小　结

在本章中,我们了解了 3 个在现代精益环境中应用 VSM 概念的组织,特别是清楚了通过改进 DevOps 流水线的价值流动,帮助组织精简软件价值交付能力。首先,了解了 VSM 联盟,这是一个由供应商和企业相关会员资助的非营利性行业协会,旨在开展与价值流管理方法和管理工具相关的研究、教学、社区网络和开源项目,应用于软件交付改进。

接下来,了解到 PMI 新收购了 DA FLEX,并将其作为 PMI 帮助组织在企业范围内实施精益—敏捷实践的方法。在这一节中,了解到 DA 工具包可以帮助我们及我们的团队和组织选择支持特定环境的最佳工作方式。还了解到 FLEX 是 PMI 使用价值流管理技术实施价值流流动和改进价值交付的方法。

我们了解到的第三种精益敏捷与 VSM 实施方法是 SAFe,它是目前在企业级规模上进行规模化敏捷实践的领先框架。了解到 SAFe DevOps 是规模化敏捷的一种方法,它将 VSM 概念作为 DevOps 的一部分进行实施,从而通过端到端解决方案的交付生命周期来最大化业务价值流动。我们还学习了 SAFe DevOps 如何实施 VSM、精益、敏捷、DevOps 的价值、原则和实践,从客户请求到解决方案交付,对价值流进行持续运营、度量和优化。

至此,我们已经介绍了领先 VSM 方法的提供商,它们都支持基于 DevOps 的改进。接下来,我们将进入第 14 章,在这一章里,将了解两个领先的精益方法和培训组织,精益企业研究所和 LeanFITT。这两个组织分别定义了价值流和价值流管理背后的原始概念。

13.5　问　题

(1) VSM 联盟的愿景和目标是什么?

(2) 在结构上,VSM 联盟围绕 3 个价值流开展工作来践行其所宣扬的理念,它们分别是什么?

(3) VSM 联盟提供的初始研究产品是什么?

(4) PMI 收购了哪两家公司来启动它的精益敏捷实践? 它们提供什么?

(5) 能帮助敏捷团队的规范敏捷方法是什么?

(6) DA 工具包中流程刀片的用途是什么?

(7) DA 工具包中的 4 个层级分别是什么?

(8) FLEX 在 DA 工具包中的角色是什么?

(9) 请说明价值流在规模化敏捷框架(SAFe)中的重要性。

（10）SAFe 中精益价值流的关键要素是什么？

（11）在更广泛的企业环境中，SAFe 如何定义价值流管理？

（12）哪些流动有助于 SAFe 的持续交付流水线？

（13）DevOps 和 SAFe 的持续交付流水线有什么关联？

（14）缩写 CALMR 代表什么，它的用途是什么？

（15）价值流管理在 SAFe DevOps 中是什么角色？

13.6　延伸阅读

- Ward，Allen（2004），Lean Product and Process Development（video）．Lean Enterprise Institute，2004．

- Kirsten，M.（July 2020），The Rise of Value Stream Management（VSM）：https://www. linkedin. com/pulse/rise-value-stream-management-vsm-mik-kersten/.

- （VSM）：https://www. linkedin. com/pulse/rise-value-stream-management-vsm-mik-kersten/.

- Skelton，Matthew，and Manuel Pais，Team Topologies：Organizing Business and Technology Teams for Fast Flow. IT Revolution Press，2019．

第 14 章　企业精益－VSM 实践领导者介绍

本章中介绍了精益导向的最佳实践以及方法论领导者,其中包括精益企业研究所(LEI)和 LeanFITT^{TM}。这两个组织被包括在内是因为精益实践从敏捷实践独立演化而来,并且这两个组织长期以来都是精益运动的运营思想领袖。

LEI 公司由管理专家 James P. Womack 博士和他的同事 Daniel T. Jones 于 1997 年创立。Womack 和 Jones 在《哈佛商业评论》上的一篇文章中首次提出了价值流的概念,"从精益生产到精益企业"(Womack 和 Jones,1994 年 3～4 月)在其网站上宣传,该组织"开展研究,教授教育研讨会,出版书籍和电子书,举办会议,并分享关于精益思维和实践的实践信息。"

第二个组织 LeanFITT 开发了本书中使用的价值流管理方法(第 6 章启动 VSM 举措(VSM 第 1～3 步),第 10 章改进精益敏捷价值交付周期(VSM 第 7～8 步)),作为一个参考模型,通过持续集成/连续交付(CI/CD)流水线的流动进行以精益为导向的改进。LeanFITT^{TM}更关注 VSM 如何改善组织的整体价值流,而不仅仅是信息技术(IT)的价值流。自 2001 年以来,LeanFITT 团队合作编写了 50 多本关于 VSM 的书籍、学习工具和材料,可以在任何类型的价值流中进行精益改进。LeanFITT 的创始人是 VSM 概念和方法早期发展的原始思想领袖。

在本章中,我们将在以下部分介绍这两家公司与 VSM 的相关性。

- 全力精益。
- 介绍 LEI。
- 精益入门。
- 实施基于阶段的精益改进方法。

14.1　全力精益

我们来了解一下更大的 VSM 场景:

如果组织不从根本上理解 VSM(不局限于 CI/CD 和 DevOps 流水线),VSM 工具的寿命将非常短。VSM 更大的机会是改进的 IT 流水线和资源,以改进整个组织的产品和价值流。否则,公司将花费巨资、时间和精力来安装集成的、自动化的和编排的工具链,却发现它们对组织的底线和价值交付能力作用不大。

如果从系统角度来改善组织的价值流,我们不考虑价值流对整个系统的贡献,那就是一种形式化的局部改进。因此,我们需要使用改进的 IT 价值流交付能力来推动组织其他价值流的改进。我们通过使用本书传授的 VSM 方法来实现,并应用到整个组织的价值流。

在此过程中,我们将发现,许多潜在的价值流改进都可以通过 IT 来解决。比如信息、集成、自动化和编排组件。因此,我们投资于改善 IT CI/CD 和开发运营(DevOps)流水线方面的理由并不限于加速软件交付。相反,更加好的理由是,我们可以通过使用软件来改善整个组织的价值流流动。

在第 7 章 映射当前状态(VSM 第 4 步)中,VSM 团队选择了对 CI/CD 流水线的改进作为其高优先级的精益改进计划。该选择的目的是为了强调 IT 可以是 VSM 改进计划的专属主题。然而,VSM 团队可以轻松地选择另一个组织价值流,其中对 CI/CD 流水线的改进是已确定的改善行动(改进),进而改善目标价值流中的工作和信息流动。

因此,我们需要采用一种通用的 VSM 方法,通过组织的战略目标、投资组合、投资优先级和当前的状态、未来状态分析来识别和选择我们的精益改进目标。由于精益生产改进是 VSM 运营的概念,我们不应该使用不同的方法去管理不同价值流。

因此,显而易见,LEI 和 LeanFITT 组织不是因为 VSM 工具的存在而显得重要。相反,他们为使用 VSM 作为改进整体组织价值流的方法奠定了基础,包括 IT 中的价值流,以达成有效的交付价值,并支持使命和业务优先级。

有了这个基础,让我们继续了解 LEI 和 LeanFITT。首先,我们将首先介绍 LEI。

14.2　介绍 LEI

由于 LEI 创始人对精益实践原则的深入研究推测它也许是最著名的精益培训组织。LEI 最初在丰田开发,然后被世界各地采用。

1. 培训和认证计划

LEI 是一家 501(c)(3)的非营利组织,总部设在马萨诸塞州的波士顿(MA)。它的使命是通过精益思维和实践使万事万物变得更美好。

LEI 由管理专家 James P. Womack 博士于 1997 年创立,他写了一本关于精益的书《改变世界的机器》,这是一本开创性的著作。今天,LEI 致力于开展研究,教育研讨会,出版书籍和电子书,举办会议,并分享关于精益思维和实践的实践信息。

与传统的"智库"不同,LEI 认为整个组织就可以作为一个"智库"。正如我们将在后面的章节中发现的那样,LEI 应用了同样的精益原则来指导其研究活动。具体来说,它发展了关于精益思维和实证试验,找到哪种方法在现实世界中效果最佳,然后将用于组织转型的新方法提炼出来,并进行传授。

LEI 在努力回答每个管理者都应该问的一个简单的问题:每周一的早上,我要去做些什么才能让我的团队有所改变? LEI 通过其网站和公共活动创建了健康的精益社区,目的是鼓励管理者成为精益变革代理人。

2．LEI 的使命宣言

"通过精益思维和实践,让万事万物变得更美好。"

LEI 通过以下价值流来执行其使命:

（1）精益教育。

（2）精益学习资料。

（3）共同学习的伙伴关系。

（4）精益峰会。

此外,LEI 的从业者通过精益全球网络在世界各地交换信息,该网络由十几个类似于 LEI 的非营利组织共同维护,它们在不同的国家合作完成任务。

LEI 面向公司、高管、经理、团队领导和团队成员提供专业的资源。任何希望参与到精益创造价值方式转变的人都可以加入 LEI 的精益社区。LEI 组织的存在是为了支持所有正在开始或继续精益事宜的人。

3．阐明 VSM 概念

LEI 并没有直接定义 VSM。然而,读者可以在 LEI 的网站上找到关于这个主题的文章。

例如,James Womack 在 2002 年写了一篇题为"用金钱替代价值流管理"的文章。在写这篇文章之前,他经常发现公司的经理和高管"得到了一组关键指标——每个指标都有一个今年的延伸目标——并以奖金为激励。"

正如 Womack 所说:"当价值流从头到尾流经许多部门和设施时,什么对部门或设施最有利,什么对产品最有利,这两者之间自然会产生冲突。"Womack 指出,其他问题的出现会让那些负责解决这些问题的人感到疲惫。他将这些问题归结为以下 3 个根本原因:

缺少一个部署流程来确定改进计划的优先级,并在每年制定一个合理、稳定的计划。

没有指定的价值流经理负责查看每个产品系列的整体价值流,从而造成优化的是部分而不是整体。

当多个相互冲突的指标时,如果没有优先级或培训,就会导致相关人员疲惫和持续的挫折感。

2009 年,时任精益企业学院主席的 Dan Jones 写了一篇题为《价值流管理》的文章。在这篇"*Great Recession*"的文章中,Jones 讨论了"网络开放对将客户从陌生人转向合作伙伴可能性的越来越大的影响"。他的文章设定了一个前提,网络与我们的客户建立了更紧密的联系,使他们成为合作伙伴。具体来说,这些客户要求我们"在何时、何地和何种方式提供他们想要的东西,并显著改善使用这些产品和服务的体验,同时最大限度地减少对环境的影响"。

尽管如此,当他写这篇文章时,许多公司都有 200～300 d 的供应链,零售商可以回应客户的需求。Jones 发现,供应商强调了 98％ 的服务交付水平,但实际上,他们只接受了其零售商 70％的订单。缩小这一差距的唯一方法是应用 VSM 的概念,将供应链的交货时间从几个月缩短到几天。

然而,Jones 指出,VSM 成功应用的最大障碍是"职能、部门和业务已经变得过于强大,并按照自己的利益行事。"即组织忽视了客户的声音,以支持功能性、官僚主义和自我服务的利益。

Jones 的观察与 Womack 在 7 年前的文章中提出的观点没有太大的不同。将价值交付的控制放在职能部门手中,将焦点从组织客户的角度转移开。Jones 指出,最好的前进方法需要通过引入价值流分析和 VSM 来重新平衡功能组织的力量。同时我们还需要应用科学的实验方法来解决问题,并找到更好的方法来设计必要的管理系统,为我们的开发、运营和供应链交付问题寻找新的系统解决方案。

4. 实现精益背后的核心概念

精益计划背后的核心理念是,在最大化客户价值的同时,也要最小化浪费。更简单地说,精益意味着用更少的资源为客户创造更多的价值。

精益组织了解客户价值,并将其关键流程集中,不断增加客户价值。最终的目标是通过零浪费的完美价值创造过程,为客户提供完美的价值。

精益思维将管理的重点从优化单独的技术、资产和垂直部门变为通过跨技术、资产和部门横向打通客户的整个价值流来优化产品和服务的流程。与传统业务系统相比,消除整个价值流中的流程需要更少的人力、更少的空间、更少的资本、更少的时间,并以更低的成本和更少的缺陷提供产品和服务。公司还可以通过多品种、高质量、低成本和减少周转次数来响应不断变化的客户需求。此外,信息管理也变得更加简单和准确。

14.3　精益入门

LEI 并没有把精益作为一种宏大的理论来推广。相反,LEI 将精益视为一种基于试验为组织开发一套标准实践的方法。精益过程首先以价值流或模型路线的形式定义一个价值创建过程。接下来,组织确定其价值流,并使用价值流图技术来描述当前和未来的状态流。

1. 价值流

所有的操作,包括价值创造和非价值创造,都需要将产品从概念带到发布(也称为开发价值流),并从订单带到交付(也称为操作价值流)。这些包括处理客户信息的操作以及在到达客户途中转换产品的操作。

精益转型将不断地努力发现阻碍信息和产品有效流动的问题和浪费领域。精益转型团队将每个问题作为一个独特的"问题解决活动"来解决。

LEI 建议使用 A3 技术作为最佳方式形成如何让事情变得更好的假设。具体来说,A3 是一种解决每天不可避免地出现的大大小小问题的技术。

与风险分析和改进背后的过程一样，A3 超越了我们轻易观察的现状，并发现和解决根本原因。只有通过解决根本原因，我们才有希望解决问题，并避免它们。

A3 是作为丰田生产系统（TPS）的一部分开发的。A3 内容总是以一页的报告形式发布。事实上，首字母缩写 A3 来自于欧洲标准的 A3 纸的尺寸（11 英寸乘 17 英寸或 29.7 厘米 x 42 厘米）。

A3 包含三个角色，如下所述。

（1）问题负责人：他们负责管理 A3 流程以及创建和维护文档。

（2）响应者/利益相关者：这些是价值流上下游的人，以及对 A3 项目的结果最感兴趣和影响最大的执行经理。

（3）导师/教练：这是一个专家级的精益实践者，他提供指导，并提示问题所有者找到解决方案，但不给出答案或提供解决方案。

A3 报告包含了与解决问题的工作相关的信息，如图 14.1 所示：

A3 报告	
(1) 背景 ——重要性 ——情境	(5) 解决措施 ——可能的方案 ——回归目标 ——按需完善细节
(2) 当前状态 ——问题状态 ——流程映射	(6) 实施 ——行动项清单 ——分配任务责任
(3) 设置目标 ——期望成果 ——成功度量指标	(7) 跟进 ——报告结果 ——标准化或修订
(4) 根因分析 ——5个为什么 ——刨根问底 ——找到原始问题	报告团队 团队领导： 团队成员： 部门： 日期

图 14.1　典型的 A3 报告的内容和格式

我们看到图 14.1 中 A3 格式的简要示例，让我们来详细了解如何使用该报告。

2. 通过实验来进行改进

大家知道，A3 报告在内容和格式上有许多变体。无所谓对错，只要它们能帮助我们团队解决问题。

最基本的策略是确定您在哪里，然后找到业务问题或机会及其根本原因。使用度量指标来衡量绩效差距，并确定潜在的对策。解决问题的团队使用传统的计划—执行—检查—行动（plan-do-check-act）或计划—执行—检查—调整（PDCA）循环来对可选项进行实验，以选择最佳的方法。

经过无数实践，LEI 了解到精益转型工作必须由直线经理领导，而不是由实践社区或 CI 团队领导，部门经理包括首席执行官（CEO）、首席运营官（COO）、首席财务官

(CFO)、执行/业务部门(BU)主管、部门主管、设施经理、区域领导或部门经理。因此,解决问题的工作发生在组织的各个层次,但总是由最直接的执行人员或经理领导。

相比之下,实践社区(CoPs)、CI 团队或 VSM 团队则担任导师和教练角色。

3．反思、分享和改进

LEI 的精益改进方法不是一次性解决问题的活动,而是通过每一次解决问题的过程,使团队成员反思他们所学到的内容。但是,如果知识只留在评估团队中,整个组织就无法发展。因此,精益转型依赖于跨组织的垂直层和水平层及其价值流学到的经验教训分享完成。日语中的术语是 Yokoten(横向展开),本质是共享最佳实践,需要持续试验,寻找新的改进方法。这就是实现 CI 背后的本质——永无止境地识别并解决问题。

让我们花点时间来总结一下到目前为止所学到的东西。

总之,LEI 的精益转化方法涉及以下内容:

(1) 识别和绘制价值流。

(2) 通过 A3 解决方案模型解决问题。

(3) 通过实验不断改进。

(4) 反思学到的知识。

(5) 与组织内的其他人分享所得。

(6) 维护 CI。

至此,我们理解了 LEI 的精益转型方法,让我们快速浏览下 LEI 指导精益实践的原则。

4．定义精益原则

如 Lean.org 网站上所述,LEI 在其精益实践背后定义了 5 个原则:这些原则定义了一个指导精益实现的流程。

(1) 从最终客户的角度来定义产品族的价值。

(2) 识别每个产品族价值流的所有步骤,尽可能消除不创造价值的那些步骤。

(3) 使创造价值的步骤以紧凑的顺序进行,让产品顺利地向客户流动。

(4) 随着流程的引入,让客户从下一个上游活动中拉动价值。

(5) 当价值被明确时,价值流被识别,浪费的步骤被消除,然后随着"流动"和"拉动"被引入,再次重复这个过程并持续进行,直到达到完好的状态,在没有浪费的情况下创造完好的价值。

LEI 将其 5 个精益原则描述为一个循环过程,如图 14.2 所示。

至此,我们理解了 LEI 的精益原则,让我们快速看一下精益应用的潜在应用范围。

5．在整个组织中应用精益技术

LEI 明确表示,精益并不仅是用于改进生产制造过程。以精益导向的方法改进了每一个业务和业务中的每一个过程,同时精益也是一种战略计划,而不是单一用途或战术计划。但精益也不是成本削减计划;相反,精益是一种改进整个企业价值交付的思考

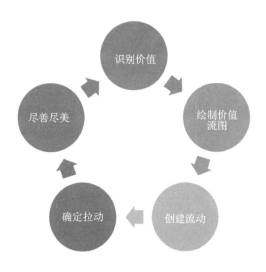

图 14.2　LEI 的精益原则

和行动的方式。

LEI 指出,转型或精益转型通常被用来描述一家公司的特征,他们从旧的思维方式转向精益思维。精益需要对一家公司的经营方式进行全面的转型。

精益不是一蹴而就的方法。要求组织必须具有高瞻远瞩,持之以恒。那么,下面让我们花点时间来理解精益转型过程中的业务问题。

6. 实施精益以推动业务转型

LEI 的创始人 Womack 和 Jones 罗列了引导组织级转型所需要的 3 个基本原则。

(1) 目的:企业将解决哪些客户问题以达到自身的发展目的?

(2) 过程:组织将如何评估每一个主要的价值流,以确保每个步骤都是有价值的、有能力的、可行的、充分的和灵活的,并且所有的步骤都通过流动、拉动和均衡联系在一起。

(3) 人员:组织如何确保每个重要的过程都有人根据业务目标和精益过程持续评估价值流? 如何让接触价值流的每个人都积极参与、正确操作,并持续改进价值流?

既然我们知道了是什么驱动一个组织采用精益实践,下面让我们来看看制定精益行动计划的方法。

7. 制定精益行动计划

虽然每个开始使用精益方法的个人或公司都会因其特定的环境而面临不同的挑战,但几个关键步骤可以帮助大家减少阻力,传播正确的学习目标,并产生精益企业所需的承诺。

8. 精益行动入门指南

LEI 采用以下行动来开始精益组织变革,并将精益作为新的组织运转模式。

(1) 先找一个变革的推动者,一个能够为精益转型承担责任的领导者。

（2）通过导师或顾问获得精益知识，这些导师或顾问可以教授精益技术，并将其作为系统的一部分来实施。

（3）抓住或创造危机开始转变，以便找到一个杠杆。如果您的公司没有陷入危机，那就把注意力集中在一个精益的竞争对手身上，或者寻找一个正在做精益的客户或供应商，他们会提出显著提高绩效的要求。

（4）暂时忘掉大战略。

（5）绘制价值流图，从物质和信息如何流动的当前状态开始，绘制它们应该如何流动的更精简的未来状态，并创建带有时间表的实施计划。

（6）尽快开始一项重要，且可见的活动。

（7）要求立竿见影的效果，不要因为缺乏领导、支持或足够的优先级而让事情陷入困境。

（8）扩展您的视野，将价值流中的改进都联系起来，以便随时可以从车间转移到办公室流程中。

知道了如何开始，我们还需要理解支持精益转型的组织结构。

9. 创建一个组织来引导您的价值流

精益生产过程可改变您的组织运作方式，虽然组织可以选择保持现有的层级和职能部门不变，但价值交付的领导人必须有跨职能价值流交付的权利（如果它存在）。也就是说，即使您的管理结构是垂直运作的，价值流动也是水平的。

LEI 为实施精益转型策略的组织提供了以下指导。

（1）通过产品族和价值流重组公司。

（2）打造精益推广机能。

（3）处理冗余人员，然后承诺未来不会有人因为引入精益技术而离开团队。

（4）制定增长战略。

（5）摆脱约束。

（6）一旦解决了某些问题，不用停止，继续解决即可。

向前两步，后退一步是可以的；但没有前进的步伐是不行的。

采用精益作为新运营模式的组织，还必须有配套的业务系统来支撑和推进精益实践，这将在下一小节中讨论。

10. 安装业务系统以鼓励精益思维

制定行动计划和重新整合资源是支持精益转型的关键。然而，除非组织的高管安装了必要的业务系统来支撑和推进精益转型，否则这些做法无法持续，LEI 建议安装以下业务系统。

（1）利用策略部署。

（2）建立精益会计系统。

（3）根据公司业绩来支付员工费用。

（4）绩效评估透明化。

（5）向每个人传授精益思想和技能。

（6）正确使用工具，例如生产设备和信息系统。

此时，我们已经有了行动计划、支持精益转型的组织结构，以及鼓励长期采用精益思想的业务系统，现在需要采取措施来完成精益转型。

11. 完成转型

精益行动计划中最后的活动有助于解决 Womack 和 Jones 在他们关于 VSM 的文章中提出的问题。这些行动的重点是让我们的供应链合作伙伴在全局范围内实现价值交付。我们还需要确保领导层和决策流程保持一致，以支持我们采用精益。

LEI 建议通过以下活动来完善精益转型行动计划。

（1）说服我们的供应商和客户采用我们的计划执行操作。

（2）制定精益全局战略。

（3）从自上而下的领导力转变为以质疑、辅导和教学的领导力，并植根于 PDCA 的科学方法。

LEI 提供了一个框架来支持精益转型，这是下一节的主题。

12. 运用 LEI 的精益转型框架

LEI 发现，有效的企业转型包括多方面的变革。LEI 以房子来比喻，并解释变化的维度。精益之家的组成部分包括：

（1）屋顶。即保护我们的目的、目标和愿望免受周围环境的影响，例如：

① 我们价值驱动目的是什么？

② 每种情况都有差异，我们的对策也不同，所以我们的方法必须不同。

（2）墙壁。即支撑屋顶的支柱，包括：

① 过程。要做的工作是什么？

② 能力。我们需要什么样的能力来完成工作、解决问题、实现目标？

（3）基础。包括我们的基本思维方式、心态和基本假设。

① 我们了解，并意识到所有活动的明确假设，以及不知道的隐藏假设。

② 精益转型的需要跨越鸿沟，从我们当前的文化转向理想的文化。

精益之家通过提出以下问题，帮助我们改进对因果关系的基本思考。

① 我们需要解决哪些问题？

② 我们努力实现的目的或目标是什么？

③ 需要做的工作是什么？

④ 改善我们的情况需要什么样的过程或工作流动？

⑤ 需要哪些能力，我们要如何培养这些能力？

⑥ 我们需要定义哪些管理系统？

⑦ 需要什么行为来培养构建执行工作所需的能力，从而帮助我们解决问题？

图 14.3 为 LEI 的精益之家大家可参考。

LEI 与其他公司合作，应用其科学方法，寻求 CI 精益化改造流程。这种伙伴关系

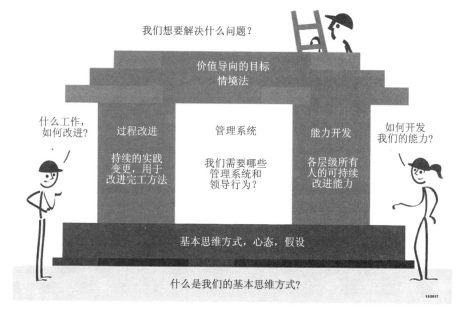

图 14.3　LEI 精益之家

基于 LEI 的 Co－Learning 合作计划，我们在下面的小节中介绍。

13．Co－learning 伙伴关系

近几年，LEI 已经与一些精选的公司合作，帮助他们踏上精益之旅，并共同采用精益转型最佳方法的运行模型。符合条件的合作公司可以接触 LEI 思想领袖，如 John Shook、Jim Womack 和 Mark Reich，以及 LEI 教练和主题专家（SMEs）。合作伙伴包括在整个企业中应用精益方法的传统制造商，LEI 还与一系列服务行业（包括零售、医疗保健和金融服务）的精益应用公司合作。

通过这些伙伴关系，LEI 从这些活动中获得了新比较，且真实的知识，为未来 LEI 的出版物、培训和研究奠定了基础。

Co-learning 伙伴在他们的时间和资源上进行投资，一定对他们有利可图，LEI 列举了从合作公司获得的以下好处：

（1）对高层领导进行辅导。

（2）精益转型项目支持。

（3）战略规划和部署。

（4）定制的学习机会。

（5）Gemba-based 改进活动。

（6）行动研究和 co-learning 实验。

（7）记录，并学习合作伙伴之间的知识，同时在精益社区进行分享（经批准）。

（8）与合作伙伴社区互动。

（9）独家合作伙伴学习活动。

（10）参加 LEI 实用指南公共研讨会。

（11）参加信息丰富、鼓舞人心的精益峰会。

（12）书籍和其他产品的折扣。

这一节我们完成了对 LEI 的介绍，在下一节中，将介绍 LeanFITT 及其对 VSM 发展的贡献知识。

14. LeanFITT 的工具和培训

自 2001 年以来，通过集体的努力，LeanFITT 团队合作编写了 50 多本关于精益和 VSM 实践的书籍、学习工具和材料。LeanFITT 公司利用合作获得的知识，提供了一套精益工具来支持精益改进计划。LeanFITT 的 FITT 部分代表功能（Functional）、集成（Integrated）、技术（Technology）和培训（Training）。

LeanFITT 最初是一家咨询公司，后来发展为开发和交付支持精益生产流程的方法和工具。例如，在 2014 年开始的研发过程中，LeanFITT 工具通过使用软件工具来巩固团队的学习成果。与人工操作相比，这些工具通过更简单的方式促进了精益团队的协作。因此，LeanFITT 工具系统有助于组织更加快捷、更加可持续地部署精益概念。

LeanFITT 的工具为 VSM 团队、精益实践者、高管和其他参与价值流改进的利益相关者提供基于知识的指南。每个 LeanFITT 工具都提供以下功能。

（1）解释其目的和实际应用的详细内容。

（2）来自行业精益 Sigma 专家的提示。

（3）帮助各级领导更好地吸引员工。

（4）可通知或者追踪的工作项，并允许注释和截图/拍照。

LeanFITT 工具的目标是利用 CI、员工敬业度、标准化知识和工具使用的力量，来激发产生重大影响的流程变革。理解了这些之后，让我们回顾一下他们的工具。

15. 来自 LeanFITT 的产品

LeanFITT 系统提供了改进组织过程、人员和利润的方法、工具和技术。作为完整的集合，LeanFITT 系统包括表 14.1 中 12 个工具来支持它们各自的方法和技术。

表 14.1　LeanFITT 精益工具

精益工具	支持的技术和方法
5S	确保区域、文件、文件夹等系统地保持整洁有序的手段和方法
A3 项目	从逻辑和视觉上"讲好 CI 故事"的手段和方法
DMAIC	使用基于统计的五步解决问题方法的手段和方法。DMAIC 的首字母缩写代表定义、测量、分析、改进和控制
Gemba Walk	获得对过程的透彻理解、提出问题、提供支持和见解的手段和方法
改善项目	确定、计划和跟踪改善事件的手段和方法
领导力	在改善活动中消除团队问题的手段和方法

续表 14.1

精益工具	支持的技术和方法
精益概述和评估	创建改进活动要解决基线的手段和方法
防错	彻底分析过程中潜在错误的手段和方法
戴明环	使用迭代 4 步解决问题方法的手段和方法,PDCA 是一种反复循环的持续过程和产品改进方法
标准化工作	建立和控制在不偏离原始意图的情况下完成过程最佳方式的手段和方法
价值流图	创建物料和信息流可视化表示的方法和手段,包括当前和未来状态,以及针对特定客户需求的流程之间的排队时间
浪费走查	访问正在考虑改进的流程区域,提出问题,然后识别流程浪费的手段和方法

客户可以使用 LeanFITT 工具以特定的方式支持他们的需求。然而,该公司提倡分 4 个阶段来实施,接下来我们了解一下。

14.4　实施基于阶段的精益改进方法

LeanFITT 系统采用 4 阶段的方法对组织流程进行精益改进。他们的 LeanFITT 实施方法定义了目标,即改变 CI 思维方式的积极行为,使高水平的纪律和标准化变得简单易行,并在组织文化和盈利能力方面创造积极的转变。

让我们快速了解一下 LeanFITT 创建精益企业的 4 阶段方法。

1. 第 1 阶段——让员工接受培训并参与其中

这个阶段使用的 LeanFITT 工具包括 waste walks、5S、PDCA、精益工程、价值流图和其他合适的工具。主要活动包括以下内容。

(1) 识别关键用户。

(2) 制定和实施个人、团队或团体的发展和培训计划。

(3) 理解业务案例,识别浪费和改善机会。

(4) 需要测试我们的知识程度,接受反馈,并获得奖励。

这一阶段的重点是寻找和评估消除浪费的方法。随着这个阶段的结束,组织要继续标准化,并改进其精益实施过程。

2. 第 2 阶段——标准化改进过程

在这一阶段,VSM 团队试图用一种标准化方法改善精益过程,如 LeanFITT 工具加入到 DMAIC 中。DMAIC 是一个六西格玛管理为基础的改进工具。

六西格玛过程是指 99.999 66％的过程或产品实例没有缺陷。六西格玛策略是设置,并监控流程和产品缺陷指标的上下限,以便在偏差造成灾难性后果之前发现产生缺陷的趋势。当观察到与统计标准的偏差时,团队即迅速分析,并解决偏离的原因。

此阶段使用的 LeanFITT 工具包括标准化检查、A3、现场走动、5S、PDCA、DMAIC 和其他合适的工具,主要活动包括以下内容。

（1）实施目标明确、注重成果的改进项目。

（2）应用 LeanFITT 工具进行改进。

（3）衡量和跟踪改进进度。

（4）与他人分享成果。

这个阶段的活动重点是消除第一阶段已识别的浪费,成功消除浪费将改善组织对客户价值的交付。

精益改善流程在战略层面和组织范围内进行。但是,就像任何业务转型计划一样,变革维艰。变革不能被强制执行,它必须被引导,变革的原因必须被传达下去,否则组织内的其他人会感到威胁,并抵制变革。

此外,人们通常希望加入有成功经验的组织。因此,赞助 LeanFITT 的高管需要宣传他们最初的成功经验,以获得整个组织的进一步支持。高管们还需要在整个组织中创造机会来培训其他价值流中的人员,以较好地应用精益实践、方法和工具。

3. 第 3 阶段——通过积极参与和提高透明度来激励团队

在第 3 阶段,先前精益改进工作的成功被社会化,参与和领导初始工作的个人因其成就而得到认可。与任何精益计划一样,LeanFITT 提倡使用度量指标和工作的可见性,以鼓励组织支持和接受新的工作方式。这些目标也是第三阶段活动的重点。

此阶段使用的 LeanFITT 工具包括标准化检查、A3、现场走动、5S、PDCA、DMAIC 和其他合适的工具。主要活动包括以下内容。

（1）宣传,并展示 LeanFITT 工具应用和项目的成果。

（2）跟踪和分享团队改进项目的进展和工作项。

（3）在整个组织内标准化和扩大培训。

（4）分享成功故事。

此时,领导精益改进的团队可以为他们的成功祝贺了。庆祝成功是一件好事。然而,组织不能就此止步。精益是指在整个产品生命周期和整个组织生命周期中建立 CI。

4. 第 4 阶段——使精益成为常规和可持续的

停止变革的组织会变得陈旧,并将其业务置于风险之中,而其他竞争对手将会找到利用新产品争夺市场份额的机会,通常是由产品的数字化能力增强和组织的价值流所驱动的。第 4 阶段旨在保持,甚至建立精益导向的竞争优势。

此阶段使用的 LeanFITT 工具包括标准化检查、现场巡视、PDCA、错误预防和其他合适的工具。主要活动包括以下内容:

（1）持续监控和调整进度和状态,以满足当前需求。

（2）实施行动清单以推动持续改进。

（3）衡量和分享有形的货币节约和无形的节约,如改善沟通和团队合作。

（4）持续改进和 LeanFITT 组织文化。

精益和六西格玛经常用于处理质量问题，其中有一揽子方法和工具支持质量改进目标。如 LeanFITT 在其产品中提供质量改进工具。

5. 利用 LeanFITT 提高质量

LeanFITT 包括 9 种提高质量的方法和工具，如图 14.4 所示：

质量工具	支持的方法和技术
5个为什么分析	使用有组织的头脑风暴来系统地确定问题根本原因(即效果)的手段和方法
头脑风暴	在短时间内产生大量不受批评和评判想法的手段和方法
鱼骨图	以图形方式越来越详细地显示和探究问题所有可能原因的手段和方法
直方图	收集和利用数据显示形状和分布的手段和方法
影响图	用最少的投入找出可能对问题产生最大影响解决方案的手段和方法
帕累托图	以条形图形式收集和显示代表80/20帕累托原则数据的手段和方法
运行图	一段时间内收集和显示多个数据点的手段和方法
散点图	收集和显示数据以研究一个变量和另一个变量之间可能关系手段和方法
利益相关者分析	收集和帮助确定影响项目成功关键人物的手段和方法

图 14.4　LeanFITT 的九种提高质量的方法和工具

本节结束了我们关于 LeanFITT 和 VSM 主要实践的讨论。在下一章，也是本书第三部分的开始，我们将再次深入 DevOps 的主题。

14.5　小　结

在本章中，我们介绍了两个在精益实践和 VSM 的开发中发挥重要作用的组织。我们从 LEI 开展研究，举办教育研讨会，出版书籍和电子书，举办会议，并分享关于精益思想和实践的实用信息。

我们还介绍了 LeanFITT。创立 LeanFITT 的合伙人已经出版了 50 多本关于精益实践的书籍。他们还写了一些关于 VSM 的早期书籍，并积极参与了 VSM 实践和方法的早期发展。

我们现在在准备进入本书的第三部分，它描述安装现代 DevOps 流程和工具链的复杂性和方法。第 15 章定义适当的 DevOps 平台策略，讨论了两个关键问题。第一个问题是避免所有组织在尝试实施成熟的 DevOps 流程和工具链策略时，面临的 DevOps 实施陷阱。第二个问题是确定哪种 DevOps 平台实施策略最适合我们的组织。具体来说，将介绍 4 种实现 DevOps 流程的方法。

最后,第 16 章,用 VSM 和 DevOps 实现业务转型讨论了一种潜在的未来状态,在这种状态下,现代 VSM 工具不仅有助于改善基于 IT 的价值流,而且有助于改善组织的所有价值流。

14.6 问 题

(1) 谁创造了价值流这个术语?

(2) LeanFITT 与我们在 VSM 上的讨论有什么相关性?

(3) James Womack 描述了哪些与组织使用金钱激励职能经理和高管有关的问题?

(4) LEI 如何定义价值流?

(5) 在 LEI 看来,精益行动计划的目的是什么?

(6) LeanFITT 产品的既定目的是什么?

(7) LeanFITT 创建精益企业的 4 个阶段是什么?

(8) 什么是 A3 项目?

(9) 什么是六西格玛流程?

(10) LeanFITT 有两套工具——它们是什么?

14.7 延伸阅读

- Martin,James (1995). The Great Transition. Using the Seven Disciplines of Enterprise Engineering to Align People,Technology,And Strategy. Amazon. New York,New York.

- Davenport,Thomas (1992). Process Innovation: Reengineering Work through Information Technology. Ernst & Young-Center for Information Technology and Strategy. Harvard Business School Press,Boston,Massachusetts.

- Kirsten,M. (2018). Project to Product. How to Survive and Thrive in the Age of Digital Disruption with the Flow Framework. IT Revolution. Portland,OR.

- Cardoza,C. (January 6,2021). A guide to value stream management solutions. Buyers Guide.

- Collins,J. (September 29,2020). GigaOm Radar for Value Stream Management v1. 0. Retrieved from https://gigaom. com/report/gigaom-radar-for-value-stream-management/. Accessed May 20,2021.

- Condo,C. ,Mines,C. (July 15,2020). The Forrester Wave: Value Stream

Management Solutions，Q3 2020. The 11 Providers That Matter Most And How They Stack Up.

- Rupp，C. G. (2020). Scaling Scrum Across Modern Enterprises: Implement Scrum and Lean-Agile techniques across complex products，portfolios，and programs in large organizations. Packt Publishing. Birmingham，England.

- Ford，N.，Parsons，R.，Kua，P. (2017). Building Evolutionary Architectures: Support Constant Change. O'Reilly Media，Inc. Sebastopol，CA.

- Zachman，J. (February 1987). A Framework for Information Systems Architecture. IBM Systems Journal 26，276-292.

- Kersten，Mik (July 15，2020). The Rise of Value Stream Management (VSM). Founder and CEO of Tasktop. Originally published on the Tasktop blog on July 15，2020. Alsoposted on LinkedIn.

- Ennaciri，H.，Bhat，M.，Betts，D.，Saunderson，C.，Herschman，J.，Murphy，T. (September 29，2020). Market Guide for DevOps Value Stream Management Platforms. ID: G00730782.

- Ackoff，R. L. (1994). If Russ Ackoff had given a TED Talk. YouTube. Published by Steven Brant. Posted on Oct 23，2010. Hosted by Clare Crawford-Mason and Lloyd Dobyns to capture the learning and legacy of Dr. W. Edwards Deming.

- Robinson，F. (2001). MVP: A Proven Methodology to Maximize Return on Risk. Accessed May 29，2001.

- Ries，E. (2009). Minimum Viable Product: a guide. Startup Lessons Learned. Accessed May 29，2001.

- Womack，J. (November 2002). Substituting Money for Value Stream Management. Lean Enterprise Institute. Boston，MA. Accessed May 30，2021.

- Jones，D. (December 2009). Value Stream Management. Lean Enterprise Institute. Boston，MA. Retrieved from. Accessed May 30，2021.

- Goldratt，E. M.，Cox，J. (1984，2014). The Goal: A Process of Ongoing Improvement. Fourth Edition. North River Press. Great Barrington，MA.

- Bain，S. L. (2008). Emergent Design: The Evolutionary Nature of Professional Software Development. Addison-Wesley，A Pearson Education company. Upper Saddle River，NJ.

- Ward，Allen (2004). Lean Product and Process Development (video). Lean Enterprise Institute，2004.

- Kirsten，M. (July 2020). The Rise of Value Stream Management (VSM).

- Skelton，Matthew，and Manuel Pais. Team Topologies: Organizing Business and Technology Teams for Fast Flow. IT Revolution Press，2019.

14.8　引用 LEI 案例分析

LEI cites four customer use cases to showcase the success of their co-learning program. The following list contains the names of the use cases，all of which are currently available on LEI's website：

Thrustmaster Comes Around.

Fighting Cancer with Linear Accelerators and Accelerated Processes.

Lean + Circular Principals = a New True North for Manufacturer.

Using Plan-Do-Check-Act as a Strategy and Tactic for Helping Suppliers Improve.

第四部分 通过 DevOps 应用 VSM

本书的最后一部分解决了与 DevOps 平台实现相关的 3 个关键问题。

（1）避免开发运维实施陷阱。

（2）选择合适的 DevOps 平台策略。

（3）使用 VSM 和 DevOps 平台支持数字化业务转型。

面向非技术读者和新手从业者，第 15 章，讨论了实现 DevOps 工具链和流水线的复杂性。本章从与 5 位 DevOps 实施专家的讨论开始，他们分享了他们对 DevOps 平台实施问题和处理这些问题的方法及看法。然后，将介绍 4 种潜在的 DevOps 平台实现策略以及每种策略的优缺点。最后，将介绍在实施 DevOps 平台时解决 18 个潜在陷阱的策略。

最后，第 16 章总结我们在本书中学到的知识，同时强调了在数字经济中使用 VSM 来领导精益业务转型的重要性。具体来说，我们将学习如何整合组织的 VSM 举措，以充分利用改进的软件交付流水线。

在本书的第二部分，我们学习了支持所有价值流改进的通用 VSM 方法。在本书的最后一章，我们将介绍 VSM 联盟的 VSM 实施路线图，该路线图应用精益和敏捷改进概念来实施 VSM 工具，以提高软件交付能力，支持数字化业务转型。将在这本书的结尾介绍将 OKRs 与 VSM 工具结合使用的策略，将公司策略与 VSM 和 DevOps 工具中的组合投资结合起来确定潜在的失败点，并扩展现代 VSM 工具的应用范围。

本节包括以下内容：

第 15 章，制定合适的 DevOps 平台策略。

第 16 章，利用 VSM 和 DevOps 实现业务转型。

第 15 章　制定合适的 DevOps 平台策略

这里已经是这本书第 4 部分的开始了，我们会将注意力转向了解如何实现 De-vOps 能力的方法上，与此同时，我们也将会了解如何使用这些能力来支持数字化业务转型。

在关于如何应用 DevOps 推动数字化业务转型的最后一节中，将涵盖以下几个主要的主题：

- 避免 DevOps 实施陷阱。
- 专家访谈。
- 选择合适的 DevOps 平台策略。
- 解决 DevOps 的陷阱。

在第 16 章讨论如何使用 VSM 和 DevOps 工具来推进数字化业务转型之前，我们将先介绍本章的前 3 个主题，首先了解 4 种基本的 DevOps 实施策略，以及每种策略的利弊。然后，我们将继续讨论可能危害 DevOps 实施计划的一些陷阱。最后，我们将回顾有助于改进 DevOps 工具链实施的 18 种策略。

本章介绍的大部分信息都是来自于本书采访的 DevOps 专家以及 VSM 和 DevOps 工具公司。我们也一直在准备推广这些策略，不管您的公司选择部署哪些 DevOps 工具和工具链，跟这些策略都是相关的。

我们先来识别需求和制定出实施方案，因为如果我们没有成功部署 VSM 和 DevOps 的工具，那么讨论它们能带来多少好处也没什么意义。成功实施 VSM 和 DevOps 方法以及工具是支持数字化转型的必要条件。

在下一章中，会介绍现代化的 VSM 工具和基于 DevOps 的软件交付实践改善组织的价值流的相关知识。从某种意义来说，我们将用一个完整的闭环来展示改进的软件交付能力如何支持组织的价值流改进，而这些改进是在现代数字经济中竞争所必需的。

考虑到这些目标，下面首先来探索一下 DevOps 实施的潜在陷阱。

15.1　避免 DevOps 实施陷阱

在准备写这一章的时候，我采访了几个实施 DevOps 工具和工具链方面的专家。他们分别是 Scott Ambler（项目管理研究所 DA 副总裁兼首席科学家）、Allan Wagner

（HCL 软件 VSM 和 DevOps 布道者）、Helen Beal（DevOps 研究所首席大使兼 VSMC 主席）、Pramod Malhotra（DevOps 服务执行官）和 Joel Kruger（专门开发可重用软件工厂的高级 DevOps 工程师）。

Helen Beal 在 DevOps 领域和 DevOps 社区资历深厚，见多识广，她解释了包含多种工具的 DevOps 实施如何不断演进，以及 VSM 工具来改进和编排软件交付工作流的需求。Scott Ambler 则从精益—敏捷的角度探讨 DevOps，包括在落地实施 DevOps 平台时选择适合自己的工作之道（WoW）。

Pramod Malhotra 介绍了他作为联邦机构和商业系统集成承包商的 DevOps 实施经验。Allan Wagner 则代表一个 VSM/DevOps 平台供应商的观点。Joel Kruger 将讨论为可重用的软件工厂创建可下载的 CI/CD 和 DevOps 配置的好处。

有了这些初步的介绍，我们开始吧。

15.2　专家访谈

在本节中，我们来具体了解 5 位行业专家的观点以及他们对 DevOps 的看法和想法。

1. Helen Beal 访谈

Helen Beal 是 DevOps 和工作之道教练、DevOps 研究所首席大使、持续交付基金会大使和 VSM 联盟（VSMC）主席。她为 DevOps 行业领导者提供战略咨询服务，并担任 Accelerated Strategies Group 的分析师。

我很荣幸 Helen 同意担任本书的技术评论员，并为这一章贡献她的想法。也有幸作为 VSMC 的顾问和 Helen 一起工作。介绍完了 Helen，我们来听听 Helen 是怎么说的。

(1) 培养 DevOps 思维模式

Helen 一开始就表明，她不认为组织应该创建 DevOps 团队。相反，她认为 De-vOps 是一种思维模式，而不是一种组织结构。就像她说的，"灌输这样一种观念，De-vOps 是整个组织的文化运动，也是设计价值流团队实践 DevOps 的文化运动"。

价值流是精益企业中交付价值的基本结构。DevOps 是支持 IT 价值流中的协作和技术实施战略。因此，从这个角度看 Helen 的观点是非常合理的。

DevOps 最初是作为一种协作策略，旨在协调软件开发和运营团队的工作，以提高基于价值的软件交付能力。成熟的 DevOps 流水线共性是实现工具集成、活动自动化以及工作和信息编排，进而改善价值流的流动。DevOps 需要思维和文化变革，以使软件交付与价值流保持一致。

(2) 人员赋能

DevOps 改变了人员在组织内部和组织之间的工作方式。因此，DevOps 会影响组织的人员和文化。Helen 继续指出，我们必须增强人员的参与能力——"人们不喜欢被改变——必须给予他们自主权，以找到他们自己前进的方向。"Helen 还指出，如果人很长时间没有被赋能，就很难被赋能。

（3）引领出路

Helen 指出了领导者的引领作用。在监督 DevOps 工具和工具链的部署，以及有效利用这种新工作方式所必须进行的组织变革中，领导者都不能充当次要角色。

为了能有效地发挥其作用，组织内的管理人员必须学习 DevOps 的技能和原则，然后再提出规范要求、推行落地。以便在工具、相关预算、协调资源和培训要求方面作出明智的决策。

Helen 注意到，许多领导者认为他们不需要学习。实际情况正相反，领导者需要学习，以及对组织进行再培训。DevOps 使组织脱离了传统的等级、命令和控制结构。因此，领导者包括组织的高管、管理者和教练必须具备一定的技能和知识，来鼓励他们的团队自我发现改进的方法，并帮助团队消除识别障碍。

（4）在转型中进化

当今，许多分析师倾向于采用精益—敏捷实践来支持业务转型。在这本书中，大家也已经看到我们的相关描述，即如何使用 VSM 和 DevOps 的方法和工具来支持业务转型，以在现代数字经济中竞争。

不过，Helen 认为通过持续和增量的改进，这种演进反而可以更好地服务于目标。在这种情况下，她认为组织最好努力实现持续进化的文化，而不是一次性和相对短期的业务转型目标。

（5）挤出时间学习

Helen 之前提到，组织领导必须获得知识来支持有效的 DevOps 转型。同样的学习要求也应该扩展到整个组织，必须为整个组织的继续教育提供时间和资源。

这些培训要求意味着组织的管理者必须抽出时间来学习。也就是说，持续学习必须被视为一项持续的工作要求，而不是优选项。

DevOps 转型要求组织中的所有人摒弃长期以来的信念和实践（例如，PRINCE、项目管理等等），并学习新的思维和工作方式。Helen 指出，人类有认知负荷极限，学习和实践新行为需要时间。因此，必须将时间分配给日常业务（BAU）之外的学习、新功能开发和解决方案。

（6）解决技术债

尽管技术问题不是培训的一部分，Helen 也提到了解决技术债的问题。也就是说，组织需要在繁忙的日程中腾出时间来重构软件代码，因为这有助于解决团队因专注于快速交付新功能所积累的效能问题。同样，开发和支持团队需要持续改进产品的架构、设计和尝试新的技术。

（7）构建 DevOps 平台

Helen 指出，新的 DevOps 工具要求随时可用，并且工具相关的需求随着时间会不断变化。因此，软件交付团队需要构建一个适应性强的 DevOps 框架，首先考虑 API。采用 DevOps 框架策略有助于确保平台随着时间的推移确保可扩展性，允许集成新功能和未来技术,以支持组织不断演进的软件交付需求。

另一个重要的考虑因素是在整个工具链中实现可追溯性。Helen 认为我们应该接受我们的 DevOps 平台将成为一个异构工具链,即使从一个商业 DevOps(DaaS)平台开始实施。支持渐进的方法来持续改进 DevOps 工具链,将会推动最终成果的达成。

此外,Helen 认为应该将 DevOps 工具链/VSM 平台作为服务提供给价值流团队。虽然团队可能有不同的需求和工具,但是我们可以将工具链的架构或类别从实际工具链中分离出来,并灵活切换工具(例如,用于 .NET 单元测试的 NUnit ,用于 Java 单元测试的 JUnit)。我们将在"采用软件工厂策略"和"构建可重用软件工厂"小节中详细讨论这个主题。

(8) 克服 DevOps 实施挑战

Helen 认为组织中很难对什么是 DevOps 达成共识。有些人可能认为它只是自动化的一部分,比如实现 CI/CD 流水线。其他人认为 DevOps 的广度包括整个价值流,连接业务的所有部分,并整合敏捷、精益、现场可靠性工程(SRE)、DevSecOps、DataOps 或 AIOps。

无论我们的组织选择如何定义 DevOps,都要确保有布道者和实践社区来定义和宣传为什么实施 DevOps,以及 DevOps 如何支持我们的业务。

Helen 指出,实施 DevOps 时最常见的挑战是文化。通常,使用工具和工具链效果可立竿见影。但是,在实践中改变人们的思维和工作方式则困难重重。

为了使文化变革朝着积极的方向发展,Helen 认为,组织必须积极建立心理安全,培训领导者分配权力,大力投资持续学习,并教会人们谈论自己的情绪、感受和行为。此外,她建议组织利用神经科学的最新发现来帮助创造真正和持久的变化。

最后,Helen 讨论了 KPI 和 OKR 的相关性,以及定义 DevOps 实施的目标和目的。但她也指出,这些不应该强加给团队,相反,应该允许 DevOps 团队来定义和度量他们的目标和指标,并确保团队拥有工具(即 VSM 平台)持续实时监控他们的结果。

2. Scott Ambler 访谈

Scott 和 Mark Lines 共同创建了项目管理研究所(PMI)的规范敏捷(DA)工具包。Scott 还与 Al Shalloway 一起工作,Al Shalloway 是 DA FLEX 的思想领袖。规范 DevOps 是 DA 工具包中的一个层次,Scott 正是从这个角度讨论 DevOps 实施陷阱和平台策略。

Scott 拥有丰富的 IT 经验,多年来一直分享他的知识。他在 IT 和流程领域撰写或合著了 20 多本书,并与世界各地的组织合作,帮助他们改进工作方式。

(1) 不可能买到 DevOps

Scott 认为,就 DevOps 而言,最大的实施陷阱是决策者不了解所面临挑战的范围。太多的组织只想购买和安装 DevOps,认为他们可以通过采购摆脱目前的困境。或者,认为他们可以在短短几个月内转型到 DevOps,事实上这是不可能的。

成功实施 DevOps 需要在人员、流程和技术方面进行大量的长期投资。首先,有一个重要的人的问题。Scott 合作过的每家公司都需要开发新技能、实施培训计划、寻找或培养导师和教练来支持学习过程。正如我们在本书中所看到的,DevOps 显然也需要新的工作方式,以及工具和技术的投资,以支持这个全新的、不断演进的工作之道。

(2) DevOps 不限于 Dev 和 Ops

① PMI 融合企业级 DevOps 的 6 个关键点。

Scott 对 DevOps 最重要的看法与 Pramod 和 Alshare 一致,那就是 DevOps 不仅是开发和运维的合并。在规范 DevOps 中,DA 是工具包的 1/4,PMI 融合了企业级 DevOps 的 6 个关键点:

a. 解决方案交付:这是一种适用于软件解决方案交付的战术扩展方法,被称为 DA 交付(DAD),它涵盖软件交付方案的各个方面,以及从始至终交付可消费的解决方案。可消费的意思是某样东西是功能性的(能工作),有用的(运行良好),合乎需要(想要使用)。解决方案可能包括软件、硬件、文档、业务流程改进和组织结构改进。敏捷团队通常专注于生产可运行的软件,而 DA 团队专注于生产可消费的解决方案——差异很大。

b. DevSecOps:规范 DevOps 的将安全实践,包括信息/网络安全和物理安全,纳入到 DA 工具包中。其原因 Pramod Malhotra 和 Allan Wagner 分享过,安全不应该是事后才想到的。

在本章中,DevSecOps 这个缩写常用来代替更传统的 DevOps 缩写。DevOps 是作为一种协作策略发展起来的,旨在打破开发和运营之间的壁垒,而 DevSecOps 将安全带入了协作中。也就是说,软件开发周期的每个阶段都会涉及安全,安全不是一个单独的功能。

DevSecOps 的目标是避免在部署的软件解决方案中出现安全问题。

为了实现这一目标,DevSecOps 流水线包括集成的、自动化的、编排的威胁建模和安全测试活动。自动化功能确保每次新代码更改都经过彻底的测试,并生成报告详细说明所有潜在的漏洞和风险。

② 监控工具发现威胁漏洞的情况。

在 DevSecOps 流水线中,安全性不限于软件编码和测试活动。软件发布之后,监控工具还会持续扫描威胁和漏洞,并在发现威胁漏洞时生成事件报告。

a. 数据 DevOps:数据是组织的命脉,但在大多数 DevOps 实施中,数据经常被忽略或至少被视为低优先级。如果不能以同样的速度部署对数据的变更,那么每天多次部署软件的变更有什么价值呢?

b. 多解决方案支持:DevOps 的理念是构建、运行和支持,是更好地进行协作和流程改进的重要动力。但 DevOps 不一定能大规模实施,尤其是组织有数百甚至数千个系统在运行时,最终用户需要一个共同的,且连续的策略来获得支持。

c. 通用 IT 运营:同样的情况,如果有许多解决方案在生产中运行,或者支持许多 DevOps 流水线,或者两者兼而有之,就需要支持通用运营的基础设施来简化工作。Scott 曾帮助一些组织识别通用的、共享的基础设施,以及支持单个团队需求的特有基础设施。使用和发展基于支持运营共享的基础设施,与基于应用程序的基础设施完全不同。Scott 的目标是帮助客户学习如何相应地使用和发展这两种类型的基础设施。

d. 业务运营：Scott 一再发现，大家不希望将 Ops 仅局限于 IT 运营。虽然业务运营很重要，但如果业务运营不够灵活，最好先投入精力在价值流的改进方面。

Scott 认为，DevOps 实施中有一个关键风险，来自于忽略了的一个事实，即 DevOps 不仅是使开发和运维团队协同工作。规范 DevOps 不仅展示了如何以精简和可演进的方式将这些关键要素组合在一起，还展示了如何在这些领域中的每一个方面同时进行改进。

在接下来的 6 个小节中，Scott 将解释如何在 DA 工具包中使用 DevOps。

我们将从第一个 DevOps 概念开始，从思维模式开始。

（3）从思维模式开始

Scott 指出，大多数人都认可敏捷宣言是描述敏捷思维模式的，宣言发布在 20 多年前，旨在解决当时的问题。Scott 强调，从敏捷宣言中领会到的思维模式是一个很好的起点，在本书中学到的 DevOps 思维模式有很多很好的想法，但是我们真正需要的是业务敏捷的思维模式。尽管 DevOps 是价值流和业务敏捷性的推动者，但它不是空中楼阁。若要想成功，需要超越 DevOps，放眼大局。

PMI 在 DA 工具包中纳入了 DA 的思维模式，可以引出业务敏捷性的原则、承诺和指导方针。相同的业务敏捷的思维模式为人们提供了协作和工作的基础，以支持在不同的团队之间建立共享的文化。

DA 社区发现这还不够。来自不同领域的人有自己独特的经历、技能、优先级和看待事物的方式。例如，安全专业人员有他们独特的哲学，数据专业人员、营销专业人员、产品经理和其他关键利益相关方也是如此。因此，我们不仅需要 DA 思维模式的基本原则、承诺和指导方针，我们还必须为我们组织内的每个团体或部落扩展它们的独特哲学。

DA 中的每个流程刀片，即 DA 所称的流程领域（如安全、数据管理、企业架构、IT 运营和许多其他领域），都用与该领域相关的一些理念扩展了 DA 的思维模式。这种方法使人们能够专注于那些过程领域所面临的挑战，基于他们的背景及所需的思维模式来应对挑战，同时与组织的其他部分分享共同的文化。

总的来说，DA 提倡我们需要一个共同的思维模式，来与他人进行良好的互动。我们还必须尊重人们所带来的差异，包括他们的观点。要想在 DevOps 中取得成功，每个人都要改进他们看待世界的方式，并以新的方式应用他们独特的优势。

（4）技术债已经到期了

如果 Scott 不得不选择一个 DevOps 在组织内实施缓慢的原因，那一定是技术债。多年来，低质量的源代码和缺乏自动化回归测试一直是 DevOps 的祸患。但是面向数据的技术债和数据源的质量问题多年来一直是许多组织的盲点。尽管高层领导经常意识到存在问题，但他们经常放弃去尝试解决问题。除非组织解决了所有的技术债，否则 DevOps 很难成功实施。

技术债的主要原因本质上不是技术，而是以人为导向的字面误导。事实上，Scott 的经验是，大多数技术来源于项目管理的思维和方法。特别是，按时按预算交付的强烈愿望往往会迫使团队交付比他们希望的质量更差的解决方案,从而增加技术债。当然,在设计、架构概念和技术方面的低水平培训也是技术债的产生因素。

多年来,Scott 合作过的所有组织——包括软件公司、金融机构、制造商和食品连锁店都需要投入资源来偿还技术债。然而,有证据表明,在软件质量、自动化测试和提高数据质量方面的投入是 DevOps 基础设施投资中占比最大的,需要多年的努力才能解决。

(5)演变为适用的 DevOps 策略

DA 工具包采用了别具一格的方法来提供过程建议。SAFe 或 LeSS 之类的框架提供了一组最佳实践规定应该做什么,这可能是一个很好的开始。但这只是一个开始。Scott 认为任何一个组织都是独一无二的,并且面临着独特的和不断发展的情况,所以需要超越敏捷框架。

相反,DA 工具包告诉我们应该考虑什么,提供解决面临挑战的选项,并描述这些选项的权衡。它让我们决定尝试哪些技术来开发合适的方案,强化了"快速试错"的改进策略,帮助我们作出更好的决定,从而减少失败的频率,促进更快的改进。

Scott 再次指出,常见的实现陷阱是认为我们可以安装或快速转换为 DevOps 组织,其实这是不可能的,实际上需要做大量的工作来进化成 DevOps 组织。我们希望有一个适用的 DevOps 战略,涵盖自己的组织、人员和目标,从而实现想要的结果。

(6)可以购买部分 DevOps 基础设施

我们已经讨论了 DevOps 平台。是的,我们可以购买 DevOps 工具或采用基于云的 DevOps 即服务(DaaS)选项及其组合。但是仍然需要安装和配置工具;还需要进行人员培训,让他们知道如何使用;需要有效地使用新的基础设施;正如 Scott 之前指出的,还需要投入资源偿还技术债,其中一个重要的方面是基础设施,比如开发自动化测试。简而言之,可以购买一些基础设施,但仍需要自行建造很多的基础设施。

(7)规范 DevOps 是敏捷企业的立足点

我们可以探索开发、运营、安全、数据和支持是如何融会贯通。还可以研究它如何支撑价值流,以及如何适应我们的整个组织。或者,也可以尝试下 DA 工具包,DA 工具包已经完成了所有这些繁重的工作,我们可以用它作为敏捷企业的起点。

DA 工具包展示了它们是如何融合在一起,解决了如何有效地实施价值流,可在企业层面上支持价值流。以基于选择而不是指令的方式,教导您的团队如何开发适合的工作方式,使其尽量高效,并适合他们所在的整体价值流。当然,精益治理策略也是贯穿于工具包中,否则,混乱就会接踵而至。

(8)与时俱进

如果您想在 DevOps 中取得成功,必须接受两个重要但不幸的观察结果。

① 您的组织是独一无二的:我们之前已经说过了;言外之意是,需要选择您的工作方式,以满足您的需要。

② 您的环境是持续变化的:您的工作方式不可能是静态的;相反,它必须随着您的情况发展而发展。您必须成为一个学习型组织,知道如何持续改进。

DA 可教我们如何变得越来越好。它明确地告诉我们，有选择，以及如何选择最适合我们当前情况的选项。它在团队和组织层面嵌入了改进策略，并且还包含了主流敏捷所倡导的快速试错的指导方法。

（9）解决方案并不轻松

Scott 强调没有捷径可走。不能直接买一个 DevOps 解决方案简单地安装，不能快速转变成 DevOps。相反，需要通过艰巨的努力来演进我们的文化，演进我们的工作方式，并改进我们的基础设施。他的经验是 DevOps 是关于人、过程和技术的。他最后的告诫是，如果忽视这些问题，后果自负。

3. Pramod Malhotra 访谈

Pramod 拥有直接和丰富的运营经验，是 CRGT 的杰出高管，是公司 DevSecOps 和应用软件现代化的思想领袖。此外，他还辅导过大型企业和联邦政府机构中很多的 DevOps 实施过程。

（1）取得管理层支持

首先，Pramod 认为，如果没有管理层的支持，实施 DevOps 工具链的任何努力都将失败。这种担忧是贯穿本书的一个反复出现的主题。Pramod 亲眼目睹过如果没有高层领导支持，大规模实施 DevOps 是多么的困难。

首先，DevOps 需要文化变革，这种变革不能用自下而上的策略来推动。因为人们很自然会抵制改变，继续他们的日常工作，所以 DevOps 也不能被强制执行。高管需要发挥领导作用，建立相关的目标和关键结果（OKR），并帮助推动组织获得期望的结果。

另一方面，DevOps 作为软件交付改进策略是物超所值的。DevOps 提高了软件开发能力，使整个企业中的每个人都受其工作方式的影响。也就是说，在数字经济中，软件既可以作为独立产品交付价值，也可以在物理产品中实现数字增强功能，并支持整个企业的价值流过程改进。

Pramod 建议组织不要浪费时间尝试实施 DevOps 工具和工具链，除非他们有首席级高管和业务线主管的支持，为实施计划提供资金，分配足够的资源，让人对基于时间表、预算和 ROI 下达成的可确认和可测量的结果负责，实施 DevOps 的努力才理所应当。

（2）实施有效的培训计划

其次，整个企业的培训至关重要。DevOps 的工具和工具链不能被拒之门外，因为企业还期望开发和运维团队能够有效地使用它们。此外，价值流要从基于 DevOps 的软件交付能力中获益，需要理解什么是可能的，以及如何与 IT 组织协作。对于企业所有者来说，这句话也同样适用于依靠竞争性的软件交付能力来实现企业战略、目标和目的的情况。

这种培训可以扩展到组织的员工以外，包括第三方顾问和供应商。例如，大多数政府机构和大型企业利用外部软件开发组织来构建支持业务的应用程序。如果高管选择 DevOps 交付，那么他们的顾问必须作出类似的承诺。

最后，利益相关方也需要 DevOps 方面的培训。本书对利益相关方这个术语的定义是,它包括任何人和任何有重要意见的人。在任何时期管理过软件交付项目的人都会经历过外部利益相关方影响他们项目结果的情况。有时,这是因为那些外部利益相关方正在争夺分配给您的项目预算和资源。但是其他时候,利益相关方可能看不到软件交付团队正在执行的工作价值,并且他们可能感觉被排除在决策之外。虽然敏捷实践有助于解决一些沟通和协作问题,但是我们不能忘记,一旦组织转向基于 DevOps 的软件交付,我们的利益相关方的关注和需求也同样重要。

(3) 全力以赴

在本书中,我们了解了使用价值流图来评估当前运营状态,识别改进机会,帮助实现期望的未来状态的重要性。因此,不同于敏捷回顾会——在有限的范围内评估需要立即改进的领域,VSM 计划倾向于采取更大、更长期的视角,以确保整个价值流作为一个系统,以更高的效率和更少的浪费运行。

DevOps 在很大程度上是面向精益将软件开发、交付和支持功能简化为一个集成的、自动化的、编排价值流的战略。从概念上讲,DevOps 工具链就像一个软件交付流水线。

VSM 提供了一种评估持续改进的方法来提高软件交付流水线中的价值的流量。由于资金和资源的限制,我们可能需要在相当长的时间内对投入进行优先级排序。但是,这并不意味着我们能够以临时的方式进行评估和实施。正是通过这些评估后的改进结合,使得 DevOps 流水线能够高效,且快速地交付软件价值。

因此,组织的管理者绝不能让其 IT 组织以零散的方式实施 DevOps 工具和工具链。实施 DevOps 工具和工具链是一项战略计划。组织需要计划和指导他们的 De-vOps 投资,就像他们对 OKR 驱动的任何其他产品和组合投资一样。

就目前而言,我们知道,OKR 在期望的结果和可衡量的结果方面建立了很高的期望。换句话说,管理者们应该制定 OKR 作为参与 DevOps 实施人的指导,包括期望是什么和表明成功结果的指标。

(4) 建立 DevSecOps 卓越中心(COE)

到目前,我们已经讨论了拥有管理人员领导力、有效的培训计划以及端到端的 De-vOps 实施策略的重要性 。但是组织还需要一个卓越中心来制定治理策略,确保可重用工具链配置的构建,并为培训、指导和辅导提供资源。

在监督了多个企业级的 DevOps 实施后,Pramod 得出结论,组织需要选择一个供应商或专家组(COE)来搭建组织的整体 DevSecOps 和 CI/CD 平台解决方案。这并不是说多个团体不能参与 DevOps 平台和工具选择以及治理策略。让不同的团队或小组独立工作是不明智的。否则,组织将会以一堆工具的大杂烩而告终,这些工具用于 license、跟踪、集成、支持和维护 DevOps 平台的整个生命周期。

COE 应该帮助建立和指导最初的 DevSecOps 平台原型的开发。当原型平台准备好时,COE 应该帮助指导一个或多个产品团队过渡到新的平台。当软件产品团队使用原型 DevSecOps 平台时,COE 和软件团队应该协作改进和完善该平台,以支持更大规模的使用。

一系列滚动部署将有助于证明和增强其为大型组织进行更大规模部署的能力。COE 必须根据需要优化平台做好准备通过每次新的部署支持新的需求。这种优化将包括集成、自动化和支持其他的 DevSecOps 活动、工具和工具链的配置。

持续的学习和增强可不断改进初级平台，使其更上一层楼。然而，假设没有正确地使用基础平台。在这种情况下，组织将开局不利，可能会减少管理层的支持，从而减少未来投资和部署的机会。相比之下，构建正确的基础 DevSecOps 平台允许组织使用 VSM 来证明进一步投资的合理性。但更重要的是，VSM 计划指导了改进 DevSecOps 平台的扩展使用，以支持整个企业的数字化价值流改进。

通过让一个供应商或 COE 来主导 DevSecOps 实践，并应用 VSM 原则，避免每个团队或每个供应商都需要成为 DevSecOps 和 VSM 实践的专家。可以这样想：我们雇佣软件开发人员是用来构建软件产品，而不是让他们构建基于 DevOps 的软件工厂。

在大多数情况下，我们不会让制造企业生产产品的员工去建造他们工作的工厂——我们也不应该期望我们的软件开发人员创建他们的软件工厂。许多人确实可以学习 DevOps 工程师的技能，只要有足够的时间和练习。但是他们从日常工作中抽出时间和精力，原本是用来以新的和增强的软件产品交付价值。所以不要这么做，这对他们的时间是一种非增值的浪费！

我们应该鼓励一种非常开放和协作的反馈文化，包括 COE、软件交付团队成员和相关供应商。正是这些协作提高了问题的可见性，并有助于改进我们的 DevSecOps 平台。

① 定义 COE 的角色和职责。COE 包括 DevSecOps 工具和平台方面的专家，还必须包括组织的 IT 架构组，或者与组织的 IT 架构组保持一致。DevSecOps 平台 COE 和 IT 架构组的职责包括。

a. COE 的职责，他们负责治理和策略。

以 DevSecOps 治理策略的形式建立一个该做和不该做的清单。

与管理者和投资组合管理职能部门合作，建立 DevSecOps 平台改进计划和预算。

b. 评估 SaaS 和 DevSecOps 供应商。

单一 DevOps 平台，如 AWS、Azure、GitLab 或 HCL 软件。

多工具平台，如 ConnectALL、Digital.ai、Plutora、ServiceNow 或 Tasktop。

定义启动 VSM 和 DevSecOps 工具和平台请求和批准的工作流程。

对备选方案进行分析（AoA）。

与法务、IT 和财务部门一起协商许可证、条款和条件以及服务级别协议（SLA）。

建立和维护在组织内使用的经批准的 DevSecOps 工具清单。

c. 指导任何需要软件交付的相关 VSM 团队和 VSM 计划的工作。

执行 IT 预算审查委员会或支持组合管理职能，以建立软件价值流/产品开发支持优先级。

（5）确定适合的 DevOps 平台策略

在 Pramod 看来，他认为最好的策略是选择 DaaS（DevSecOps 即服务）供应商，而不是开源工具。DaaS 的例子包括 Azure DevOps 服务、GitLab 和 AWS CodeDeploy。他为这一观点列举了如下几个理由。

① 它有助于避免 FISMA 和 FedRamp 合规性和审批的问题，以及与在政府机构内使用开源工具的安全审批问题。

② 组织不需要实现、集成和维护不同的工具。

③ IT 组织不需要编写基础设施的代码（IaC）配置。

例如，开发定制的 DevSecOps 平台需要雇佣 IaC 工具方面的专家，如 Ansible、Terraform 等。

他已经成为 Azure Kubernetes 服务的粉丝。

组织不需要安装、维护、处理 Kubernetes 的复杂性。

Pramod 认为，大多数组织可以很好使用基于 DaaS 的解决方案。然而，大型的数字化与高科技组织，如网飞、亚马逊、谷歌、沃尔玛，或许还有超大的联邦机构，对性能和大容量软件交付有着特殊的需求，因此有理由构建定制的 DevSecOps 和 CI/CD 流水线。

Pramod 也认识到，一些 IT 人员认为，当他们能够整合特定工具而不是服务时，他们可以更好地控制运营。

4. Yaniv Sayers 访谈

Yaniv Sayers 是 Micro Focus 的研究员兼 CTO，负责其应用交付管理和软件工厂项目。凭借他 20 多年 IT 和软件行业经验，Yaniv 经历，并领导了各种转型。我对他进行的一次采访，整理为本节的一部分。我们首先讨论了 DevOps 实施中的主要陷阱，例如忽略组织的 DNA 和围绕大数据的挑战，以及应用软件工厂方法来克服这些陷阱。

（1）确认组织的 DNA

Yaniv 强调，忽略一个组织的 DNA 是许多组织都会犯的一个常见错误。在数字化时代，希望保持相关性的组织可以看看脸书、谷歌、亚马逊、Spotify 和网飞等领先的高科技公司是如何利用 DevOps 的。

这些成功案例激励着管理者和其他关键利益相关方。他们可能会感到压力，希望变得更像这些组织，并认为他们可以通过实施这些组织使用的实践和工具来获得类似的成功。

然而，这些有关 DevOps 转型的常用参考资料主要适用于数字时代诞生的组织。他们的员工是数字化原生代，他们的流程从一开始就是敏捷的，他们的技术是云原生的。

这与金融服务、制药或政府部门的 IT 组织截然不同。许多企业仍然使用传统的软件开发方法，例如瀑布或瀑布 Scrum 混合（Water-Scrum-Fall）过程。他们使用的技术很宽泛，包括从大型机到客户端/服务器再到云的各种技术，此外，他们还有从上一个时代学到技能的人员。许多人还不适应现代数字经济中的运营或竞争。

对于传统企业来说，"更快"运行的挑战和意义都可能不同于数字化的原生体验。这些组织的 DNA 是不同的，Yaniv 认为必须承认这一事实。他们可以从数字化原生组织取得的成就和他们的运营方式中受到启发,但他们不能简单地遵循数字化原生组织的实施方式,也不能忽视他们过去和当前的环境。相反,他们需要继续运行当前的环境,同时制定符合其 DNA 的转型计划。

（2）以结果为导向

大多数组织采取以技术为中心的方法。他们以工具和设备为起点,围绕用户或消费者做努力,但大多数都没有达到预期的结果。例如,仅仅实现敏捷计划工具并不能使项目敏捷。项目可能仍然运作在长交付周期,没有快速反馈,或者人们发现很难过渡到敏捷思维模式下运行。

相反,最好从由外向内的角度出发,与客户和消费者合作协调对他们至关重要的结果和推动这些结果的价值流。基于期望的结果,可以识别和确定所需的人员、流程和技术变更。例如,它可能需要培训员工新的工作方式、定义新的角色和职责、增强现有流程以及实施新的工具,所有这些都需要协同努力才能实现预期的结果。

（3）发现平衡的艺术

速度、质量、成本和快乐并不矛盾;它们不是孤立的,也不应该被认为是一种权衡,它们是相互交织的。举个例子,假设专注于速度而忽略了质量,在这种情况下,低质量最终会导致用户和员工的不满。低质量也增加了返工,导致更高的成本和增加的技术债,进而导致更慢的交付。

另一方面,高质量减少了失败和返工的需要。因此,提高质量可以降低成本,提高交付速度,并提升幸福感（员工、客户和最终用户）。

利益相关方应该意识到,感知到的短期权衡最终会导致长期的相反结果,要意识到权衡是相互依赖和相互交织的。在这种情况下,IT 组织需要不断地平衡速度、质量、成本和快乐。

（4）通过大数据作出更好的决策

Yaniv 经常遇到利益相关方根据直觉和猜测做出关键决策,对幸运的人来说是次优结果,其他人则以重大失败告终。例如,在没有获得客户输入和反馈的情况下,根据他们对用户和客户可能需要的信念对投资进行优先排序,在不清楚版本质量和安全风险的情况下决定是否将版本转入生产,在没有意识到对其他服务影响的情况下更改接口和数据模型。

当决策者缺乏对所需数据的访问权限时,通常是由于一系列原因造成的,如禁止数据共享的组织和政治障碍,不同领域内的多种"语言"使共享上下文变得困难,系统之间缺乏集成,等于无访问权限,数据点之间无法进行追溯。

实施 DevOps,数据挑战会变得更加极端,会有更高的持续交付周期,向自动化的转变,数据量以数量级增加,决策者需要更快、持续作出有意识的决策。

想要在大规模 DevOps 中取得成功的组织必须应对大数据挑战,决策者访问可追踪的数据是第一步。此外,以实现价值驱动的交付为目标、有意识地持续决策、分析和机器学习,应该能够将大数据转化为可操作的洞见。

（5）采用软件工厂方法

Yaniv 指出,需要通过实现 DevOps 进行转型的企业组织应该考虑采用软件工厂方法。软件工厂将组织的战略规划与一组集成的服务、流程、工具和数据结合起来,使组织能够规划、构建、测试、发布、运维和管理交付给客户的软件。

首先要创建一个外部视图的基线,并与利益相关方合作,使结果和价值流保持一致,从而实现这些结果。然后,映射价值流主要活动、角色、系统和数据及其交互。

Yaniv 还指出,我们还可以利用诸如 IT4IT 这样的框架,为常见的价值流提供参考。例如,在 IT 组织中,面向 DevOps 的价值流包括从接收需求到交付给用户,或遇到问题的用户直至解决问题,或偿还技术债的活动。

接下来,分析问题,例如利益相关方决策所需的信息缺失、重复的系统、容易出错的人工活动、浪费的时间。规划每一项可能的改进领域,例如整合到一个标准的敏捷规划服务以实现依赖的管理和透明化,整合服务以提供数据可见性,提供性能测试服务以实现左移及早期问题检测。

在映射价值流和分析问题后,我们会对重要的结果、当前的问题和机会(或者说是有价值的服务)有了共同的语言和理解。然后尽可能制定共享服务的目标,并在必要时根据业务需要进行区分。

那交付服务的机制是什么呢？ Yaniv 认为,与交付数字化产品完全一样,采用基于敏捷的开发方法,并不断改进。

Yaniv 指出,IT 组织应该对服务交付采取一种迭代的、持续的改进方法,从小处着手,然后不断发展。他简要描述了实施的生命周期,如下所述。

① 选择关键价值流:在分析价值流后,确定 2～3 项需要改进的服务。价值流可以是知识库服务、质量管理服务、安全测试服务或任何其他关键的 IT 服务。

② 创建最小可行产品(MVP):MVP 的目的是验证服务的价值,减少不确定性,并与一些消费团队一起孵化,以获得快速反馈。然后,根据短周期内的反馈,学习并改进服务。

③ 创建标准模型:该模型作为一个蓝图,描述了创建标准服务系统所需的技术、人员(角色和职责)以及流程,以确保较好地实现服务的可消费、可实现和可运维。

④ 上线:通过向消费者发布改进的服务,部署所需的基础设施,并扩展基础设施以在全球范围内提供服务。然后测量和监控关键性能指标,并进行相应优化。最后为下一次迭代进行总结。

⑤ 重复清洗:在完成第一个改进周期后,确定接下来 2～3 个服务,一次次循环迭代的、持续的改进过程。每个周期都能提升人员、流程和技术。

对于需要通过实施 DevOps 进行转型的企业组织,软件工厂方法有助于制定一个适合其 DNA 的转型计划,方法是从小处着手,无须过度设计,并允许持续改进。

5. Allan Wagner 访谈

Allan Wagner 是 HCL Software 的 DevOps 咨询和采纳小组的转型顾问/DevOps 爱好者。我和他网上见过几次面,发现我们对 VSM 和 DevOps 的看法非常接近。我与他进行了一次采访,作为这节的内容。我们从讨论 DevOps 实施中的主要陷阱开始,这些陷阱集中在花费 IT 资金而看不到可量化的业务价值回报方面。让我们看看他要说什么。

(1)花了钱却没有可证实的结果

当我问 Allan 他认为 DevOps 实施的陷阱是什么时,他立即提出了一个具体的通用用例。具体来说,作为 HCL 的 VSM 和 DevOps 布道者,他经常听到他们的潜在客户说,他们的 IT 经理和高管已不想在 IT 方面投资,因为它没有在组织的其他部分显示出价值。

这个问题也是在本书中多次提到的。如果没有适当的协同,组织可能会花费大量的金钱、资源和时间来实施成熟的软件交付流水线。此外,正如 Pramod 在他的采访中指出的,DevOps 不容易学习,也不容易实现。许多(如果不是大多数)软件开发团队缺乏支持、资金,甚至缺乏集成、自动化和编排软件开发流水线的技能。

坦白说,这样的工作甚至不是他们的责任。软件开发者通过交付软件产品产生价值,而不是建立软件交付平台和流水线。

(2)安全的失败

Allan 指出,实施 DevOps 功能的一个主要陷阱是需要重大的文化和组织变革。他主张组织应该进行渐进式的变革,IT 组织以及那些依赖于他们服务的组织必须明白,并非一切都会按计划进行。但是为了增加我们成功的机会,我们也应该花一些时间和精力去计划!

(3)通过命令管理

Allan 和我谈到了 DevOps 项目为何经常因命令失败。这种命令存在的问题是多方面的。首先,高管层的预期可能与现实不符,工具、平台和培训往往没有预先规划,资金也不足。如果没有计划来确定组织的需求和要求,就很难正确地确定预算。

此外,在没有规划和构建原型 DevSecOps 平台的情况下,我们将问题留给每个软件开发团队去解决——不管他们是否有时间和技能来解决这些问题。即使软件开发团队解决了平台开发问题,可能也没有预算来执行实施。当然也不会在大型企业范围内实施。所需的工具甚至可能无法在组织内获得批准使用,因为影响了所有关注安全性和风险的组织,在这些组织中,法规合规性和治理是关键问题。计划外成本也是一个因素。没有执行计划、预测预算和将投资与价值交付联系起来的方法,这样的指令是没有用的。每个参与者都注定会失败,这会导致沮丧更多的工作未达到预期,并最终导致不信任。

在我的上一本书 *Scaling Scrum Across Modern Enterprises* 中,我讲述了我在美国海军学院的田径教练 Allan Cantello 的故事。4 年来,我每天都听到他一遍又一遍地说同样的话:"你们这些自以为是的年轻人! 你们要的只是瞬间的满足!"他的观点是,任何有价值的东西都不会轻易或迅速得到。作为两届全美标枪学生运动员和前奥运选手,他曾经保持着标枪项目的所有国家和国际纪录。

讲述这个故事的目的是,同样的道理也适用于业务。我们需要了解我们的目标,定义和设定可衡量的目标,计划如何实现我们的目标,然后每天努力工作来实现它们。如果没有与具体目标和关键结果相联系的计划、原型(实验)、预算和资源,命令是没有用的。

(4) 误解

这是 Allan Wagner 引用的常见场景。多年来,组织一直在构建和资助整年或多年的软件开发计划,但当开发团队在项目的约束下无法交付时,他们只会感到失望。在每年开始时,工程团队可能会提交每个季度的预算估计,或者他们的全年开发计划。通过协商,企业将批准一定数量的资金。但是糟糕的场景是,当执行官和经理仅考虑投资回报而不考虑工作的实际情况时,就规定了时间表、预算和资源约束。

尽管如此,工程部门可能会欣然接受这些约束,并致力于开发所要求的新特性或新功能,也许每个季度交付一次更新,也许超过年度项目预算一次。最终利益相关方将有机会回顾和检查工程已经构建了什么,只是意识到他们没有得到他们想要的。要么业务的需求发生了变化,而这些变化并没有传达给开发部门。不管结果如何,情况总是一样的——缺乏业务价值和投资回报。

敏捷实践的出现是为了调整开发工作,以支持业务及其客户不断发展的需求和优先级。具体来说,敏捷解决了与传统基于项目开发模式相关的问题。后来,CI/CD 和DevOps 流水线策略演进到更快和更有效地交付软件产品。

敏捷开发纠正了基于项目的软件交付模式,让团队更早地、持续地交付,拥抱变化,更频繁地交付,与业务更紧密地结合。直到今天,这些事情仍然很重要。改变或改进的是更加关注交付业务价值,团队努力变得更加高效,并根据数据作出决策,从构思到实施等等。这是基于 CI/CD 和 DevOps 的软件交付流水线的承诺。

在早期,当组织开始他们的 DevOps 之行时,他们可能已经授权个体软件开发团队选择自动化解决方案来构建和部署他们的独立交付流水线。个体团队可能喜欢自治,这是敏捷的事情,但是由于前面提到的所有原因,这种方法造成了一些混乱。

还有一个问题,当工程和产品数据驻留在几个不同的存储库和不同的格式中时,业务领导很难根据数据作出业务决策。

Allan 指出,要求每个产品或项目团队在其交付流水线中使用相同的工具集可能是不现实的,因为有许多因素将决定工作的最佳工具或解决方案。正如本章前面提到的,我们不能忽视工作的首选方法和工具的推广,对软件开发人员和操作人员的影响。

但是,组织可以通过允许团队为手头的任务选择最佳解决方案来找到折中方案——前提是与提供整体视图或仪表板的解决方案(或多个解决方案)相集成。这就是采用 DevOps 平台的现代 VSM 所能提供的通过一个通用的标准化数据模型,集成DevOps 工具链中的工具,从而提供软件交付流水线的端到端实时可视化。

(5) 寻找真相来源

无论一个组织选择构建自己的仪表板还是购买基于 COTS 的 VSM 解决方案,当托管填充仪表板和做出准确的业务决策所需的数据时,我们都需要访问几个真相的来源。Allan 列出了这些真相的来源如下所述。

① 企业规划：一个共享的企业规划工具，提供了整个组织所有开发活动的视图。

② 版本控制：在整个组织中实施单一的版本控制系统，用于存储在开发、构建、测试和部署软件中使用的所有资产。

③ 制品库：所有可部署制品的单一位置。

④ 发布编排：编排软件版本自动部署的单一数据源。它还提供已部署软件的已发布版本和部署位置的清单视图。

⑤ 质量管理：提供质量水平细节的单一数据源。此外，这种能力支持将需求链接到测试用例、执行的测试以及相关测试结果的可追溯性。

⑥ 事件管理：单个存储库可全面管理和协调整个企业的事件解决方案。

Allan 注意到，这种集成不同来源事实的方法仍然为个体软件交付团队提供了工具选择的灵活性。但是，这种策略只有在有一个集成平台来链接共享数据存储库的情况下才有效，业务领导者依赖该平台来作出明智的业务决策。

（6）创建接受策略

这些缺乏信任的问题不是一夜之间出现的，它们由来已久。我们不能轻视或缩短打破长期形成的组织障碍的过程。此外，组织管理软件产品交付的时间太长了，因为项目受不知情的预算、进度和资源的限制。

创建连续的和可预测的流程的精益生产过程提供了改进我们交付软件价值的最佳方式。但是精益也极大地改变了我们的工作方式。它改变了我们作决定和衡量进展的方式。也改变了我们的工具和所需的技能。

正如 Pramod 在上一节中指出的，我们需要高管领导提供资源，帮助指导组织完成这些变革。例如，组织的领导必须找到资源和预算，以配备如下内容。

① 卓越中心。

② 教练和导师。

③ 思想领袖。

④ 变革倡导者和创新者。

⑤ 原型约定。

⑥ VSM 和 DevOps 工具链采购。

没有这些资源和坚定的努力，任何企业规模的 VSM 和 DevOps 平台实施工作都注定要失败。

（7）向前迈进

Allan 介绍了一些常识性的步骤，通过 VSM 和 DevOps 的方法和工具，我们可以实现更理想的未来状态，如下所述。

① 在每周计划中安排学习时间。

② 爬/走/跑，一步步迈向成功。

Allan 说："您可能必须放慢速度才能走得更快。"例如，您必须分配时间、精力和资源来解决与技术债相关的问题。

③ 没有管理层的支持，不要启动 VSM 或 DevOps 平台实施计划。

④ 脱离基于项目和项目群管理的发布时间如下所述。

基于项目管理的时间表是由资金和投资回报考虑因素驱动的,与支持不断发展的市场变化、客户需求和客户优先事项的日常现实脱节。

不能指望项目管理办公室理解开发团队的能力和限制。

团队领导需要在制定时间表时提前参与,并与产品管理部门协商应该如何进行。

我们需要更多的人吗?

一切都是优先的吗?

我们应该在流水线中建立什么样的 WIP 限制?

评估流量以确定燃尽率。

建立机制,以便在团队内部以及与我们的内部或外部客户更好地协作。

上述所列内容为成功实施 VSM 和 DevOps 工具提供了一个起点。但是如果我们不认识到投资必须驱动价值,这些都不重要。

(8) 增加价值

业务中的一个基本事实是,要做的事情总是比组织拥有的时间、金钱和资源更多。因此,从根本上说,更重要的是理解我们优先事项,决定什么能为我们的客户和组织的 OKR 方面增值最大。因此,要专注于为投资交付最大的价值,然后通过流动方式来交付价值增量。

Allan 是这样说的:"聚焦产品,持续不断地交付增量变化,为企业带来价值。"他还指出,"快乐者会更频繁地向最终用户交付更高质量的软件。"Allan 还表示,更快乐的工作环境消除了人员保留问题,因为人们倾向于在高产的开发组织中工作。

实际上,在所有的组织价值流中使用 VSM 驱动软件交付价值是本书的中心主题。让我们继续,看看 4 个潜在的 DevOps 平台实施策略。

(9) 跟上云原生的潮流

最后,Allan Wagner 提出了一个重要观察,即许多组织似乎都在追赶云原生的潮流。云原生环境为利用基础设施即服务(IaaS)提供商的资源提供了巨大的灵活性,即提供持续集成、容器引擎和云编排功能的收费和按使用付费服务。

然而,Allan 也指出了这样一个关键点:"大型企业公司使用的传统系统,即多年来构建的独特功能不会很快消失,这是因为将这些传统系统和应用的能力进行现代化改造需要相当大的成本。[组织必定会问]是否有投资回报来证明重写和迁移的合理性?"

我们将在"确定适合的 DevOps 平台战略"小节中再次讨论这个问题。具体来说,长期运行混合云环境可能是有意义的。

6. Joel Kruger 访谈

Joel Kruger 是一名 DevSecOps 工程师和 AWS 解决方案架构师,在商业和联邦部门拥有 10 年建设 CI/CD 流水线的经验。他也是使用容器编排系统实现大规模计算机应用自动化部署的专家。目前,他正在为一个拥有数百个软件产品团队的大型联邦机构构建可重用的 CI/CD 流水线配置。Joel 是将 CI/CD 流水线配置构建为可下载和自助式软件工厂的支持者。正是从这个角度出发,他讨论了潜在的 DevSecOps 实现陷阱和平台实现策略。

(1) 利用可重用的配置

Joel 指出,配置管理(CM)并不是一个新概念,而是在产品的生命周期中跨版本维护产品所必需的一套实践、策略和存储库。

Joel 指出,配置管理的想法来自其他机构,如军方,软件社区借鉴了这些想法,并对其进行了改造,以保护我们组织的 IT 资产。Joel 还指出,配置管理传统方面是一项纯手工任务,通常由系统管理员或初级开发人员完成。但是,在较小的项目中,配置管理任务可能会落到更高级的开发人员身上。

不管怎样,配置管理员角色需要大量的手工工作来详细记录系统的状态。但是,随着行业逐步将配置代码化,这个现象正在迅速消失。我们可以减少捕获、维护和使用某些信息所涉及的非增值工作的数量。这些变化来自于加速跨 CI/CD 和 DevOps 流水线的配置任务、支持基于云的计算环境以及实施新的基于 API 的自动化工具的需求。

配置管理与版本控制有时容易混淆。因为两者都是随着产品、产品组件和信息制品的变化,跟踪它们的版本。两者主要的区别在于,版本控制会在组件发生变化时对其进行识别,不管它们是否包含在产品发布版本中。相反,配置管理过程跟踪所有软件和基础设施组件的版本,以及与产品生命周期中的每个版本相关的其他信息制品。

我们已经讨论了 IaC 是如何通过代码确保所供应的基础设施自动化的实践。但是 IaC 的一个补充目的是建立一个书面书面记录,其中包含基础存在的服务,服务所在的位置,以及服务是在什么情况下部署的。

配置管理可能看起来像一个过于形式化的非增值任务。实际上并非如此,因为组织必须在其生命周期内保护其 IT 资产,配置管理包含大量的 IT 资产信息,是一项有价值的活动;在早期的配置管理活动中,不得不采用手动过程来记录、保存代码和其他制品,并将它们与软件发布相关联,活动比较烦琐。因此,组织会发现现在通过 IaC 更容易记录代码和其他制品的使用,以及完整记录公司拥有和部署的所有技术资产。

Joel 指出,随着软件产品的成熟,并不是所有的组件和信息制品都会随着每个版本而改变。从版本控制的角度来看,这些东西会很快失去同步。因此,配置管理对于维护产品的性能、功能和物理属性是必要的,这些属性与为每个版本指定的一组独特的需求、设计和运维信息相关联。

虽然配置管理不是一个新概念,但相对较新的是通过以代码形式管理的基础设施(IaC 基础设施即代码)和配置即代码(CaC)的形式,来进行新发布版本的自动化部署。IaC 和 CaC 都属于现代配置管理实践,并且都使用脚本语言来进行跨环境的自动化配置。但这两个术语有不同的上下文和使用含义。

让我们来看看:

① IaC:这种方法用于将 IT 基础设施,如网络、服务器、负载均衡和安全性定义为一个文本文件(脚本或定义文件),并将其纳入版本控制。文本文件用作创建或更新指定环境的基准源。IaC 以机器可读的语法提供了一个可执行的规格,包括能够产生虚拟化基础设施的步骤,可以作为一个版本进行版本控制,并在软件配置管理存储库中进

行跟踪。

② CaC:定义了软件组件如何相互连接,通过为应用程序、服务器处理和操作系统指定参数和设置,它们也作为存储库中的配置文件进行管理。因此,CaC 使得可以提前在流水线中构建和测试软件代码变更,从而更快地发现和解决问题,并提高每个版本的质量。与 IaC 一样,CaC 以机器可读的语法实现可执行的规格,并包括将应用程序基础设施的配置调整为在软件配置管理存储库中跟踪版本的步骤。

至此,我们已经了解了 IaC 和 CaC 背后的基础知识,让我们来学习 Joel 关于如何使用以及为什么使用它们的观点。

(2)实施 IaC 和 CaC 资源

Joel 首先指出,组织应该通过基础设施的功能,模块化地设计其业务的 IaC 和 CaC 的资源。例如,典型的基于 web 的应用程序包括前端用户界面、后端业务逻辑和数据库。最好不要将所有的配置代码放在一个文件中,而是将每个应用层的代码分成单独的文件。这种模块化结构和解耦策略使得随着时间的推移切换组件和系统变得更加容易。

这将有助于他们更好地安排工程师快速执行新软件和基础设施部署,尤其是在发生以下任何事件的情况下:

① 客户对特定工具和功能的需求不断变化。

② 需要将现有的代码片段重新用于其他产品或投资组合。

③ 以前实施的工具或第三方服务提供商的成本增加到难以接受。

④ 废除和替换业务指令。

实际的 IT 架构远比前面提到的简单的三层架构模型复杂。包含数百个应用程序的大型组织,必须支持可能会随时间变化的数百或数千个配置选项。

(3)维护互操作性

关于 IaC 和 CaC,Joel 指出必须在考虑互操作性的情况下构建计划、playbook、流水线和脚本。这种策略减少了在引入新工具链时所需的代码重构工作量和时间。在这种情况下,还可以最大限度地减少对其他运营基础设施造成重大中断的机会。

Joel 建议最好的方法是鼓励开发人员使用输入参数来表示环境变量和样板代码配置。这样解决方案组合当中的每个组件都可以像软件函数一样,能被任何排列组合的免费工具链所调用。

(4)从代码中移除"机密"

应用程序和系统的安全是所有组织当前面临的关键问题,或者即将成为关键问题。Joel 指出,他已经看到太多的开发人员在这个问题上走捷径,在他们的配置文件中硬编码密码和输入系统访问的信息。他的底线告诫是"不要在源代码控制中硬编码帐号密码!"

更好的选择是将它们作为加密数据存储在特权访问管理(PAM)工具中,如 HashiCorp Vault、Akeyless Vault、Thycotic Secret Server、BeyondTrust 或 AWS Secrets Manager。凭证管理器(或 PAM)通常将敏感信息作为环境变量注入容器运行时,或者将其存储在可挂载的特殊数据卷中。底线是,开发人员不能让黑客轻易看到应用程序的入口点、访问代码和其他敏感信息。

大多数凭证管理器都包含一个客户端进程,该进程将在微服务容器(Docker、Kubernetes)中运行,可以使用由凭证管理服务器发布的 API 密钥来解锁机密。在许多情况下,授权可以在组或个人级别、按密码进行配置,甚至可以动态地生成对时间敏感的一次性密码。Joel 指出,除了更加安全之外,参数化凭证还是确保软件配置可重用、可扩展和可伸缩的关键步骤。

IT 组织应该指定为机密的事项包括用户名、密码、令牌、API 密钥、SSH 密钥、PGP 密钥、TLS 密钥、TLS 证书、IP 地址、端口号、域名、安全字符串和敏感文件。此外,IT 组织还应确定任何其他被视为机密或受组织保护的数字信息,并将其包括在此列表中。

(5) 避免配置锁定

以代码来定义可重用的配置,可以减少为支持组织的 CI/CD 和 DevOps 平台雇佣和保持的专业人员的数量。IaC 和 CaC 还减少了每个软件开发团队建立环境、运行测试和部署代码所需的时间和精力。不过一旦配置变得不可用,所有这些好处都将落空。

考虑这个问题,Joel 强烈建议开发人员不要硬编码,这将妨碍 IaC、CaC 或内部代码的可重用性。相反,只要有可能,就使用命令行输入、API 调用、或者采用环境文件方式,将环境文件提交到源代码管理库中,再通过自动化流程来获取使用。

与参数化凭证一样,在代码中参数化关键的键/值对是确保软件配置可重用、可扩展和可伸缩的关键步骤。

以下列表包含应该参数化的配置项:

① 资源值:CPU、内存、磁盘大小、虚拟机名称。
② 云服务提供的属性:域、区、镜像、虚机等。
③ 网络配置:子网、IP 地址、域名、DNS 解析器。
④ 应用配置:应用名称、端口号、版本、依赖项。
⑤ 容器编排:容器注册表、图像名称、图像标签。

上面已经介绍了如何在避免配置锁定的同时对机密进行硬编码,下面让我们看看 Joel 对频繁发布的需求有什么看法。

(6) 鼓励频繁发布

Joel 引用了 CI/CD 和 DevOps 流水线构建的一个经常确定的目标:"如果产品的主代码分支不能在通知后 20 min 内成功部署到生产环境中,就没有正确地进行 DevOps。其中的成功部署,要求是经过全面测试,并满足客户规格的稳定部署才算数。"

Joel 鼓励开发团队持续对应用程序作更细微的改进。Joel 也建议产品发布过程应该完全自动化,同时尽可能采用一键式的实施方式来实现这一目标。他继续说,即使在许多仍然有大型机的传统环境中,也有可能利用当代的 CI/CD 工具去构建这种能力。

坚持快速构建和发布的理念可以确保客户体验到与他们的需求相一致的持续改进。即使您发布的产品或服务没有完整包含客户想要的全部功能,这种策略也能改善客户的体验。

我们的目标是确保每个新发布版本都是递增方式,不少于前一个版本,与客户的期望越来越接近。同样重要的是,这种策略减轻了组织或业务部门在新功能准备就绪之前部署它们的巨大压力。没有一个 IT 组织愿意在没有准备好产品的情况下,回滚失败的发布版本。

配备了快速构建和快速部署的能力后,在客户对我们的产品失去兴趣之前,可以给他们切实的证据,表明他们的意向已经得到持续的考虑。

由于频繁的发布版本需要经常在不同的生产环境中部署,我们需要确保我们为每个发布版本构建和部署了正确的配置信息。

(7)配置正确的 DevOps 平台

Joel 声称没有办法创建和维护利用基于 API 的基础设施部署的脚本或配置。无论我们的组织是实施 SaaS,还是在私有云上运行 DevOps 平台,这一说法都是正确的。

Joel 进一步指出,DevOps 平台策略分为以下 3 大类:

① 声明式配置。

② 自助化 SaaS/PaaS 工具。

③ 两者的结合。

使用声明式配置策略的好处是,所有 IaC、CaC 和参数都用源代码管理方式存储和审核。这种策略既具备变更管理的便利性,也为组织的安全审计奠定了坚实基础。

这种策略在政府和金融部门很流行,当企业组建一个集中的 BizDevOps 团队,并由其来编写开发团队已标准化审批过的 IaC、CaC 和自动化模板时,通常会使用这种策略。这种方法的好处是各个团队有更多的自由来创建和管理他们运维的基础设施。

这个策略的缺点是,自动化流水线不能像自助式 PaaS/SaaS 方法那样更好地扩展。可能会创建许多杂乱的代码库,每个扩展的代码库都需要跟踪和维护,以及相关的 CI/CD 流水线和其他制品。

另一方面,如果您的组织更倾向于标准化跟软件亭(Software Kiosk)、API 驱动的 web 服务、短期部署和第三方供应商相关的业务流程,那么程序化的自助 SaaS/PaaS 策略是最佳选择。通过这种方法,可以以编程方式组装、调配和配置基础设施以适应各种负载的需要。一旦执行了每个服务的工作负载,生成的任何制品和元数据都被推送到持久存储中,而所使用的基础设施将被重新调配以供他人使用。

这种方法的好处是业务流程可以根据需求进行扩展,并且管理开销更少。不利的一面是,筛选活动进行标准化的过程会让开发团队感到不灵活或受限制。该策略的另一个挑战是在治理和问责的时候,对变更的追踪和追溯很困难。

DevOps 平台决策不是一件易事。在同一组织中,某些情况治理和责任优先于可伸缩性,而某些情况事务速度比维护用于审计目的的大量配置更重要。因此,大型组织应该作好准备,维护各种 DevOps 平台解决方案和配置,以满足不同的业务需求。

(8)采用软件工厂策略

当企业的内部协同与联合比较有效的时候,可以一定程度上去中心化,允许单个 CI/CD 和 DevOps 流水线开发团队构建和维护可伸缩的服务,然后这些服务可供企业的其他团队使用。这种策略能节省成本,有助于建设跨职能协作、分担责任的文化,还能提升价值流生产率。Joel 指出,开发软件工厂是将这些原则付诸实践非常有效的方法。

软件工厂是相关软件资产的结构化集合,根据特定的、外部定义的最终用户需求,通过组装过程来生产计算机软件应用程序或软件组件。由于利用了 IaC 和 CaC 的能力,软件工厂概念也支持基础设施的快速自动化的构建和部署。

Joel 的观点是,组织可以扩展软件工厂的概念,将业务开发和安全运营应用程序包括在内。本质上,软件工厂将传统的制造技术和原则应用于软件开发、基础设施部署和业务运营。

对实现软件工厂与自动化技术细节感兴趣的人,Joel 在他的网站上提供了更多的细节可供其参考,网站汇集了 DevOps 和 VSM 的技术技巧,包括代码片段、可复制的演示、教育练习、相关信息和行业新闻。

Joel 认为采用软件工厂为在组织的 DevOps 平台上实现精益价值流的基础提供了最高效的解决方案。DevOps 的快速软件交付可以对准业务战略和目标,支撑所有组织的价值流活动的简化,并显著提高用户的工作效率。此外,使用具有可重用配置的软件工厂可以帮助面向研发价值流的 IT 团队,为所有业务应用创建标准化和统一的用户界面,以减少对最终用户培训的需求。

Joel 指出,企业需要不断演进,并支持紧急业务、市场和客户需求。同样,组织的业务应用必须同步发展,以实现新的流程变更。通过可重用和可扩展的软件工厂,易于部署新需求的和升级的功能,加上灵活的用户界面,允许组织的业务应用不断演进,支持紧急需求,并帮助最终用户执行他们的任务来实施新的业务工作流。

我们对 DevOps 实施专家的采访已经接近尾声。在这些访谈中,我们了解了专家对 DevOps 实施陷阱和平台部署策略的观点。在下一节中,将介绍 4 种常见的 DevOps 平台实施策略。

15.3　选择合适的 DevOps 平台策略

我们已经了解了一些潜在的 DevOps 实现陷阱,下面我们将开始学习 4 种可选的 DevOps 实现策略。部署 DevOps 功能的平台随着时间的推移不断发展,其中一些平台比其他平台更常见。

在本节中,您将了解 4 种常见的 DevOps 实施策略,以及它们的潜在应用。

这 4 项实施战略包括以下内容:

- 构建自定义 DevOps 工具链。
- 购买 DevOps as a Service/DevSecOps as a Service(DaaS)。
- 基于 VSM 工具的 DevOps 平台集成和流程编排解决方案。
- 将 DevOps 流水线配置开发为可重用的软件工厂。

　　每种选择都有自己的优缺点,我们将从构建定制 DevOps 平台解决方案选项开始讨论。

1. 构建定制的 DevOps 平台

　　正如本小节的标题所暗示的那样,这种方法涉及内部 DevOps 工程团队,他们负责集成、自动化和编排工具以形成定制的 DevOps 平台。这是 DevOps 早期唯一可用的方法。我们可以将这个策略比喻为制造一种定制的赛车,以及制造这种赛车的工具。或者,作为另一个类比,为我们制造设施而购买,并建造设备、安装设备。因此,最终会遇到两组问题为我们的软件交付平台构建工具和构建平台。

　　没有什么技术要求使之成为一个有效的策略,即走这条路的唯一动机是企业领域扩张和保住工作岗位。此外,当独立的软件开发团队无法获得公司的赞助和资金时,他们可能会独自选择此方法。

　　Allan Wagner 喜欢把这种策略称为不停投入的“礼物”。走这条路的组织没有看到承担定制集成、许可、支持和维护问题的不利方面。过了一段时间,DevOps 工程团队花越来越多的时间维护配置,花越来越少的时间构建软件产品。

　　下面我们来介绍另一种策略,如何将购买 DevOps 平台作为一项服务来使用,其中安装软件交付流水线的所有工具都是可用的,并且是集成的。

2. 购买 DaaS

　　这个策略涉及购买一个已经集成的平台,这个平台包括一个端到端的工具链来支持软件交付。例如亚马逊网络服务(AWS)、GitLab、微软 Azure DevOps,以及大量的独立公司集成第三方 DevOps 工具,并将其作为 DaaS 产品在云上提供。

　　供应商锁定是这种方法的最大缺点,他们的平台可能不支持我们的组织需要的工具。另一方面,几乎所有的 DaaS 供应商都允许我们集成其他工具来创建定制解决方案。但是,如果组织完全采用定制,那该怎么办呢？在这种情况下,开发运行业务的 DevOps 功能的时候,会出现与集成、自动化和编排的各种工具相关的问题。

　　此外,我们的数据还保存在其他人的环境中。我们都需要问自己,如果他们或我们的系统崩溃了会发生什么情况。软件运行着我们的数字世界。我们在业务中所做的一切都依赖于软件。因此,如果无法控制数据和应用程序开发的流水线,一旦它们被黑客攻击或瘫痪,就有可能导致灾难性的后果。

　　此外,如果 DaaS 供应商的工具和平台变得非常昂贵,会发生什么情况？我们是否被一个在财务上很痛苦的协议所束缚？云服务非常昂贵,而且是一个多年期的项目。我们有足够的投资回报率来证明可以实施某个厂家的 DaaS 吗？如果必须更换另一家 DaaS 供应商,我们能承受损失或弥补 DevOps 实施投资吗？

　　这是另一个问题。让我们假设有一个组织投资的 DevOps 工具和平台的组织。如果我们的公司正在考虑强制迁移到 DaaS 解决方案提供商,领导和 COE 就需要评估公司实施迁移的能力。

　　假如原有的东西还能用,该怎么办？组织的高管需要深入了解他们试图解决什么问题。通常,高管们希望避免 DevOps 工具投资和工具链集成成本。此外,他们可能会担心长期维护成本和可支持性问题。他们有这些担忧并没有错。但是,在进行如此重大的变革之前,组织必须对备选方案进行彻底的调查/分析。此外,不要仓促决定要求迁移。花点时间规划一下再迁移,在大规模迁移之前应对多个部署进行原型开发。

顺便说一下,采用基于云的 DaaS 解决方案并不是一个错误的决定。但是,在许多情况下,向基于平台工具套件的大规模或企业级的迁移可能会耗费时间和过多的资源。我们还需要考虑 DevOps 迁移对我们客户的影响,在迁移过程中,我们能否在不影响服务的情况下维持交付? 如何确保能够快速回滚所有失败的迁移?

通常,DevOps 不是解决棘手的技术问题,而是解决业务问题。因此,我们需要将迁移到基于 DaaS 的解决方案视为一项业务决策。

Allan Wagner 做了一个与本节相关的重要观察:"主机没有死亡;他们不会离开。遗留系统由多年的独特功能构建而成,所以不会消失。复制他们的能力是一个巨大的成本。(组织必须问)是否有投资回报来证明重写和迁移的合理性?"

因此,我们考虑了两个极端的立场:一是构建自己的 DevOps 平台解决方案,二是购买一整套基于 DaaS 的解决方案。中间的选择:使用 VSM 工具,并建立可重用的软件交付工厂。我们将从基于 VSM 的 DevOps 平台解决方案选项开始介绍。

3. 使用 VSM 工具

我们可以借助 VSM 工具来实现不同工具的集成、自动化和编排功能。这又回到了集成不同的工具链和导入数据作为决策的真实来源的问题;即业务决策应该基于 6 个真实来源的数据:企业规划、版本控制、制品存储库、发布编排、质量管理和事件管理。无论部署了什么工具,都需要将数据集成到你的数据存储库中。

使用端到端数据作出决策时,我们并不关心使用什么 DevOps 工具来执行什么特殊的任务,但是我们需要访问在该工具中维护的数据。因此,这些工具要通过一个通用的、规范化的数据模型,与真相相关的数据源进行通信,以有助于分析和决策。原始数据源的集成是比较困难的工作,因为 VSM 工具可能没有所有必要的集成适配器和连接器。因此,可能需要我们自己集成(通过定制 API)来解决这些问题,或者利用 DevOps 工具供应商的插件框架。

4. 构建可重用的软件工厂

当创建内部团队或使用外部软件集成团队来开发构建自助 CaC 的软件工厂时,这些 CaC 可以通过 Git 或其他配置管理工具下载。这 3 个类别的定义如下所述。

(1)基础设施即代码(IaC):例如 terraform standup。

(2)流水线即代码(PaC):是指完整、无缝的端到端集成、自动化和编排,在提交时通过脚本完成的,通过 Jenkins 或 Ansible 触发的一组完整的 API 命令,所以整个流水线都是代码。

(3)自我修复流水线:是指执行中的任何错误(Jenkins 或其他自动化工具)都会触发机器可读的错误,并使用实用程序和自动化运行手册来纠正和重新运行失败的步骤。

也就是说，如果 DevOps 团队发现了一个自动化故障，并修复了它，那么团队将对问题进行分类，以确定其根本原因，并构建修复方案。接下来，他们会将编码修复为自动化运行手册在 Jenkins 文件中运行，解决这种类型的错误，以防将来再次发生。（这就是我们所说的自愈）。

这一小节我们完成了关于如何选择哪种 DevOps 平台实施策略最适合我们的组织需求的讨论。在这里我们已经学到了 4 个基本策略。下面我们将讨论假如我们的组织的首席执行官在没有适当规划、准备和预算的情况下强制引入 DevOps 功能，我们可能会怎么做。

5. 应对公司实施的强制命令

DevOps 是一个非常关键的业务赋能器，主管和业务部门主管可能会通过企业强制命令来推动转型，但没有投入足够的时间来规划、缺少准备工作和对应的预算计划，以支持企业级部署。这时，最好的 DevOps 实施策略是采用 DevSecOps 即服务（DaaS）。IT 部门不需要实施 DevOps 工具和维护集成的工具链就可以开始工作。此外，当受公司指令驱动时，决策者可能不了解实施中的技术实现可选项、工具和工具链备选方案、配置和集成要求、成本等一系列问题。

DaaS 是基于多租户方式实现的。术语"软件多租户"指的是一种软件架构，其中软件至少在一台服务器上运行，但更常见的是在许多虚拟化服务器上运行，并为多个租户（客户）提供服务。DaaS 的例子包括 Azure DevOps 服务、GitLab 和 AWS CodeDeploy。此外，需要在多个环境中部署基于微服务应用的大型组织可以考虑使用 Azure Kubernetes 服务。

重要的是，DaaS 的开发人员不需要编写 IaC，因为 DaaS 平台已经包含了集成的工具链。大多数 DaaS 解决方案都是可扩展的，允许软件团队定制化基础平台的服务，如添加其他工具到平台中。如果交付团队想要创建一个定制化的 DevOps 平台，需拥有或雇佣 IaC 工具比如 Ansible、Terraform 方面的专家。

还有其他一些考虑因素可以支持强制时快速部署 DevOps。例如，使用以用户为中心的设计（UCD）过程有助于专注业务的特性和功能。这些工具允许客户和用户在开发代码之前看到他们想要的东西。因此，UCD 过程发生在写代码之前。

开发人员可以使用 UCD 的线框工具，如 Adobe InDesign、AXURE 和 Balsamic 为业务工作流创建可视化显示。这些工具的好处是有助于简化模糊前端的开发。UCD 概念还极大地减少了设计时间及由代码缺陷导致的返工。缺陷是实现的误解，或您的客户认为您应该知道并实现，但实际被遗漏未识别的需求。

自动化测试是 CI/CD 流水线中的一项关键功能。团队可以使用 Leapwork 来实现自动化测试的低代码/无代码解决方案。

当高管强制命令要求实施 DevOps 时，应用 VSM 工具的实施甚至更为合适。在这种强制实施 DevOps 的情况下，强制实施的要求可能会因为组织未能向其客户交付足够的价值而落空。

但是，如果组织未能实施好 DevOps，情况会有多糟呢？现代 VSM 工具提供了软件交付团队改进他们基于价值交付所需的度量,并展示他们已经取得的改进。简而言之,VSM 工具有助于识别瓶颈,协调工作,提高流水线效率。

但是软件交付流水线中仍然有难以集成、自动化和编排的领域。这是下一节的主题。

6. 应对创意和可重复的流水线活动

改进价值流交付的挑战是针对概念构思、需求定义和分析所涉及的工作进行自动化或工作评估。在软件开发中,我们把这个阶段称为模糊前端。

这个术语最初是由 Stevens 理工学院的教授 Peter Koen 创造的。它指的是与创造新产品想法和概念相关的价值流活动,需要对这些活动进行分析,以确定客户适应性和商业可行性。

其中一些活动由产品管理或产品所有者职能部门控制。这是因为只有他们有责任决定什么可以进入产品,什么不可以。但是开发团队也参与其中,因为他们必须评估实现每个新需求所需的难度和时间。在敏捷中,我们称评估需求为产品待办事项细化。

HCL 软件公司的人很友好,允许我引用他们对模糊前端的创意方面如何适配整个软件交付流水线的观点,如图 15.1 所示。

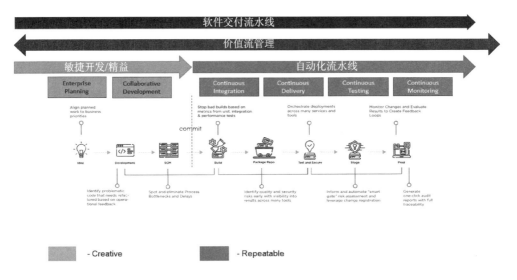

图 15.1　创意和可重复的 DevOps 流水线活动

这个软件交付流水线图的一个重要特征是强调了软件开发的创意和可重复性,它们被划分为敏捷和 DevOps 实践。

图 15.1 中垂直线左边的一切都是模糊前端,创造力是难以评估的决定性工作。然而,右边的一切都是代码提交,并且可以自动化。因此,左边的一切都需要创造力、思考、设计思维等等,而右边的一切都成为自动化软件交付工厂的一部分。

Allan Wagner 阐明了一个 DevOps 实现场景,包括 3 个阶段,他称之为第 0 天、第 1 天和第 2 天。让我们逐一了解:

（1）第 0 天（代码提交的左边）：此阶段敏捷实践的敏捷实现控制着冲刺计划、冲刺执行、发布、提交等。这部分是创意、模糊前端，研发中难以评估和自动化的部分。这些活动让我们始终聚焦在客户身上。

（2）第 1 天（代码提交的右边）：此阶段包括集成、自动化和编排 DevOps 流水线活动。采用了迭代增量开发（IID）模型，并通过集成和自动化工具链的能力变得精益。

（3）第 2 天：此阶段是我们想要达到的状态。这就是 VSM 的应用，专注于满足业务需求，这意味着我们需要对模糊前端（敏捷）和 CI/CD 自动化流程有一个整体的概念。它包括持续的监控、跨团队的观察和持续的改进，即通过实验找到更好的做事方式。此阶段还可以使用人工智能来评估需要改进的领域和方法，始终采用前置时间和周期时间作为改进的实际指标。

我们还可以在所有组织价值流中使用 VSM 技术来确定高优先级/最高价值的改进活动，这些活动受益于 DevOp 快速高效的软件交付能力。我们的想法是，可以花费大量的时间、资金和资源来构建 DevOps 流水线，但如果这些新功能没有应用于组织最具影响力的价值流改进计划，就不会对业务产生任何实际影响。例如，我们可以使用 OKR 和加权最短作业优先（WSJF）（一种在扩展敏捷框架（SAFe）中使用的方法）来帮助团队对一系列计划进行优先级排序。

至此，我们已经了解关于 DevOps 实施潜在陷阱的不同观点，以及关于如何解决可能面临问题的建议。我们还了解了 4 种不同的 DevOps 平台实现策略以及每种策略的优缺点。然后，了解了当组织的管理层强制要求实施 DevOps 时应该采取的最佳方法，并且还了解了为什么软件交付流水线后端的自动化比模糊前端更容易。下面我们将深入探讨如何解决一系列潜在的 DevOps 平台实施问题。

15.4　解决 DevOps 的陷阱

在本节中，将学习应对 18 种情景的策略，这些情景可能会对我们的 DevOps 实施计划构成挑战。该列表并不意味着对可能面临的情况进行了面面俱到的研讨。在学习这些小节时，大家可以思考如何应用所学的 VSM 概念、方法和工具来发现问题、分析根因、改进问题。

让我们从认识和避免康威定律的后果开始。

1. 避开康威定律的陷阱

1968 年，Melvin E. Conway 为《哈佛商业评论》（HBR）写了一篇文章，题为《委员会是如何产生的？》但《哈佛商业评论》拒绝发表，然而，康威坚持将论文提交给 *Datamation*（当时一流的 IT 杂志），*Datamation* 于 1968 年 4 月发表了论文。他的坚持得到了回报。他在论文中的一个观察结果是，组织倾向于创建反映组织内部沟通结构的系统（Conway 有意定义为广义概念上的系统）。

以下是原话：

康威定律：任何组织在设计系统（广义概念）时，所交付系统设计的结构与该组织的沟通结构保持一致。

尽管康威在多年前就得出这个观察结论，但康威定律今天并未过时，无论对交付软件的系统，还是现代的基于 DevOps 的软件交付系统依然适用。让我们用所学的精益生产系统来理解康威观察的结果。

VSM 方法和工具通过消除浪费和改进工作和信息流，帮助组织简化其价值流。如果要求 DevOps 团队创建一个支持关键业务流程的应用程序，模仿现有业务流程的操作方式来构建应用的逻辑是没有意义的。相反，业务应用程序需要支持 VSM 计划所确定的工作和信息流改进。

康威定律也直接适用于软件交付团队，因为团队也能视作一个系统。事实上，在描述康威定律的影响时，这是最典型的用例。简而言之，任何构建的软件应用程序都将具有与参与其构建的离散组织一样多的层或模块。实际上，该软件将反映团队如何切分他们的活动范围和如何相互沟通。

Alan MacCormack、Carliss Baldwin 和 John Rusnak 在他们 2012 年《哈佛商业评论》的文章《探索产品和组织架构之间的二元性：对"镜像"假说的检验》中讨论了他们与康威定律相关的发现。用他们自己的话说，他们发现了以下相关性："镜像假说预测，这些不同的组织形式将产生具有明显不同架构的产品。具体来说，松散耦合的组织比紧密耦合的组织开发的模块化设计更多。"

现在基于 CI/CD 和 DevOps 的软件交付团队使用微服务、容器和 API 都支持松散耦合的应用程序。松散耦合的服务是可重用的、可互换的，并且在实现时不会破坏现有的交互连接。

康威定律描述了组织结构可能对软件开发产生的影响。例如，大型产品团队通过多个不连贯的实体联合运作，必然会在他们的工作流、沟通交流和信息流中产生瓶颈。将软件交付视为一个价值流，我们知道消除这些人为障碍，方法是将团队围绕端到端价值交付流程统一并拉通。还必须消除阻碍价值流持续流动和同步的浪费。

2. 实施 CALMS 框架

Damon Edwards 和 John Willis 最初创造了缩写语 CAMS，代表文化（Culture）、自动化（Automation）、测量（Measurement）和共享（Sharing）。后来，Jez Humble 添加了一个 L，将 Lean 包含在首字母缩写中，变成了 CAMLS 框架。CALMS 框架是一个集成了 DevOps 团队、及其活动、系统、工具和工具链的概念模型。CALMS 缩略语中的要素进一步定义为如下所述。

（1）文化：是指需要从命令和控制以及分层的组织业务结构转换到协作的工作环境，围绕水平流程共享责任和组织，以支持基于价值的交付。

DevOps 文化欢迎变革，通过反馈和信息（指标）来持续改进，并对团队工作负责。与精益一样，DevOps 文化尽可能将决策权授予那些工作的执行者或负责人。

（2）自动化：是指在 DevOps 中，转型包括尽可能最大程度地自动化人工任务。

基于 DevOps 的软件交付流水线消除了重复的非增值的人工工作。IaC 和 CaC 能力产生可重复的高质量过程和可靠的系统。事实上,一切皆代码是 DevOps 自动化背后的思想,不管我们使用什么工具。测试自动化(打包构建,并通过自动化部署的测试环境改进提升)实现了 CD 功能。

(3)精益:精益包括通过消除造成延迟、等待和过多 WIP 的浪费来持续改进流程。精益寻求在最短的时间内实现流动——将工作从一个工作中心平稳地转移到下一个工作中心,最好是尽可能少的队列/缓冲区。这是这本书的基本内容。

(4)度量:如果我们不知道问题是什么,问题的根本原因是什么,以及什么最影响我们快速、频繁、高质量地交付价值的能力,我们就不能解决问题。因此,我们需要度量和分析。可以参考 DORA 的 4 个关键指标:前置时间(变更)、变更频率、变更失败率和平均修复时长(MTTR)确定我们最重要的精益指标。

(5)共享:DevOps 从根本上说是一种协作策略,它将 Dev 和 Ops 活动结合在一起。为了取得成功,Dev 和 Ops 不能是烟囱式的筒仓。相反,他们必须找到共同的立场,围绕持续交付和持续维护对客户有价值的产品形成的共同立场。但是协作是不够的;他们还必须共担产品整个生命周期中成功交付的责任。

3. 选择合适的 DevOps 平台策略

在本章的前面,我们了解了 4 个 DevOps 实现选项:构建自己的 DevOps 平台、购买 DaaS 许可证、使用 VSM 工具和构建软件工厂。我们不需要再次讨论这 4 种选择的利弊。然而,我们确实需要解决一些其他问题,如容器和混合云环境的使用。

容器是一种软件类型,它将代码及其所有依赖项打包起来,这样都可以快速可靠地部署应用程序。但是如果我们的组织没有大规模的运营,使用诸如 Kubernetes、Mesos 等容器编排工具可能是多余的。在很大程度上,容器比较适合于像谷歌、亚马逊、网飞这样规模的组织、大多数政府部门以及其他拥有大量持续演进的互联网服务的企业。

如果我们的员工不熟悉容器编排工具,那事实上容器方案最终会失去其潜在价值。例如,即使是熟练的开发人员也发现 Kubernetes 很难学习。因此,弹性容器服务(ECS)或自托管 Docker Swarm 模式更适合大多数组织。甚至使用传统的虚拟机(VM)环境也可能足以支持我们的扩展需求。顺便提一下,即使是 Kubernetes(也称为 K8s)也必须在虚拟机上运行。

如果团队计划在某个云服务提供商(AWS、Azure、GCP 等)中运营,但没有使用这些工具的经验,那么最初采用混合云方法可能是有意义的。将内部拥有的网络和计算资源慢慢迁移到云。在团队正式决定他们准备好切换到 100%云架构之前,这种慢速滚动的策略会让迁移更加安全。

混合云方法仍然需要投资新技能。例如,我们的开发人员需要了解所选云提供商的 API 和特殊之处(即 JSON 或 REST API 语法,IaC 应用程序中用于脚本的 Bash 或 Python,以及 Jenkins 和 Bamboo 等自动化服务器,这些都需要专门的脚本知识)。

无论选择哪种 DevOps 平台实现场景,如果不拥有一支配备齐全的专家团队,最有效或最先进的工具可能都难以维护。此外,有 400 多种工具被归类为 DevOps 组件解决方案,您会使用哪些工具,为什么?最后,需要实施什么治理计划来评估工具、处理许可问题,并作出明智的预算决策?

最后,如果您的工作场所面临人才短缺,选择将受到团队集体技能和经验的限制。那么,如何使用 VSM 的技术来帮助组织解决这些问题呢? 一旦选择了一个 DevOps 实施策略,该如何使用这些度量指标来持续改进软件交付流程呢?

4. 避免行政命令

我们之前说过,当通过行政命令强制实施基于 DevOps 的软件交付能力时,DaaS 是一个可行的选择。此类强制命令的业务驱动因素可能包括亟待解决问题的现有平台,或者意识到组织正错失在数字经济中有效竞争的机会。

无论动机如何,在支持数字化转型时,设计好您的 DevSecOps 解决方案,以便您的客户可以基于当前工作流程和方法,开始 VSM 价值流目标的交付。废弃开发团队当前的实践,并在短时间内强制推行一个完全不同的实践,将会导致意想不到的成本、低产出、团队士气低迷。

底线是人们需要接受改变而不能被强制。然而,假设您鼓励您的开发和运营团队成员参与 VSM 价值流图,并使用基于 Kaizen 的方法进行精益改进。在这种情况下,这些团队成员有可能会接受那些已经识别,并可以在转型中提供帮助的场景。

5. 避免时间浪费

精益从根本上讲就是消除浪费,包括那些耗费了我们努力交付客户价值时间的活动。往往最大的时间浪费是会议而不是工作。是的,我们必须保持消息灵通,但是您组织的领导一定多次询问过特定的会议是否是必要的。有更好的方法让人们了解信息吗? 而且,如果会议是必要的,他们需要问谁真正需要参加。

让每日例会保持简短,重点在于确定已经完成的工作、具体问题或障碍,并确定行动项目。它们被称为常设会议是有原因的。它将问题离线处理,只有合适的人员参与。也就是说,应该召开单独的会议来解决问题。

避免冗长的 DevOps 规划和实施会议。大型会议已经变得很受欢迎,尤其是在 SAFe 的大型培训班和项目增量(PI)中。大型会议在相互关联、信息量大、引人入胜等场景下是有帮助的。但是大型会议从来没有解决问题的活动,除非我们能在逻辑上把小组分成小团队,然后把小组召集起来分享他们的发现。

无论我们做什么,我们必须问自己,这个会议是否使我们的团队更精简、更敏捷? 如果不能为会议精确地定义一个面向客户的可交付成果,很可能这个会议是不必要的。一个常见的问题是,我们的客户是否认为支付会议费用是有价值的,因为这是召开的每次会议的最终结果。我们的客户最终通过我们的产品和服务的价格为这些会议买单。

始终从增值的角度看待会议,就像知道如何处理任何其他价值流活动一样。最终,除非我们的会议服务于一个目的—提高组织的价值流交付。否则,从精益的角度来看,这些会议就是一种浪费。

6. 消除孤岛,增强跨职能团队协作

在本书中,我们已经多次提到这个话题。但从根本上说,这就是 DevOps 的意义所

在:我们没有让开发和运营团队在孤岛中工作,而是将他们聚集在一起进行协作,并改进软件价值交付。

但是 DevOps 这个术语实际上从增值的角度来说是有限制的。本书提到的 DevSecOps 包括与安全部门合作,以确保我们的网络和应用程序的安全。然而,在数字经济中,将在其他组织和开发价值流中执行的工作从软件交付价值流中分离出来变得越来越具有挑战性。因此,在数字经济中竞争的战略转型的 VSM 计划中提到 DevOps 时,本书鼓励大家使用 BusDevSecOps 这个术语。

BusDevSecOps 方法鼓励跨职能团队协作,以打破职能组织模型中的层级孤岛。BusDevSecOps 的目标是促进横向工作、材料和信息流的提效和快速流动,以提高业务价值的交付。

相信我们在敏捷中学到了一个重要的教训:人员数量不是未来成功的主要指标,而是可能成为失败的根源,因为随着人员规模的扩大,相互联系越来越多。相反,人员在小团队中工作效率最高。

团队规模扩展是通过各团队之上的团队(Team of Team)的方式来实现的,当团队围绕集成的价值流来支持工作流时,团队的规模扩展效果是最好的。最后,技能、相关经验和跨团队协作的多样性对组织的成功贡献最大。

7. 提升技能至关重要

VSM 采用各种方法、工具和指标来不断提高组织的价值交付能力。我们在上一小节中谈到了在小团队中需要不同的技能来完成分配的所有工作。敏捷和精益都在小型自我指导的团队中引入持续提升必备技能的理念。

在理想情况下,单个团队成员拥有多种技能,可以提供较大的灵活性和容错能力。尽管如此,除非这些团队也在不断学习,他们也无法持续改进工作方式。因此,需要为此提供时间和资源,高管们必须灌输持续学习的理念,将其作为组织期望文化一部分。

8. 实施预生产测试

从根本上说,CI/CD 是从构思到交付给客户的一系列工作活动。引入 CaC、IaC 和测试自动化的现代软件工程实践使得用最少的人工干预(如果有)来简化这些活动成为现实。

因此,可以通过将 CI 和 CD 实践直接投入生产来加快软件交付周期。通常,更好的做法是构建 CI/CD 自动化序列环节,即在发布之前实施一个预生产环节。这种方法允许将产品交付给客户之前,在类似生产的环境中监控应用程序的发布。这样做的原因是,在预生产环境中发现配置问题比让客户发现问题并必须回滚发布版本更好。

同样,现代 VSM 工具的数据捕获和分析功能可以更轻松地分析和提高预生产环境中的应用性能,然后才能将其发布到生产环境中。

9. 将 DevOps 工程从 DevOps 中分离

DevOps 工程师有责任帮助在跨 CI/CD 和 DevOps 流水线中安装集成、自动化和流程编排的能力。然而,在这些流水线中,开发人员和运营人员的角色仍然是需要的。

我们知道了不能让这些人像孤岛一样运作。相反,我们需要开发人员和运维人员合作来打破障碍,否则这些障碍会降低组织快速和频繁地交付高质量产品的能力,也会阻碍最大限度地减少失败或次优生产版本的可能性。

在这种情况下,DevOps 工程有助于构建自动化流水线的能力。但作为一种实践,DevOps 是一种将 Dev 和 Ops 职能结合起来解决产品交付问题的策略,在每个产品发布之前和之后都是如此。所以这两种能力对于加速和改善价值交付都是必要的。

10. 允许灵活的 DevOps 策略和流程

大型企业有许多价值流,并且通常有许多具有独特价值主张的"产品"。因此,IT 必须提供灵活性来满足客户的需求,并确保其与为每个产品线带来竞争优势的交付能力保持一致。此外,需求、实践和技术会随着时间而变化。今天行之有效的,明天可能就不行了。所以,改进总是需要的。

在前一章中,我们讨论了建立卓越中心(COE)的重要性,以在初始原型项目期间围绕工具和实践开发治理策略,监督组织的 DevOps 实践的成熟度,并为新团队和现有 DevOps 团队提供指导。获得这些 DevOps 技能和能力的学习曲线非常转折明显,而卓越中心(COE)可以减少组织转型带来的影响。

尽管如此,卓越中心(COE)本质上不能是强制指令式的。他们履行导师、教练和服务型领导的角色。当标准实践不能满足内部和外部客户需求时,他们可以帮助开发团队分析替代方案。他们还在 CALMS 框架内运作,以协助 DevOps 团队完成转型和持续改进计划。卓越中心(COE)的角色不是实现一个命令和控制监督机制,该机制会妨碍做出明智的和经验上的改进。卓越中心(COE)的目的是提供领导、指导和支持,但不是通过指令。他们是服务型领导。

现在,让我们继续讨论如何在提高交付速度的同时提高质量。

11. 提高速度和质量

面向 DevOps 的敏捷人员常用的一个术语是加速。这个术语背后的思想是 DevOps 的精益流程帮助我们加速软件价值的交付。但是,这句话中的术语"价值"与术语"加速"一样重要。提高软件交付速度而不提高质量只能意味着更快更有效地交付错误的产品。然而,错误的产品意味着我们可能会更快地走向破产。

这个概念适用于整个软件交付价值流。当我们决定加速流程而没有同等考虑提高交付质量时,我们就创造了增加浪费和失败的机会。

带有自动化测试的 CI 是提高软件质量的关键使能因素。但是,与收集需求、编写相关的验收标准以及定义测试相关的模糊前端活动也是如此,这些测试确认了每个构建的工作项完成的完整性或 DoD。如果我们没有正确的开始,我们就不能得到正确的结果。缺陷来自于没有得到正确的前端,这扼杀了我们可能拥有的任何速度。

12. 从内部建立 DevOps 团队

我们已经注意到 DevOps 是一种技能组合,它不适宜瞬间形成的。但雇佣专门的资源来创建一个单独的 DevOps 团队并不是最好的方法。从头开始建立专门的

DevOps 团队,只会在我们运作的横向价值流中创建新的孤岛。

我们在本书前面"介绍 VSM - DevOps 实践领导者"以及"在 DA FLEX 中定义价值流"时,介绍了跨垂直功能孤岛实施水平价值流流动的问题。但更好的方法是围绕价值流建立团队,其中包括 DevOps 工程师,以及现有的质量保证(QA)、运营和开发团队成员。这种方法可将现有的人员和流程带入围绕价值组织的工作中,而不是直接替换他们。相反,我们需要带他们一起来。

从愿意成为创新者和早期采用者开始。帮助他们取得成功,并在成功的基础上建立企业 DevOps 工具、策略和流程的核心基础。然后,利用这些团队的经验和成功来引入早期多数者,并最终引入落后者。

这个过程不一定要持续很久。然而,拥有多个产品线和多个 Dev 和 Ops 团队的大型组织可能会经历多年的旅程。因此,实施这种规模的组织转型,为期三年是比较现实的。

13. 自动化数据库构建

当构建 CI/CD 流水线时,我们习惯于考虑自动化软件构建的执行、测试基础设施的建立和配置,然后执行测试。但我们很少不考虑应用数据库如何适应这些场景。

在 CI 中,我们从源代码存储库中的特定分支提取一批文件,然后允许配置脚本执行构建和集成测试过程。问题是数据库代码(有状态的、特定于顺序的、附加的数据库结构)不适合跨分支合并代码。理想情况是数据库更改应该在被检索处理之前被合并到批处理中。此外,数据库更改必须按顺序处理,顺序很重要。

随着时间的推移,在不同开发环境中创建的数据快照会相互偏离,这使得为每个构建同步数据变得非常困难。因此,需要有人负责自动化数据库以及应用程序自动化配置。

14. 维护事故处理程序

无论我们投入多少时间和精力来构建我们的自动化脚本,出错还是不可避免。敏捷回顾是不指责地回顾发生的问题,目的是找出,并避免将来失败的方法。而且,当故障无法完全避免时,我们需要确保改进,并记录我们的恢复流程。

DevOps 团队需要维护严格的事件处理流程,以记录如何处理配置、测试和部署故障。放置这些信息的最佳位置是 runbook 文档,它可能保存在一个源代码库中,比如 Git 或 GitHub。

15. 安全与 DevOps 集成

安全与 DevOps 的集成非常重要,以至于许多组织将其自动化软件交付流水线称为 DevSecOps。但安全性是 IT 组织中另一个潜在的"孤岛"。而且,正如运维团队一样,安全人员倾向于规避风险,因此可能被视为加速软件交付的瓶颈。

但一个更大的错误是忽略或绕过安全功能以避免延迟。在过去的一年里,在撰写本书的同时,我们已经亲眼目睹了不重视安全性的负面后果。例如,Colonial Pipeline 公司的勒索软件黑客使美国东海岸 45% 的石油输送关闭了近一周。另一个广为人知的具有潜在灾难性后果的事件是黑客将恶意软件附加到来自 SolarWinds 的软件更新中。该恶意软件使黑客在 4 个多月的时间里监控政府和私营部门近 1.8 万名 Solar-Winds 客户的计算机网络。

16. 了解 DevOps

显而易见，在启动 DevOps 任务之前，了解 DevOps 是一项要求。但是，理解 De-vOps 的潜在好处比理解在企业范围内实施 DevOps 所涉及的问题要容易得多。

正如前面提到的前海军田径教练 Al Cantello 所说的，我们想要即时的满足。到目前为止，我们应该已经充分认识到大规模建立 DevOps 以支持数字化业务转型的困难。但是梦想一个更好的未来状态总是很容易，而为实现这些期望的目标而努力又是另一回事。所以我们必须为此付出努力。

那么这项工作必须从组织的高管开始，因为只有他们有权推动和资助企业计划的转型。

17. DevOps 实施疲劳

IT 行业不断的发展，IT 专家很难跟上技术节奏，更不用说组织中受其活动影响的其他利益相关方了。此外，DevOps 的复杂性使得它在企业范围内的实施尤其令人沮丧。

我们很容易找到一个基于 DaaS 的 DevOps 平台解决方案，并认为我们可以立竿见影地建立一个新的 DevOps 平台。在有限的范围内，这是真的，只要我们有训练有素的内部员工可以立即投入工作。但是，在更大的规模情况下，一系列问题将很快出现，包括预算、培训、指导、辅导、首选和紧急工具集成、支持传统应用程序的独特配置、安全性、合规性、许可、长期可支持性和可持续性，以及价值流效能提升。有时，看起来组织向前迈了两步，但在高管和其他利益相关方重新评估之前的决策时却又后退了一两步。

这就是 VSM 发挥作用的地方。如果 VSM 一开始就没有计划，那就不可能执行计划。是的，即使是足球教练也会进行半场调整。但是这些调整是对原始计划的微调，目标和目的保持不变。

管理层的影响支持对成功结果至关重要，DevOps 实施疲劳是其中的另一个重要原因。组织的主管和业务主管必须在困难时期保持动力。来自预期 OKR 的清晰而持续的沟通是他们帮助推动实施的方式之一。其他时候，他们可能需要成为鼓励者和教练。但是，无论如何，他们都需要了解、参与和承诺。

18. 源代码控制中硬编码密码

Joel Kruger 在采访中提到了这个话题。在所有的软件交付组织中，安全必须是一个关键的关注点。例如，基于 DevOps 的软件交付系统使用 IaC 和 CaC 来自动执行创建或更新指定的环境和应用程序基础设施配置。但是当访问信息被硬编码到指令中时，这些配置可能是一个安全漏洞。正如 Joel 所说，"这就像在网上公布我们的姓名、地址和银行账户信息一样。"

硬编码密码的另一个问题是，每次变动都被迫构建一个新的唯一的配置文件。然而,开发人员可以使用参数化的、可重用的脚本以及环境变量来减少无序扩展,而不是维护做相同事情配置文件的多个副本。

例如,开发人员可能会编写 Ansible 脚本来配置一个服务器,但是却有 50 个单独的实例来处理唯一的但是很小的变量。更好的做法是制作一个配置,并将其参数化,这样开发团队就可以简单地更改影响其配置的参数。

参数代码概念适用于配置、人工输入、机器对机器的交互、web 应用程序等。一切都需要模块化(开放式),包括 IP 地址、主机名、应用程序名、资源配置(CPU 和 RAM)、默认配置文件、证书和令牌。

审计配置的需要:例如在政府和高度安全的应用程序中,可能会导致硬编码参数并集成到源代码和工具脚本中。像 AWS Secrets Manager 这样的工具,允许我们对变量输入进行参数化,但可以安全地管理输入,并允许授权人员对输入进行审计。

本节总结了我们关于定义合适的 DevOps 平台策略。下一章是本书的最后一章,我们将学习如何使用 VSM 和 DevOps 的方法和工具来帮助组织进行数字业务转型。下面让我们总结一下本章中学了什么,并检查您对所介绍的概念的理解。

15.5 小　　结

在本章中,有机会听取了 5 位行业专家关于潜在 DevOps 实施陷阱和各种 DevOps 平台实施策略的观点。选择这 5 个人是为了提供尽可能广泛的实践经验。

接下来,了解了实现 DevOps 平台的 4 种基本方法,包括构建定制的 DevOps 平台,购买基于云的 DevOps 即服务(DaaS)解决方案,使用 VSM 工具来集成和编排 DevOps 工具链,以及构建可通过 Git 或其他配置管理工具下载的自助式 CaC 来构建软件工厂。

最后,回顾了 18 个实施场景,这些场景可能会为您的 DevOps 平台实施计划带来问题。当阅读这些场景时,鼓励大家利用学习到的 VSM 和 DevOps 的方法识别问题,并利用工具解决这些问题。

有了这些信息,现在就可以学习如何运用所学到的知识,使用 VSM 和 DevOps 的方法和工具来数字化改造您的业务,这是本书下一章内容也是最后一章的主题。

15.6 问　　题

(1) Helen Beal 指示我们不要创建 DevOps 团队。她认为我们应该做什么?

(2) Scott Ambler 建议我们不能只考虑 Dev 和 Ops。PMI 的 DA 工具包中定义的企业级 DevOps 的 6 个关键方面是什么?

(3) Pramod Malhotra 建议我们甚至不应该考虑启动 DevOps 计划,除非我们有什么?

（4）Allan Wagner 从他的客户那里听到了一种常见的抱怨，是什么抱怨？

（5）Joel Kruger 认为配置管理（CM）是保护组织 IT 资产的手段。虽然他指出 CM 不是一个新概念，但在 CI/CD 和 DevOps 流水线环境中，CM 实践有什么相对新的地方？

（6）组织可能采取的 4 种基本 DevOps 实施方法是什么？

（7）当公司高管要求快速过渡以实施 DevOps 时，最佳策略通常是什么？

（8）Jez Humble 创建了 CALMS 框架，作为集成 DevOps 团队、他们的活动以及使用他们的系统、工具和工具链的概念模型。CALMS 首字母缩写代表什么？

（9）这本书建议最好从内部建立 DevOps 团队来支持组织的价值流。这是为什么呢？

（10）谁最终负责解决 DevOps 实施疲劳问题？

15.7　延伸阅读

- MacCormack，Alan，Carliss Baldwin，and John Rusnak． 2012. Exploring the Duality Between Product and Organizational Architectures：A Test of the " mirroring" Hypothesis. Research Policy 41 (8) (October)：1309 - 1324. doi： 10.1016/j. respol. 2012.04.011.

第 16 章　利用 VSM 和 DevOps 实现业务转型

在最后一章中,我们将学习如何使用价值流管理(VSM)和 DevOps 工具以及相关的实施计划将企业转变为可行的实体,以在我们的数字经济中竞争。但是进行数字化转型有两个部分。在第一部分中,我们需要转变我们的软件交付能力,以支持整个组织的业务转型。在第二部分中,使用我们转型的软件交付能力来改进我们在价值流中构建和交付产品的方式

我们必须将通过 VSM 实施计划与软件交付 DevOps 改进连接起来,以支持我们企业更广泛的 VSM 计划的需求。但是这种联系不是自动的。从系统思考的角度来看,除了业务的交叉价值交付需求之外,提高软件开发能力是局部优化的一种形式。组织从其 VSM 和 DevOps 工具投资中获得足够投资回报的唯一方法是使用其增强的软件交付能力来提高其在整个组织中的价值交付能力。

在本章中,我们将学习如何将 VSM 和 DevOps 工具投资与公司战略和组合投资相结合。我们将循序渐进地解决这个问题。考虑这一目标,本章涵盖的主题包括以下内容。

- 统一 VSM 计划。
- 使用 VSM 进行 DevOps 改进。
- 连接到企业 VSM 计划。
- 使用 OKR 推动业务转型。
- 统一 VSM 举措与战略和投资组合。
- 了解 VSM 举措效果如何随时间而影响。
- 拓展 VSM 工具行业的应用范围。

请注意,最后一个主题将介绍 VSM 工具行业的未来愿景:VSM 工具供应商的当前文档和新闻稿易于阅读,工具提供了开箱即用的解决方案,在所有价值流中实现端到端的可见性。但当前并没有实现。现代 VSM 工具提供了支持软件交付流水线的活动的端到端可见性。从长远来看,VSM 工具的愿景可以扩展为整合所有组织发展和运营价值流。这个主题也是对 VSM 工具供应商的一个呼吁,期望这一愿景及早变成现实。

让我们开始了解如何通过 VSM 将我们的企业转变为有竞争力的数字化企业。我们将首先讨论统一 VSM 计划意味着什么,以及采取这样的行动的重要性。

16.1　统一 VSM 计划

精益概念并不新鲜。例如 Henry Ford 的 T 型车生产线体现了现代精益实践中的一些概念。例如 Ford 在汽车装配线上创造了连续和流线型的流程,并在装配前对零件进行排序。是丰田的创始人和后来的领导者将这些概念提升到了一个新的高度,主要因为以下三个人领导:

(1) 丰田佐吉:丰田创始人。他开发和实施 Jidoka 背后的概念将人性化的自动化作为在源头提高质量的手段。

(2) 丰田喜一郎:丰田佐吉的儿子。他创建了丰田汽车公司,并为制造业开发了准时制(JIT)概念。

(3) 大野耐一:丰田的车间主管、工业工程师和执行官。他整合了丰田的 JIT 系统和 Jidoka 系统,定义了看板系统,并建立了 Kaizen(持续改进)背后的原则。Ohno 还被认为定义了丰田生产系统(TPS)中的许多元素,如拉动式生产系统、消除浪费、快速换模(SMED)、非增值工作、U 形工作单元和单件流。

"丰田之道"对全球制造业竞争产生了深远的影响,以至于它被广泛研究和复制,作为在日益竞争激烈的全球市场中生存的手段。精益一词源自麻省理工学院国际机动车辆项目(IMVP)在 James P. Womack 指导下进行的研究。IMVP 的研究员 John Krafcik 创造了"精益生产"这个术语,这是 VSM 的核心。除了这些先驱者,还有许多实践者和专家,他们进一步扩展了精益生产实践的应用。

最重要的是,了解精益的人已经了解了价值流图和 VSM,而且是在其他组织开发和运营价值流的更广泛背景下。此外,数十年来,他们一直在应用这些方法。

1. 以客户为中心的差异化发展战略

尽管如此,软件开发和 VSM 中的精益实践作为主流软件开发概念还是相对较新的。当其他领域和行业专注于精益生产实践以提高其以客户为中心的价值交付能力时,软件社区专注于实施基于敏捷的战略。尽管精益和敏捷实践都专注于改进以客户为导向的价值交付和持续改进,但敏捷的早期倡导者却着手解决一系列不同的问题。

例如,在经历了大萧条和第二次世界大战后,丰田试图在一个岛国提高质量和效率,该国资源有限又昂贵。丰田在全球市场保持竞争力的手段是用更少的资源生产更高质量的产品,同时确保他们只生产客户想要的产品。他们在这方面变得如此擅长,以至于世界上其他制造业不得不以同样的方式生存。其他行业很快跟上了精益的趋势。

相比之下,敏捷来自软件开发社区,它的支持者正在解决一系列不同的问题。具体来说,传统的项目管理模式不足以应对企业及其客户不断变化的需求和优先事项。因此,敏捷最初是作为一套价值观和原则来支持小型软件开发团队的需求,以变得更具响应性和适应性。在这个过程中,敏捷发展到实现迭代和增量开发实践,这些实践利用原型和经验主义来快速创建具有客户指导输入的工作解决方案。

但是现在,我们看到精益和敏捷背后的概念开始融合,通常以实施精益—敏捷实践为特征。这个主题至关重要,因为精益敏捷是 VSM 联盟实现 VSM 工具的方法的基础,作为改进基于 DevOps 的软件交付能力的手段。我们将在下一节"使用 VSM 改进 DevOps"中讨论这一点。然而,在我们开始这个话题之前,让我们回顾一下现代 VSM 工具行业使用术语"VSM"的含义。

2. 将 VSM 定义为现代软件工具类别

在其现代语境中,VSM 是一个工具驱动的战略,以支持 VSM 实践,在 CI/CD 和 DevOps 流水线活动中实施精益改进。在互联网上随便搜索一下,我们可能会认为这是 VSM 背后的唯一含义,因为关于 VSM 的最新信息主要来自 VSM 和 DevOps 工具行业。

例如,Forrester 在其题为"价值流管理工具 2018 年第三季度"的新浪潮文章中,对 VSM 的定义如下:

VSM 是一个新兴的工具类别,它将组织的业务与其软件交付能力联系起来。VSM 工具提供了多种角色——产品经理、开发人员、质量保证和发布经理来查看规划、健康指标和分析,帮助他们更有效地协作以减少浪费,并专注于为客户和业务带来价值的工作。

区分传统和现代 VSM 概念至关重要,因为两种 VSM 方法的融合是整合我们组织的资源以在数字经济中竞争的最佳方式。牢牢记住这一点,我们现在可以了解我们如何以及为什么融合传统和现代的 VSM 概念。

16.2　使用 VSM 进行 DevOps 改进

在第 5 章通过 DevOps 流水线推动业务价值,我们学习了如何将通用的 8 步 VSM 方法应用于任何 VSM 改进计划。在第 6 章我们在 CI/CD 流水线改进中使用了同样的 8 步方法,发起 VSM 计划(VSM 第 1～3 步),通过第 10 章改进精益—敏捷价值交付周期(VSM 第 7～8 步)。我们没有理由不使用同样的 8 步方法来指导 DevOps 流水线改进。

尽管如此,VSM 联盟还是推荐了一个略有不同的 VSM 实施路线图,该路线图与在 DevOps 活动和工具链之间进行改进相关,如图 16.1 所示。

在 VSM 实施路线图中,可以看到精益和敏捷改进概念的相似之处。事实上,这是两种实践的融合。

1. 实施 VSM 路线图的精益层面

VSM 联盟的 VSM 实施路线图从识别价值流、定位和组织负责每个价值流活动的人员开始,绘制当前和期望的未来状态,并将 DevOps 工具链与价值流中的活动联系起来。然后,根据所使用的选定价值流管理平台(VSMP),DevOps 工具链集成可以充

A VSM Implementation Roadmap

Get going from wherever you are

开始

识别

Start by identifying your value streams. A value stream is anything that delivers a product or service. You're aiming to accelerate the flow of value to the customer.

Find the people accountable for every step in each value stream.

组织

映射

Bring the players in your value stream together for a mapping exercise. Find where the idea starts, and track every step until the value is delivered.

Connect the parts of your DevOps toolchain aligned to the steps in your Value Stream Map and start getting real-time data and insights into your value stream's flow.

连接

检查

You've automated your value stream map, now use it! Set yourselves goals and use your retrospectives to look at where you are.

Use your insights to design and perform experiments that adapt and optimize your flow so you can continually delight your customers.

采用

愿景

Set your long term vision and goals

The State of Value Stream Management 2021 | vsmconsortium.org

图 16.1　VSM 联盟－VSM 实施路线图

当多种角色,包括集成、自动化和编排跨软件开发、安全性和合规性的价值流活动。但更大的目标是使用 VSMP 及其与 DevOps 工具的集成来捕获软件交付价值流中的实时和端到端数据。使用一个公共的和标准化的数据模型,价值流管理人员、团队成员、组织高管和其他利益相关者可以实时了解软件生产流程,允许他们观察和确定瓶颈和等待的原因。

　　因此,VSM 联盟的 VSM 实施路线图的这一部分与通用的 VSM8 步法之间的主要区别是集成了软件工具来捕获价值流中的端到端数据,而无须人工干预或手动数据收集。另一个关键区别是分析工具的使用,我们将在下一小节中讨论。

2. 实现 VSM 路线图的敏捷层面

　　VSM 联盟的 VSM 实施路线图中的下两步包括检查和调整。Scrum 的拥护者会立刻从 Scrum 的 3 个经验支柱(透明、检查和适应)中认出这两个步骤。

　　在上一小节中,我们了解到 VSMP 产品支持价值流活动的集成、自动化和协调。但这些工具也让我们能够看到 DevOps 流水线中的工作和信息流。因此,尽管这个术语没有被明确引用,VSM 联盟并没有忽视 Scrum 的透明性观点。VSM 工具行业的独特之处在于,通过其平台和工具取代了收集和报告数据的手动方式,这是通过 VSMP－DevOps 工具链集成的"连接"步骤实现的。

　　我们可以实时了解整个 DevOps 流水线流程,DevOps 团队可以检查流水线,以准确的最新信息支撑他们的回顾会议。我们可以使用从检查和回顾中收集到的见解来开发一个或多个潜在解决方案的假设,并进行实验来评估已确定的替代方案对我们目标的有效性。最后,我们可以基于经验来"适配"我们的 DevOps 系统。

　　因此,从"开始"到"适配"这一步,VSM 实施路线图将精益和敏捷的最佳实践融合到一个无缝的框架中。然后把我们带到了最后一步,"愿景"。事实证明,这是精益—敏捷实践中的关键一步。

3. 建立业务转型愿景

　　回想一下,敏捷是软件工程师和顾问为了更好地响应不断变化的客户需求和优先级而开发的一套价值观和原则。但是敏捷也主要是作为一种面向小团队的开发原则而发展的,在敏捷开发中每个开发迭代中评估增量变化,基于团队从之前的 Sprint 中获得的经验。基于敏捷的改进往往被限制在非常短的计划范围内,以 1～4 周来衡量,并且被限制在预算和授予开发团队的权限内。

相比之下,精益改进通常着眼于跨越多个规划周期的变更,这些规划周期可能跨越几个财年,涉及的变更和预算需要管理层的支持和授权。事实上,对 VSM 和 DevOps 工具的投资都涉及组织投资和业务运营,以及小型软件开发团队无法授权的文化变更。因此,这种规模的投资必须支持企业的战略,得到管理层的支持,并符合组织的投资组合级别的投资和优先级。

因此,作为 VSM 实施步骤的"愿景"对于将 VSM 和 DevOps 实施目标与业务战略保持一致以获得管理层支持和优先预算分配变得至关重要。唯一可能发生的方式是,高管们看到软件交付的改进如何能够在提升在组织价值流中改进公司的产品交付。

既然我们已经了解了精益和敏捷概念是如何在 VSM 实施路线图中作为工具和基于 DevOps 的软件交付改进策略结合在一起的,那么让我们回顾一下人员在这些工具的实施和使用中所扮演的重要角色。

4. 实施工具不是替代人

通过 DevOps 流水线访问实时数据并不意味着不需要高管和经理执行现场走动,尤其是在涉及多个团队的大型软件开发项目中。在这些 DevOps 流水线中执行日常工作的人最了解工作执行的方式和原因,以及干扰他们工作流程的问题。在现代 VSM 工具环境中,现场走动是一种探索,涉及虚拟和面对面的数据收集和交流活动。

与"绘制当前状态图(VSM 第 4 步)"中标题为"GoSee(Gemba)"的部分中解释 Gemba 的方式类似,VSM 成员或 VSM 经理和高管可以与 DevOps 团队成员聊天,提出以下问题:

请 DevOps 团队成员描述他们在当前执行软件开发工作方式中遇到的问题。

(1)但大多数人倾向于避免讨论困难的话题或表达他们认为别人不想听的观点。经理需要更深入地研究,以越过表面上看得见的问题,找到影响团队绩效和软件交付的真正问题。

(2)接下来,询问团队成员他们认为问题的根本原因是什么,并拿出证据来支持他们的推理(透明度)。当发现根本原因时,接下来,询问 DevOps 团队成员应该做什么来解决问题以及为什么。然后询问 DevOps 团队成员如何知道问题是否得到解决。

① 什么证据可以清楚地表明问题已经解决?

② 哪些数据和指标可以作为成功结果和改进的指标?

(3)通过实验和检查来调查推荐的备选解决方案,并适配可以提供最大价值的方法。

我们现在了解经理和高管走出去看看发生了什么以及他们必须向 DevOps 团队成员提出的各种问题的价值。但是,在许多情况下,这些问题可能需要专业技能和团队方法来解决。在这些情况下,组织应建立一个 VSM 团队来进行分析和管理 VSM 计划。

5. 为 DevOps 转型构建 VSM 团队

构建一个 VSM 团队，就像我们为任何其他类型的 VSM 计划所做的那样，有助于指导面向 DevOps 的软件交付价值流改进投资和活动。此外，涉及多个开发和支持团队的大型软件产品使得建立一个专门的 VSM 团队来指导总体计划变得至关重要。

有可能一个非 IT VSM 团队——一个指导组织的开发或运营价值流改进的团队，确定了改进或调整软件开发交付能力以支持其价值流的需求。在这种情况下，最初的 VSM 团队可以为他们的价值流指导面向 DevOps 的改进，但是他们的团队还必须包括 DevOps 活动和工具方面的专家。

无论组织采取哪种方法，VSM 团队都承担着指导软件交付能力改进的责任，以满足价值流的需求。当指定的 VSM 团队支持组织的开发和运营价值流作为其 VSM 计划时，这种一致性更容易实现。

相比之下，支持 DevOps 作为独立价值流的 VSM 团队必须认识到，他们最终必须让 DevOps 团队支持其他组织价值流中的高优先级改进。打个比方，如果不知道自己在瞄准什么，就很难击中目标。因此，面向 DevOps 的 VSM 团队可以承担这一责任，与组织的项目组合经理、产品所有者和其他价值流经理一起工作，以确定高优先级的软件开发需求。

本小节总结了我们关于使用 VSM 对基于 DevOps 的软件交付能力进行改进的讨论。在下一部分，我们将了解 DevOps VSM 计划如何支持组织的数字化业务转型。

16.3　连接到企业 VSM 计划

在本节中，将了解如何将传统 VSM 方法与现代 VSM 工具应用程序和 DevOps 相结合，以支持数字化业务转型。组织可以使用现代 VSM 工具来提高其基于 DevOps 的软件价值交付能力。但是，组织可以而且应该继续实施传统的 VSM 计划，以识别所有其他组织价值流中的数字化改进机会。

DevOps 流水线为制造流水线流程提供数字化改进，可展示这一策略是如何运作的。在这种情况下，传统的 VSM 计划已经确定了面向制造业的流水线中的 3 个潜在数字化增强（改善行动）。它们可能是什么并不重要，但它们可能包括以下任一类型的数字化增强功能。

- 改善整个流水线活动中的产品订单和材料信息。
- 改善对车间/制造流程信息的访问。
- 优化编程机器人和自动化制造系统，以提高性能或减少设置时间。
- 实施自动化质量检测系统。
- 在自动涂装过程中实现编程。
- 改进产品的标签和运输说明。
- 改进供应链管理系统以支持 JIT 交付要求。

- 其他的数字化增强。

VSM 团队与 DevOps 团队会面，解释他们的需求和优先级，告知他们的产品待办事项。DevOps 流水线在技术上可以适配任何成熟阶段。无论如何，根据优先级，经批准的数字化增强产品将通过流水线进入生产，必须支持在生产产品线的整个生命周期内进行可能的修改。

在组织的传统 VSM 计划中确定的优先 Kaizen Burst（改善行动），在所有开发和运营价值流中发挥作用，提供了了解数字化转型对业务运营产生最积极影响的地方所必需的信息。组织战略性地使用 VSM 方法作为精益导向的改进技术，以确定、评估和优先考虑他们可以通过数字化转型消除浪费和简化价值流活动的地方。

阅读本书后，我们应该充分意识到战略性 VSM 计划确定了许多类型的改进机会，以消除浪费和简化价值流动，其中一些可能不需要基于软件的解决方案或增强功能。然而，软件以及相关的计算和网络系统是我们数字经济中大多数产品和价值流改进的核心。我们采用 VSM 工具来改进 DevOps 流水线，以支持组织 VSM 计划中确定的数字化改进需求。

我们可以将改进的 DevOps 软件交付能力用于以消除浪费，并简化所有组织的价值流流程。但是，更多的时候，正是这些战略性的 VSM 计划帮助组织识别战略性的改进机会——数字的或其他的。这些建议最终需要管理层的支持和精益投资组合管理职能部门对投资优先顺序考虑。

假设一个软件开发团队或者一个价值流经理走捷径来规避组织的预算批准过程。在这种情况下，他们将无法成功获得所需的管理和财政支持。一个小的开发团队可能会独立找到一种方法来资助他们的 DevOps 实现，但这不是一个弹性扩展过程，并且他们可能无法交付足够的价值来证明他们的努力是正确的。

正如本章介绍中所讨论的，从系统思考的角度来看，在孤立于其他组织价值流需求的情况下改进软件交付能力是一种局部优化的形式。我们可能会花费大量的时间、精力和资金，却看不到合理的投资回报。

这里有一个为什么会这样的例子。通过完全集成、自动化和协调的 DevOps 流水线进行测量的周期时间以微秒计，这一点通过 VSM 工具可以很快确认。大部分总的前置时间延迟来自于与产品概念化、需求和设计相关的模糊前端活动。但是一旦需求、验收标准和设计问题被分类，且一种产品投入生产，大多数周期时间（Cycle Time）被测量的时长会在几分钟或更短的时间内。

因此，一条成熟的软件开发 DevOps 流水线不会成为组织价值流中的瓶颈。当然，假设 DevOps 流水线改进活动已经解决了工具的预算和批准问题，并为测试环境建立了可执行 CI/CD 流水线活动的可重用的配置。

最初的 DevOps 流水线改进活动没有一项能够快速完成或容易实现。组织的 IT 职能部门需要在这方面投入时间和资源。他们还需要获得管理层的支持和认可，以便在整个企业范围内扩展 DevOps 功能。

DevOps 增强软件交付支持组织业务目标的一般情况有如下 3 种。

- 为外部客户生产独立的软件产品。
- 物理产品的增强——如现代汽车中的导航和控制系统。
- 价值流改进——提高跨运营价值流的价值交付能力。

将软件产品的使用与价值流混为一谈并不是前面列表的目的。相反,目标是指出软件在所有类型的开发和运营价值流中无处不在的本质。

本书详细阐述了这一点,以明确表示:要相信组织必须始终进行两项并行的 VSM 工作:

- VSM 举措可提高软件交付能力。
- VSM 举措可支持整个企业的精益改进。

公司发起的 VSM 举措在所有发展和组织价值流中运作,以支持持续精益改进,其中一些/许多将需要通过数字化增强以影响期望的增值变化。因此,尽管 VSM 对软件交付的改进至关重要,但这些改进的真正价值来自于调整软件交付以支持整个企业的数字化改进。这些改进将会通过公司发起的 VSM 计划在组织的价值流中得到识别和优先排序。

此外,VSM 团队及其计划的重点应该是确定可以提高产品价值、消除浪费和改善价值流的领域,而指定的 DevOps 团队可以帮助进行这些评估。软件行业越来越意识到将其工作与产品团队和价值流相结合的重要性。例如,VSM 联盟将于 2021 年 7 月发布的报告发现,近 40%(37.36%)的受访者报告在产品、功能、组件或流程一致的团队中工作。

知道了如何调整基于 DevOps 的 VSM 举措,以支持组织的其他价值流。在接下来的两个部分中,我们将学习如何通过组织的战略目标和关键成果(OKR)以及投资组合管理与其他价值流联系起来。我们先从 OKR 的讨论开始。

16.4 使用 OKR 推动业务转型

OKR 背后的概念是由英特尔前首席执行官 Andy Grove 创造的,他的领导将该公司改造为世界上最大的半导体公司。OKR 的早期倡导者首先是英特尔,然后是其他技术公司,包括谷歌。英特尔和谷歌对 OKR 的使用记录在 John Doerr 的《衡量什么是重要的》(Doerr,2017 年)一书中。

在离开英特尔成为 Kleiner Perkins 的风险投资家之前,John Doerr 在英特尔工作时从 Andy Grove 那里了解了 OKR 的使用。在 Kleiner Perkins 任职期间,他将 OKR 背后的原则传授给他投资的公司,包括谷歌。

OKR 在概念上相当简单。目标说明了组织要实现的目标,而关键成果是我们设定并监控的目标,作为成功结果的客观衡量标准。OKR 不仅是一套目标和衡量标准,它还是一种管理方法和一个关注公司目标的框架。

我们的结果必须是可量化的、可测量的和可验证的。我们使用真实的数字来陈述目标，而不是无法测量或证明的模糊措辞。简而言之，有了明确定义的 OKR，整个组织就不会怀疑我们是否实现了目标。

OKR 也是有时间限制的，通常有季度目标，尽管一些组织可能实现月度目标。制定长期目标是可能的，可能持续一年或更长时间。尽管如此，关键结果可能会被监控和汇总，通常不超过一个季度。

OKR 并非隐藏在视线之外，它们对所有员工和利益相关者都是可见的。如果员工不知道组织的目标是什么，他们怎么知道自己的目标在哪里，他们到达目标的标准是什么？OKR 会指导大家如何进行努力。

OKR 的目标并不简单。相反，它们应该是可以实现的，但也是具有挑战性的。如上所述，目标需要具体、明确、可量化和可见。理想的情况是设定延伸目标，通过员工激励组织实现伟大的目标。

到目前为止，您可能想知道为什么我们在一本关于为 VSM 和 DevOps 应用方法和工具的书中讨论 OKR。答案是 OKR 有助于推动公司战略、投资组合优先级和投资决策，并最终推动 VSM 指标。

例如，一个公司目标可能是交付一个新的软件产品增强来支持拓展市场机会。我们可衡量的关键结果（KR）可能包括以下内容：

- KR ♯1：在下个季度开发三个必需的功能。
- KR ♯2：开展有针对性的营销活动，在同一时期向 20 000 名合格的潜在客户推广产品增强功能。
- KR ♯3：在发布的第一个月销售 100 个新软件 licenses，到第二季度末总共销售 400 个 licenses。

大家有没有注意到只有 KR ♯1 和软件开发有关系？另外两个是销售和营销负责支持，这是组织运营价值流的一部分。这种情况在任何战略性的 VSM 计划中都是典型的。

我们通常设定关键结果来描述企业或其他价值流改进目标和预期结果。一般来说，一个 OKR 会有 3~5 个关键结果。

组织使用的另一组重要指标是关键绩效指标（KPI）。理解 KPI 和 OKR 之间的区别是很重要的。例如，KPI 侧重于个人、团队或团队的绩效衡量，而不是他们的目标。因此，KPI 倾向于关注战术目标，而 OKR 支持战略目标。

利用前面的例子，我们有策略地引入了一个新的产品来开拓展市场。关键结果有助于组织理解期望。但是它们也提供了一个关于哪些价值流最受影响的概念。我们可以使用我们的 VSM 举措来指导实现目标所需的改进工作。

16.5　统一 VSM 举措与战略和投资组合

VSM 举措支持战略目标和目的。无论 VSM 团队是否正在评估通过 DevOps 流水线能力的实现对软件交付的改进,或者其他组织价值流改进中的任何一个,这都是真实的。它们是战略性的,因为许多确定的改进机会将涉及超出小型价值流团队授权的投资和时间框架。

首席执行官不会支持与企业使命、愿景和战略不一致的大型投资。较大的企业有更正式的预算程序。但无论规模大小,首席执行官都必须有一个评估和优先投资的机制。从这个角度来看,很明显,VSM 和 DevOps 工具投资会与整个组织正在评估的所有其他潜在投资竞争。

因为这是一本关于 VSM,而不是投资组合管理的书,我们只简单地触及这个主题。然而,投资组合管理的主要目的是集中在控制预算和投资过程,以便组织可以评估所有的改进机会和它们在公司战略中的优先级。

就其本质而言,改进机会往往是面向项目的。也就是说,它们的特点是持续时间相对较短,有明确的开始和结束日期。这项工作通常是相对独立的,是一次性的变革。管理人员根据投资回报标准制定预算和优先级决策,因此改进项目具有精确定义的时间表、资源和预算约束。

投资组合管理实践经常应用于传统的项目和计划来管理批准的工作。然而,随着向精益—敏捷实践的转移,组织开始实施精益投资组合管理概念,例如大规模敏捷框架(SAFe)实施的概念。具体而言,外汇管理机构的精益投资组合管理流程将精益和系统思考方法应用于战略和投资基金、敏捷投资组合操作和治理。

投资组合管理方法适用于评估、优先级排序和批准预算,以支持在分析识别组织的 VSM 计划后的改进。你还知道如何应用 VSM 方法和工具来提高整个组织的价值交付。

16.6　了解 VSM 举措效果如何随时间而影响

在写这本书时,我与 LeanFITT 的创始人之一 Todd SperI 进行了一次对话,我觉得既有趣又令人担忧。他提到了几个例子,在这些例子中,一个组织对 VSM 举措进行了投资,并看到了巨大的,有时甚至是不可思议的成果,但却在几年后看到整个事情分崩离析。此外,他注意到当组织开始失败时,它们往往比将它们转变为高绩效企业失败更大、失败更快。事实上,他们的表现经常低于他们开始精益之前的水平。这是因为什么发生的?

我与 Todd 讨论过这个话题,后来又与 PMI FLEX 的开发者 Al Shalloway 进行了讨论。可能需要具体的研究才能完全理解。但是一个共同的特点似乎都是新的管理层进入,并且不理解组织如何改变其实践、行为和文化来支持交付价值的改进的横向流动。

有时新的管理层是通过收购进来的,精益公司的成功使其成为收购目标。但新的高管未能理解促成其成功的精益运营和结构。

相反,新高管通常更熟悉和更擅长管理围绕传统业务职能和领域形成的垂直孤岛,如营销、销售、制造、人力资源、法律、会计、运输和仓储。此外,跨领域的横向价值流很难被看到,并且似乎比管理与业务领域和功能一致的资源更难管理。

改变回管理垂直筒仓而不是管理产品流是组织绩效的直接杀手。首先,大家必须一起工作以维持横向价值交付流的不同组之间的障碍迅速建立。然后,支持横向活动流的流程很快解散,并失败。在这一点上,该组织隐喻性地发现自己又回到了与一系列它无法扑灭的无休止的"火灾"作斗争。这时,很多事情都被严重破坏,该组织开始大规模失败。

我们永远无法解决垂直竖井中的价值交付问题。相反,我们必须建立横向协作,改善工作和信息流,而这个过程需要时间和精力来完成。但是,如果执行得当,没有合理的理由回到垂直领域管理,而不是继续管理面向产品的横向流程。

打个比方,虽然建造一座建筑可能需要几个月甚至几年的时间,但我们可以用炸药和重型设备在几个小时内把它推倒。那些倒退到实施传统管理实践和垂直职能筒仓的经理带来了"炸药"和"重型设备",很快使我们的精益生产流程瘫痪。

对新高管、股东和董事会成员来说,最少要学习到的是,在收购一家已经做得很好的精益导向型公司时要保持谨慎。在推行新的管理结构之前,他们必须花时间去理解组织为什么以及当前是如何运作的。

本节完成了关于融合传统和现代 VSM 举措以支持业务转型的讨论。下面让我们讨论一下 VSM 工具行业的潜在未来状态,以及所有组织将从这一应用 VSM 工具新的和扩展的愿景中获得的好处。

16.7　拓展 VSM 工具行业的应用范围

本书对 VSM 的最终愿景是传统的 VSM 举措和现代的 VSM 面向工具的概念结合在一起。事实上,我认为这对 VSM 工具行业来说是一个巨大的福音。我们可以在所有的组织价值流中使用相同的集成、自动化和编排能力,而不是将其仅限于改进基于 DevOps 的软件交付价值流。

例如,扩展 VSM 工具的愿景(目前支持跨软件交付流水线活动的数据捕获和数据标准化,同时提供跨所有价值流的端到端可见性和分析)会有多难?这样的策略将意味着 VSM 工具供应商创建扩展来帮助他们的客户开发应用程序和集成,以监控和捕获其他类型的开发和运营价值流及其活动的数据。

大多数制造公司已经采用商业和定制软件应用程序来控制产品流。过程控制系统在高度集成、自动化和高产量的生产环境中尤为重要。

在第二部分"VSM 方法论"中，我们质疑了为 IT 制定单独的 VSM 方法的必要性，这种方法与支持其他开发和运营价值流的 VSM 计划不同。我们同样质疑是否需要一套不同的工具来跨不同的价值流进行数据捕获、规范化和分析。我们需要在数字经济中的所有组织价值流中应用 VSM 概念和工具功能。工具的聚合将实现无缝和实时的数据访问，并提供从概念到价值交付/现金的端到端可见性和分析。

16.8　小　结

在最后一章，我们学习了如何将传统 VSM 举措的工作与基于 DevOps 的 VSM 举措和工具的改进相结合，以提高组织在现代数字世界中的竞争力。虽然许多 VSM 工具供应商声称他们的 VSM 工具提供了跨所有价值流端到端的可见性，但事实是他们专注于面向 IT 的价值流。这不是一件坏事，因为 DevOps 流水线既复杂又昂贵，而且在企业规模上构建非常耗时。

但是我们也知道了，任何价值流中的改进，如果不理解它们对整个系统的影响，都是以局部形式优化的。这意味着我们可以花费大量的时间和金钱来完善我们基于 DevOps 的软件交付能力，而不去帮助组织提高其整体价值交付的能力和底线。

我们必须调整我们改进的软件交付能力，以支持整个组织价值流的需求。这是更大的投资回报率所在。事实上，如果没有这种一致性，IT 组织将很难获得管理层的支持来在整个企业中大规模地维持该举措。因此，在这一章中，我们学会了必须通过投资组合管理过程使 VSM 和 DevOps 工具投资与公司战略一致。此外，我们还必须调整改进的 DevOps 流水线，以支持组织的其他价值流及其 VSM 计划中已确定的数字化改进机会。

16.9　问　题

（1）VSM 和 DevOps 工具及相关实施举措的常见用途是什么？

（2）判断题：精益和 VSM 是新概念。

（3）当丰田的领导发展出我们今天称之为精益生产的概念时，他们面临着什么问题？

（4）软件社区通过敏捷软件开发宣言背后的价值观和原则准备解决什么问题？

（5）VSM 实施路线图的哪 3 个步骤与本书中介绍的通用 8 步 VSM 方法最相关？

（6）VSM 实施路线图中的哪一步有助于提高跨 DevOps 流水线的可见性？

（7）敏捷和精益的共同改进范围和权限级别是什么？

（8）实施 VSM 或 DevOps 工具链，而不评估其他价值流的改进，就是一个例子，我们为什么要关注？

（9）投资组合管理的目的是什么，我们为什么关心它？

（10）为什么有一些以前非常成功的精益组织会随着时间的推移而失败？

16.10　延伸阅读

- Doerr，John（2017），Measure What Matters. OKRs-The Simple Idea That Drives 10X Growth，The Bennet Group，LLC，Published by Portfolio Penguin，Random House LLC，London，UK.

附　录　评估答案

第1章　以客户为中心的价值交付

1. 数字增强技术现在允许组织通过移动技术在互联网上开展业务,同时提供对信息和基于知识的服务近乎实时的全球访问。此外,产品通过物联网(IoT)进行通信和获取更新。

2. 问题是,人有一个令人讨厌的习惯,在使用相同的术语时,但他们却以截然不同的方式思考词语的意思。术语的不同语义使得人对人和人对计算机的通信非常具有挑战性。

3. 一个组织在给定的时间框架内提供给一组预期客户的结果体验(包括价格)的组合,作为这些客户购买/使用或以其他方式做组织想要的事情而不是采取一些竞争替代方案的回报。

4. 对所有人适用。

5. 在竞争激烈的市场中,我们会很快被关注市场,并提供更好的以客户为中心的性价比的竞争对手打败。

6. 价值流是为客户创造结果的端到端的活动集合。

7. 特性和功能是功能性和非功能性需求的实例,而价值流是支持这种交付的活动。

8. VSM实施各种方法和工具,通过优化IT价值流的工作流程,帮助组织提升向客户交付的价值。

9. 举措。

(1)战略到产品组合——推动IT产品组合进行业务创新。

(2)部署要求——在业务需要时构建业务所需。

(3)请求履行——对服务使用情况进行编目、履行和管理。

(4)检测,纠正——预测,并解决生产问题。

10. 作用。

(1)在数字经济中竞争的赌注。

(2)加速IT价值的交付。

第2章　基于精益—敏捷进行构建

1. Scrum。

2. 大规模敏捷框架SAFe。

3. 将公司战略与投资组合、产品和架构维持需求联系起来,并确定多个规划范围内的资金优先级。

4. 这 4 个中的任何 2 个:产品积压、逃逸缺陷、失败的部署、版本净推介值(NPS)。

5. 可视化工作流。

(1) 可视化工作流程。

(2) 限制在制品(WIP)。

(3) 管理流动。

(4) 明确政策。

(5) 征求反馈。

(6) 产生持续改进的想法。

6. 理想的精益生产目标是将每项活动和整体生产率与收到的客户订单或需求的比率相匹配。我们可以将此计算为生产工作项目所用的时间除以间隔内请求的项目数量,也称为生产节拍时间。

7. 没有反馈回路的线性顺序过程。

8. 我们可以通过实施简化、集成和自动化战略来加速价值交付。

9. 缺陷。

(1) 等待——处理过程中的延迟,包括产品等待或排队的时间。

(2) 生产过剩——生产的东西超过了需求或者超过了客户目前想要的。

(3) 过度加工——过度加工或进行任何非增值活动。

(4) 运输——将产品和材料从一个地方运送到另一个地方所浪费的时间、资源和成本。

(5) 移动——不必要的运动或人们的活动。

(6) 库存——携带和储存任何没有进行增值活动的材料和产品。

(7) 缺陷——生产的产品或服务的缺陷。

10. 敏捷方法通常采用迭代和增量开发(IID)的原则。尽管最小,IID 方法仍然是批处理的一种形式。相比之下,精益寻求实现连续的流动,最好是单件流。

第 3 章　复杂系统的交互分析

1. 系统思考是一种评估大系统的复杂性的方法,它不是评估单个部分的集合,而是评估系统构成元素之间的相互作用。

2. 有意或无意。

3. 确定系统相互作用的原因和影响。

4. 一种建模技术,用于评估系统中元素之间复杂的相互关系和相互作用,以实现强化或平衡行为。

5. 没有反馈回路的线性顺序过程。

6. 交互公式。

$$PC = \frac{n(n-1)}{2}$$

第 4 章　价值流管理的定义

1. 价值流管理（VSM）从根本上讲是在一个组织内实施精益理念，并使精益开发和交付过程成为一种生活方式。

2. 物料和信息流映射。重要的是，信息流的识别和管理与精益价值流中的物料流一样重要。

3. 精益价值总是向下游流向客户，任何之前的活动都是上游活动。

4. 同样的概念适用于每个价值流。离客户最远的活动总是被认为是离客户最近的活动上游。

5. 正确价值流包括一个组织在将产品从概念引入市场时所包含的所有创造价值和不创造价值的活动。

6. 为"客户"创造结果的端到端活动集合，客户可能是价值流的最终客户或内部"最终用户"。

7. 研发价值流——产品从构思到上市所需的所有活动，包括创造价值和不创造价值的活动。

8. 运营价值流——从订单到交付的所有活动。

9. 价值流包括处理来自客户信息所需的活动，以及在产品到达客户手里的过程中改变产品的行动。

10. 价值管理举措是：

（1）承诺精益。

（2）选择价值流。

（3）了解精益。

（4）映射当前状态。

（5）确定精益指标。

（6）绘制未来状态图。

（7）绘制未来状态图——客户需求。

（8）绘制未来状态图——连续的流动。

（9）绘制未来状态图——均衡化。

（10）创建 Kaizen（持续改进）计划。

（11）实施 Kaizen 计划。

11. 沟通、管理、建立适当的启动条件、维持和工具。

12. 帕累托原则（也称为 80/20 法则和帕累托定律）是一种自然现象，它表明在任何系统中，大约 20% 的元素具有 80% 的影响。在我们的 VSM 计划中，一些价值流改进对组织的直接成功比其他事宜更重要。为了进行这种评估，VSM 团队需要收集所有价值流活动中生产率和浪费方面的关键精益指标。

13. 用第一项和最后一项活动确定价值流,然后命名。例如,常见的面向开发的价值流包括从概念到发布、从原材料到成品、从订单到现金。

第 5 章　通过 DevOps 流水线驱动业务价值

1. DevOps 最初是敏捷系统管理环境中的一种协作策略。最初的目标是改善 IT 组织中开发和运营团队之间的沟通和协作。最终,CI/CD 流水线解决了开发和运营团队之间速度不匹配的问题。

2. 配置管理、任务管理/自动化、容器化。

3. CI 坚持的一个原则,即一天几次将所有开发人员的代码工作副本合并到一个共享存储库中。

目的是在开发代码时,通过软件构建和测试过程来验证每个增量代码集成的功能。

目标是确保主软件代码始终工作,并处于潜在的可部署状态。

4. 软件开发人员在不断变化的世界中成长,不断提供新的特性和功能。这是一件好事,因为客户和用户想要增加价值的新功能。系统管理员并不太关心变化,因为他们负责确保所有网络、系统和应用程序的运行、稳定和安全。这也是一件好事,我们需要我们的网络和软件正常工作,并确保安全。

5. 持续交付能力允许产品团队面对新的环境,并以最少的人工快速测试新的代码更新。

6. CD 的主要目标是将新的更新转化为开发团队可以按需执行的常规和高速任务。

7. IaC 允许开发人员使用编程或脚本语言来生成可重复的代码或脚本指令,以快速提供 IT 基础设施。IaC 安装在一个共享存储库上,允许开发人员通过自助服务模型按需建立新的服务器。

8. CaC 的目的是促进不同环境之间应用程序配置的版本化迁移。

9. 术语"工具链"规定了支持 IT 价值流活动的工具范围。但是术语"工具链"本身不一定意味着集成或自动化策略。

10. "流水线"这个词意味着流动。在精益生产理念的情况下,我们希望在我们的 IT 价值流中工作和信息流动流程化和高效化。

11. SDLC 和 ITSM 价值流,或 CI/CD 和 ITSM 价值流。

12. ITSM 关注 IT 团队如何提供服务。相比之下,ITOM 侧重于用于事件管理、性能监控的活动和工具,以及 DevOps 流水线的 Ops 部分描述的运营流程。

13. 基于项目的融资建立在预计的未来投资回报之上。

14. 基于产品的融资模式评估当前的成本和收入,以评估在开发和运营支持方面的投资金额。

第 6 章　启动 VSM 举措(VSM 第 1～3 步)

1. 在组织内实施精益概念,使精益开发和交付过程成为一种生活方式。

2. 精益公司比其他公司更有竞争力,因为他们不断改进业务运营。精益企业对员工更友好,因为他们尊重员工的工作,并将责任委派给工作人员。它们还有助于最大限度地减少阻碍生产力,并最终导致员工压力和倦怠的官僚主义和等级组织结构。

3. 提问以确定流动的状态、顺序处理、批量大小、客户需求、清洁和有序状态、库存管理、设备设置和产品转换。

4. 需求、流动和均衡。

5. 当刚刚开始 VSM 计划时,您可能还不知道精益绩效和浪费指标的良好表现是什么样的。

6. 均衡生产(Heijunka)是一个负载平衡工具,它提供了一种更好、更强大的方法来平衡生产计划,以处理生产流程中的周期时间和批量差异。

7. 均衡生产(Heijunka)使用基于节拍的生产均衡的方法,根据生产产品的数量和种类可以将其分解为多个看板单元。

8. VSM 改善了我们整个组织的价值流动。

9. 启动价值流的概念。

10. 从原材料到成品的价值流。

11. 订单到现金价值流。

12. 降低成本原则。

(1)精益的 7 种浪费。

(2)精益的两大支柱——准时化生产(JIT)和自动化(Jidoka)。

(3)5S 系统。

(4)可视化管理。

(5)精益应用的 3 个阶段:需求、流动和均衡

13. 问题。

(1)过度生产。

(2)等待。

(3)运输。

(4)过度加工。

(5)库存。

(6)移动。

(7)缺陷。

第 7 章 映射当前状态(VSM 第 4 步)

1. 如果没有当前状态价值流图,我们可能不知道与当前价值流活动相关的系统范围的影响。

2. 我们需要记录我们现有的活动流程、订单输入系统、生产控制系统、周期时间、设备设置和产品转换时间,以及我们的批次大小、质量水平、缺陷和不同步的材料和信息流。

3. 价值流图有助于识别和消除阻碍生产力的浪费。业务流程模型通常用于支持业务流程重组和改进活动。它们还用于创建自动化这些改进的业务系统。

4. 我们需要知道业务流程是高效的和增值的，因为自动化一个有缺陷的流程只会随着非增值成本的快速积累而加剧其低效。

5. 不，该去工作了。行动吧！

6. 如果没有标准，VSM 团队成员和其他审核地图的利益相关方之间的沟通和理解就会迅速恶化。

7. 现场 Gemba 和当前状态映射活动提供了对阻碍物料和信息流动的浪费区域的洞察。

8. Go and See——自己亲自查看现场工作开展情况。

多问为什么，找到问题的根本原因（使用 5 W 或 why）

尊重他人——您的工作是帮助解决问题，而不是吹毛求疵。

9. 从最终客户交付开始您的当前状态映射练习，并通过各种流程向上游（向后）工作。

10. 它将重点放在客户的需求上。它引导我们的思维去思考基于拉动的流动。此外，通过拥有多个组装分支，我们可以更好地处理生产环境中的复杂流程。

11. VSM 团队必须根据最高价值影响对改进进行优先级排序。

12. VSM 第 4 步举措是：

（1）绘制客户和供应商。

（2）绘制出入活动。

（3）绘制进入和退出过程之间的所有活动。

（4）列出所有活动属性。

（5）绘制活动之间的排队和等待时间。

（6）绘制价值流中发生的所有交流。

（7）绘制推或拉图标来标识工作流的类型。

（8）记录所有其他收集的数据。

第 8 章　识别精益指标（VSM 第 5 步）

1. 没有对当前状态和期望未来状态的度量，就很难改善。

2. CT 是价值流活动开始和结束之间的时间跨度。在制品（WIP）等待时间里，CT 不包括价值流活动之间的时长。

3. 不一定。在任何活动中，都可能存在浪费形式的非增值工作。（例如缺陷、库存、移动、过度加工、生产过剩、运输和等待。）

4. 精益生产过程中的六西格玛提供了预期质量目标的衡量标准。

5. 交付前置时间、部署频率、平均恢复时间（MTTR）、变更失败率。

6. VSM 第 5 步举措是：

（1）等待时间。

（2）步行时间。

（3）输入数据花费的时间。

（4）检索文件花费的时间。

（5）发送和查看电子邮件或其他消息所花费的时间。

（6）增值工作（处理时间）。

7．变更失败率指定代码变更导致失败的时间百分比，通常以 bug 或缺陷的形式检测到。

8．精益评估雷达图。

9．精益评估举措是：

（1）连续的流动。

（2）精益的 5S。

（3）订单均衡。

（4）质量。

（5）培训。

（6）团队成员的参与。

（7）可视化的控制。

（8）工作单元移动。

10．流水线流程的集成、自动化和编排。

第9章　绘制未来状态图（VSM 第 6 步）

1．这些阶段是：

第一阶段——客户需求阶段。

第二阶段——持续流动阶段。

第三阶段——均衡阶段。

2．分析客户对组织产品或服务的需求，包括质量目标和前置时间。

3．改善流动，以便我们的客户在正确的时间获得正确的产品或服务，并以正确的数量提供正确的功能。

4．在生产线上平均分配工作，减少等待时间，消除批处理（也称为努力实现单件流）。

5．通过将净可用操作时间除以一段时间内所需的产品数量来计算生产节拍。生产节拍是衡量价值流交付产品或服务以满足客户需求的频率。例如，0.5 min 的生产节拍意味着价值流必须每 30 s 生产一种新产品，以满足客户需求。

6．批次生产时间等于生产节拍乘以包装数量。间距是价值流制造一个装箱产品所需的时间。

7．消除在制品（WIP）会导致排队和等待的浪费。

8．以尽可能连续的方式，通过一系列价值流活动，一次生产和移动一个工作项目，或至少最小实际数量的项目。

9. 生产均衡的目标是以精确的生产节拍率生产相同数量的产品。

10. 敏捷开发团队将从产品 backlog 中选择的工作项目聚集到 Sprint backlog 中，然后将这些项目作为一个单独的批次，从开始到结束，跨越一个迭代的 Sprint 持续时间（通常为 1~4 周）。

传统敏捷或基于 Scrum 的 Sprint 中使用的看板可帮助开发团队可视化和管理 WIP。看板在 sprint backlog 内部和每个 sprint 之间实现了一个面向拉动的生产控制策略。

CI/CD 和 DevOps 流水线功能允许敏捷团队直接从产品待办事项中提取工作项目，并在 IT 价值流中将它们作为单件流进行处理。

第 10 章 改善精益—敏捷价值交付周期（VSM 第 7~8 步）

1. 翻译成英语，Kaizen 是两个词的连词——kai（分开）和 zen（更好）。有时我们需要将复杂的东西分解，然后才能想出如何将它们重新组合成一个更好的运营系统。

2. DevOps 是一项业务转型活动，需要对组织的业务流程进行重大变更，并对新的工具和技术投资。

3. 在未来状态改进的三个阶段中，可视化地显示每个持续改善行动的改进举措。

4. 为 VSM 计划的改进目标、目的和指标提供一个清晰可视化展示。它还识别了与每个建议的改进目标相关的风险和问题。

5. 该计划的目的是检查提议的 VSM 改进活动的细节。具体来说，该计划提供了识别所有改进措施的空间，并将举措分解到任务级别。

6. 满足客户需求。

改进过程流动；均衡工作。

7. 随着这些基于敏捷的框架上最初的精益转型完成，面向 IT 的价值流作为精益—敏捷实践开始进行改革。

8. 技术和产品采用的生命周期模型。

9. VSM 计划涉及大规模的业务转型，可能需要数月甚至数年才能完成。VSM 团队提出的变革可能需要重新组织和大量的财务投资。简而言之，VSM 计划具有战略影响，而基于敏捷的回顾倾向于在战术层面运作。

10. 产品积压列表和改善公告板。

第 11 章 识别 VSM 工具类型和能力

1. 问题是，除非我们首先理解精益价值流改进背后的目标、指标和活动，否则数据和指标的 VSM 工具几乎没有实际用途。

2. DevOps 价值流管理平台（VSMPs），或者更简单说，价值流管理（VSM）工具。

价值流交付平台（VSDPs），或者更简单地说，DevOps 工具链和流水线。

持续合规自动化（CCA）工具，也称为治理、风险和合规（GRC）工具和平台。

3. 提供开箱即用的连接器来集成不同的 DevOps 工具链，从而促进跨计划、发布、构建和监控活动的 IT 活动的编排。

4. 价值流管理平台(VSMP)通过提供跨 IT 价值流的可见性和分析,帮助提高速率、质量和客户价值。

它们提供数据和工具来监控和评估战略指标,例如版本发布速度和 DevOps 运营效率。

5. 使 IT 与组织的业务目标保持一致,同时管理风险,并满足法规合规性要求。

6. 价值流交付平台(VSDP)提供集成的工具链作为开箱即用的解决方案,通常由基于云的 CI/CD 或 DevOps 平台提供。

除了传统的平台功能之外,价值流交付平台(VSDP)还包括支持软件交付价值流中活动的可见性、可追溯性、可审计性和可观察性的工具。

7. 价值流交付平台(VSDP)结合了 DevOps 平台的功能和 VSM 工具的功能。DevOps 平台供应商和 VSM 工具供应商正在这个共享空间中融合。

8. 衡量价值交付率,包括部署频率、变更前置时间、平均恢复时长和变更失败率这 4 个关键的 DevOps 指标。

9. 通过协调和同步 DevOps 工具链中的数据流,消除 DevOps 价值流中的浪费。

10. 他们帮助 DevOps 或 VSM 团队评估在不影响实际系统或数据的情况下对 DevOps 价值流做出改变的影响。

第 12 章　领先的 VSM 工具供应商介绍

1. 错误。VSM 作为一门学科已经存在了几十年,并被用于改善所有组织的价值流。

2. 正确。VSM 运用精益生产的原则,对所有组织价值流进行持续改进。

3. 缺陷、库存、移动、过度加工、生产过剩、运输和等待。

4. Thomas Davenport(过程创新:通过信息技术再造工作)和 James Martin(大转变)。

5. Martin 和 Davenport 都从基于价值或价值交付改进的角度评估了流程再造和流程改进计划,并将其作为部署业务流程创新的关键使能器。

6. 人工智能(AI)和机器学习(ML)可以帮助团队了解组织内部的孤岛,聚合数据以形成信息的整体视图进行分析,并获取销售、营销、财务、开发、运营和技术团队的洞察。

7. 集成、自动化和流程编排。

8. VSM 是一种经过验证的、有效的、训练有素的循序渐进的方法,用于理解和应用精益思想的原则和实践。

9. VSM 起源于丰田生产系统(TPS)采用的精益生产理念。

10. 错误,DORA4 项指标突出了 DevOps 团队中表现最好的团队。然而,VSM 是一种精益改进战略,它着眼于更多的指标,以确定如何在所有价值流中提高组织的价值交付能力。

第13章　VSM – DevOps 实践领导者介绍

1. 其目的是通过引用和推进价值流管理工具和实践,帮助全球组织交付客户价值。价值流管理社区(VSMC)的目标是通过领导力和社区连通性,帮助推动价值流管理标准和创新,从而服务于整个 VSM 社区。

2. 在结构上,价值流管理社区(VSMC)实施精益实践和价值流作为其运营模式。此外,它资助支持价值流管理社区(VSMC)的研究,学习和推广价值流。

3. 该联盟最初的研究成果是价值流管理状况报告,该报告将度量团队如何应用价值流管理原则、实践和指标来影响他们的价值流管理结果。

4. PMI 收购了规范敏捷,专注于在软件开发中实施精益和敏捷实践。

PMI 还收购了 NetObjects,它是 FLEX(企业转型流程)的开发商,FLEX 是一个基于系统思考的框架,提供了一整套基于精益—敏捷原则和实践,助力企业成功转型,包括投资组合、敏捷产品管理、执行/管理、项目和团队模式等。

5. DA 提供了一个过程决策工具包,可以帮助个人、团队和企业以特定于环境的方式优化他们的工作之道(WoW)。

6. 流程刀片帮助团队和组织根据他们独特的软件开发需求来指导他们选择替代技术。然后,流程刀片指导用户如何应用选定的技术来增强关键的组织能力。

每个流程刀片都提供了关于其哲学基础(或思维模式)的信息,这些是应用简化业务流程的技术或描述人员的角色和职责,以提高业务敏捷性和就业选择,从而满足情境需求。总的来说,心态、人员、流程和选项代表了关于 DA 工具包的 4 种观点。

7. DA 工具包提供了 4 个级别的流程刀片,跨越基础、规范 DevOps、价值流和规范敏捷企业。

8. FLEX 是 PMI 实现价值流的方法,目标是使用 VSM 技术提高价值交付。

9. 在 SAFe 中,价值流是理解、组织和传递价值的主要结构。SAFe 引入了运营和开发价值流,以及与企业用户群体的价值流图。理解并不断优化价值流是有效实施 SAFe 的关键。

10. 触发器、步骤、价值、人员和系统以及前置时间。

11. 价值流管理(VSM)是一门领导力和技术学科,旨在通过端到端解决方案交付生命周期最大化业务价值流。从客户请求到解决方案交付,VSM 在价值流的持续运营、测量和优化中,跨职能部门实施精益、敏捷和 DevOps 价值观、原则和实践。

12. 持续探索(CE)、持续集成(CI)、持续部署(CD)和按需发布(RoD)。

13. DevOps 赋能持续交付流水线。

14. CALMR 首字母缩写代表文化(Culture)、自动化(Automation)、精益流程(Lean flow)、度量(Measurement)和恢复(Recovery)。CALMR 是 SAFe DevOps 的核心思想,通过管理交付中的同步推进,指引发布列车(ART)实现持续的价值交付。

15. VSM 是用于在价值流中进行精益改进的方法。在 SAFe DevOps 中,目标是增加从客户请求到客户交付的业务价值流。

第 14 章 企业精益- VSM 实践领导者介绍

1. James P. Womack 博士和他的同事 Daniel T. Jones 在《哈佛商业评论》杂志上发表了一篇名为《从精益生产到精益企业》(1994 年 3 月至 4 月)的文章,首次提出了价值流这一术语。

2. LeanFITT 的创始人是价值流管理概念和方法早期发展的最初思想领袖。

3. 问题是,有多个价值流贯穿这些经理和高管的职能部门,但指标和财务却激励推动部门或设施级别的改进。

4. 所有的活动,无论是创造价值的还是不创造价值的,都是将产品从概念带到上市(也称为开发价值流)和从订单到交付(也称为运营价值流)所必需的。其中包括来自客户的处理信息的活动,以及在产品到达顾客手中的过程中改变产品的活动。

5. 精益行动计划有助于减少阻力,传播正确的学习目标,并产生精益企业所需的承诺类型。

6. LeanFITT 系统提供了改进组织过程、人员和利润的方法、工具和技术。

7. VSM 实践阶段是:

(1) 让人们接受培训,并参与。

(2) 标准化改进过程。

(3) 通过积极参与和透明激励团队。

(4) 使精益成为常规和可持续的活动。

8. 有逻辑,且直观地讲述持续改进故事的手段和方法。

9. 六西格玛是一种信息化的质量衡量方法,在该流程中,在统计上 99.99966% 的产品或部件被认为是无缺陷的。

10. 精益工具和质量工具

第 15 章 制定合适的 DevOps 平台策略

1. "灌输 DevOps 是整个组织文化运动的观念,并设计实践 DevOps 的价值流团队。"

2. 解决方案交付、DevSecOps、数据 DevOps、多解决方案支持、通用 IT 运营和业务运营。

3. 首席执行官或业务线高管支持计划的资金,分配足够的资源,并让人们负责实现可识别和可衡量的结果,以及证明投入的时间框架、预算和 ROI。

4. 他们的 IT 经理和高管厌倦了在 IT 上投资却不向组织的其他部门展示价值的事情。

5. 在 CI/CD 和 DevOps 流水线中,我们可以通过以基础设施即代码(IaC)和配置即代码(CaC)的形式实现配置和新版本的自动化部署。

6. 构建定制的开发运维平台,购买基于云的开发运维即服务(DaaS)解决方案,采用 VSM 工具来集成和编排开发运维工具链,以及通过构建代码形式的自助服务配置来构建软件工厂,这些代码可通过 GIT 或其他配置管理工具下载。

7. 购买许可以使用商业 DevSecOps 作为服务(DaaS)。

8. 文化、自动化、精益、度量和共享。

9. 从头开始建立一个专门的 DevOps 团队只会在我们的横向价值流中创建新的孤岛。

10. 组织的主管和业务主管,他们必须在困难时期保持这种动力。

第16章 利用 VSM 和 DevOps 实现业务转型

1. 将企业转变为有活力的实体,在我们的数字经济中角逐。

2. 错误。在 IT 之外,这些概念相对较新,制造业和其他行业已经实施精益和VSM 几十年了。

3. 在经历了大萧条和第二次世界大战后,当资源有限且昂贵时,丰田试图在这个岛国提高质量和效率。丰田在全球市场上保持竞争力的方法是生产更高质量的产品,减少资源浪费,同时确保只生产客户想要的产品。

4. 敏捷最初是一套价值观和原则,用来支持小型软件开发团队的需求,使其变得更具响应性和适应性。在这个过程中,敏捷发展到实现迭代和增量开发实践,这些实践利用原型和经验主义,通过客户导向的输入快速创建可用的解决方案。

5. 识别、组织和映射。

6. 进行连接。

7. 敏捷——用 1~4 周来衡量,并受限于预算和授予开发团队的权限。精益——经常查看跨越多个规划周期的变更,这些规划周期可能跨越几个年,涉及的变更和预算需要管理层的支持和授权。

8. 局部优化。

因为我们可以在计划方面花费大量的时间、精力和金钱,但是必然会影响整个组织的价值交付能力。

9. 项目组合管理的主要目的是集中和控制预算和投资过程,以便组织可以评估所有的改进机会以及它们在公司战略环境中的优先级。

10. VSM 和 DevOps 工具投资与整个组织正在评估的所有其他潜在投资竞争。因为新的管理层加入进来,不容易看到支持水平价值交付的机制。他们更乐于管理传统层级业务结构的垂直筒仓。